Gerhard Schulze

DIE BESTE ALLER WELTEN

Wohin bewegt sich die Gesellschaft
im 21. Jahrhundert?

Carl Hanser Verlag

2 3 4 5   07 06 05 04 03

ISBN 3-446-20281-1
Alle Rechte vorbehalten
© Carl Hanser Verlag München Wien 2003
Satz: Filmsatz Schröter, München
Druck und Bindung: Ebner & Spiegel, Ulm
Printed in Germany

Ich danke Gina Schulze für die Mitarbeit an diesem Buch

Inhalt

Vorwort

In seinen *Abhandlungen zur Rechtfertigung Gottes* aus dem Jahr 1710 behauptete der Universalgelehrte und Philosoph Leibniz, wir lebten in der besten aller möglichen Welten. Dies könne gar nicht anders sein – trotz des metaphysischen Übels der Vergänglichkeit, des physischen Übels von Leid und Schmerz und des moralischen Übels von Ausbeutung und Unterdrückung. Sein Buch ist eigentlich ein Glaubensbekenntnis: Weil Gott alles weiß, muss er die beste aller möglichen Welten kennen; weil Gott alles kann, liegt es in seiner Macht, sie einzurichten; und weil Gott gütig ist, tut er dies auch. Diese Abhandlung wurde zu einer der wichtigsten philosophischen Schriften des achtzehnten Jahrhunderts – am Anfang als Monument, am Ende als Reibungsfläche. Sie war Katalysator einer umfassenden Neubesinnung, die noch immer aktuell ist.

Bis heute sind wir geistige Erben der Wende, die das Denken mit der Aufklärung genommen hat. Nichts prägt die Kultur des Westens so sehr wie die Vorstellung, die beste aller Welten sei *noch nicht* verwirklicht. Leibniz glaubte, dass man die beste aller Welten immer schon vorfände. Wir denken, dass man sie immer nur suchen könne, ohne jemals dort anzukommen.

Gegen Ende des zwanzigsten Jahrhunderts entwickelte sich die Endzeit-Literatur zu einem eigenen Genre: Ende der Kunst, Ende der Geschichte, Ende der Wissenschaft, Ende des Menschen … Die meist empörte Zurückweisung solcher Endzeitdiagnosen zeigt, wie tief die Selbstdeutung als ewig Suchende in uns verwurzelt ist und wie sehr wir die Suche als Teil unseres Wesens begreifen. Die Ankündigung ihres Endes wirkt nicht erlösend, sondern bedrohlich.

Wir *suchen*. Mehr denn je ist unsere Geschichte das Ergebnis von Selbstbeobachtung, Diskurs, Meinung und Entscheidung, wie widersprüchlich und fehlerhaft das, was in unseren Köpfen vorgeht, auch immer sein mag. Und wir handeln, obwohl das Irrtumsrisiko im selben Maß wächst wie unsere Möglichkeiten. Wir haben keine Anstrengung gescheut, uns selbst zum Schicksal zu werden.

In seinem Buch *Bummel durch Europa* aus dem Jahr 1899 beschreibt Mark Twain einen Waldspaziergang an einem Sommertag in der Nähe von Heidelberg. Er suchte sich ein sonniges Fleckchen, setzte sich und betrachtete den Waldboden. Über das, was er dort sah, verfiel er in langes Grübeln. Zwei Ameisen beschäftigten sich mit einer Tannennadel. Jede hielt ein Ende in ihren Zangen und zog nach Leibeskräften daran. Es war ein Geschiebe und Gezerre, behindert durch Wurzeln und abgebrochene Zweige. Schließlich schienen sie sich auf eine gemeinsame Richtung geeinigt zu haben. Sie schleppten die Tannennadel ein Stück weit, machten dann aber unvermittelt kehrt und schleppten sie in die entgegengesetzte Richtung. Endlich kamen sie gut voran und hatten sich offenbar aufeinander eingespielt. Aber da ließen sie ihr Objekt plötzlich fallen und gingen eilig ihrer Wege.

Ist dies eine Metapher für das, was bei unserer Suche herauskommt? Gewiss, den Vergleich mit den Ameisen, die Mark Twain beobachtet hat, müssen wir aushalten. Zu den drei Übeln, mit denen sich Leibniz beschäftigt hat, gesellt sich als viertes das Absurde. Die andere Hälfte der Geschichte besteht darin, dass die Ameisen doch immer wieder einen Bau zustande bekommen.

Die beste aller Welten: Dieser Titel bezeichnet weder ein schon erreichtes noch wenigstens ein irgendwann in der fernen Zukunft erreichbares Ziel. Er charakterisiert lediglich den zentralen Suchbegriff der Kultur des Westens, ein Minimum an Konsens, dem jedoch ständiger Zwist über die einzuschlagende Richtung entspringt. Empirisch ausgerichteten Wissenschaftlern mag es atemberaubend verwegen vorkommen, die beste aller Welten zum Kristallisationskern von Überlegungen zu machen, die das kommende Jahrhundert in den Blick nehmen. Das Irrtumsrisiko eines Gedankengangs ist jedoch kein zureichender Grund dafür, ihn zu unterlassen. Klar ist freilich, dass es darauf ankommt, einen möglichst vielversprechenden Fokus zu wählen. Diesen sehe ich in der Annahme, dass auch die Suchbewegungen der Zukunft durch die kollektive Erfahrung der Moderne geprägt sein werden. Meine Leitfrage ist: Wie könnte eine Fortsetzung der Moderne aussehen?

Dass man diese Frage nicht mit empirischer Forschung beantworten kann, tut ihrer Dringlichkeit keinen Abbruch. Wie soll man mit ihr umgehen? Im wesentlichen lässt sich meine Perspektive als eine Verbindung von verstehender Soziologie, Existenzphilosophie und Pragmatismus kennzeichnen – drei Strömungen, von denen jede bereits auf eine mehr als hundertjährige Tradition zurückschauen kann, die aber nichts von ihrer Aktualität verloren haben.

Die beste aller Welten ist nicht erreichbar, aber immer erstrebenswert. Dass die Suche nicht zum Ende kommen kann, ist kein Grund zum Pessimismus.

Unsichtbare Herausforderung

Keine Frage hält die Kultur der Moderne so sehr in Atem wie die Frage nach dem nächsten Schritt. Was ist zu tun? Wie wird es weitergehen? Mehr als je zuvor nehmen die Menschen ihr Schicksal selbst in die Hand. Um die Herausforderung, die dies mit sich bringt, drehen sich ihre faszinierendsten Diskurse.

Ich unterscheide zwei grundlegende Formen, über die Zukunft nachzudenken. Beide sind pragmatisch und verweigern sich utopischen Visionen, aber aus gegensätzlichem Geist heraus. Die eine Form ist bejahend, die andere verneinend. Die eine proklamiert das gewohnte Weitergehen als besten Weg, die andere kämpft dagegen an. Die eine nenne ich Fortsetzungsvermutung, die andere Kritik.

Die Fortsetzungsvermutung steht seit langem im Zentrum unseres Denkens. Ihr Kern ist die Idee der Steigerung: Immer mehr, immer schneller, immer besser. Ein Ende der Steigerung ist nicht in Sicht, wohl aber ein Ende ihrer kulturellen Hegemonie. Dieses Ende zeigt sich nicht als Drama des Untergangs, sondern als Geburt von etwas Neuem. Zur Idee der Steigerung tritt die Idee der Ankunft, die noch weitgehend unbegriffen ist. Sie ist jedoch seit langem spürbar und ergibt sich aus der Erfolgsgeschichte der Steigerung selbst.

Wie die Fortsetzungsvermutung ist auch Kritik eine Form zukunftsbezogenen Denkens. Kritik kann sich entweder gegen Missstände richten oder Versäumnisse zum Thema machen. Im ersten Fall geht es um das Vermeiden von Unglück, im zweiten Fall um das entgangene Glück. In den Diskursen der Gegenwart dominiert die Kritik von Missständen. Will man jedoch die Idee der Ankunft besser verstehen, kommt es vor allem auf die Kritik des entgangenen Glücks an.

Was unterscheidet die Idee der Ankunft von der Idee der Steigerung? Vor allem dies: Kultur rückt in den Fokus der Aufmerksamkeit, Natur wird zum Routinethema. Dieser Themenwandel bringt eine geistige Herausforderung mit sich, die in das Projekt der Moderne erst noch zu inte-

grieren ist. Fast schon vergessen sind die kollektiven Anstrengungen, die nötig waren, um in das Zeitalter der Naturaneignung einzutreten. Dass das nun kommende Zeitalter der Kulturaneignung den Menschen ebenso viel abverlangen wird, nur auf ganz andere Weise, ist eine – wenn auch unbeachtete – Gewissheit.

Zukunftsdiskurs jenseits der Utopien

Post-utopisches Denken

Was ist aus der Faszinationskraft utopischen Denkens geworden? Den Weltverbesserern früherer Tage würden wir Heutigen phantasielos erscheinen, langweilig, lauwarm, herabgesunken auf kleinkarierten Pragmatismus. Aber die Antipathie beruht auf Gegenseitigkeit. Heute rufen die euphorischen Massenbewegungen der Vergangenheit befremdetes Kopfschütteln hervor, und Weltverbesserer genießen eher Mitleid als Prestige. Utopische Gesellschaftsentwürfe erscheinen den nachwachsenden Generationen so altbacken wie ein Kirchenlied. Auch die Euphorie selbst ist in Verruf geraten. Wer jubeln möchte, geht in Sportarenen und Fernsehstudios, auf Motivationstage und Raverpartys.

Wenn es nicht Utopien sind, die unserer Kultur die Richtung weisen, was ist es sonst? Für eine traditionelle Gesellschaft wäre die Antwort klar: Wir würden von der Zukunft dasselbe erwarten wie von der Vergangenheit. Doch die Mentalität der Moderne ist dem genau entgegengesetzt. Sie ist durch und durch von der Vorstellung geprägt, dass die Zukunft anders sein wird und auch anders sein soll als die Gegenwart.

Doch was ist dieses andere? Was soll sich ändern, und in welche Richtung wollen wir gehen? Das utopische Denken gab immerhin einen Kurs vor und lieferte einen Fahrplan dazu. Der Utopien-Ekel am Anfang des einundzwanzigsten Jahrhunderts mag seine Gründe haben, doch die aus der Idee der Fortbewegung geborene Herausforderung, dem Wandel eine Richtung zu geben, bleibt.

Zwei Grundformen post-utopischen Denkens zeichnen sich derzeit ab. Beide befinden sich in größtmöglicher Distanz zum utopischen Denken, allerdings in entgegengesetzten Richtungen. Eine Grundform ist die Kritik, die andere ist die Fortsetzungsvermutung. Bei der Kritik vermindert sich die Utopie auf Negation, die Fortsetzungsvermutung dagegen ist im Kern affirmativ.

Fortsetzungsvermutung

Als Fortsetzungsvermutung bezeichne ich die Vorstellung, dass wir unsere Möglichkeiten auch in Zukunft ständig erweitern können. Ohne diese Annahme wären alle desorientiert: Forscher, Unternehmer, Konsumenten, Aktionäre, Politiker, PR-Agenturen, Beratungsfirmen, Werbeleute und ehrgeizige Berufsanfänger. Auf sie wirkt utopisches Denken abschreckend, denn aus ihrem Blickwinkel erscheint die Utopie als Ankunft am anderen Ufer und damit wie das Ende der Geschichte. Früher war utopisches Denken eine Quelle von Sinn, heute empfinden es die meisten als Androhung von Leere und Stillstand. Am anderen Ufer angekommen, gäbe es nichts mehr zu tun für Menschen, die daran gewöhnt sind, den zentralen Sinn des Lebens in der ständigen Fortbewegung zu suchen.

Doch die Fortbewegung muss System haben. Nicht Desorientierung ist das Hauptmerkmal der Epoche, sondern geordnete Transformation. Ihre Grundlage ist die soziale Konstruktion von Eindeutigkeit. Mit ihrer Hilfe wurden immer komplexere Organisationsleistungen von Wissenschaft, Technik, Produktion, Politik und Medien möglich. Und es gelang den Menschen, in dieser Komplexität zu leben, zu arbeiten, zu konsumieren und ihren Spielraum kontinuierlich zu erweitern.

Allen Beteiligten dient die Idee der Steigerung als Richtschnur. So groß die Unklarheiten auch immer sein mögen: Quer durch die Gesellschaft ist die Idee der Steigerung der kleinste gemeinsame Nenner, eine unerschöpflich scheinende Quelle von Anschlussfähigkeit, Organisierbarkeit, Kalkulierbarkeit und Regulierbarkeit trotz ständiger Bewegung. Das Prinzip der Steigerung lässt sich auf alle Lebensbereiche anwenden: auf Unternehmen, Institutionen, Bildung, Wissenschaft und auf die Verbindung von individuellem Lebenslauf und kollektivem Wandel. Es erlaubt relativ eindeutige Definitionen von Erfolg und Misserfolg und leuchtet jedermann intuitiv ein.

Kritik

Die zweite Grundform post-utopischen Denkens ist die Kritik. Anders als die Utopie kennt sie keine Ankunft, sondern nur den Aufbruch. Die Gegenvorschläge, die sich mit der Kritik oft verbinden, sind gesellschaftsdynamisch von geringerer Bedeutung als die Kritik selbst. Denn es ist klar, dass das Neue, zu dem die Kritik vielleicht eines Tages führt, wiederum unvollkommen und kritikwürdig sein wird. Kritik am Bestehenden im Rahmen von Utopien leitete sich von der Vorstellung des anderen Ufers her. Für die Denkform der reinen Kritik dagegen gibt es kein anderes Ufer, sondern immer nur die Fortsetzung der Kritik – selbst dann, wenn die Kritik erfolgreich gewesen ist und zu Veränderungen geführt hat.

Kritik ist frei in der Wahl ihrer Themen, und sie ist frei in der Wahl ihrer Standpunkte bei jedem beliebigen Gegenstand. Inzwischen gibt es nichts mehr, was nicht kontrovers diskutiert würde. Wie ein Bewuchs hat sich Kritik auch in den letzten Winkeln der Sozialwelt der Gegenwart angesiedelt. Sie ist so weit verbreitet, dass sie sich manchmal selbst sabotiert: Man kann sie nicht mehr hören, oder man hört sie und nimmt sie nicht mehr ernst. Im Großen gilt dies noch mehr als im Kleinen. Überall sind Appelle an den Rest der Menschheit zu vernehmen, endlich zur Vernunft zu kommen: Wir brauchen ein neues Bewusstsein, wir müssen zurück zu den alten Werten, Umdenken tut not. Das Publikum nickt zustimmend, und manche mögen sogar einen Hauch von Katharsis verspüren. Jede Zeit erfindet ihre eigenen Mechanismen der psychischen Selbstreinigung. Auf Ablass, Absolution, Beichte, Predigt und Wort zum Sonntag folgten Kritik und Wertediskurs. Meist endet jedoch die Ergriffenheit bereits mit dem Appell, der sie ausgelöst hat, und ähnlich den Fischen nach der Predigt des Heiligen Antonius von Padua zerstreuen sich die Menschen nach den Anlässen gemeinsamer Zerknirschung wieder in alle Himmelsrichtungen, um ihren Alltagsgeschäften nachzugehen.

Es kursiert vielleicht zuviel Kritik; zumindest unterbleibt kein denkbarer kritischer Gedanke. Wer besonders optimistisch ist, mag dies durch die Annahme ergänzen, dass sich im Kampf der kritischen Ideen letztlich die bessere durchsetzen wird.

Unglück und entgangenes Glück. Zwei Kritikmuster

Im System kritischen Denkens muss freilich auch eine Kritik der Kritik erlaubt sein. Dazu gehört erstens der Zweifel an der Durchsetzungskraft der jeweils besten Kritik – denn wenn sich ein schlechter Vorschlag durchsetzt, tritt bloß ein neuer Missstand an die Stelle des alten. Zweitens kann die Kritik ja unangebracht sein; der angebliche Missstand ist eigentlich die beste Lösung.

Doch dies ist nur das routinemäßige Minimalprogramm einer Kritik der Kritik. In unserem Zusammenhang kommt es drittens auf eine grundsätzliche Überlegung an: Kritik stellt eher darauf ab, Unglück zu bekämpfen, als entgangenes Glück zu ermöglichen. Auf dem wimmelnden Basar der Gegenwartskritik übersieht man leicht die Einseitigkeit des Angebots. Im Vordergrund stehen fast immer Umstände, die der Kritisierende als schlecht und veränderungsbedürftig ansieht, selten dagegen bemängelt er, wenn andere Chancen vertun oder aus günstigen Umständen nichts machen. Es geht um Armut, Elend, Korruption, Unterdrückung, Entwicklungsrückstände, Umweltrisiken, Konfliktpotentiale zwischen ethnischen oder religiösen Gruppen, Bildungsdefizite, städtebauliche Verhinderung von Urbanität, Degeneration der öffentlichen Meinung unter dem Einfluss der Massenmedien, Manipulation durch Werbung, Schwächen des Bildungssystems, um nur einige Themenfelder zu nennen. Diskussionen darüber beginnen mit der Uneinigkeit über die Definition des Problems und enden im Zwist über die geeigneten Gegenmittel.

Und doch gibt es eine Gemeinsamkeit: das Motiv der Beseitigung von Missständen. Im kritischen Diskurs geht es primär um objektive Gegebenheiten, die zu subjektivem Unglück führen, zu Hunger, Angst, Schmerzen, täglich empfundenen Einschränkungen, zu Resignation und Verzweiflung. Die Anschlussfrage nach dem guten Leben bleibt dagegen eine Privatsache, die nur in Form von Werbung, Konsumgütern, Ratgeberliteratur und Tips in den Medien öffentlich wird.

Stellen wir die Unterscheidung zwischen unglückszentrierten und glückszentrierten Kritikmustern am Beispiel einer Paarbeziehung nach. Im einen Fall dreht sich der Diskurs ständig um das, was einem nicht gefällt (sei es am Partner, sei es an der Gesamtsituation), im anderen Fall um das, was einem gefallen könnte. Im einen Fall dominieren Themen vom Typ »Was passt wem nicht und muss deshalb geändert werden?«, im anderen Fall Themen vom Typ »Wie könnte man sich das gemeinsame Leben schönmachen?«. Im Beziehungsalltag gehen diese Fragen oft ineinander über, aber Beziehungen, sofern sie als gemeinsame Glücksprojekte gedacht sind, können ohne Fragen des zweiten Typs nicht gelingen. Auch wenn beide Partner bereitwillig auf Fragen des ersten Typs reagieren und alles tun, um dem anderen das zu ersparen, was ihn unzufrieden macht, sind sie deshalb noch lange nicht glücklich miteinander.

Die Verminderung des Unglücks ist eine Sache, die Gestaltung des Glücks eine andere. Jemand ist arm, krank, hungrig und unwissend. Wenn es gelingt, all dies zu überwinden, wenn er eines Tages vermögend, gesund, satt und gebildet ist, so hat er den ersten Schritt getan und das Unglück hinter sich gelassen.

Doch wird er auch den nächsten Schritt gehen und versuchen, etwas aus seinem Leben zu machen? Nun ist ein völlig anderes Kritikmuster gefragt. Wenn sich zeigt, dass er sich langweilt, sich in sinnlosen Tätigkeiten verausgabt, seine Zeit verschwendet, die er doch nun so viel besser nutzen könnte, kann man ihn entweder achselzuckend sich selbst überlassen oder ihn darauf aufmerksam machen, dass er dabei ist, sein Leben zu vergeuden. An die Stelle der Kritik des Mangels tritt die Kritik des entgangenen Glücks.

Es kann gut sein, dass der Adressat dieser Kritik Einmischungen zurückweist. Dann ist es am besten, man lässt ihn in Ruhe. Es ist jedoch offensichtlich, dass immer mehr Menschen, angekommen in Lebensumständen jenseits des Unglücks, den Diskurs über das Glück suchen. Dieser Diskurs ist mit privaten Ratschlägen nicht erledigt. Selbst wenn man es dem einzelnen überlässt, sich um die Frage des entgangenen Glücks zu kümmern oder es sein zu lassen, bleiben doch viele Themen übrig, bei denen es sich um öffentliche Belange handelt und die jeden angehen, der sich verantwortlich fühlt: Stadtplanung, Bildung, neue Produkte, Medien, Tourismus, Entwicklungspolitik, Globalisierung – in jedem dieser Themenfelder besteht ein Defizit an Diskursen über das entgangene Glück. Der Bedarf wächst im selben Maß, wie die Diskurse über die Verminderung des Unglücks erfolgreich sind.

Je nachdem, worauf sich der Fokus richtet, ergeben sich ganz unterschiedliche Diskursinhalte – die Ziele unterscheiden sich, ebenso die Mittel und die Ansatzpunkte für Interventionen. Es gibt Zeiten, in denen der zweite Diskurstyp zu Recht keine Rolle spielt, weil es zu viel Unglück gibt. In unserer Zeit ist das Unglück nicht verschwunden, aber die Frage, wie wir unser Leben jenseits des Unglücks gestalten sollen, war noch nie für so viele Menschen so wichtig. Die Diskurswirklichkeit hinkt dieser Relevanzverschiebung hinterher.

Hindernisse der Kritik entgangenen Glücks

Mit der Kritik entgangenen Glücks verlässt man die Kritiktradition des Kampfes gegen Missstände. Man muss mit drei besonderen Schwierigkeiten rechnen, die dem Normalkritiker erspart bleiben.

Erstens: Es ist mühsamer, andere von der Dringlichkeit des Anliegens zu überzeugen, Spielräume gut zu nutzen, als davon, sich Spielräume zu verschaffen. Vernünftig betrachtet, scheint dies absurd. Wozu soll man sich Spielräume verschaffen, wenn man sich dann nicht mehr dafür interessiert, etwas daraus zu machen? Aber psychologisch gesehen sind Menschen erst einmal anders gebaut. Jemand tut alles, um seine Zahnschmerzen loszuwerden, doch nachdem ihm dies geglückt ist, sitzt er wieder genauso gelangweilt herum wie zuvor – eine ganz normale Geschichte. Das damit verbundene Denkmuster charakterisiert der Protagonist in Jonathan Frantzens Roman *Die Korrekturen* mit den Worten:»Genauso gut könnte man Blindheit als Hellsicht definieren: Nun, da ich blind bin, sehe ich, dass es nichts zu sehen gibt.«

Zweitens: Die Kritiktradition des Kampfes gegen Missstände hat in der Intellektuellenszene imperiale Züge angenommen. Sie ähnelt dem Phänomen, das der Wissenschaftstheoretiker Thomas S. Kuhn als Normalwissenschaft bezeichnet. Normalkritiker gehen zum Angriff über, wenn jemand einem anderen Kritikmuster folgt als sie selbst. Erst einmal muss alles Leid der Welt besiegt sein, bevor die Frage nach der Gestaltung des Lebens jenseits des Leids erlaubt sein darf. Wer sich Gedanken über das entgangene Glück derjenigen macht, die unter guten Umständen leben können, muss sich die Frage gefallen lassen, ob er nicht wisse, wie viele Kinder jährlich weltweit verhungern.»Was sind das für Zeiten, in denen ein Gespräch über Bäume fast ein Verbrechen ist, weil es ein Schweigen über so viele Missstände einschließt?« schrieb Bertolt Brecht in seinem Gedicht *An die Nachgeborenen*. Doch selbst in der bitteren Stunde der Niederschrift dieser Zeilen klingt die Auffassung an, dass erst das Gespräch über Bäume den Menschen gerecht wird. Mit einem Gespräch über Bäume riskiert man freilich den Vorwurf des Zynismus und der Ignoranz. Man muss darauf gefasst sein, die Replik zu provozieren, man solle doch erst einmal einige Monate in den Müllhalden von Manila nach Verwertbarem wühlen, dann werde man schon sehen, was wirklich wichtig ist. Es bleibt nichts, als die Verteidigungsanlagen der Normalkritik immer wieder mit zwei Argumenten anzugreifen: Zum einen läuft es nicht auf das Übersehen von Missständen hinaus, wenn man den Akzent der Kritik einmal anders setzt. Zum anderen bleibt die Kritik von Missständen auf halbem Wege stehen, wenn sie die Frage, was eigentlich nach der Beseitigung von Missständen geschehen soll, als Luxusthema ohne Bedeutung abtut. Erst diese Anschlussfrage thematisiert das eigentliche

Menschsein; davor geht es »nur« um die Herstellung von Bedingungen, die diese Frage überhaupt ermöglichen.

Drittens: Eine Kritik, die nicht primär an Missständen ansetzt, sondern die Gestaltung des guten Lebens zum Thema hat, kann immer nur mit besonderem argumentativem Aufwand klarmachen, dass die Zeit dafür reif sei. Missstände bedrücken und alarmieren; Gestaltungschancen dagegen sind so wenig spürbar, dass man sie in einem eigenen Lernprozess erst entdecken, aufgreifen und umsetzen muss. Sie werden zum Opfer genau jener Kritikform, der sie ihre Existenz verdanken. Normalkritik kann unmittelbare Evidenz für sich beanspruchen. Ihre Vorstellung des Guten setzt am Schlechten an, das konkret und erfahrbar ist. In der Kritik des entgangenen Glücks bezieht sich die Vorstellung des Guten auf etwas, das noch nicht existiert.

Wohin bewegt sich die Moderne?

Dynamik als Stillstand

Wenn etwas sehr langsam vorübergeht, neigt man gegen die eigene Vernunft dazu, es für ewig zu halten. Je länger der Sommer dauert, desto schwerer fällt es einem, sich den nächsten Winter vorzustellen. Im Winter geht es einem dann umgekehrt, die warmen Tage und das Grün scheinen niemals wiederzukehren.

Ganz anders die Warenwelt der Gegenwart. Wie sehen die Marktteilnehmer etwa Autos, Computer, Medien oder Erlebnisparks? Was erwarten sie von Biowissenschaft, Umwelttechnik, Robotik, Nanotechnologie, von der Zukunft der Arbeit? Bei diesen Beispielen würde man sich sehr darüber wundern, wenn alles beim alten bliebe. Jener Beständigkeitsillusion, der man in langen Sommern und Wintern so leicht aufsitzt, scheinen die Menschen der Moderne bei der Einschätzung ihrer Kultur nicht zu erliegen.

In diesem Vertrautsein bekundet sich jedoch ebenfalls eine Beständigkeitsillusion, wenn auch eine schwer erkennbare: die Unterstellung nämlich, dass der stetige Wandel, mit dem die Moderne voranschreitet, immer wie gewohnt weitergehen werde. Viele Zeitgenossen können sich zwar nur verschwommen vorstellen, wie sich Wirtschaft, Technik, Wissenschaft und Konsum weiterentwickeln werden, aber sie können – und wollen – sich keinesfalls vorstellen, dass die unablässige Veränderung dieser Lebensbereiche irgendwann nicht mehr so wichtig sein werde. Zukunftsbilder der Ankunft scheinen vielen beängstigender als die Bedrohung durch Katastrophen.

In diesem Denken spiegelt sich eine eingleisige Auffassung der Moderne wider. Autos immer schneller zu machen, Küchengeräte immer raffinierter, das Warenangebot immer größer, die Produktion immer effizienter: das ist im Steigerungsdenken die Bedingung von Geschichte und menschlicher Lebendigkeit schlechthin. Der Begriff der Dynamik bringt dieses Denken wie kein anderer auf den Punkt. Sein Vorläufer war der Fortschrittsbegriff. Davon noch zu reden gilt heute als naiv, doch der Begriff der Dynamik ist nur ein neues Etikett; gemeint ist immer noch dasselbe.

Wie dynamisch sind wir? Es kommt auf den Standpunkt an. Aus einer bestimmten Perspektive erscheint die gegenwärtige Dynamik als Stillstand. Damit beabsichtige ich jedoch keine Wachstums- und Fortschrittskritik. Es geht an dieser Stelle nicht um ökologische Risiken, soziale Spaltung, wachsende Ungleichheit und andere Verlustpositionen; und schon gar nicht geht es um die Rückkehr zur vermeintlichen Idylle einer vom verklärenden Blick gefälschten Vergangenheit. Es geht vielmehr darum, eine Form des Nichtbegreifens zu schildern: die Gleichsetzung eines weit fortgeschrittenen Prozessstadiums mit der Situation am Anfang des Prozesses. Was bei dieser Gleichsetzung unter den Tisch fällt, ist die unmerkliche, aber letztlich fundamentale Veränderung der Situation durch den Prozess selbst. Darauf nicht zu reagieren, dies nicht als den Anfang eines neuen Prozesses zu erkennen, ist eine Form des Stillstands bei aller Bewegung.

Noch ist unsere Zeit eindimensional von der Idee der Steigerung geprägt. Manager, Politiker und Medienmacher sind davon überzeugt, dass es auf nichts so sehr ankomme wie auf die Fortsetzung und Radikalisierung der Idee der Steigerung. Doch aus der Perspektive einer Kritik des entgangenen Glücks ist Steigerung nur notwendig, nicht aber hinreichend. Wenn Steigerung gegenwärtig noch als einziger Weg erscheint, so liegt dies an der Unmerklichkeit eines Übergangs, der sich zunächst nur als Gefühl einer Leerstelle mitteilt. Etwas Neues wird gebraucht, ohne dass das Alte überflüssig würde. Das alte Denken ist nicht am Ende, wohl aber seine Eingleisigkeit.

Das Ende der Eingleisigkeit

Die Aussage, etwas gehe zu Ende, ist nicht mit einer Endzeitdiagnose zu verwechseln. Ununterbrochen geht etwas zu Ende, beginnt etwas Neues. In unserer Kultur herrscht jedoch eine im Grunde statische Vorstellung vom Wandel: Alles wandelt sich, aber es wandelt sich immer *so*, wie wir es bereits kennen. Mögen die Meinungen über das Kommende auch noch so sehr auseinandergehen, auf einer abstrakten Ebene ähneln sie sich doch. Die Fortsetzungsvermutung eint Anbieter und Konsumenten, Pessimisten und Optimisten, Globalisierungsgegner und Konzernvorstände, Liberale und Sozialisten; sie verbindet die empirische Wissenschaft, die Bildungsreformer und die Trendgurus. Doch inmitten dieser Eingleisigkeit hat sich längst eine zweite Dimension des Denkens und Handelns herausgebildet.

Zu den Kennzeichen des gegenwärtigen Übergangs zählt, dass er sich schleichend vollzieht. Erst nach und nach entsteht im Verlauf der Moderne die Herausforderung, neben der Steigerung eine neue, zusätzliche Form herauszubilden. Sie zu erlernen bringt mehr Ungewissheit mit sich als der Eintritt in die uns vertraute Form der Moderne vor langer Zeit. Die im neunzehnten und frühen zwanzigsten Jahrhundert vom Land in die Städte strömenden Menschen machten zwar einen Weltensprung durch, aber selbst dann, wenn sie sich zunächst mit allem unvertraut fühlten, merkten sie bald, dass die neue Umgebung von kollektiv anerkannten, eindeutigen Prinzipien regiert wurde. Der Enttraditionalisierung stand das Angebot gegenüber, sich in ein klar konzipiertes Regelsystem einzufügen. Dieses bot allen, die es erst einmal begriffen hatten, Möglichkeiten, die weit über den Horizont ihrer Herkunftswelt hinausgingen.

Anders verhält es sich in der Gegenwart. Es zeichnet sich ab, dass die Moderne in vielen Bereichen der Lebenswelt keine Eindeutigkeit mehr zu bieten hat, keine Regeln, die sich fast von selbst verstehen. Neben der Welt der Eindeutigkeit wächst eine Welt der Ungewissheit, und jeder muss in beiden Welten zurechtkommen. In der noch unerschlossenen Welt der Ungewissheit tritt eine Idee hervor, mit der ich mich noch ausführlich beschäftigen werde: die Idee des Seins. Sie ergreift mehr Menschen, als dies jemals zuvor in der Geschichte der Fall war – einschließlich aller Unwägbarkeiten, Unschärfen und Verständigungsschwierigkeiten, die schon immer zu dieser Idee gehörten. Das Sein ist schwerer zu fassen als das Können. Die Frage ist nun: Wie kann man es auf moderne Weise fassen? Je umfangreicher ihr Möglichkeitsraum wird, desto weniger können die

Menschen der Frage ausweichen, was sie eigentlich darin anfangen sollen. Neben die Idee der Steigerung tritt die Idee der Ankunft, neben die Absicht der Grenzverschiebung tritt die Absicht des Wohnens im eroberten Territorium.

Die neue Anforderung lässt sich durch eine Gedankenreise veranschaulichen. Eine Gruppe von Männern, Frauen und Kindern entkommt mit knapper Not in einem Raumschiff einer Katastrophe, die alles Leben auf der Erde vernichtet. Das Raumschiff ist autark; alle lebensnotwendigen Ressourcen erneuern sich ohne Substanzverlust immer wieder in Kreisläufen, die den zerstörten Ökosystemen auf der Erde nachgebildet sind. Dafür braucht das Raumschiff Energie, die es aus dem Weltall bezieht. Das Raumschiff hat kein Ziel; es wird niemals irgendwo ankommen, vielmehr ist es bereits am Ziel, angekommen bei sich selbst. Wartungs- und Reparaturarbeiten sind alles, was den Menschen zu tun bleibt, im übrigen steht es ihnen frei, was sie mit ihrer Zeit anfangen wollen: schlafen, lesen, spielen, miteinander reden oder sich anschweigen, sich lieben oder hassen, sich belauern oder ignorieren, sich in den Notsituationen, die einem auch auf dem Raumschiff nicht erspart bleiben – Geburt, Krankheit, psychische Krisen, Tod – gegenseitig Beistand leisten oder einander die Hilfe verweigern. Alle Zeiterfahrung muss von den Menschen selbst erzeugt werden. Alle Vorgänge müssen sie von selbst anfangen und gestalten. Auf mehr kann man nicht warten, mehr Schicksal gibt es nicht. Dieses Bild soll nicht etwa die gegenwärtige Situation des »Raumschiffs Erde« darstellen. Es soll vielmehr ein Gespür für die Art von Denkanforderung vermitteln, die wir nicht gewöhnt sind, die sich uns aber immer häufiger in den Weg stellt.

Wie sollen wir leben, wenn wir die Wahl haben? Auf den ersten Blick wirkt diese Frage banal, und doch ist sie allgegenwärtig und unvermeidlich. Es macht allerdings einen Unterschied, ob sich die Frage nach einem guten Leben »nur« als Allerweltsthema stellt oder ob sie zum dringlichen Anliegen von Regierungen, Konzernen, Forschungszentren, Bildungseinrichtungen und öffentlichen Debatten wird. Neu ist die Explizitheit, mit der sich die Frage aufdrängt – und die wachsende Ungewissheit der Antwort. Mitnichten ist die Frage nach dem guten Leben Privatsache, und zwar deshalb, weil das, was Regierungen, Konzerne und Forschungszentren tun, Konsequenzen für dieses Anliegen hat.

Die alte Frage nach dem guten Leben stellt sich in einer Situation historisch beispielloser Gestaltungsoffenheit. Man könnte einwenden, die Herstellung dieser Bedingung sei ja noch längst nicht am Ende, der Vorgang der Möglichkeitserweiterung setze sich gegenwärtig sogar noch beschleunigt fort. Dies ist richtig; trotzdem beginnt das Leben, eine neue Qualität anzunehmen. Die Anzahl der Optionen mag immer noch steigerbar sein, sie ist jedoch bereits jetzt so verwirrend groß, dass die Frage nach dem guten Leben mit Macht den Panzer der Privatheit sprengt. Die Frage ist da, aber es fehlen wichtige Voraussetzungen, um öffentlich über sie nachzudenken.

Hinter den tradierten Mustern der Fortsetzung verbirgt sich das zögernde Voranschreiten der Geschichte der Rationalität. Doch wie kann man das alte, so überwältigend erfolgreiche Paradigma dort vergessen, wo es nicht hinpasst? Die Schwierigkeit liegt vor allem in der Nichtverfügbarkeit ausgearbeiteter Alternativen. Wie soll man rational mit dem subjektiven Element umgehen? Das Muster der ewigen Fortsetzung steht zur Diskussion, nicht gegen die Idee der Rationalität, sondern wegen ihr. Sie denkt sich wie von selbst weiter, auch gegen den Widerstand jener historisch konkret gewordenen Teilform von Rationalität, die nur die Welt der Steigerung in Gang hält und die in einer geänderten Situation ihre Monopolstellung verliert.

Was ansteht, ist eine Modernisierung der Moderne, die von der Voraussetzung ausgeht, dass die Moderne einerseits unabschließbar ist und es andererseits in ihrer Geschichte Episoden mit einem Anfang und einem Ende gibt. So einfach diese Überlegung ist, so sehr provoziert sie Ablehnung, denn die Protagonisten der jeweils aktuellen Episode der Moderne neigen dazu, ihr Teilprojekt für den Gesamtvorgang zu halten. Stellt man Überlegungen über die Begrenztheit eines Abschnitts der Moderne an, dem gegenwärtige Modernisierer ihr Leben verschrieben haben, so muss man auf den Vorwurf gefasst sein, man verkünde wieder einmal das Ende der Moderne.

Doch gerade die Verfechter einzelner, historisch konkret gewordener Formen der Moderne sind dazu verurteilt, irgendwann einmal unmodern zu werden. Modernität heißt, dass nichts als sakrosankt gelten darf – am wenigsten, was eine Zeitlang fortschrittlich war. Der Vorwurf des Stehenbleibens, der Verdacht einer heimlichen Verabschiedung der Moderne fällt auf diejenigen zurück, die ihn äußern, sofern sie verlangen, die historisch begrenzte Geltung ihrer Denkmuster für alle Zeiten festzuschreiben.

Modernes Denken muss in historisch wechselnden Horizonten immer wieder neue Formen finden. Die Expedition geht weiter, aber sie muss sich den jeweiligen Gegebenheiten anpassen. In der Aufklärung fand modernes Denken seine klarste und überzeugendste Ausdrucksform, wenn auch seine Ursprünge früher liegen. Die zentrale Botschaft lautet: Prüft eure Situation unvoreingenommen, verlasst euch auf euer Urteilsvermögen, und tut das, was euch für euch alle am besten erscheint. Dies ist einleuchtend und unbestimmt zugleich. Auch wenn die Aufklärung uns einige Konkretisierungen mit auf den Weg gegeben hat – die Leitvorstellung der selbstkritischen, an den Fakten orientierten Wissenschaft; die politischen Ideale von Freiheit, Gerechtigkeit und Solidarität; die Aufforderung zur Bekämpfung der Not der Menschen; das Ziel der Autonomie jedes einzelnen –, so ist doch von Situation zu Situation neu zu bestimmen, wie aufgeklärtes und modernes Leben konkret aussieht. Je mehr Erfahrung wir mit modernem Denken gewinnen, desto deutlicher tritt uns vor Augen, dass es sich um eine Fortbewegungsweise handelt. Wenn gegenwärtig ein Ende der Moderne droht, so nicht ein Ende vom Typ des Stillstands, sondern ein Ende vom Typ der Fortbewegung ohne Anpassung.

Dem Alltagsverstand ist dies nicht unmittelbar zugänglich; er muss erst lernen, die Moderne gleichzeitig auf unterschiedlichen Abstraktionsniveaus zu sehen. Es gibt ein allgemeines, verschiedene Phasen übergreifendes Prinzip; und es gibt spezielle Ausformungen dieses Prinzips in einzelnen Phasen. Das allgemeine Prinzip ist Rationalität – der immer weiter gehende »Gebrauch des eigenen Verstands«. Was sich ändert, sind die Themen, denen sich der Verstand im Lauf der Zeit zuwendet. Rationalität wird in Zukunft nicht mehr ausschließlich die Verbesserung von Betriebsergebnissen, die Steigerung des Bruttosozialprodukts, die Perfektionierung von Geräten, die Erhöhung der Produktivität oder die Reibungslosigkeit von Organisationsabläufen im Blick haben. Doch was kommt hinzu?

Modernität ohne Sachzwang

In der Welt der Steigerung geht es vor allem um Sachen. Der Umgang mit Sachen bringt es mit sich, objektiv gegebene Regelmäßigkeiten zu erkennen und im Rahmen der instrumentellen Vernunft zu nutzen. Es ist einerlei, ob es dabei um die Reparatur eines Autos, die Durchführung einer Bandscheibenoperation, die Planung eines Experiments oder um die Reorganisation von Produktionsabläufen geht; die Herangehensweise ist immer die gleiche.

Anders verhält es sich beispielsweise in einer Paarbeziehung. Was heißt es, seinen Partner als Sache zu behandeln? Man unterstellt ihm Gesetzmäßigkeiten, legt ihn auf einen bestimmten Typus fest, versucht ständig, ihn zu formen und umzugestalten, und das alles im Dienst der eigenen Interessen. Wer würde sich das gefallen lassen? Wer Menschen oder Beziehungen zwischen Menschen wie eine Sache behandelt, stößt schnell an die Grenzen des Machbaren.

Allerdings tut man sich mit der Negation des Prinzips leichter als mit der Formulierung eines anderen Prinzips, das etwa an seine Stelle treten sollte. Wenn Zuwendung, Freundschaft oder Liebe keine Sachen sind, wie geht man dann damit um? Die Antwort »menschlich« sagt sich schnell dahin, aber sie lässt alles offen. Nichts ist greifbar, was auch nur entfernt so ausgearbeitet, explizit und jedermann verfügbar wäre wie unser Umgang mit Sachen.

Sichtbar wird ein Auseinanderklaffen zwischen Anforderungen und Fähigkeiten. In einer neuen Grundkonstellation von Situation und Subjekt sind die Themen, die sich für eine sachliche Behandlung eignen, ebenso drastisch zurückgegangen, wie sich die menschlich oder wie auch immer zu behandelnden Themen vermehrt haben.

Dies gilt zum einen für den persönlichen Lebenslauf im entgrenzten Möglichkeitsraum. Wer bin ich? Was will ich? Wer passt zu mir? Was passt zu mir? Welchen Sinn soll ich meinem Leben geben? Zum anderen stehen auch Institutionen und Organisationen ähnlichen Fragen gegenüber. Nach Jahrhunderten rigoroser Versachlichung unter Konkurrenzdruck kommt es auf einmal darauf an, jenseits der Sachen zu operieren. Ironisch präsentiert uns die Kulturgeschichte das Erfordernis des Denkens ohne Sachzwang als neuen Sachzwang. Die gesamte Konsumgüterindustrie rätselt darüber, was Menschen wollen könnten und welche Trends gerade laufen. Werbung und PR sind die Zunftmeister des Kulturdesigns, des Glücksdiskurses und des Ausknobelns von Botschaften; sie wurden zu Agenturen der Aufmerksamkeitsökonomie, der Kommunikationssteuerung zwischen Anbietern und Nachfragern, zu Erfindern von Möglichkeiten des Ichseins.

Viele Zusammenhänge in Wirtschaft und Gesellschaft lassen sich nicht mehr bloß als Sache behandeln. Wer nur mit Sachen zu tun hat, kommt weit – aber immer nur bis zu den vorletzten Zielen. Für die letzten Ziele kommt es auf »etwas anderes« an. Aber für Ästhetik, Lebensphilosophie, Glück, Erlebnisse, Alltagssemantik, zwischenmenschliche Muster und Kultur gibt es bisher keine ähnlich klaren Prinzipien, wie sie im Umgang mit Sachen bestehen. Diese Prinzipien werden zwar fortleben, doch die Verteidigung ihrer beherrschenden, religionsähnlichen Rolle wird als immer unmoderner erscheinen. An ihre Stelle wird nicht etwa die Irrationalität treten, wenn man darunter unüberlegtes, widersinniges, desorientiertes Handeln versteht. Im Gegenteil: das Handeln wird noch rationaler, weil nun eine andere, nicht sachbezogene, sondern subjektbezogene Rationalität in den Vordergrund tritt, die bisher im Schatten der Sachbezogenheit dahinkümmerte. Denkformen, die das Subjekt in den Mittelpunkt stellen, sind nicht irrational; sie sind bloß schwieriger zu handhaben, weniger standardisierbar, komplex und unscharf. Es wird zwar alles unternommen, um subjektbezogene Rationalitätsformen in Sachen einzuprogrammieren, aber vergeblich: Einen Kindererziehungsroboter wird es nicht geben.

Thema Kultur

Vormoderne Diskurswirklichkeit

Modernität ohne Sachzwang? Es fällt zunächst schwer, sich dies überhaupt vorzustellen. Jenseits des Sachzwangs geht es um einen zerredeten, vernebelten, gleichzeitig nahen und ungreifbaren Gegenstand. Es geht um Kultur. Allein dieses Allerweltswort reicht aus, um die Hoffnung auf eine klare Verständigung erheblich zu dämpfen. Nicht umsonst ist das Feuilleton der meistüberblätterte Teil der Bildungspresse. Für viele ist Kultur nichts weiter als ein Spartenbegriff zum Sortieren von Interessengebieten und Medieninhalten. Und wie redet man über Kultur? Was den einen auf die Nerven geht, wirkt auf die anderen anziehend. Alles ist erlaubt: Unverständlichkeit, Behaupten ohne Begründen, Schwadronieren, Arroganz und bloße Selbstinszenierung. Um im Gerede über Kultur das Beachtenswerte zu finden, muss man mehr Zeit für die Prüfung des Unwichtigen aufwenden als in jedem anderen Themenbereich.

Dazu könnte man mit den Achseln zucken, wenn es denn möglich wäre, sich einfach abzuwenden. Doch es handelt sich um einen Themenbereich von rapide zunehmender Bedeutung. Kultur drängt ins Zentrum aller

Diskurse: Konzerne haben nichts Wichtigeres zu tun, als sich wie säkularisierte Seelsorger in das Innenleben der Konsumenten von morgen einzufühlen. Lebensmittelskandale, Klimaveränderung, Energiekrise und Globalisierung zwingen die Öffentlichkeit zu einer Diskussion darüber, wie man überhaupt leben soll. Die Gentechnik nötigt gerade diejenigen dazu, sich letzten Fragen zu stellen, die für philosophische Diskurse immer nur das Lächeln der Verächter von Ungewissheit übrig hatten.

Wirtschaft, Technik und Naturwissenschaft haben ein Niveau erreicht, von dem aus es allein mit den altgewohnten Mitteln der Modernisierung nicht mehr weitergeht. Doch andere Ideen fehlen. Marktforschung und Quotenmessung machen den Eindruck ausgeklügelter Ratlosigkeit; Unternehmen, Medien und Politik folgen ihnen wie Elefanten, die von Kindern am Strick herumgeführt werden. Jene Geisteshaltung, die lange den Fortschritt dirigierte – das technisch-naturwissenschaftliche Denken –, droht in Ignoranz in bezug auf das eigene Tun zu münden und lässt in ihrer Beschränktheit an vormoderne Zeiten denken.

Je mehr wir können, desto wichtiger wird die Frage, wer wir sind und was wir wollen. Sind wir dieser Frage gewachsen? Sie ist im Bereich des Kulturellen angesiedelt, aber Kultur ist wie schwarze Materie. Man lebt in ihr, aber man kennt sie nicht. Man ahnt sie, aber man bekommt sie nicht zu fassen. Man spricht über sie, und die Worte bleiben nichtssagend. Sie ist ein offenes Geheimnis, das jedem die Illusion der Kenntnis suggeriert und das sich gerade dadurch der Aufdeckung entzieht. Obwohl ständig und überall von kulturellen Phänomenen die Rede ist, fehlt meist eine Vorstellung davon, worum es überhaupt geht. Die Folgen dieses Defizits bleiben unerkannt, weil sie selbst wieder kultureller Art sind.

Nehmen wir das im Lauf von vielen Jahrhunderten erreichte allgemeine Niveau naturwissenschaftlicher Kenntnisse zum Maßstab, um das Defizit im Reden und Denken über Kultur zu beurteilen. Unser Alltagsleben setzt an allen Ecken und Enden solche Kenntnisse voraus, auch bei denen, die sich für Naturwissenschaft nicht interessieren. Das naturbezogene Denken ist weit entwickelt. Unser Alltagsleben würde zusammenbrechen, wenn wir nicht alle ein Grundverständnis von Mechanik, Elektrizität, Werkstoffeigenschaften, Informationsübertragung, Biologie, Ökologie, Medizin und anderen Gebieten des Themenbereichs Natur hätten. Dieses Grundverständnis mag Experten primitiv erscheinen, aber es ist im wesentlichen nicht völlig falsch und reicht für den Hausgebrauch aus.

Für das kulturbezogene Alltagsdenken gilt dies nicht, obwohl es einen säkularen Trend der Thematisierung von Kultur gibt, bei dem dieses Grundverständnis wichtig wäre. Reden über Kultur braucht Schulung. Dass es sich lernen lässt, scheint sicher, aber wird es auch gelernt? Man ist versucht zu denken, es handle sich um eine Privatangelegenheit wie Klavier spielen oder Aquarelle malen. Doch es geht um eine gemeinsame Herausforderung, nicht um Erbauung.

Eine lange Themenkarriere

Die älteste Form der Thematisierung von Kultur ist die wechselseitige Kritik von älterer und jüngerer Generation: die ewige Klage über den Sittenverfall und der ewige Hohn auf das Verzopfte. Das Thema Kultur ist nichts Neues, weder im Alltag noch in der Wissenschaft. Elaborierte kulturtheoretische Abhandlungen wurden bekanntlich bereits vor Jahrtausenden verfasst. Was berechtigt dennoch dazu, von einer Karriere des Themas Kultur in der Moderne zu sprechen? Es ist das Phänomen einer unaufhörlichen Intensivierung, die seit dem Ende des achtzehnten Jahrhunderts anhält. Das Nachdenken und Reden über Kultur nahm enorm an Häufigkeit, Dauer und sozialer Verbreitung zu, und es wurde normal, damit konkrete Gestaltungsabsichten im Hier und Jetzt zu verbinden. Kulturbezogene Reflexion eroberte sich nicht nur viele professionelle Tätigkeitsbereiche, auch das Alltagsdenken wurde zugänglich für kulturbezogene Fachbegriffe, Theoriefragmente, Paradigmen und Expertenmeinungen.

Die Karriere des Themas Kultur ist ein umfassender und in seiner Unbeirrbarkeit fast unheimlicher Vorgang. Andere Verlaufsmuster, die in ähnlicher Weise durch Jahrhunderte der Kontinuität beeindrucken, sind jedermann bekannt, vor allem die Geschichte der Naturwissenschaft, die Geschichte der Technik und die Geschichte der Arbeitsrationalisierung. Im Vergleich dazu ist die Geschichte der Thematisierung von Kultur zwar nicht weniger bedeutsam, spielt aber im kollektiven Gedächtnis keine Rolle. Dies mag damit zusammenhängen, dass einiges Abstraktionsvermögen nötig ist, um diese Themenkarriere überhaupt wahrzunehmen. Naturwissenschaftliche Entdeckungen, technische Innovationen und Produktivitätssteigerungen sind von unübersehbarer Konkretheit; im Vergleich dazu erscheint die Kulturbezogenheit des Denkens als reichlich theoretische Größe. Die Karriere des Themas Kultur muss erst noch den

Punkt erreichen, an dem sie im Alltag so selbstverständlich wahrgenommen wird wie die Produktgeschichte des Automobils.

Zunächst waren es verschiedene weltweit wirksame politische Großereignisse und soziale Bewegungen, die das Thema Kultur zum Ausdruck gebracht und verstärkt haben: der Schritt der Vereinigten Staaten von Amerika in die Unabhängigkeit, die Französische Revolution, die nationalen Bewegungen des neunzehnten Jahrhunderts, die Arbeiterbewegung, die Anfänge der Frauenbewegung Ende des neunzehnten Jahrhunderts. Gerade die Verschiedenartigkeit der Schauplätze, der Akteure und der Geschehnisse bestätigt die These eines übergreifenden, alles mitreißenden Vorgangs in der Geschichte des Denkens. Die zentralen Anliegen lagen weit auseinander, aber sie hatten in jedem der genannten Beispiele mit alten Formen des Zusammenlebens zu tun, die zerstört werden sollten, und mit neuen, die zu erkämpfen waren. Von den großen Konflikten des späten achtzehnten und des neunzehnten Jahrhunderts ging die Botschaft aus, dass die Verhältnisse, in denen viele Menschen lebten, schlecht waren, aber dass es – im Unterschied zu den Protestbewegungen früherer Jahrhunderte – in der Macht der vielen lag, sie besser zu gestalten.

Die Begeisterung, die diese Erkenntnis auslöste, als sie die Massen ergriff, lässt sich am Anfang des einundzwanzigsten Jahrhunderts kaum noch nachempfinden, nachdem der Anspruch auf Gestaltung von Lebensformen in der westlichen Welt so selbstverständlich wurde wie die freie Wahl des Fernsehprogramms. Damals aber gab es einen Enthusiasmus kollektiver Themenfindung, vergleichbar den Gefühlen bei der Entdeckung eines Kontinents. Seither ist die Landnahme dieses Kontinents ständig weitergegangen. Allmählich gewöhnte man sich an die Landgewinne und machte immer weniger Aufhebens davon. Der Prozess normalisierte sich, und seine Bedeutung nahm zu, während die Beachtung des Prozesses selbst zurückging.

Am Anfang der Themengeschichte ging es um Verhältnisse, die die Kultur als ganze betrafen: politische Institutionen, Herrschaftsverhältnisse, nationale Autonomie, Produktionsverhältnisse, Geschlechterverhältnisse. Im Lauf der Zeit bewegte sich der Fokus kulturbezogenen Denkens vom Ganzen weg und auf die einzelnen Akteure zu. Menschen und Organisationen begannen, Kultur als Phänomen ins Auge zu fassen, mit dem zu rechnen ist und auf das man sich einstellen muss, um Erfolg zu haben. Mehr und mehr interessierte kulturbezogenes Wissen als allgemeines Handlungswissen, das dazu dienen soll, in konkreten Einzelfällen Probleme zu lösen und Ziele zu erreichen.

Markant tritt diese Tendenz etwa in der Geschichte der Psychotherapie zu Tage. Die Psychoanalyse, deren gedankliche Substanz zu Beginn des zwanzigsten Jahrhunderts weitgehend ausgearbeitet war, verbreitete sich unaufhaltsam im intellektuellen Leben des Westens und wurde zur Keimzelle einer diagnostischen und therapeutischen Thematisierung von Kultur, die weit über die Psychoanalyse hinauswuchs und die heute im Gesundheitswesen so etabliert ist wie die Zahnbehandlung. Am vorläufigen Ende dieser Entwicklung stehen Ausbildungsgänge, Berufe, Abrechnungsmodalitäten, Publikumszeitschriften und die Popularisierung von Begriffen wie Unterbewusstsein oder Neurose.

Viele weitere Entwicklungen weisen in dieselbe Richtung. Je mehr beispielsweise die Menschen dazu übergingen, sich selbst als Lebensunternehmer zu sehen, desto umfangreicher wurde die Ratgeberliteratur für die autodidaktische Optimierung von Kulturtechniken des Alltagslebens. Eine der auffälligsten Formen des Reflexivwerdens von Kultur ist die seit den sechziger Jahren nicht mehr zur Ruhe gekommene Verhandlung des Themas Sexualität. Zum einen wird hier (etwa in Form einer unendlichen, sich täglich fortsetzenden Serie von Tips in den Massenmedien) Kultur in denkbar expliziter und konkreter Weise zum Diskursgegenstand erhoben. Zum anderen entstehen im Themenbereich der Sexualität mehr als in jedem anderen immer wieder auch Diskurse über den Diskurs: Hier hat sich die Reflexionsspirale bereits eine Windung weitergedreht; zum neuen Gesprächsgegenstand wurde die Art des Diskurses jenseits seines ursprüngliches Themas.

Die sechziger und siebziger Jahre waren aber nicht nur der Anfang einer Entwicklung, die schließlich zur Börsennotierung von Unternehmen wie Playboy oder Beate Uhse führte. Vielmehr brachte diese Zeit die Thematisierung von Sozialformen überhaupt mit sich. Die Wohngemeinschaft wurde erfunden, die antiautoritäre Erziehung, der Hausmann, das Aussteigen, die Rotation von Mandaten, das Job-Sharing, die Fußgängerzone, die Karrierefrau, das Kulturzentrum. Dass aus solchen Anfängen zu Beginn des einundzwanzigsten Jahrhunderts die Legalisierung der Homo-Ehe einschließlich ihrer sozialversicherungsrechtlichen Gleichstellung mit der traditionellen Ehe werden würde, hätte in den sechziger Jahren niemand für möglich gehalten. Die Homo-Ehe ist aber nur eines von vielen Beispielen für eine neue Politisierung des Kulturellen zu Beginn des einundzwanzigsten Jahrhunderts. Auf der politischen Agenda finden sich nun immer mehr Tagesordnungspunkte der Regulierung oder Deregulierung von Kultur, die man bis dahin sich selbst überlassen hatte: das Wohnen (nicht mehr im Sinn der Dach-über-dem-Kopf-Politik der Nachkriegszeit, sondern im Sinn der Gestaltung kultureller Lebensräume), das Zusammenleben ethnischer Gruppen, die richtige Kindererziehung, die beste Ernährung, der Einsatz von Gentechnik und ihre kulturellen Implikationen.

Am Anfang der Politisierung von Kultur stand das Ziel im Vordergrund, Hindernisse für das eigene (einem selbst gehörende) Leben beiseite zu räumen. Dieses Motiv blieb zunächst abstrakt. Es ging vor allem um Erlaubnisse, neue Möglichkeiten, Öffnung. Die zweite Welle der Politisierung setzt die Spielräume bereits voraus, als ob sie selbstverständlich wären; ihr Ziel ist die Gestaltung dieser Spielräume in einem Umfeld konkurrierender Ansprüche und Optionen. Genau an dieser Stelle braucht man das zweite der bereits eingeführten Kritikmuster – den Diskurs über das entgangene Glück. Nach wie vor dominiert zwar der Diskurs über Missstände, aber das zweite Kritikmuster und damit auch der Diskurs über das schöne Leben gewinnt an Boden.

Neben diesem Entwicklungsstrang der Themengeschichte, dessen roter Faden das Glück des einzelnen ist, lässt sich noch ein zweiter erkennen. Sein Fokus ist das Handeln korporativer Akteure. Auch in Unternehmen, Parteien, Verbänden, Stadtverwaltungen und Medienbetrieben wird kulturbezogenes Denken immer wichtiger: Welchen Weg sollen wir bei der Produktentwicklung einschlagen? Wie werden wir erfolgreich? Womit motiviert man Mitarbeiter? Wie fördern wir den Zulauf neuer Mitglieder? Wie mobilisieren wir Spenden? Wie lancieren wir ein Thema in der Öffentlichkeit? Wie machen wir Quote? Ein Beispiel für die Institutionalisierung dieser Art des Denkens ist die Marktforschung. Sie lässt sich als Versuch begreifen, unternehmerisches Handeln in produktbezogene Kulturdiagnosen einzubetten; seit Jahrzehnten ist sie eine der am schnellsten und am beständigsten wachsenden Branchen. Und wie in der Außenbeziehung der Unternehmen institutionalisierte sich kulturbezogenes Denken auch in der Innenbeziehung. In Managementseminaren, in der Unternehmensberatung und auf Motivationstagen wurden kulturelle Muster in Kooperationsbeziehungen zum Thema.

Diese Beispiele mögen genügen, um den gemeinsamen Grundzug einer Vielzahl scheinbar unverbundener Ereignisse und Entwicklungen hervortreten zu lassen. Überblickt man sie in ihrer Gesamtheit und im Zeitraffer, so drängt sich das Bild eines immer breiter werdenden Stroms auf. Immer mehr Diskurse vereinigen sich zu einem machtvollen Thematisierungstrend. Seine Hauptrichtung ist eine Wendung des Denkens hin zur Gemeinschaft der Denkenden: ein Perspektivenwandel, der Kultur selbst zum Gegenstand der Kultivierung macht.

Das Nachhinken kollektiven Lernens

Jeder erkennt, dass man Know-how braucht, um eine Datenbank einzurichten, ein Auto zu reparieren oder ein Hochhaus zu bauen. Kultur dagegen gilt als leichter Stoff. Warum sollte beispielsweise nicht jeder mitreden können, wenn es um Fragen der Beziehung zwischen Mann und Frau (als Minimalfall einer Kulturgemeinschaft) geht? Um mit einer Gegenfrage zu antworten: Warum sollte jeder mitreden können? Ist eine Beziehung weniger komplex als eine Datenbank, ein Auto oder ein Hochhaus? Nein, sie ist wesentlich komplexer. So gibt es keine objektivierbaren, vom Einzelfall ablösbaren Routinefertigkeiten, die jeder halbwegs intelligente Mensch im Abendstudium erwerben könnte, um eine Beziehung zu reparieren oder aufzubauen. Auf der anderen Seite wurden Wörter wie Beziehungsfähigkeit oder Teamfähigkeit nicht umsonst zu Begriffen der Umgangssprache. Sie deuten darauf hin, dass es Kompetenzunterschiede im Umgang mit Kultur gibt. Wir begegnen Kulturgenies und Kulturtölpeln. Was die einen von den anderen unterscheidet, hat nicht nur, aber auch den Charakter von Know-how im Sinn von Fähigkeiten, die sich explizit machen und lernen lassen. Schon das Elementare ist hier schwierig: zu wissen, was man überhaupt meint und nach welchen Regeln man darüber reden kann.

Es gibt jedoch Hinweise, dass sich das Bewusstsein dafür schärft. Ein Beispiel dafür ist die Karriere des Begriffs der emotionalen Intelligenz, den der amerikanische Psychologe Daniel Goleman populär gemacht hat. Der Erfolg seines Buches zeigt, dass ein wachsender Reflexionsbedarf besteht und nicht mehr sich selbst überlassen bleiben sollte. Emotionale Intelligenz als Kulturtechnik, so die zentrale Botschaft, ist zwar unentwickelt, aber lernbar. Doch der Begriff der emotionalen Intelligenz trägt nicht weit genug. Er fokussiert lediglich die unmittelbar erlebte Face-to-face-Beziehung, und er zielt auf die Intuition. Damit aber zielt er zu kurz, denn es geht auch um intellektuelle Fähigkeiten: um die Beherrschung von Begriffen, das Verstehen von Argumenten und Paradigmen, um die geistige Beweglichkeit zwischen Metaebenen verschiedener Niveaus.

Erkennbar werden drei Geschwindigkeiten kollektiven Lernens: der vorwärts stürmende Wandel der objektiven Lebensverhältnisse, dessen Hauptmerkmal die Erweiterung von Wahlmöglichkeiten war und ist; dann die allmähliche Thematisierung von Kultur als Folge dieses Wandels; und schließlich, erst in Anfängen erkennbar, die Ausbildung von kognitiven Fähigkeiten, die es erlauben, einen kollektiven Diskurs darüber zu führen.

Aber führen wir den Diskurs nicht schon seit geraumer Zeit? Längst ins Wasser geworfen, müssten wir doch schwimmen gelernt haben. Würde dieses Bild stimmen, müsste jedem klar sein, dass er ins Wasser geworfen wurde. Doch dies ist nicht der Fall. Man nehme an einer Strategiesitzung zur Planung einer Werbekampagne teil, man protokolliere die Innovationsdiskurse eines Automobilkonzerns, man analysiere Leitartikel, Bundestagsdebatten oder Ratgeberliteratur für das Alltagsleben, man lausche Kneipengesprächen: Durchgängig zeigen sich dabei bestimmte Voreinstellungen der Optik, die verhindern, dass das Gemeinte in seiner vollen Eigenart in den Blick kommt.

Solche Voreinstellungen sind unter anderem: die Faszinierbarkeit durch das Außergewöhnliche und die geringe Aufnahmefähigkeit für das Normale; die Fixierung auf punktuelle Ereignisse zu Lasten der Wahrnehmung von Verläufen; Selbstdarstellung zu Lasten des Zuhörens und des Austauschs; weitgehende argumentative Anarchie im Sinn des Fehlens von expliziten Kriterien zur Unterscheidung von guten und schlechten Argumenten, falschen und richtigen empirischen Begründungen, klärenden und vernebelnden Begriffen; keine verbindlichen Regeln, wenn es darum geht, Kontroversen produktiv zu Ende zu bringen.

Die Gegenwart erinnert an Filme und Romane, in denen plötzlich alle Routinen aufeinander bezogenen Handelns hinfällig werden, die Gemeinschaft der Personen aber über diesen Zeitpunkt hinaus Bestand hat. Ein vollbesetzter Aufzug bleibt zwischen den Stockwerken stehen. Bei einem Banküberfall werden alle im Schalterraum versammelten Personen als Geiseln genommen. Ein Flugzeug mit vielen Passagieren muss an einem abgelegenen Ort notlanden. Oder, weniger spektakulär: Die Angehörigen einer kleinen Firma machen einen Betriebsausflug. In all diesen Fällen geraten die Beteiligten in eine soziale Orientierungskrise. Sie sind in der momentanen Situation nicht aufeinander eingespielt und müssen in aller

Eile versuchen, neue Routinen sozialen Handelns aufzubauen. Unsicher stehen sie für einige Zeit ohne das gewohnte Gehäuse funktionierender Intersubjektivität im Freien und haben nichts Eiligeres zu tun, als ein neues Netzwerk gemeinsamer Sinnroutinen einzurichten.

Orientierungssicherheit und Orientierungsbedarf passen nicht zusammen. Orientierungssicherheit herrscht dort, wo die Dringlichkeit des Orientierungsbedarfs langsam abnimmt, in der sachbezogenen Denkwelt des Könnens. In der kulturbezogenen Denkwelt dominieren dagegen Ratlosigkeit und Verlegenheitslösungen.

Steigerung und Ankunft

Ein außergewöhnliches, kaum beachtetes Buch des Literaturnobelpreisträgers V. S. Naipaul trägt den Titel *Das Rätsel der Ankunft.* Aus dem Rahmen fällt dieses Buch insofern, als es wesentlich von Wiederholungen lebt. Es beginnt mit einem Blick aus dem Fenster eines Hauses, bei dem sich die Umgebung noch gänzlich konturlos zeigt; sie ist winterlich weiß und vernebelt. Dann erkundet der Ich-Erzähler in vielen minutiös beschriebenen Spaziergängen das Terrain. Aus Neuentdeckungen werden allmählich Kristallisationspunkte des Wiedererkennens, die sich im Lauf weiterer Spaziergänge mit Assoziationen und Interpretationen anreichern. Schließlich werden feste Erzählungen und Gewissheiten daraus. Naipaul deutet das Rätsel der Ankunft als Erwandern, Vertrautwerden, geistiges Besiedeln eines Platzes auf Pfaden der Eingewöhnung. Die Gesetzmäßigkeit, nach der sich Naipauls Text entwickelt, ist die Dramaturgie der Aneignung. Hat sich der Leser erst einmal auf die scheinbare Langsamkeit dieses Vorgangs eingestellt, ändert sich sein Zeitgefühl und die Bedeutsamkeit der Dinge. Er empfindet das Tempo der Spaziergänge fast als zu schnell, um der damit verbundenen Fülle von Wahrnehmungen noch Raum zu geben. Kleine Veränderungen, scheinbar banale Beobachtungen, kleine, in vorangegangenen Spaziergängen noch nicht gewagte Überschreitungen haben den Erlebniswert von Sensationen.

Naipauls Erzählung veranschaulicht, was ich mit dem Wort Ankunft meine: die allmähliche Aneignung eines Möglichkeitsraums. Wollte man das Schlüsselwort der bisherigen Moderne, Steigerung, auf Naipauls Text beziehen, so wäre sie in der Reise zu finden, die zu dem Haus und dem es umgebenden Möglichkeitsraum geführt hat. Aber – und hier endet die Analogie – Ankunft bedeutet nicht das Ende der Reise. Steigerung und

Ankunft sind simultane Existenzformen der voranschreitenden Moderne. Dabei schiebt sich das Thema der Ankunft immer mehr in den Vordergrund, und zwar gerade deshalb, weil die Reise der Steigerung immer noch weiter geht. Je mehr sich die Grenzen nach außen verschieben, desto interessanter wird die Frage, was sich innerhalb dieser Grenzen eigentlich befindet. Das Vertrautwerden mit dem Terrain, auf dem wir uns bewegen, wird zur Existenzfrage.

Im Alltagsleben wenden wir uns neuen Aufgaben meist erst dann zu, wenn die alten erledigt sind. Für das Verhältnis von Steigerung und Ankunft gilt dies nicht. Etwas Neues ist in den Blick zu nehmen, ohne dass man es sich erlauben könnte, das Alte aus den Augen zu verlieren. Dass ich das Thema der Ankunft in den Vordergrund stelle, bedeutet nicht, das Thema der Steigerung sei abgeschlossen. Doch in der Diskurswirklichkeit der Gegenwart ist das Gewicht, das dem Komplex Steigerung zugemessen wird, riesig im Vergleich zum Komplex der Ankunft. Diese Asymmetrie lässt es gerechtfertigt erscheinen, sich dem weniger beachteten Fragenkreis zuzuwenden.

Damit provoziert man Abwehr. Man könne, so heißt es, nicht den zweiten Schritt vor dem ersten tun. Man könne nicht ernsthaft über die Aneignung und das Zelebrieren der Kochkunst nachdenken, solange es noch Hunger in der Welt gibt. Aber die geistige Zumutung, Steigerung und Ankunft gleichzeitig zu verhandeln, lässt sich nicht durch die Festlegung einer Reihenfolge aus der Welt schaffen. Wir sind doppelt herausgefordert. Wir sind längst in das Projekt der Ankunft verwickelt, obwohl das Projekt der Steigerung noch gar nicht abgeschlossen ist.

Der Sinn des Absurden

Vieles von dem, was um uns herum geschieht und was wir selbst tun, scheint auf den ersten Blick vernünftig, auf den zweiten absurd und auf den dritten doch wieder sinnvoll, wenn auch auf zweifelhafte Weise.

Der erste Blick zeigt Handlungsmuster, die der seit Jahrhunderten erfolgreichen Logik naturbezogener Rationalität folgen: empirische Forschung, Perfektionierung von Apparaten, Steigerung der Produktivität, Erweiterung unseres Möglichkeitsraums.

Auf den zweiten Blick sieht man überflüssige Ergebnisse, verschwendete Ressourcen, vergeudete Zeit: einen Konsumgütermarkt, der ohne die professionelle Erfindung und Einübung neuer Wünsche sofort zusammenbrechen würde; eine Informations- und Bilderflut jenseits aller Vernunft; einen von Selbstbezüglichkeit bedrohten Wissenschaftsbetrieb; einen Erlebnismarkt, der seine Dynamik nicht aus Erfüllung bezieht, sondern aus Unzufriedenheit.

Dem dritten Blick enthüllt sich ein verborgener Sinn: das Vermeiden von Leere. Orientiertsein an sich zu erzeugen ist der Sinn des Absurden in der Gegenwart.

Ausgangspunkt meiner Überlegung ist der berühmte Essay über das Absurde von Albert Camus. Ich folge Camus in seinem Befund der ständigen Nähe des Absurden zur menschlichen Existenz, nicht jedoch in der Annahme seiner Unvermeidlichkeit.

Im vorangegangenen Kapitel habe ich das Thema Kultur als unsichtbare Herausforderung unserer Zeit dargestellt. Das Absurde zu vermeiden ist die Herausforderung hinter dieser Herausforderung. Distanz zum Absurden setzt voraus, dass man Kultur klar sehen und sich darüber verständigen kann.

Warum scheint gerade jetzt die Zeit reif zu sein für eine Gegenwartskritik unter dem Gesichtspunkt des Absurden? Weil, wie ich ausgeführt habe, die Moderne in einem Stadium angekommen ist, in dem ihre eigene Modernisierung ansteht. Es geht darum, den Begriff der Rationalität fortzuschreiben und ihn dort neu zu fassen, wo Steigerung zu Ankunft geführt hat. Die Vernunftvorstellung des zwanzigsten Jahrhunderts war so sehr auf das Können fixiert, dass viele das Sein ganz explizit als Reservat der Unvernunft betrachteten. Doch wozu das Können rationalisieren, wenn man mit dem Sein nichts anzufangen weiß?

Ein existenzphilosophischer Blick auf die Gegenwart

Das Absurde. Gedanken zu Albert Camus

Von den Göttern dazu verurteilt, in der Unterwelt für alle Ewigkeit einen gewaltigen Stein den Abhang hinauf zu stemmen, der dann doch immer wieder abwärts rollt, scheint Sisyphos das Sinnbild des Absurden. Albert Camus jedoch deutet die Figur in seinem Essay *Der Mythos von Sisyphos. Ein Versuch über das Absurde* anders. Er greift den Moment auf, in dem Sisyphos wieder nach unten geht. »Auf diesem Rückweg, während dieser Pause, interessiert mich Sisyphos. Ein Gesicht, das sich so nahe am Stein abmüht, ist selber bereits Stein! Ich sehe, wie dieser Mann schwerfälligen, aber gleichmäßigen Schrittes zu der Qual hinuntergeht, deren Ende er nicht kennt. Diese Stunde, die gleichsam ein Aufatmen ist und ebenso zuverlässig wiederkehrt wie sein Unheil, ist die Stunde des Bewusstseins. In diesen Augenblicken, in denen er den Gipfel verlässt, ist er seinem Schicksal überlegen ... Das Wissen, das seine eigentliche Qual bewirken sollte, vollendet gleichzeitig seinen Sieg. Es gibt kein Schicksal, das durch Verachtung nicht überwunden werden kann.«

Wie viele Leser mögen Camus wohl darin folgen, dass es dieser Moment sei, der dem Leben Sinn gebe? Denn dies ist die Grundaussage seines Essays. Alles dreht sich für ihn um die Frage, ob das Leben einen Sinn hat oder nicht. Camus findet diesen Sinn ausgerechnet in jenem Moment, in dem sich Sisyphos der Vergeblichkeit seines Tuns bewusst wird und sich voller Verachtung daran macht, den heruntergerollten Stein wieder nach oben zu wälzen. Und gerade diese Existenzdeutung soll die Menschen, wie Camus weiter ausführt, vom Selbstmord abhalten – und nicht etwa dazu motivieren?

Aus soziologischer Sicht ist der Umgang mit den Vorstellungen vom Absurden wichtiger als das Absurde selbst, falls man beides überhaupt unterscheiden kann. Camus jedenfalls unterscheidet es: »Das Gefühl für das Absurde ist nicht gleichbedeutend mit dem Begriff des Absurden.« Doch mit diesem Satz führt sich Camus selbst ad absurdum. Ist der philosophische Begriff des Absurden als einer absoluten Kategorie jenseits des Subjekts nicht eine bloße Spielerei? Die Frage ist mit Ja zu beantworten, wenn die Entscheidung, ob das Leben einen Sinn hat oder nicht, selbst eine Frage des Gefühls ist. Was sonst? Unter diesen Umständen aber kommt es darauf an, das Gefühl des Absurden loszuwerden, und nicht etwa darauf, ihm ständig Nahrung zu geben, indem man das Absurde als Schicksal beschwört.

Es ist eine von Camus nicht geteilte philosophische Entscheidung, die Dinge so zu sehen, aber es ist eine mögliche Entscheidung. Das Ernstnehmen des Gefühls bedeutet keineswegs eine Option gegen den Verstand. Man braucht ihn, um seine Situation zu durchschauen. Doch für die Bewertung dieser Situation sind Gefühle ausschlaggebend. Ohne Gefühl kann der Verstand zu keinem Ergebnis gelangen, wie die Hirnforschung bestätigt. Deshalb ist das Gefühl der Sinnlosigkeit philosophisch wichtig.

Wo kommt das Gefühl des Absurden her? Camus sagt dazu: »Eine Welt, die sich – wenn auch mit schlechten Gründen – deuten und rechtfertigen lässt, ist immer noch eine vertraute Welt. Aber in einem Universum, das plötzlich der Illusionen und des Lichts beraubt ist, fühlt der Mensch sich fremd. Aus diesem Verstoßensein gibt es für ihn kein Entrinnen, weil er der Erinnerungen an eine verlorene Heimat oder der Hoffnung auf ein gelobtes Land beraubt ist. Dieser Zwiespalt zwischen dem Menschen und seinem Leben, zwischen dem Schauspieler und seinem Hintergrund ist eigentlich das Gefühl der Absurdität.«

Was heißt in diesem Zusammenhang Heimat? Gemeint ist ein Netz von Sinnzusammenhängen, in dem sich leben lässt: Was ich tue, ist durch das begründet, was ich will. Absurd ist, etwas zu tun, was ich eigentlich nicht will, oder etwas zu tun, ohne zu wissen, was ich will. Aber wie lässt sich der Zwang, etwas zu tun, vermeiden, wenn nicht durch Selbstmord?

Das Gefühl des Absurden ist unmittelbar mit der existentiellen Grundproblematik des Menschen verbunden. Es erregt Angst und weckt Sehnsucht. Als Mensch zu existieren heißt gerade nicht, wie Camus meint, sich mit dem Absurden abzufinden, sondern ihm Sinn entgegenzusetzen, auch und gerade bei aller modernen Skepsis gegenüber Sinnsetzungen. Je weiter man sein Reflexionsvermögen entwickelt hat, desto weniger kann man sich aus der Verantwortung stehlen.

Die Pointe ist nun: Das Gefühl des Absurden bringt viele erst dazu, sich wie Sisyphos zu verhalten. Immer wieder hinuntergehen und den Stein nach oben wälzen ist aber keine Strafe der Götter, kein unvermeidliches

Schicksal, sondern eine selbstgewählte Existenzform, die in Angst und Sehnsucht wurzelt: Angst vor Leere, Sehnsucht nach Sinn.

Der existenzphilosophische Blick auf die Gegenwart ist eine Form der Kritik des entgangenen Glücks. Er richtet sich auf das Absurde, um Distanz dazu zu gewinnen. Camus hätte ironisch gelächelt, denn in dieser Betrachtungsweise ist eine Minimalbestimmung des Glücks enthalten, deren Wirklichkeitsgehalt er bestritt: Glück als Existenz jenseits des Absurden. Dass einem dies nicht in den Schoß fällt, ist klar. Aber warum sollte man es als unmöglich betrachten? Gleichgültig scheint der existentialistische Spott der Feigheit vor dem Nichts jedem, der sich reflektierend und fühlend bemüht, etwas aus seinem Leben zu machen. Dass man dabei scheitern müsse, ist eine für das Alltagsleben belanglose philosophische Setzung. Dass man dabei scheitern *kann*, ist dagegen eine Befürchtung, die vielen Menschen vertraut ist. Es ist die Selbsterfahrung der Arbeit am eigenen Leben zwischen Sinn und Absurdität.

Lange vor Camus hat bereits Carl Jaspers mit seiner 1919 erschienen *Psychologie der Weltanschauungen* eine philosophische Brücke zur Kritik des Absurden gebaut. Jaspers wendet sich von allen philosophischen Gebäuden ab, die das menschliche Sein als solches abstrakt auf den Begriff bringen wollen, um den konkreten suchenden Menschen in den Mittelpunkt zu stellen: »Der Mensch ist im Dasein mögliche Existenz«. Hannah Arendt, die Schülerin von Carl Jaspers, deutet diesen Satz dahingehend, dass der Mensch nur dann dem Absurden entgeht und sein Leben als sinnvoll empfindet, wenn er sich »in seiner auf Spontaneität beruhenden Freiheit bewegt«. Diese Bewegung hat für Jaspers den Charakter der Suche, der Überschreitung, der Berührung mit dem Unbekannten im Hier und Jetzt und der damit verbundenen Selbsterfahrung. Im Kapitel über den Common sense werde ich dieses Motiv aufgreifen. Das dort erläuterte Paradigma der Begegnung ist eine Übertragung von Jaspers Einladung zur Transzendenz auf die Alltagssituation von jedermann. Die Vermeidung des Absurden ist kein Privileg der Philosophie.

Stille Sinnverschiebung. Steigerung als Wert an sich

Nachdem Steigerung als kollektives Projekt in Gang gekommen war, wurde die ursprüngliche Bedürfnisorientierung immer mehr von einem anderen Prinzip überlagert – es ging immer mehr um Vorwärtsbewegung *an sich* statt um Vorwärtsbewegung *für etwas*. Auf den ersten Blick scheint es sinnlos, das bloße Steigern zum Wert zu erheben: Wozu sollte man sich für Steigerung engagieren, wenn man nichts weiter damit im Sinn hat? Wozu etwas tun, ohne sich sonderlich für die Früchte seines Tuns zu interessieren?

Je weiter man kommt, desto kleiner wird der Schritt vom Nützlichen zum Absurden. Nimmt man das Gefühl des Absurden ernst, so findet sich in seinem Kern die Erinnerung an selbstverständlichen Sinn, an anthropologisch begründete Ziele, die am Anfang jedem einleuchten, aber nach langen Entwicklungspfaden ungreifbar werden. Der Blickwinkel, aus dem die perfektionierte Welt absurd scheint, ist der eines von der Werbung unbeeinflussten, seiner Bedürfnisse bewussten Menschen. Im Gefühl des Absurden meldet sich die allmähliche Entfernung von ursprünglich klar empfundenen Bedürfnissen zu Wort: Ernährung, Bekleidung, Wohnen, Transport, Gesundheit, Information.

Zwei Gründe sind es, die den Widerstand dieses Gefühls überwinden und Steigerung als Wert an sich erscheinen lassen: Zum einen schafft diese Auffassung Einheitlichkeit in einer Welt, in der abertausend Einzelzwecke auseinanderstreben. Ausgerüstet mit der Weltformel reiner Steigerungsvernunft meint man, alles zu verstehen. Man wird zum Weltbürger, überall anschlussfähig. Denken wir an das Beispiel eines Naturwissenschaftlers, der nach mehreren Jahren in der Forschung ins Management wechselt, um schließlich in der Wissenschaftsredaktion einer Fernsehanstalt zu landen. Obwohl er nacheinander in weit auseinanderliegenden Steigerungszusammenhängen tätig ist, braucht er im wesentlichen nicht umzulernen.

Zum anderen liegt die reine Steigerungsvernunft psychologisch gesehen nahe. Warum? Sie spiegelt das im Mythos von Sisyphos karikierte Grundbedürfnis wider, sich in geordneter Weise zu beschäftigen. Wer sich auf einem Steigerungspfad vorwärts bewegt, kann ein Sinngefühl empfinden. Wie auch immer das objektive Ergebnis der Steigerung zu bewerten sein mag, man weiß jedenfalls, was zu tun ist.

Im Weitermachen lässt sich die Sehnsucht nach tieferen Sinnerlebnissen vergessen. Man verschafft sich philosophische Befriedigung durch das Gefühl, Aufgaben zu lösen. Der Rahmen freilich, in dem die Lösung gedacht wird, gilt als gegeben, ja es entgeht im Lauf der Zeit der Aufmerksamkeit, dass da überhaupt ein Rahmen sein könnte: Ziele, die erst definieren, was ein Problem ist. Eigentlich sind Ziele die Herren der Mittel, doch spielen sie mit voranschreitender Steigerung eine immer geringere Rolle. Die Hauptsache wird zur Sekundärfrage. Am Ende genügt es, wenn eine Dynamik der Erzeugung von Anlässen am Werk ist. Man wird mit Vorgaben versorgt, die es einem erlauben, sein Know-how einzusetzen.

Steigern heißt immer öfter, Organisierbarkeit über Brauchbarkeit zu stellen. Man steigert sich ins Unbrauchbare hinein, um sich weiterhin in der gewohnten Form sozial organisieren zu können und um überhaupt orientiert zu sein. Ob eine vierspurige Autobahn nützlicher sei als gar keine, darüber kann man sich lange streiten – was Menschen als nützlich ansehen, unterscheidet sich zu sehr, als dass man zu einem verbindlichen Ergebnis kommen könnte. Je weiter die Perfektionierung voranschreitet, desto weniger beruht sie noch auf einer gemeinsamen Vorstellung über das Nützliche und desto mehr folgt die Definition des Nützlichen den Pfaden der bloßen Organisierbarkeit. Eine stille Sinnverschiebung vollzieht sich. Organisierbarkeit wird zu einem Magnet für menschliche Energie. Steigerungsbereiche rücken in den Mittelpunkt, die besonders gute Voraussetzungen für die Organisation von Steigerungswissen bieten und eindeutige Erfolgsindikatoren ermöglichen. Längst ist die Rede vom Wahnsinn, den man am liebsten nicht mehr mitmachen würde, zu einer wohlvertrauten, salonfähigen Distanzierungsfloskel geworden, ohne dass dies am Fortgang des Spiels etwas ändern würde.

Immer noch stimmt jene Kritik, die Max Weber schon zu Beginn des zwanzigsten Jahrhunderts formulierte: Das Handeln verselbständigt sich gegenüber seinen möglichen Zielen. Wie Treibstoff nehmen die Akteure Sachzwänge entgegen, die aus der Logik ineinander verzahnter Steigerungsepisoden entstehen und sich in einer unendlich scheinenden Kette aneinanderreihen. Sie werden verwöhnt von einem ewigen Strom unbezweifelbarer Imperative: Bauen! Forschen! Erfinden! Abreißen! Viele verfallen in eine Ekstase der Selbstunterwerfung. Wie beim Masochismus entspringt die Faszination dem Gefühl der Orientierungssicherheit. Zu etwas gezwungen zu sein, beherrscht zu werden, sich unterordnen zu müssen, Strafen für Widerreden zu kassieren wird nach einiger Zeit als Rausch der Knechtschaft erfahren, und das Nachlassen der Imperative als Bedrohung. Das Aufhören fällt so schwer wie der Verzicht auf eine altgewohnte Lust.

Je mehr es darum geht, in einer sinnvoll scheinenden Weise beschäftigt zu sein, desto mehr nimmt das Erreichen eines idealen Zustands am Ende eines erfolgreich durchgespielten Steigerungspfads den Charakter einer Tätigkeitskrise an. Man ist mit seinem Latein am Ende, weil man seine Zielbezogenheit mit dem Erreichen des Ziels zerstört hat. Hier kommt die Werbung ins Spiel: Sie soll die Konsumenten davon abhalten, das Spielfeld zu verlassen, weil sie sich halbwegs am Ziel ihrer Wünsche fühlen. Es wird schwieriger, Ziele zu konkretisieren. Man redet von Wachstum, neuen Produkten, Forschung und Entwicklung, neuen Patenten, Beschleunigung, aber worin konkret besteht der Nutzen? Man wird ihn schon noch finden, wenn man erst einmal weiter ist. Bis dahin liegt der Nutzen in der sozialen Integrationsleistung des Steigerungsprojekts. Dies bleibt unausgesprochen, auch weil es befremdlich ist, bezieht es sich doch auf das bloße Versetzen der Grenzpfähle statt auf den Wert des damit gewonnenen Bodens.

Angst vor Leere

Der Gegenpol zum Bedürfnis nach Sinn ist die Angst vor Leere. Beide Motive sind zwei Seiten derselben Medaille. Der Tod eines Stiers in der Arena wirkt auf die Zuschauer nicht so beklemmend wie die Fernsehbilder vom Verenden eines BSE-infizierten Rinds. Totale Strukturlosigkeit scheint erschreckender als der Tod selbst. Der unkoordinierte Gang, die plötzlichen Zuckungen, das Ausbrechen zur Seite, das Hinfallen und Davonjagen – all dies ist ein Alptraum im Vergleich zum Stier in der Arena, der seine Kräfte sammelt, ein Ziel ins Auge fasst und darauf losstürmt. Den kämpfenden Stier nehmen wir als Spieler wahr, seine Bewegungen fügen sich zu klaren Mustern, denen wir einen Sinn unterstellen können. Das kranke Rind erscheint uns unheimlich. Seine Regellosigkeit wirkt noch bedrückender als das, was man üblicherweise als Wahnsinn bezeichnet. Unter Wahnsinn versteht man entweder ein Handeln, das auf einen absurden Zweck gerichtet ist (Exorzismus), oder ein Handeln, das ungeeignet ist, seinen Zweck zu erreichen (mit dem Auto auf den Mount Everest), oder ein Handeln, für das beides gilt (Don Quijotes Kampf gegen die Windmühlen). BSE dagegen veranschaulicht die Auflösung des Handelns schlechthin, so dass sich die Frage nach einem Zweck gar nicht mehr stellt.

Im Erschrecken über die Leere spüren wir einen Grundzug unseres Menschseins. Bei aller Optionserweiterung steht uns doch eine Option *nicht* offen, nämlich das Leben in totaler Regellosigkeit. Das Gegenprinzip zur Regellosigkeit ist Orientiertsein. Darunter ist auf allgemeinster Ebene das Vorliegen einer Struktur der Informationsverarbeitung zu verstehen. Als Mensch zu leben bedeutet, sich im Verhältnis zu seiner Umwelt zu organisieren; wir können nicht *nicht* leben und sind deshalb zum Orientiertsein gezwungen. Dies empfinden wir umso deutlicher, je mehr die Determiniertheit durch äußere Umstände zurückgeht und sich der Möglichkeitsraum erweitert. Kognitiv gesehen ist es leicht, sich in Zwangssituationen zu orientieren; dagegen ist es schwierig, sich in Freiheit zu orientieren. Wenn uns alle Errungenschaften wieder genommen würden, so hätte dies auch einen Vorteil – dann ließe sich noch einmal jene Orientierungssicherheit herstellen, die für den bisherigen Verlauf der Moderne typisch war, jenes Gefühl, unterwegs zu sein zu schwierig zu erreichenden, aber ungefähr bekannten Zielen.

Im Festhalten an der gewohnten Orientierungssicherheit schlägt der Mut der Moderne in Verzagtheit um, ihre Aufbruchsstimmung in Festgewurzeltsein, ihre Fortschrittlichkeit in Rückwärtsgewandtheit, ihr Ideenreichtum in Einfalt. Das goldene Zeitalter leichter Organisierbarkeit von gemeinsamer Orientierung darf nicht zu Ende gehen. Klare Ziele, objektive Unterscheidbarkeit von Erfolg und Misserfolg, erprobtes Steigerungswissen, gegenseitiges Verstehen vor dem Hintergrund eines allgegenwärtigen Denkschemas – die kognitiven Ressourcen gemeinsamer Gewissheit werden als unerschöpflich betrachtet, ewig ausreichend für jedermann. Oder etwa nicht? Wer durch das Steigerungsdenken geprägt ist, meint angesichts dieser Frage ins Nichts zu blicken. Das damit verbundene Erschrecken lässt einen zurückzucken.

Wege des Nutzens. Das Beispiel des Konsums

Gelerntes Mehr-Wollen

Ob man die müllübersäten Areale nach Open-Air-Festivals sieht, den ununterbrochenen Strom der Fahrzeuge von einer Autobahnbrücke aus beobachtet oder mit Passanten durch die Einkaufszone flutet; ob man die täglichen Prospekte in die Abfalltonne wirft, den Werbeblock im Fernsehen nutzt, um sich etwas zu trinken zu holen oder zwischen den Regalen eines Drogeriemarktes umherirrt: Unausgesetzt ist man mittendrin wie ein Fisch im Wasser oder ein Vogel in der Luft, vollständig umschlossen von einem Element, das wegen seiner Allgegenwart kaum noch wahrnehmbar ist – von der ungeheuren Masse der Konsumgüter.

Aus welcher Quelle ist diese Flut über uns gekommen? Rekonstruieren wir den Anfang durch eine Geschichte: Ein Schiffbrüchiger, einziger Überlebender nach dem Kentern einer Luxusyacht, rettet sich auf eine unbewohnte Insel. Da steht er nun mit leeren Händen und muss zum erstenmal in seinem Leben mit einer Situation zurechtkommen, in der ihm keine Konsumgüter angeboten werden. Natürlich wird er sich, wie Tom Hanks in dem Film »Verschollen«, nach etwas Essbarem umsehen, nach Wasser, nach einer geschützten Stelle, wo er die Nacht verbringen kann. Wenn er Glück hat, findet er alles, was er braucht, um zu überleben. Im Lauf der Zeit richtet er sich häuslich ein. Er baut sich eine Hütte oder einen Unterstand, hortet Vorräte, staut ein Rinnsal zurück, um ein Wasserreservoir anzulegen. Er versucht, seine Existenz allmählich auf eine bessere Stufe zu heben, indem er die Voraussetzungen dafür schafft, nicht mehr von der Hand in den Mund zu leben. Wenn ihm dies gelingt, hat er klare Vorteile. Er kann dann Notzeiten überbrücken, in denen er nichts zu essen findet. Er kann eine Krankheit überstehen, die ihn daran hindert, seiner Überlebensarbeit nachzugehen. Er kann sich den Luxus leisten, hin und wieder einen Ruhetag einzulegen.

Sein grundlegendes Handlungsmuster unterscheidet sich dabei in bestimmter Hinsicht nicht vom Verhaltensschema eines Menschen, der mit dem Auto ins Drive-in-Restaurant fährt, um sich ein paar Hamburger zu holen. Beide konsumieren – sie greifen auf Produkte zurück, deren Herstellung und deren Konsum zwei getrennte Sphären sind. Damit kristallisiert sich die Kernidee des Konsums heraus: sich anderweitig geleistete Arbeit zunutze zu machen. Anderweitig bedeutet, dass entweder der Konsument die Arbeit zu einem früheren Zeitpunkt geleistet hat oder dass andere Agenten die Arbeit geleistet haben: Menschen, Maschinen, Tiere, die Natur oder eine Kombination daraus. Wer konsumiert, folgt der Idee, Bedürfnisse zu befriedigen, ohne in diesem Moment dafür zu arbeiten, abgesehen von der Arbeit des Konsumierens selbst.

Ein Mensch für sich alleine wird zum Konsumenten seiner eigenen Vorsorgeleistungen. In Gemeinschaften bildet sich ein dichtes Geflecht von Beziehungen zwischen Produzenten und Konsumenten. Diese können auf Arbeitsteilung zurückgehen, auf Zwang und Ausbeutung, auf Konventionen gegenseitiger Hilfe, auf Überflussproduktion, auf Handel. Noch nie aber hat Konsum ein so ungeheures Volumen erreicht wie in der Gegenwart. In der Kernidee des Konsums schlummert die Idee der Steigerung als eine Möglichkeit, die entfesselt wird, sobald bestimmte Bedingungen hinzutreten. Zwei Eigenschaften machten die Idee des Konsums von Anbeginn zu einem der Treibmittel der modernen Steigerungsdynamik: erstens die Verbindung von Konsum und Erwerbsarbeit, zweitens die Erweiterbarkeit der im Konsum befriedigten Bedürfnisse.

Konsum setzt Arbeit voraus. In der Paradiesvorstellung vom Land, wo Milch und Honig fließen, paraphrasiert etwa durch die Träume von der Südsee, denen sich europäische Intellektuelle im neunzehnten Jahrhundert hingaben, muss sich niemand anstrengen, weil die Natur bereits alle Arbeit leistet. In der sozialen Wirklichkeit aber leisten wir Arbeit, um etwas herzustellen, und Arbeit, um es kaufen zu können.

Sobald der zweite Aspekt des Konsums, die Erweiterbarkeit der Bedürfnisse, ins Spiel kommt, beginnen Anbieter und Konsumenten, sich gegenseitig hochzuschaukeln. Von wenigen überlebenswichtigen Grundbedürfnissen abgesehen, gibt es keine Beschränkung dessen, was Menschen wollen könnten. Die Offenheit des Wollens erlaubt beides, Stillstand und Steigerung. Es wäre denkbar, dass eine Diogenes-Attitüde in Mode kommt, eine Lebenshaltung der Beschränkung auf das Einfachste. Mit solchen Konsumenten wären die letzten zweihundert Jahre anders verlaufen. Genauso bietet das menschliche Bewusstsein aber auch Raum für das Gegenteil: für Bedürfnisse, die man sich als schrankenlos vorstellt und die sich zum gedanklichen Aufbau von Steigerungsskalen eignen. Die Moderne hat Konsumenten hervorgebracht, die ihr Wollen als etwas begreifen, das nach oben hin offen ist.

Die Unbegrenztheit des Wollens äußert sich nur selten in lautstark bekundeter Unzufriedenheit und unerfüllten Wünschen. Die meisten Menschen arrangieren sich mit dem, was sie gerade haben, freilich gehört zu diesem Arrangement auch regelmäßig die Hoffnung, dass in absehbarer Zeit dieses noch ein bisschen besser und jenes noch ein bisschen mehr werden möge. Und selbst die Saturierten, die keinen Gedanken mehr darauf verschwenden, was sie vielleicht noch brauchen könnten, erleben doch zumindest, dass solche Gedanken ständig von Anbietern an sie herangetragen werden. Wer könnte sich dem auf Dauer entziehen? Schon um nicht aus ihrer Zeit herauszufallen und zu Veteranen zu werden, ausgestattet mit Neuerungen von gestern, die heute Gerümpel sind, finden sich die meisten Konsumenten bereit, lebenslang dem scheinbar ewigen Trend der Steigerung zu folgen.

Die Fortbewegung auf dem Steigerungspfad des Wollens wird zur blind praktizierten Gewohnheit, eingeübt von Kindesbeinen an, keines Gedankens wert. Nur noch unausgesprochen ist das Denkmuster der unbegrenzten Wollenssteigerung im Konsumhandeln eingeschlossen. Es verbirgt sich in der Bereitschaft, das alte Auto abzustoßen, weil ein neues auf den Markt gekommen ist. Es bekundet sich in der stets wachen Neugier auf das Allerneuste. Es äußert sich immer wieder in leichter Beunruhigung darüber, dass es etwas geben könnte, was man noch nicht hat. Dieses unbegrenzte Wollen der Konsumenten lässt sich in drei Haupttypen zusammenfassen: objektive, symbolische und subjektive Steigerung.

Objektive Steigerung:
Erweiterung, Perfektionierung, Vermehrung

Viele Pionierromane beschreiben ein wiederkehrendes Entwicklungsmuster des Wollens. In Knut Hamsuns *Segen der Erde*, in Patrick Whites *Zur Ruhe kam der Baum des Menschen nie*, in Vilem Mobergs *Die Auswanderer* und vielen ähnlichen Erzählungen lassen sich drei Pfade objektiver Steigerung verfolgen: Erweiterung, Perfektionierung und Vermehrung. Wie in diesen Romanen verhielt es sich in der Geschichte der Bundesrepublik nach dem Zweiten Weltkrieg, in der Sozialgeschichte vieler Kulturen und in der Geschichte der Menschheit überhaupt.

Der wichtigste der drei Hauptpfade objektiver Steigerung ist *Erweiterung*. Die Brauchbarkeit von Produkten für bestimmte Zwecke ist etwas Objektives, auch wenn Brauchbarkeit durch die Beziehung zu etwas Subjektivem, dem Zweck, definiert ist. Jeder kann prüfen, ob die Brauchbarkeit für einen bestimmten Zweck vorliegt oder nicht. Konsumkulturen beginnen immer mit wenigen, objektivierbaren Zwecken, die auf überlebenswichtige Bedürfnisse bezogen sind: Essen, Trinken, Schutz gegen Witterung. Zwecke wie die Pflege des Armaturenbretts, das Stimmen eines Klaviers oder die Übermittlung von Geburtstagswünschen tauchen in diesem Stadium nicht auf. Erst nach und nach schiebt sich der Zielhorizont über die Grundbedürfnisse hinaus. Am Anfang jeder Erweiterung steht der Wunsch, etwas Bestimmtes zu *können*, etwa Inhalte zu senden, Licht zu machen, Musik zu machen. Das könnensorientierte Denken ruft Produkte auf den Plan, die für den angestrebten Zweck brauchbar sind. Die Vielfalt der Warenwelt wächst, und irgendwann gibt es auch Cockpit-Sprays, Stimmgabeln und Glückwunschpostkarten.

Die *Perfektionierung* folgt der Erweiterung auf dem Fuß. In jeder Zweckdefinition schlummert eine Idealvorstellung von einem Gegenstand, der es erlaubt, den Zweck in optimaler Weise zu erreichen. Für den Zweck der Übermittlung von Texten war das Dienstleistungsangebot »Postkutsche« eine erste Annäherung. Mit dem Eintritt in das Zeitalter der Eisenbahn verbesserte sich das Produkt wesentlich. Im zwanzigsten Jahrhundert gab es weitere Fortschritte. Telefon, Rundfunk, Fax und E-Mail wurden selbstverständlich. Jede neue Zweckdefinition zog die Perfektionierung der unbeholfenen Produkte der ersten Stunde nach sich. Bei der Verbesserung von Produkten gab es große Sprünge und kleine Schritte. In der Geschichte der Telekommunikation gilt dasselbe wie in der Geschichte des Autos, des Fahrrads, der Haushaltsgeräte oder der Zeitmessung. Sobald ein neuer Durchbruch geschafft war, begann das Feilen am Detail.

Konsumenten wollen möglichst gute Produkte für möglichst viele Zwecke; dem entsprechen die beiden Steigerungspfade von Zweckerweiterung und Perfektionierung. Oft genügt ihnen jedoch ein einziges Produkt für einen bestimmten Zweck nicht. Die wenigsten geben sich beispielsweise mit einem einzigen Paar Schuhe zufrieden; viele haben Dutzende und kaufen sich noch weitere hinzu. Zur Beschreibung der Konsumgeschichte benötigen wir eine dritte Kategorie: *Vermehrung*. Dieser Typus von Steigerungspfaden steht in der Geschichte der Konsumgüter oft an letzter Stelle. Zuerst kommt die Erweiterung, dann folgen Verbesserungen, schließlich denken die Menschen an Vermehrung. Sie füllen ihre Schränke, kaufen sich den vierten Fernseher, das dritte Auto, die zweite Wohnung; die Kinderzimmer quellen über von Spielzeug; viele besitzen eine ganze Kollektion von Armbanduhren; manche haben zwei oder mehr Klaviere; Bhagwan war Eigentümer einer ganzen Flotte von Rolls-Royces.

Symbolische Steigerung: Mehr scheinen

Noch heute sind in Bologna die Reste von Geschlechtertürmen zu sehen, die einst das Ansehen der herrschenden Familienclans zum Ausdruck brachten. Es galt eine einfache Regel: Je höher der Turm, desto höher das Prestige. Ließ sich eine Familie etwas zuschulden kommen, so konnte der Magistrat eine Kürzung des Turms festsetzen, deren Ausmaß von der Schwere des Vergehens abhing. Welchen objektiven Zweck diese Türme auch immer ursprünglich gehabt haben mochten, etwa Bewachung, Verteidigung, Lagerung, er geriet über dem symbolischen Zweck in Vergessenheit. Die Türme waren nur noch eine besonders aufwendige Darstellungsweise für Rangverhältnisse; sie übersetzten soziale Abstufungen in ein Gefälle von Höhenmaßen.

Dass öffentlich sichtbare Güter häufig den Hauptzweck haben, eine Botschaft mitzuteilen, weiß jedes Kind. Ohrringe symbolisierten in Deutschland in den siebziger und achtziger Jahren Nonkonformismus und persönliche Eigenart – bis dieses Zeichen schließlich so massenhaft verbreitet war, dass seine Aura langsam wieder verblasste. Lehrer, Professoren, Hausfrauen, Frührentner, Bankangestellte, alle trugen nun Ohrringe. In der symbolischen Inflationsphase des Ohrrings entstand das Piercen oder Tätowieren beliebiger Körperteile. Zunächst war diese Schwelle für gediegene Herren und Damen, die sich gerne ein bisschen exzentrisch geben wollen, schwer zu nehmen, aber auch sie wurde immer niedriger.

So suchen sich Botschaften neue Zeichen, wenn die alten blass geworden sind, und alte Zeichen verbinden sich mit neuen Botschaften. Pelzkleidung war zunächst nichts weiter als ein wirksamer Kälteschutz. Schnell wurde Pelzkleidung jedoch zum Prestigesymbol, namentlich Kleidung aus dem Fell besonders seltener Pelztiere. Je seltener das Tier, desto teurer der Pelz, desto reicher sein Träger, desto höher sein Ansehen. Die symbolische Bedeutung des Pelzes verselbständigte sich teilweise so weit, dass das Tragen des Pelzes unabhängig von den Witterungsbedingungen wurde und nur noch etwas zeigen sollte. Am exklusivsten war eine Zeitlang der Hermelin, der Pelz der Könige. In Mitteleuropa grassierte im zwanzigsten Jahrhundert eine Verherrlichung des Nerzes. Man sah Damen mit Nerz in der Oper, selbst wenn es Hochsommer war. Doch bevor der Pelz noch Zeit hatte, in seiner Bedeutung so aufzuweichen wie der Ohrring, setzten Tierschützer eine radikale Abwertung von Pelzkleidung durch. Man konnte sich schließlich kaum noch damit sehen lassen, ohne als ökologischer Verbrecher dazustehen. Gerade dies verhalf dann allerdings der Pelzkleidung in einer Zeit zunehmender Distanz zur *political correctness* zu einer ganz neuen Bedeutung: Ich kümmere mich nicht um die Moral und tue, was mir gefällt.

Wenn der soziale Vergleich im Denken der Menschen eine wichtige Rolle spielt, treten Konsumgüter in den Vordergrund, die sich besonders gut zur Symbolisierung von Rangunterschieden eignen. Diese Eignung ist freilich eine verderbliche Eigenschaft. Ob man beispielsweise mit Geschlechtertürmen Prestige zum Ausdruck bringen kann, hängt von den Rahmenbedingungen vor Ort ab; ob sich Pelzkleidung zur Symbolisierung von Reichtum eignet, richtet sich nach den Marktpreisen.

Steigerung erzeugt regelmäßig eine Dynamik des Verfalls der Symbolkraft. Betrachten wir etwa die Bedeutung des Autos in der Kulturgeschichte des zwanzigsten Jahrhunderts. Anfangs konnten sich nur begüterte Menschen ein Auto leisten. Schon der bloße Besitz eines Autos zeugte von Reichtum. Kaum war Autobesitz zum Symbol geworden, differenzierte sich die Produktklasse. Es gab teure und weniger teure Autos, die die materiellen Verhältnisse der Besitzer öffentlich sichtbar machten. Je besser das Zeichensystem der Automobile in die Deutungsgemeinschaft eingeführt war, desto stärker überlagerte der symbolische Zweck den ursprünglichen Zweck des Personentransports. Gewiss: Teure Autos sind in der Regel bequemer, schneller, besser verarbeitet. Aber ein steigender Anteil der Nachfrage nach teuren Autos war nicht durch den Wunsch nach besserer Qualität bestimmt, sondern durch den Wunsch nach öffentlicher Selbstdarstellung. Viele wollten mehr scheinen, als sie waren. Die Autoproduktion lief an; nach einiger Zeit hatte fast jeder ein Auto; in vielen Familien gab es Zweitautos; der technische Fortschritt erfasste auch die unteren Preiskategorien; es entstand ein Gebrauchtwagenmarkt mit einer zunehmend unklaren Zuordnung von Autos zur Skala des Reichtums. Viele Autokäufer gingen an die Grenze ihrer finanziellen Möglichkeiten, um ihren durch das Auto symbolisierten Rang möglichst zu steigern.

Dieses Spiel läuft bereits eine ganze Weile. Die Nachfrager steigern sich selbst nach oben, und die Autoindustrie steigert mit. Dass alle ihren Status verbessern, ist jedoch unmöglich, weil sich die Relationen auf einer anderen Ebene wieder herstellen. Durch symbolische Wettkämpfe gewinnt Steigerung immer wieder neue Dynamik. Am Schluss sind nur noch wenige extrem teure Autos aussagekräftig, im großen und ganzen aber schwächt sich der Zusammenhang zwischen Reichtum und Autobesitz mehr und mehr ab. Nun kann es allerdings geschehen, dass sich das symbolische Differenzierungsbedürfnis der Menschen eine neue Klasse von Zeichen wählt, deren Aussagekraft noch nicht erschöpft ist, beispielsweise Haus- und Grundbesitz, exklusive Reisen, besonders lange Reisen, Privatschulen, Unerreichbarkeit, räumliche Abschirmung und Sicherheit.

Warum kauft man sich Schuhe? Zwei denkbare Gründe habe ich schon dargestellt: Erstens den *objektiven Nutzen*, den man typischerweise von Schuhen erwartet: Sie sollen bequemes Gehen erlauben, witterungsbeständig sein, lange halten. Einige Paar Schuhe, die diesen Anforderungen genügen, wären für jeden Menschen ausreichend. Zweitens die *Symbolisierung*. Bei seiner Vereidigung als erster Minister der Partei der Grünen in der Geschichte der Bundesrepublik trug Joschka Fischer bekanntlich Turnschuhe, was alle Welt als Zeichen interpretierte.

Ein dritter Grund begegnet uns etwa in dem Film *Mystery Train* von Jim Jarmusch. In mehreren Szenen sieht man minutenlang einen jungen Mann, der seine Schuhe mit geradezu erotischer Hingabe pflegt und poliert. Die Schuhe sind schwarz, hochglänzend und haben einzigartig dicke Plateausohlen. Der junge Mann scheint sie mehr zu lieben als seine Freundin, die mit ihm im Hotelzimmer ist. Dieser dritte Grund, Schuhe zu kaufen, zielt direkt auf das Innenleben des Käufers ab. Der Käufer hat die Absicht, durch die Aneignung des Konsumguts Empfindungen in sich hervorzurufen.

Lassen sich erlebnisorientierte Motive überhaupt klar von objektiv-nutzenorientierten und symbolischen Motiven unterscheiden? Gewiss nicht in der Weise, dass Konsumakte immer nur von einem Motiv bestimmt wären; anzunehmen ist vielmehr, dass sich die Motive in den meisten Fällen mischen. Im jeweiligen Mischungsverhältnis aber lassen sich die drei Komponenten durchaus trennen. Zwar haben alle Motive letztlich unseren Gefühlshaushalt im Auge. Auch wer nur an einen objektiv überprüfbaren Nutzen denkt, verfolgt ein Gefühlsprojekt, denn was sonst lässt einem Gehbequemlichkeit, Witterungsbeständigkeit und Haltbarkeit von Schuhen als nützlich erscheinen, wenn nicht die Erwartung, dass man sich in diesen Schuhen gut *fühlen* werde – man spürt keine Schmerzen beim Gehen, hat warme und trockene Füße und bleibt für die nächste Zeit von den Mühen des Schuhkaufs verschont. Ähnlich ist es bei den Symbolisierungsabsichten: Man verfolgt diese Absichten doch nur, weil man sich in bestimmter Weise öffentlich wahrgenommen *fühlen* möchte. Wodurch also unterscheiden sich erlebnisorientierte Motive von objektiv-nutzenorientierten und symbolischen? Die für unsere Überlegungen entscheidende Besonderheit liegt in der Definition von Erfolg und Misserfolg.

Bei objektiv-nutzenorientierten Motiven tritt der Erfolgsfall ein, wenn sich herausstellt, dass das Produkt die angestrebten objektiven Eigenschaften auch tatsächlich besitzt. Das Subjektive wird nur implizit mitgedacht, es verbirgt sich in der Nutzendefinition, spielt aber dann keine Rolle mehr. Der Käufer kann die Schuhe zurückbringen, wenn sie nach drei Tagen aus dem Leim gehen, nicht aber, wenn er sich bloß nicht gut darin fühlt.

Wer etwas symbolisieren möchte, orientiert sich an einer anderen Erfolgsdefinition. Er ist am Ziel, wenn die Botschaft angekommen ist. Wir nehmen an, dass er sich dabei auch gut fühlt, doch darauf kommt es nicht in erster Linie an. Nur beim erlebnisorientierten Konsum spielt der Gefühlserfolg die Hauptrolle. Der junge Mann aus *Mystery Train* könnte sagen: »Es mag ja sein, dass ich mit diesen Schuhen kaum noch gehen kann. Es mag auch sein, dass mich alle für einen Idioten halten. Aber ich liebe sie eben.«

Warum ist gerade der Fokus der Erfolgsdefinition so wichtig? Weil man je nach Erfolgsdefinition gänzlich unterschiedliche Steigerungspfade anvisiert – objektiv überprüfbare Produkteigenschaften, soziale Wirkungen oder Erlebnisse. Bei objektiven Produkteigenschaften kommt es im Fall der Schuhe auf Werkstoffe, Verarbeitung und Passform an; bei symbolischen Absichten auf die Kenntnis der gerade geltenden unausgesprochenen Produktsemantik; bei erlebnisorientierten Motiven muss der Konsument selbst wissen, was ihm gefällt und mit welchen Produkten er sich welche Gefühle verschaffen kann. Er muss ein Experte der Selbstmanipulation durch Konsum sein.

Ob Zinnteller mit eingravierten Städteansichten, Inline-Skates, Computerspiele, Opernaufführungen oder Schuhe mit fünf Zentimeter hohen Sohlen: die Gefühle, die diese Produkte auslösen können, stellen sich bei näherem Hinsehen als ein Gemisch von körperlichen, emotionalen und kognitiven Zutaten heraus, das immer wieder ganz anders komponiert ist, von Kultur zu Kultur, von Mensch zu Mensch, ja von Situation zu Situation. Dieses Gemisch macht der Konsument zum Gegenstand seiner Handlungsplanung. Er beobachtet sich selbst und denkt darüber nach, wie er die gewünschten Gefühle durch Einkaufen, Reisen, Ins-Kino-Gehen oder Radfahren erzeugen kann.

Steigerung überformt die Muster des Konsums in besonderer Weise. Charakteristisch ist hier erstens die Veränderung des Mischungsverhältnisses der drei genannten Motivarten (objektiv, symbolisch, subjektiv) zugunsten der Subjektzentrierung, zweitens die Verbindung von Subjektzentrierung und Steigerungslogik.

Erstens: Dass sich die Motive der Konsumenten vom objektiv überprüfbaren Nutzen zu den nur noch subjektiv spürbaren Erlebnissen verlagern, hängt mit der besonderen Art von Fortschritt zusammen, den die Steigerung einbringt. Am Anfang geht es den Menschen um elementare Erweiterungen ihres Möglichkeitshorizonts. Sie betrachten Produkte könnensorientiert, das heißt: unter dem Gesichtspunkt ihrer objektiv überprüfbaren Brauchbarkeit. Es geht um die Leistungsfähigkeit von Geräten und Maschinen, um die Qualität und Funktionsvielfalt von Haushaltsgegenständen, um die Präzision von Uhren. Nach einiger Zeit hat sich die Umwelt der Menschen so stark umgestaltet, dass sie anders zu denken beginnen. Sie können nun so viel, dass sie bei immer mehr Produkten die zunächst schwer erkämpften objektiv überprüfbaren Eigenschaften auch bei geringem Geldaufwand fast selbstverständlich voraussetzen können. So bekommt man batteriebetriebene Digitaluhren nachgeworfen, die so genau gehen, wie man es früher nur von Edelmarken kannte. Selbst die billigsten Autos sind heute wesentlich rostbeständiger als früher die teuersten. Auf witterungsbeständiges Schuhwerk braucht man nicht mehr zu achten, weil wir uns fast nur noch in trockenen und warmen Innenräumen aufhalten, zu Hause, im Auto, in öffentlichen Verkehrsmitteln, in Büros, in Einkaufszentren. Der Möglichkeitshorizont hat sich unendlich weit ausgedehnt, und es ist nichts Besonderes, wenn uns die Produkte genau so zu Willen sind, wie wir dies wünschen. Je mehr Spielraum die Produkte den Menschen aber gewähren, desto mehr tritt der Wunsch in den Vordergrund, sich im gegebenen Spielraum das Leben schön zu machen. Deshalb tritt das subjektzentrierte Konsumieren in den Vordergrund.

Dies führte zweitens zur steigerungslogischen Ausformung der Erlebnisorientierung. Die Menschen begannen, sich selbst so zu betrachten wie Wissenschaftler ihren Forschungsgegenstand, wie Techniker ihre Maschinen, wie Agrarexperten landwirtschaftliche Nutzflächen, wie Unternehmensberater Produktionsprozesse, wie Produktentwickler die Eigenschaften des Artikels, an dem sie gerade arbeiten. Rationalität wandte sich von außen nach innen. Betrachten wir als eines von vielen Beispielen den Konsum von Sportangeboten. Seit den siebziger Jahren hat sich eine alles Bisherige in den Schatten stellende Technologie entwickelt, eine enorme Bandbreite von Trainingsgeräten, speziellen Kleidungsstücken, Accessoires, Ratgeberliteratur und Fernsehsendungen, eine Vielzahl von Sportvarianten und sportbezogener Angebote wie Aerobic-Kurse, Stepptanzgruppen, Bodybuilding, Skatertreffen und Outdoor-Wochenenden. Wie der Markt für Sport, so entwickeln sich zeitgleich viele andere Märkte, etwa die Tourismusbranche, die Gastronomie, der Medienkonsum, die Musikindustrie.

Als Fortsetzung von Rationalität im klassischen Sinn, die sich objektiv konkretisierte, erfanden die Menschen *Erlebnisrationalität*. Sie fassen das Projekt des schönen Lebens als Steigerungspfad auf, streben nach Intensivierung innerer Ereignisse, immer dazu bereit, den erreichten Stand ihres Innenlebens noch nicht für den letzten zu halten, noch Spielraum nach oben zu vermuten, unterwegs auf der Suche nach dem Gefühlsmehrwert. Rationalität besteht allgemein in dem Versuch, das Verhältnis von Zielen und Mitteln zu optimieren. Beim erlebnisrationalen Konsum liegen die Ziele im Subjekt selbst, während als Mittel die konsumierten Güter dienen.

Die Steigerungsabsicht der Erlebnisrationalität richtet sich nicht primär auf das objektive Möglichkeitsvolumen, sondern auf die subjektive Möglichkeitsnutzung – mehr erleben, intensivere Gefühle, größere Ekstasen, Verschwinden aller unangenehmen Empfindungen als übergeordnetes Ziel eines ständig wachsenden Marktes, der freilich wie eh und je nur Güter und Dienstleistungen anbieten kann, nicht Gefühle und Sinnerlebnisse, denn diese sind nicht tauschbar; die Nachfrager müssen sie schon selbst erzeugen.

Ähnlich der schon beschriebenen objektiven Steigerung und ihren drei Mustern (Zweckorientierung, Perfektionierung, Vermehrung) tritt subjektive Steigerung in drei Typen auf. Der Zweckerweiterung beim objektiv-nutzenorientierten Konsum entspricht die Erlebniserweiterung, ein immer breiteres Angebot dessen, was Menschen in ihrem Leben »auch einmal erlebt haben wollen«; der Perfektionierung entspricht der Versuch einer Intensivierung von Erlebnissen, der Vermehrung der einer Verdichtung von Erlebnissen pro Zeiteinheit.

Der jahrelang auf einer Säule sitzende Heilige verkörpert ein Motiv der Konsumkritik, das sich nicht auf die Moderne beschränkt, weil es zum Konsumieren an sich gehört wie der Überdruss zum Essen. Nimmt man all die übrigen Motive der Konsumkritik unserer Zeit hinzu – ökologische, kulturkonservative, ungleichheitsbezogene Muster der Ablehnung – dann könnte man auf den Gedanken kommen, dass es in den Zonen des Wohlstands von beidem genug gibt: vom Konsum und von seiner Kritik. Beides gehört zusammen; sieht man von einzelnen Asketen ab und fasst die Kultur der Gegenwart in ihrer Gesamtheit ins Auge, erscheint Konsumkritik wie ein Verdauungsgeräusch.

Normale Konsumkritik gehört zum Kritikmuster der Bekämpfung des Unglücks. Dagegen geht es bei der Suche nach der Spur des Absurden in der Geschichte des Konsums um die Kritik des entgangenen Glücks. Ungewöhnlich ist dabei die grundsätzlich positive Einstellung zum Konsum. Nicht Ablehnung, sondern Besinnung auf den ursprünglichen Sinn des Konsums ist die zentrale Idee dieser Deutungsfigur. Weshalb sollten objektive, symbolische und subjektive Steigerung, die für so viele Menschen Überzeugungskraft besaßen, unter Pauschalverdacht gestellt werden? Selbst die normale Konsumkritik ist nur glaubwürdig, wenn sie Kompromisse einschließt. Um so mehr gilt dies für die Kritik des entgangenen Glücks beim Konsumieren.

Absurd wird Konsum immer dann, wenn er die Beziehung zu seinem ursprünglich gemeinten Sinn verliert. Je weiter die Steigerungsgeschichte des Konsums voranschreitet, desto klarer treten die Konturen von Sisyphos als Konsument hervor. Für jede der drei Grundlinien der Geschichte des Konsums hat diese These eine eigene Bedeutung. Objektive Steigerung führt – zwar keineswegs ausschließlich, aber mit zunehmender Häufigkeit – zu Produkten, deren Brauchbarkeit kaum noch einzusehen ist; zu Funktionen, die niemand mehr in Anspruch nimmt; zu einer Umkehrung des Suchens: Nicht der Konsument sucht das Konsumgut, sondern das Konsumgut den Konsumenten. Symbolische Steigerung endet immer häufiger in einer Bedeutungsinflation, bei der die ursprüngliche Botschaft nach außen nur noch eine Botschaft nach innen ist, eine semantische Spielerei der Konsumenten mit sich selbst, eine Phantasie von Identifikation und Distinktion ohne soziale Außenwirkung, inszeniert von einer Werbung, deren wichtigste Ressource die kollektive Erinnerung ehemals wirksamer Symbole sozialer Unterscheidung ist. Für subjektive Steigerung kommt es um so weniger auf die Produkte als solche an, je weiter sie getrieben werden soll; was zählt, sind Fähigkeiten des Konsumenten – Konzentration, Phantasie, Kenntnisse, Offenheit für Eindrücke, Kreativität. Faszination lässt sich nicht liefern.

Es ist die stille Sinnverschiebung, die dafür sorgt, dass das Absurde in der Geschichte des Konsums nicht etwa nur ab und zu aufblitzt und sofort wieder verschwindet. Das Absurde setzt sich fest, weil es durchaus auch einen versteckten Sinn hat. Erträglich wird es, weil es immerhin vor dem Gefühl der Leere bewahrt und das Gefühl des Orientiertseins ermöglicht.

Konsum eröffnet Beschäftigungsmöglichkeiten. Was soll ich tun? Mal sehen, was im Kühlschrank ist. Schon das Öffnen des Kühlschranks und das Durchmustern der Bestände strukturiert die Zeit. Einen Becher mit Fruchtjoghurt zu entnehmen, zu öffnen, leer zu essen, wegzuwerfen und das gebrauchte Besteck in die Spülmaschine zu geben, diese kleine Handlungskette entlastet vorübergehend von der Frage, was man mit seinem Leben anfangen soll. Ist die Handlungskette abgeschlossen, kann man einen neuen kleinen Konsumzyklus beginnen, beispielsweise am Fernsehgerät herumschalten oder eine Zeitschrift durchblättern. Selbst wenn man keinen Hunger hat, am Fernsehen desinteressiert ist, sich über die Zeitschrift ärgert, weil zwischen der Werbung kaum noch Inhalt zu finden ist, hat man doch den Gewinn vorübergehender Orientierungsentlastung. Viele sind zu Virtuosen dieser Art von Konsum geworden; es gelingt ihnen, damit ganze Tage, ja Monate und Jahre auszufüllen. Ihr Konsum hat einen doppelten Boden. Konkret besteht Konsum im Verbrauch des konsumierten Gutes, abstrakt aber in viel mehr, nämlich im Aufbau gestalteter Zeit. In jedem Konsumgut steckt ein kleines Programm zur Überbrückung von Leerzeit. Unabhängig von allen angeblichen Bedürfnissen liegt das Verführerische des Konsums auch im Überspielen der Angst vor Leere.

Im Einzelfall lässt sich das Absurde vergleichsweise leicht ausmachen. Doch wenn es sich in Handlungsketten und Netzwerken von Akteuren verbirgt, kann man es kaum noch erkennen. Hier treffen wir auf eine Form des Konsums, die ewigen Sinn für sich gepachtet zu haben scheint: der instrumentelle Konsum. Damit ist der Gebrauch und Verbrauch von Gütern gemeint, die der Herstellung oder dem Konsum *anderer* Güter dienen: Rohstoffe, Maschinen, Verkehrswege, Gebäude, Telekommunikationseinrichtungen. Auch der Bildungskonsum gehört dazu und die Lektüre der Tageszeitung (es sei denn, man begründet beides mit reiner Neugier), das hastige Essen belegter Brote vor dem Bildschirm, um weiterarbeiten zu können, der Gebrauch von Transportmitteln, um zwischen zu Hause und der Arbeitsstelle zu verkehren, die Anschaffung von Haushaltsgeräten, der Erwerb neuer Software, um bestimmte Arbeiten rationeller durchzuführen. Ein Unternehmer kauft neue Maschinen, um Maschinen für einen anderen Unternehmer zu produzieren, der Traktoren herstellt. Die Landwirte, die diese Traktoren kaufen, verdienen damit Geld, um den Kredit zurückzuzahlen, den sie für den Traktor aufnehmen mussten. Und ihre Produkte? Sie sind für Konsumenten, zum Beispiel für den Softwareingenieur, der vor dem Bildschirm sitzt und nebenbei ein belegtes Brot isst. Bei ihm läuft die gesamte Handlungskette auf instrumentellen Konsum hinaus: auf den zukünftigen Zweck der gerade erstellten Software, auf das Geldverdienen durch die Arbeit als Softwareingenieur, auf die Reproduktion der Arbeitskraft durch das Essen von belegten Broten. Je spärlicher die Zwecklinien sind, die noch aus dem instrumentellen Konsum hinausführen, desto absurder wird das Spiel, ohne dass es jemand merken würde.

Wege der Zeichen. Das Beispiel der Medien

Die Kernidee der Medien

Das erste Medium der Menschen war vielleicht ein abgebrochener Zweig, ein sichtbar aufgeschichteter Steinhaufen oder ein in den Lehmboden gekratztes Zeichen. Die Botschaft könnte gewesen sein: »Ich war da.« Worin besteht die Kernidee? Ob es sich um urzeitliche Höhlenmalereien oder um die Tageszeitung handelt, um Minnesang oder um das Internet, um orientalische Geschichtenerzähler oder um Reklameleuchtschriften in nächtlichen Großstädten, das soziale Schema ist immer das gleiche: Eine deutbare Zeichenkonfiguration wird geschaffen und anderen zur Deutung angeboten. Die mediale Ur-Episode beginnt damit, dass sich jemand die Mühe macht, eine über die Alltagskommunikation hinausgehende, auf Wirkung bei anderen berechnete Symbolgestalt herzustellen, etwa einen Werbespot, ein Fresko, ein Gedicht, einen Leitartikel, die nächste Nummer des *Playboy*, eine über das Internet abrufbare Information, einen Videoclip, ein Plakat, eine Oper; und die Episode endet damit, dass jemand das Angebot annimmt: hinschaut, zuhört, den Fernseher einschaltet, die Zeitung kauft, etwas auf den Bildschirm holt.

Medienkommunikation ist ein Spezialfall. Doch gerade wegen ihrer Besonderheit ist sie für Steigerungen geeignet. Was trennt Medienkommunikation beispielsweise von dem Satz »Gib mir mal die Einkaufstasche«? Der Unterschied liegt in der Sorgfalt, mit der Medienmacher ihr Produkt herrichten, und er liegt seitens des Publikums in der Wahrnehmung der vermittelten Zeichen als etwas Besonderes, kommunikativ Verselbständigtes.

Medien und Steigerung

Erst in der Moderne entstand um die Zeichen herum eine Art Medienspiel mit aneinander anschließenden Spielzyklen, ein ununterbrochenes Geben und Nehmen, Senden und Empfangen, Anbieten und Nachfragen von Zeichen. Damit wurden die Medien zugänglich für die Idee der Steigerung. Man erkennt dieses Umschlagen der Mediengeschichte sofort, wenn man an den Unterschied zwischen einer Motette von Heinrich Schütz und einem Musical, zwischen der Bibel und einem Roman von Rosamunde Pilcher, zwischen einem Gemälde von Rembrandt und einer Pornozeitschrift denkt. Die Herstellung von Musicals, Pilcherromanen und Pornographie steht unter dem Einfluss von Mehr und Weniger, im Gegensatz zur Entstehung einer Motette, der Bibel oder eines Rembrandtgemäldes.

Talmud, Koran und die Odyssee sind weitere Beispiele für Medieninhalte ohne Steigerung. Nachdem sie einmal entstanden waren, begann eine Rezeptionsgeschichte, die bis heute anhält, ohne dass es ständig zu weiteren Spielzyklen mit einem aktualisierten Talmud, einem neuen Koran, einer modernisierten Odyssee gekommen wäre. Im Kontrast zu solchen kanonisierten Texten, die ihren Zweck nur erfüllen können, wenn sie unverändert bleiben, lässt sich das zentrale Merkmal heutiger Medien leicht erkennen. Sie können nur in der ununterbrochenen Aufeinanderfolge von Herstellungs- und Konsumzyklen existieren. Dass Verlage ständig neue Bücher herausbringen, dass auf eine Fernsehsendung die nächste folgt, dass Online-Dienste ständig aktualisiert werden, dass jede Zeitungs- oder Zeitschriftennummer einer weiteren Nummer vorangeht, macht die steigerungslogische Ausformung des Medienspiels erst möglich. Mit dem Zyklischwerden der Medien konnte die Professionalisierung des Medienangebots beginnen und die bis heute anhaltende Steigerungsgeschichte der Medien einsetzen.

Diese Geschichte wurde oft als Geschichte von Opfern, Verführten, Süchtigen und Verblödeten erzählt. Doch mit dem soziologischen Kern der Begegnung zwischen Medien und Publikum hat diese Erzählung nichts zu tun. Selbst der unverfänglich scheinende mediensoziologische Begriff des Rezipienten suggeriert Einseitigkeit dort, wo Interaktivität herrscht. Wer könnte von sich schon behaupten, er sei argloses Objekt der Medien? Wir sind wählende und vermeidende Mitspieler in einem ununterbrochen vonstattengehenden Hin und Her zwischen Medien und Publikum; unsere tägliche Medienerfahrung ist die der Beteiligung.

Steigerung ist ein abstrakter Begriff. Wo immer sich der Unterschied von Mehr und Weniger definieren lässt, kann die Steigerungslogik ansetzen. Bei den Medien äußert sich die Unterwerfung des Handelns unter ein einziges übergeordnetes Prinzip in vielen, scheinbar unverbundenen Erscheinungsformen. Um die Beschreibung übersichtlicher zu gestalten, möchte ich diese Erscheinungsformen unter vier Stichworten zusammenfassen: Medientechnik, Inhalte, Selbstbeobachtung, Medienvermehrung.

Technische Steigerung

Die stürmische Entwicklung der Medientechnik im zwanzigsten Jahrhundert bis hin zum Internet war die offensichtlichste, wenn auch nicht die einzige Form der Umsetzung der Steigerungslogik in Konstruktionen. Wir blicken auf ein verschlungenes Geflecht einzelner Pfade der Funktionserweiterung, der Verbesserung, der Verbilligung, der Erhöhung von Kombinationsfähigkeit, der schubweisen Zunahme medientechnischer Optionen im Alltag.

Die Römer verwendeten eine Technik der Kommunikation mit Lichtzeichen von Wachtturm zu Wachtturm, wodurch sie einfache Nachrichten viel schneller über große Distanzen weitergeben konnten als mit berittenen Boten. Sie waren dabei freilich von den Licht- und Sichtverhältnissen abhängig. Im achtzehnten Jahrhundert kam in Frankreich der Flügeltelegraph auf, ein aus beweglichen Teilen montiertes Gerät für optische Signale, dessen Benutzer wie die Römer auf gute Sicht angewiesen waren. Immerhin konnte man damit Geschäfte machen; der wichtigste

Zweck war die schnelle Übertragung von Börsenkursen zwischen Lyon und Paris. Mit der Erfindung der elektrischen Telegraphie, die Anfang des zwanzigsten Jahrhunderts auch drahtlos wurde, war man schon ein gutes Stück weiter; die Informationstechnik hatte die Abhängigkeit von den Sichtverhältnissen und die Fehleranfälligkeit der vielen Zwischenübermittler überwunden. Man konnte nun auch komplexere Nachrichten übermitteln, doch war man immer noch gezwungen, lakonisch zu bleiben. Außerdem konnte man nur Schriftzeichen übermitteln. Es blieben also noch viele Wünsche offen, denkt man an zwei Grundanliegen, die sich von Anfang an durch die Mediengeschichte ziehen: sich möglichst große Freiheit hinsichtlich der übermittelten Zeichenkonfiguration zu erobern und die Medien für möglichst viele Zwecke verwendbar zu machen.

Dann überschlugen sich die Innovationen. Das zwanzigste Jahrhundert brachte zunächst die Übermittelbarkeit beliebig komplexer akustischer Zeichenkonfigurationen (Radio, Tonkonserven, Telefon), dann die Übertragbarkeit beliebig komplexer optischer Informationen (Film, Fernsehen, Video, Fax). Ende des zwanzigsten Jahrhunderts gab es mit der Verbreitung von Internet, Breitbandkabel, Satellit, PC und Digitalisierung einen weiteren Perfektionierungsschub.

Vor allem fünf Merkmale rechtfertigen es, zu Beginn des einundzwanzigsten Jahrhunderts tatsächlich von neuen Medien zu sprechen (die folgende Aufzählung entspricht einer Systematisierung der Medienberaterin Katja Riefler): Erstens erlauben es die neuen Medien, riesige Datenmassen zu bearbeiten. In kurzer Frist kann man mehr Texte oder Zahlenkolonnen durchforsten, als es früher ein Mensch in seinem ganzen Leben vermocht hätte. Zweitens lässt sich diese Leistung in so kurzer Zeit erbringen, dass Tageszeitungen und Fernsehnachrichten in der Aktualitätskonkurrenz zurückbleiben. Durch umfassende Echtzeitinformation veränderte sich auch der Finanzmarkt grundlegend. Drittens erstreckt sich die Übermittelbarkeit aktueller Informationen auf die gesamte Welt; die Globalität der neuen Medien hebt alle distanzbedingten Verzögerungen auf. Viertens bieten die neuen Medien Interaktivität. Sie gleichen insofern zwar dem schon eingeführten Telefon, durch die Kombination mit den anderen genannten Eigenschaften der neuen Medien entstand jedoch eine neue Qualität. Fünftens ermöglichen die neuen Medien eine bisher unbekannte Anpassung an persönliche Nutzerbedürfnisse; sie lassen sich genau auf den Interessenhorizont des Konsumenten zuschneiden, selbst dann, wenn dieser Interessenhorizont singulär ist.

Es gibt kaum einen Konsumenten, der nicht zu dieser Entwicklung beigetragen hätte. Fast jeder hat die technische Aufrüstung seiner Lebenswelt mitgemacht; sie folgt einem Muster, das drei Phasen einschließt: Am Anfang steht der Erwerb des jeweiligen Pioniergeräts für den eigenen Gebrauch, sobald es auf den Markt kommt: Radio, Plattenspieler, Fernsehen, CD-Player, Computer, Internetanschluss, Handy. Daran schließt sich als zweite Phase die persönliche, gerätebezogene Steigerungsgeschichte an, in deren Verlauf dem Pioniergerät technisch immer perfektere Geräte folgen. Schließlich ist die technische Perfektionierung der Geräte so weit fortgeschritten, dass es kaum noch etwas einbringt, Geräte der jeweils neusten Generation zu kaufen und ihre Vorgänger zu entsorgen. Oft werden die Geräte (wie die Serie der Diktiergeräte im Lauf der Jahre, in denen dieser Text entstand) sogar wieder schlechter – das Material wird windiger, die Fülle an Funktionen absurder. Dann kommt die dritte Phase: das Stadium der finalen Gerätevermehrung. Mit vielen Radios (im Erst- und Zweitauto, im Wecker, in jedem Raum und all dies zusätzlich zum Tuner in der Stereoanlage), mit drei Fernsehern, zwei Internetanschlüssen, mit ein bis zwei Mobiltelefonen pro Haushaltsmitglied agiert sich die medientechnische Steigerungsenergie allmählich aus.

Was könnte nun noch kommen? Der amerikanische Architekt und Medienexperte Nicholas Negroponte schildert in seinem Buch *being digital* weitere denkbare Neuerungen: Haustüren, die sich von selbst öffnen, wenn sie den Wohnungsinhaber erkennen; intelligente Teppiche, die beim Beschreiten über Rezeptoren in den Schuhsohlen dem Empfänger elektronische Dienstleistungen übermitteln. Doch wie groß ist die existentielle Bedeutsamkeit solcher Innovationen im Vergleich zu den Spuren, die die drahtlose Telegraphie, das Radio, das Telefon, das Fernsehen, das Internet im Alltagsleben hinterließen? Was kann noch einmal ähnlich wichtig sein? Neue Spielkonsolen? Weitere Miniaturisierung der Informationsspeicherung? Telemedien, die sich an die Nahsinne (Schmecken, Riechen, Tasten) wenden? Was auch immer noch kommen wird – medientechnisch ist das aus menschlicher Sicht Wesentliche bereits geleistet. Die Fortsetzung des Entwicklungspfads der Medientechnik befindet sich im Stadium rapide abnehmenden Grenznutzens. Für Möglichkeitserweiterungen, die aus der Sicht der Verbraucher immer unbedeutender werden, ist immer höherer Aufwand zu treiben. Viele Verbraucher wünschen sich stattdessen Produkte, die im Steigerungsprogramm der Medientechnik nicht vorgesehen sind: Produkte der Ankunft – schöne, leicht zu bedienende und aus dauerhaftem Material gefertigte Geräte, die problemlos aneinander und an die Einsteckbuchsen der ganzen Welt anschlussfähig sind.

Inhaltssteigerung

Die Steigerungsgeschichte der Medien erschöpft sich nicht im Technischen. In ihrer Abstraktheit kann die Steigerungslogik überall ansetzen, wo sich ein Unterschied zwischen Mehr und Weniger definieren lässt. Die Medieninhalte spiegeln dies deutlich wider. Auch sie haben eine lineare Steigerungsgeschichte hinter sich. Das strategische Prinzip, das darüber entschied, welche Aspekte der Medieninhalte ins Visier der Steigerungslogik kamen, war und ist die Mobilisierung von Aufmerksamkeit. Der kategorische Imperativ eines Anbieters lautet: Möglichst viele Konsumenten für möglichst lange Zeit binden! Daraus leiten sich viele inhaltsbezogene Steigerungspfade ab. »Mehr« ist dabei eindeutig definiert: alles, was vermutlich dem zentralen Zweck der Aufmerksamkeitssteigerung dient.

Dabei geht es nicht ohne implizite Wahrnehmungspsychologie und Kultursoziologie ab, deren Vermutungscharakter durch das objektivierende Zahlenwerk von Quotenmessung und Marktforschung nur scheinbar dementiert wird. In der täglichen Selbstüberzeugungsroutine der Medienprofis führen die impliziten Theorien über Psyche und Kultur die Schattenexistenz niemals geöffneter, aber ständig mit demonstrativem Bescheidwissen beschworener Blackboxes: »So sind die Leute eben; wer das ändern will, sollte lieber Ethikkurse an der Volkshochschule geben.«

Ergebnis dieser Anthropologie sind klar erkennbare Veränderungen der Medieninhalte über die Jahrzehnte hinweg: Verkürzung der durchschnittlichen Dauer von Episoden, Bildeinstellungen und Gesprächsbeiträgen; Intensivierung visueller Reize (Multiperspektivität der Sportberichterstattung, computeranimierte Trickaufnahmen, ungewohnte Bildkompositionen, raffinierte Beleuchtung, schnelle Schnitte); Intensivierung kulturell geprägter Reize (sogenannte – aber eigentlich kaum noch mögliche – Provokationen und Tabubrüche, Sexualisierung, Darstellung von Aggression und Perversion); Vereinfachung (dramaturgische Schematisierung, Rückgang komplexer Sprachkonstruktionen, Abnahme des Ambivalenten zugunsten des Eindeutigen); Vereinheitlichung der Inhalte (sowohl innerhalb eines Senders als auch im Vergleich mit anderen Anbietern); die Abnahme des Anteils sprachlicher und die Zunahme des Anteils rein visueller und akustischer Inhalte.

Was tun, wenn die Techniken der Verlockung zum Medienkonsum bis zum Extrem ausgereizt sind? Die Antwort lautet: weitermachen. Die Redakteure erhöhen die Anzahl der Bilder, wo schon kein Text mehr zu verdrängen ist. Man spielt Fortissimo auf der Klaviatur der Reizintensivierung und hat sich genau deshalb die Möglichkeit zu einem Crescendo verbaut; die Steigerung der Reize erschöpft sich in Absichten und Ankündigungen. Nichts ist inzwischen leerer als das Versprechen, nun aber wirklich etwas total Verrücktes, Unglaubliches, alles in den Schattenstellendes zu bieten: »Der/die/das *etwas andere* XY!« Vereinfachungstechniken kommen zum Stillstand, wenn es nicht mehr einfacher geht. Die Routine der Steigerungsfortsetzung muss schließlich in den Austausch verschiedener Formen des Simplen münden. Eine dunkelhäutige Moderatorin tritt an die Stelle der blonden; ein Musiksender bietet endlose Variationen zum Thema Narzissmus; man wechselt die Humormuster: mal zotig, mal zynisch, mal liebevoll-neckisch, mal schadenfroh-aggressiv. Der Fortschritt liegt nur noch im Austausch einer begrenzten Zahl von Schemata. Was einmal Steigerung war, wird zum Karussell.

Ein soziologisches Lehrstück besonderer Art ist der Umgang der Medien mit sexuellen Inhalten. Trotz der Enttabuisierung der Sexualität hat sich eine Trennlinie etabliert, deren Kenntnis zum elementaren Kulturwissen gehört wie Lesen und Schreiben: die Grenze zwischen pornographischen und nichtpornographischen Medienangeboten. Konstituiert wird diese Grenze durch immer wieder aufbrechende öffentliche Diskurse über das Zeigbare und das Nichtzeigbare.

Bis zu welcher anatomisch, physiologisch, zeitlich und situativ definierten Schranke dürfen menschliche Genitalien und sexuelle Vereinigungen ins Bild gesetzt werden? In dieser Diskussion schließen sich verschiedene Motive zusammen. Dasjenige Motiv, an das man zuerst denkt, ist gleichzeitig das unwichtigste: Prüderie im klassischen, durch das neunzehnte Jahrhundert geprägten Sinn. Auf welche moralische Macht könnte sich diese Prüderie noch stützen? Wo wären ihre lautstarken Verfechter? Wo die Herde der unschuldigen Lämmer, deren Schutz den Eifer der Prüderie lohnend erscheinen ließe? Soweit Prüderie hier überhaupt noch eine Rolle spielt, haben wir es mit einer gewandelten Form zu tun: mit der Inszenierung von Kultiviertheit, bei der es nicht um den

Schutz des Publikums vor moralischer Verderbnis geht, sondern um die symbolische Aufwertung der Instanz, die sich selbst Schranken auferlegt.

Dass diese Schranken gerade im Sexuellen liegen, ist nur zum Teil durch das Wesen der Sexualität bedingt, zum anderen Teil handelt es sich um einen kulturhistorischen Zufall. Die Selbstbeschränkung ähnelt der Sitte, Fisch nicht mit dem Messer zu essen; ein Verbot, dessen ursprünglichen Sinn heute niemand mehr begreift, auf dessen Einhaltung man aber um so peinlicher achtet, weil sich gerade in der Beachtung unverständlicher Stilprinzipien kulturelle Kompetenz bekundet. Die Grenze zwischen pornographischen und nichtpornographischen Angeboten wird durch die mentalitätsgeschichtliche Erinnerung an das Zeitalter der Prüderie erst möglich.

Von der symbolischen Prüderie der nichtpornographischen Angebote profitieren freilich auch diese selbst, nicht nur in der Weise, dass sie sich als »nicht vulgär« aufwerten können, sondern – gerade entgegengesetzt – auch dadurch, dass sie sexuelle Szenen in einer besonderen, der Pornographie verlorengegangenen Weise darstellen. Das dramaturgische Grundschema ist das des Striptease. Würde die Tänzerin die Bühne gleich nackt betreten, wäre die Enttäuschung bei den meisten Zuschauern größer als die Erregung. Als Spiel der Annäherung an eine Grenze lebt Striptease davon, dass diese Grenze immer nur fast überschritten wird. Entblößung lässt sich nur so lange steigerungslogisch weitertreiben, bis sie erfolgt ist. Die nichtpornographischen Angebote bleiben diesseits der Grenze, die pornographischen befinden sich jenseits davon. Warum kämpfen Anbieter nicht darum, pornographisch sein zu dürfen? Die Dramaturgie des Striptease kommt ihrer steigerungslogischen Orientierung entgegen; darauf sind sie und das Publikum eingespielt.

Wie auf dem Silbertablett präsentiert sich hier die Paradoxie der Steigerungslogik: Sie will die Möglichkeitsgrenze hinausschieben, aber sie droht sich dadurch selbst überflüssig zu machen. Kurz vor dem Ende der Vorstellung drängen die nichtpornographischen Angebote vorwärts und zucken gleichzeitig zurück. Das Überschreiten der letzten Grenze würde den Zusammenbruch der Spannung bedeuten. Damit aber würden sich die handlungslogischen Bedingungen grundlegend wandeln.

In welcher Weise? Wo bisher die Steigerungslogik regierte, müsste sich nun ein Denkmuster entwickeln, das der Idee der Ankunft Rechnung trägt: Thematisierung von Sexualität jenseits der Entblößungssteigerung.

Die Pornographie hat auf diese handlungslogische Herausforderung mit der Entwicklung einer Art Sexualfolklore geantwortet, deren Kern in einer kleinen Bibliothek immer und immer wieder durchgespielter Erregungsdrehbücher besteht. Nur in der gehobenen Belletristik, die das Stadium der völligen Entgrenzung etwa zeitgleich mit der Pornographie in der zweiten Hälfte des zwanzigsten Jahrhunderts erreichte (von verstohlenen Bestsellern der Obszönität als Vorläufern abgesehen), lässt sich der entgegengesetzte Weg erkennen: Expedition statt Schema, Singularisierung statt Folklorisierung des Sexuellen, reflexive Brechung und subjektive Ausgestaltung statt kollektiver Standardisierung.

Die Behandlung sexueller Inhalte in den Medien ist nur ein Beispiel für das steigerungslogische Problem der Ausreizung. Längst hat es alle Bereiche der Medienwirklichkeit erfasst: Fernsehen, Printmedien, Rundfunk, Musikindustrie, Online-Anbieter. Gemeinsamer Nenner aller Steigerungsbemühungen ist das Bestreben, in möglichst kurzer Zeit und möglichst voraussetzungslos anschlussfähig an das Bewusstsein von Zappenden, Surfenden, Enteilenden zu sein. Es kommt darauf an, das Publikum im flüchtigen Moment der zufälligen Begegnung mit dem Inhalt zu erreichen und diesen Moment möglichst in die Länge zu ziehen.

Dies aber wird immer schwieriger, denn was sich hier erreichen lässt, ist allmählich erreicht. Am Ende etabliert sich bei immer mehr Medien eine Folklore von Steigerungsversprechen, deren Nichterfüllung das Publikum so achselzuckend hinnimmt, wie es dies bei der Werbung seit langem tut. Am Ende zeigt sich, dass die Menschen noch nicht einmal abgeneigt sind, dies zu akzeptieren: die Wiederholung, die alltagsästhetische Standardisierung, die Entspannung leicht gelangweilten Wiedererkennens. Übertönt vom Marktgeschrei der Verheißung des Außergewöhnlichen, hat längst das Gewöhnliche Einzug gehalten, zu dessen gewöhnlichsten Bestandteilen das Marktgeschrei selbst gehört.

Steigerung durch Selbstbeobachtung

Erst in der zweiten Hälfte des zwanzigsten Jahrhunderts, dann aber in großer Geschwindigkeit, entwickelte sich die Selbstbeobachtung der Medien. Die informationstechnisch hochgerüstete quantitative Medienforschung, die in Echtzeit über Quoten, Reichweiten, Marktanteile und Auflagenhöhe informiert, ist das zentrale Steuerungsinstrument in der permanenten Steigerungskonkurrenz.

Galt in der bildungsbürgerlichen Phase noch der Kodex, dass es zuerst auf den Inhalt ankomme, während der Erfolg ein notwendiges Übel sei (wenigstens war dies die offizielle Medienmoral), so hat sich das Rangverhältnis längst umgekehrt. Aus Inhaltsverbesserung wurde marktbezogene Optimierung. Die Inhaltsgläubigen müssen sich den Spott der ökonomischen Realisten gefallen lassen. Unter der Regentschaft des Publikumserfolgs wird Inhalt zur Allüre, mit der sich manche Medienmogule schmücken wie mit einer kostspieligen Geliebten. Sie gilt als Imagefaktor oder »Produktidee eines Spartenanbieters für ein spezielles Publikumssegment«.

Doch worüber informieren Quoten? Die Programmdirektoren, Chefredakteure, Herausgeber, Online-Anbieter, die sich von der Medienforschung nach jedem Produktionszyklus die neuesten Quoten liefern lassen, ähneln Menschen, die auf ihre Gesundheit achten und immer genau spüren, ob sie krank sind oder nicht, aber nicht wissen, warum es sich so oder so verhält. Das *Kausalitätsbedürfnis der Laien* ist ein Terminus technicus der Medizin; er bezeichnet Ursache-Wirkungs-Hypothesen, mit denen sich Kranke ihr Leiden und Genesende die Wiederherstellung ihrer Gesundheit erklären. Mal ist es das Wetter, mal dieses oder jenes Medikament, mal die Ernährung, mal die Psyche, der Stress oder das Schicksal (tautologische Erklärungen sind die besten). Eigentlich aber wissen sie nichts, außer dass sie gesund oder krank sind. Auch Medienmacher wissen nicht mehr, als dass ein Aufmerksamkeitseffekt bestimmter Größenordnung eingetreten ist.

Wenn man versucht, Aufmerksamkeit auf Eigenschaften des Inhalts zurückzuführen, fischt man im Trüben, verurteilt zu Ungewissheit und Willkür, mag man sich auch Erkenntnissicherheit einreden. Inhalte sind so komplex, ihre Eigenschaften so unscharf, ihre Wahrnehmung durch das sich ständig wandelnde Publikum so jenseits aller schnellen Beschreibbarkeit, dass man am Ende nur sagen kann, die Schwankungen der Quote hätten wohl etwas mit der Ansprechbarkeit des jeweiligen Publikums für die jeweiligen Inhalte zu tun. Das kann man aber auch sagen, ohne die Quote zu kennen. Alle Präzisierungsversuche erinnern an die Orakel römischer Priester, die aus den Eingeweiden von Opfertieren Vorhersagen ableiteten.

Die Medienbranche verschafft sich durch Quotenschau und daran geknüpfte Erfolgshypothesen die Illusion des Bescheidwissens und der Fortbewegung. Aus größerer Distanz wird offenbar, dass das Quotenritual systematisch die Medienzukunft mit der Medienvergangenheit verknüpft, ja unter dem Vorwand ständiger Innovation Routine geradezu erzwingt und kreisförmige Trampelpfade festlegt.

Die Gläubigkeit, mit der die tägliche Quote als Offenbarung gelesen wird, spiegelt sich in dem öffentlichen Aufsehen wider, das 1995 entstand, als sich die Gesellschaft für Konsum- und Absatzforschung in Nürnberg um einige Prozentpunkte »verrechnet« hatte. Dabei musste aber den Beteiligten klar sein, dass auch die – systemintern – richtige Berechnung durchaus von den wahren Verhältnissen abweichen konnte. Alle Insider kennen die methodischen Probleme bei der Ermittlung der Quote. Zum zufallsbedingten Stichprobenfehler kommen systematische Fehler und vor allem Interpretationsschwierigkeiten unbekannter Größe hinzu. Weil dies aber allen Medienmachern, Werbeleuten, Sozialwissenschaftlern, Feuilletonisten klar sein musste, handelte es sich um eine Aufregung wider besseres Wissen. Der beklagte Irrtum war lediglich der Irrtum in einem Irrtum. In der Aufregung über das Nebensächliche verwandelte sich der eigentliche Irrtum in scheinbare Wahrheit. An dieser Stelle wird Präzision zum Mythos und Wissenschaft zur Religion.

Und Rationalität nimmt absurde Züge an. Was als Steigerung erscheint, ist ein Nullsummenspiel. Steigerungen sind immer nur einzelnen Mitspielern auf Kosten der anderen möglich. Das Nullsummenspiel um die begrenzte Aufmerksamkeit des Publikums ist eine Lotterie, bei der alle dieselbe Strategie verfolgen – sie setzen auf das Quotenträchtige. Tun sie es, können sie trotzdem scheitern; tun sie es nicht, können sie trotzdem gewinnen. Der Vorteil dieses Tuns liegt woanders: Es beschäftigt Menschen, und es scheint sinnvoll.

Medienvermehrung

Ursprünglich antwortete die Steigerungsgeschichte der Medien auf einen unersättlich scheinenden Hunger. Im Mittelalter wurden Reisende förmlich nach Neuigkeiten ausgequetscht, wohin sie auch kamen; es konnte vorkommen, dass sie mit Gewalt festgehalten wurden, bis sie alles erzählt hatten. Diese unausgenutzte kollektive Kapazität der Verarbeitung von Inhalten war eine entscheidende Ressource für den kommenden Medienmarkt. Er wuchs in die weiten, unausgeschöpften Reserven der Aufnahmefähigkeit für Geschriebenes, Gesprochenes, Gefilmtes hinein. Bevölkerungswachstum, Alphabetisierung, Abnahme von Erwerbsarbeitszeit und Hausarbeitszeit im zwanzigsten Jahrhundert ließen die kollektive Kapazität zur Verarbeitung von Informationen noch einmal deutlich ansteigen. Die Medienvermehrung im zwanzigsten Jahrhundert profitierte von ungeheuren und zunächst noch wachsenden Steigerungsmöglichkeiten.

Inzwischen hat sich das Bild gewandelt. Längst hat der Medienmarkt die letzten Zeitnischen besetzt, in denen Menschen vielleicht noch zur Investition von Aufmerksamkeit bereit sein könnten. Kollektive Aufnahmefähigkeit und Medienangebot stehen in immer krasserem Missverhältnis. Man fühlt sich an jene Schule in einer chinesischen Provinz erinnert, über die 1996 in einer Pressenotiz berichtet wurde: eine Schule mit einer einzigen Schülerin, aber 16 Lehrern. Stellen wir uns nun vor, dass ständig weitere Planstellen an dieser Schule eingerichtet würden: Dieses Bild beschreibt das Ausmaß der Medienvermehrung am Ende aller Steigerbarkeit. Umgeben von immer mehr Lehrern ist das Kind schließlich nicht mehr auffindbar.

Wie Wasser oder Luft füllen die Medien als allgegenwärtiges, alldurchdringendes Element jeden Winkel des Alltagslebens aus. Musik in jedem Supermarkt, großflächige Bildschirme in den Hauptbahnhöfen, ein breites Angebot von Fernsehprogrammen auch morgens um vier, Unmassen von Zeitungen und Zeitschriften, anschwellende Online-Angebote. Berge von Informationsschaum; sintflutartige Text-, Ton- und Bildermengen jeden Tag; Hunderte von Kellnern, die den einzigen Gast, der mit einem Steak vollauf zufrieden wäre, mit den verschiedensten Gerichten bestürmen.

Knappheit als Ressource, unabgedeckte Bedürfnisse als Kapital, offene Wünsche als Wert, auf den sich alle stürzen: Nirgendwo wird deutlicher als auf dem Medienmarkt, dass gerade der Mangel eine Ressource der Steigerung ist. Nachdem die kollektive Medienzeit, das heißt die Gesamtsumme der Stunden, die alle Menschen in einer definierten Zeit für Medien aufbringen können, bereits bis zum Äußersten ausgenutzt wird, und zwar oft in mehreren Schichten (man blättert eine Zeitschrift durch, während der Fernseher läuft; man hört gleichzeitig Radio und sitzt am PC), arbeitet sich die Dynamik der Medienvermehrung in Differenzierung ab.

Medienvermehrung ist jetzt nur noch möglich, wenn aus dem einstigen Massenangebot spezielle Medien für immer kleinere Zielgruppen und schließlich individualisierte Medien werden: Bricolage-Zeitungen, höchstpersönlich zusammengezappte Programm-Mixturen, interaktives Fernsehen, Video on demand, singuläre Suchprofile im World Wide Web.

Wie lange würde man wohl brauchen, um die Druckerzeugnisse, Radiobeiträge, Fernsehsendungen und neuen Internet-Angebote eines einzigen Tages in sich aufzunehmen? Jahre würden vergehen, selbst wenn man sich auf den deutschen Sprachraum beschränkte. Es wären freilich keine besonders informationsreichen Jahre, denn man müsste ständig Ähnliches lesen, hören, sehen. Bemerkenswert bei sogenannten Medienereignissen – ob es sich um einen Regierungsgipfel, um eine Pressekonferenz von Tennisprofis oder um den Gang eines Betrügers vom Polizeiauto zum Gerichtsgebäude handelt – ist weniger das oft banale Geschehen als die Redundanz der Berichterstattung: das Verhältnis von Aufwand und Ertrag; die Mobilisierung von Menschen, Geräten und Organisationen, um nahezu identische Informationen zu produzieren. Zahllose Mikrofone, riesige Pressetribünen, Hundertschaften von Fotografen, die stundenlang an einem Ort warten, um ein einziges Bild zu machen: Jemand steigt aus einem Auto.

Der Flächenbedarf der Zeitschriftenkioske explodiert, das Fernsehangebot einer Woche kann man nur noch mit den Suchhilfen der Programmzeitschriften überblicken, die Zahl der Radiostationen ist Legion geworden, und all dies ist nur ein Durchgangsstadium zu noch viel mehr. Medienvermehrung ähnelt der Produktdiversifizierung bei Seifen, Marmeladen, Reisen oder Küchenmöbeln – eine Steigerung der Wahlmöglichkeiten zwischen Produkten, die in ihrer Vielfalt den Möglichkeitsraum immer stärker ausschöpfen, sich in ihm drängen, jede kaum noch wahrnehmbare Chance der Profilierung im Verhältnis zum schon Vorhandenen nutzen. Immer seltener kommt es vor, dass sich ein neues Produkt von den schon auf dem Markt befindlichen in mehr unterscheidet als in seinem Namen.

Welche Wünsche sind noch offen? Die immer feinmaschigere Besetzung von Nischen möglichen Publikumsinteresses treibt viele Blüten; es gibt eigene Zeitschriften für die Liebhaber dicker Frauen, die Freunde von Kanarienvögeln oder die Anhänger einer neuen Sepulkralkultur. Der Medienmarkt ist einer von vielen Teilmärkten, der beschäftigungshungrige Humanenergie anzieht. Die neu ins Spiel kommende menschliche Energie trifft auf ständig gesteigerte technische Potentiale in Form von Computern, Grafiksoftware, weltweiter elektronischer Datenübertragung zu erschwinglichen Preisen, digitaler Bildbearbeitung, neuen Vertriebsmöglichkeiten und Darstellungsformen über das Internet. In zunehmendem Maß sind Medien nicht mehr als Antwort zu verstehen, sondern als Frage: »Wer kann uns brauchen?« auf der einen Seite und »Was wollen wir?« auf der anderen.

Riesige Mengen von Texten, Bildern, Musik, Gerede haben sich gebildet. Nichtbeachtung ist normal geworden. Dass sie keineswegs zur Einstellung der Produktion führen muss, zeigt sich am Schicksal vieler wissenschaftlicher Publikationen. Der größte Teil von Aufsätzen in Fachzeitschriften bleibt im Grunde ungelesen. In den Kellern der Verlage stauben Fachbücher ein, die nur deshalb nicht in Vergessenheit geraten können, weil sie erst gar nicht beachtet werden. Ihre Autoren mögen von Ruhm geträumt haben, während sie insgeheim bereits das wahre Schicksal ihrer Produkte ahnten. Haldenproduktion ist nur dann kein Rätsel, wenn man Produktion als Selbstzweck begreift: als Indienstnahme menschlicher Energie, die sonst nichts mit sich anzufangen wüsste. Produktionsüberschüsse entstehen, die nur dann nicht sinnlos scheinen, wenn man die Annahme, dass der Sinn von Produkten im Konsum bestehe, um eine weitere ergänzt: Der Sinn von Produkten besteht in ihrer Produktion. An die Stelle des aufnahmebereiten Konsumenten tritt der Keller des Verlages, das Archiv, die Regalflucht der Universitätsbibliothek, die Kapazität von Festplatten. An die Stelle des Konsums tritt die Abspeicherung und Aufbewahrung.

Das Absurde in der Geschichte der Medien

Dazu angetreten, ihrem Publikum alles begreiflich zu machen, werden die Medien selbst mehr und mehr eine Form des Nichtbegreifens. Dieses Nichtbegreifen zu erfassen wäre ein größerer Gewinn, als ihn die übliche Medienkritik einzubringen vermag, in Gang gehalten von den Aufwallungen einzelner über einzelnes. Es stellt sich die Frage, inwieweit Medienmacher und Medienkonsumenten geistig auf der Höhe der Zeit sind. Dabei geht es nicht um Aktualität im Sinne der Zeitnähe von Meldungen und Berichten. Zu verhandeln ist ein allgemeineres Thema: Spiegeln die Medien das Entwicklungsstadium wider, in dem sie angekommen sind?

Zu Recht gilt als Traumtänzer, wer den Steigerungswettlauf der Medienanbieter kritisiert. Niemand wird das gegenwärtige Medienspektakel mit Appellen beenden können. Die Pointe ist freilich: Es hat aus sich selbst heraus seine Grenze bereits gefunden. Das Ende zeigt sich einerseits als

Gestaltauflösung, Ziellosigkeit, Erratik, und es nimmt andererseits die Form einer manischen Fixierung auf die Fortsetzung des traditionellen Modernisierungsweges an, vergleichbar der Regression eines Menschen, der sich weigert, erwachsen zu werden, und in einem bestimmten Entwicklungsstadium verharrt.

Wie alle anderen Akteure der Moderne, so haben auch die Medienmacher eine Fortschrittsgeschichte auf vorhersehbaren Steigerungspfaden beschritten. Die geistige Leistung, zu der unsere Zeit die Medienmacher und Medienkonsumenten gleichermaßen herausfordert, besteht darin, Gewohnheiten als veraltet zu erkennen, die so tun, als wären sie etwas Neues. Plötzlich stellt sich die Aufgabe, etwas als Stagnation zu erkennen, was sich doch immer als Fortschritt dargestellt hat: die beispiellose Medienvermehrung in den letzten Jahrzehnten, der kompromisslose Wettlauf um Anschlussfähigkeit mit dem Ergebnis immer leichterer Konsumierbarkeit, die gewaltige Verschiebung der objektiven Möglichkeitsgrenzen. Dass eine Situation herangereift ist, in der ein »modern« genannter Wandel als unmodern erscheint, als verstaubt, einfallslos, byzantinisch, will einem modernen Menschen nicht so schnell in den Kopf. Es gilt, eine bisher vertraute Form der Innovation als absurd zu begreifen.

Am Ende geht Steigerung in eine Kreisbewegung über. Zirkel sind unendlich. »Wir tun nichts, als uns gegenseitig mit Anmerkungen zu versehen«, formulierte Michel de Montaigne lange vor Niklas Luhmann. Die wachsende Selbstbezüglichkeit der Medien ermöglicht unerschöpfliche Sinnillusionen und das kollektive Vergessen von Ratlosigkeit. Ohne ein gewisses Maß an Selbstbezüglichkeit gäbe es freilich auch nicht die Kritik der Medien an sich selbst. Im Gefühl des Absurden, das sich in den Medien besonders scharfzüngig artikuliert, zeigt sich die Vitalität der Ur-Idee der Medien, Zeichenkonfigurationen zu schaffen, die für andere bedeutsam sind – als wahrheitsgetreue Botschaften, als Reflexionsangebote, als Faszinosum. Diese Idee ist unverlierbar, aber sie muss sich immer wieder von neuem behaupten. Oft waren es Dogmatismus und Zensur, die die Idee der Medien zu pervertieren drohten; in unserer Zeit ist es das Absurde.

Zur Soziologie des Absurden

Das Risiko langer Wege

Je länger die Steigerung der Medien, des Konsums oder anderer Handlungsfelder andauert, desto prekärer wird der Sinn ihrer linearen Fortsetzung. Ein stiller, unauffälliger Begleiter taucht auf, das Absurde. Als Resultat einer versteckten Sinnverschiebung wird das Absurde um so selbstverständlicher, je größer das Handlungsfeld ist, in dem es auftritt, je länger seine Geschichte zurückreicht und je mehr Akteure beteiligt sind. Das Absurde bevorzugt ganz bestimmte Soziotope als Nistplätze: Behörden, Dynastien, Militär, Planwirtschaft, Diktaturen, Großunternehmen, Universitäten, jahrzehntealte Paar- und Verwandtschaftsbeziehungen.

Wenn sich Menschen neu auf eine Situation einstellen, geben sie sich mehr Mühe, sinnvoll zu handeln, als wenn schon viel Zeit vergangen ist und alles in gewohnten Bahnen verläuft. Am Anfang fallen ihnen noch Fehler auf; mit Versuch und Irrtum reduzieren sie gezielt das Absurde. Allmählich entstehen auf diese Weise gute Routinen, und die Akteure können es sich leisten, den Sinn ihres Tuns kaum noch zu kontrollieren.

Genau dann aber ist der Zeitpunkt gekommen, an dem das Absurde sich einzuschleichen beginnt. Es entsteht, wenn zwei Dinge zusammenkommen: abnehmende Selbstkritik für das eigene Tun und abnehmende Wichtigkeit des ursprünglichen Ziels, das erst zum Aufbau von Routinen geführt hat.

Auch wenn das ursprüngliche Ziel längst erreicht ist, können Routinen weiter fortbestehen. Bei einer Revision des französischen Verwaltungsapparats gegen Ende des zwanzigsten Jahrhunderts wurde eine Behörde entdeckt, die etwa siebzig Jahre früher eingerichtet worden war, um die Folgen eines Erdbebens zu bearbeiten; alle Planstellen der Behörde waren besetzt. Routinen schaffen durch ihre bloße Existenz Sinnvertrauen, oft sogar völlige Sinnvergessenheit. Jahre und Jahrzehnte vergehen, die Akteure werden ausgewechselt, doch die Routinen bleiben bestehen. Wer neu hinzukommt, hat nichts Eiligeres zu tun, als sie zu erlernen. Um Routinen zu ändern oder ganz zu zerstören, wäre eine Revision von außen erforderlich. Wer dem Routinezusammenhang dagegen angehört, hütet sich, am eigenen Ast zu sägen und die Vorteile aufzugeben, die Routinen selbst dann bieten, wenn sie absurd sind.

Routinen strukturieren das Leben. In dem Film *Forrest Gump* läuft der gleichnamige Protagonist zweieinhalb Jahre kreuz und quer durch die Vereinigten Staaten. Die Medien werden auf ihn aufmerksam, und mit der Zeit folgt ihm ein Rudel von Männern und Frauen, die in respektvollem Abstand hinter ihm hertraben. Der Film zeigt, wie Forrest Gump (gespielt von Tom Hanks) auf freier Strecke plötzlich anhält und sagt, dass er jetzt genug gelaufen sei. Auch die Gruppe der Mitläufer bleibt stehen, die Routine bricht ab. Sie wirken ratlos, und schließlich schreit einer Forrest Gump an: »Und was ist mit uns? Was soll denn jetzt aus uns werden?« Das Risiko eines langen Wegs besteht darin, dass einem schließlich nichts anderes mehr einfällt, als ihn fortzusetzen, auch wenn man gar nicht mehr weiß, warum.

Organisierte Sinnillusion

Ein junger Mann, der etwas abgelegen in einem kleinen Dorf wohnt und in einem ortsansässigen Betrieb arbeitet, kauft auf Kredit ein Auto, um in der Stadt einen Abendkurs zu besuchen. Nach Abschluss des Kurses findet er eine neue, besser bezahlte Stelle in einer Softwarefirma. Mit ihren Computerprogrammen hat die Firma Erfolg in der Industrie, die eine neue Generation von Maschinen entwickelt. Abnehmer dieser Maschinen sind unter anderem die Autohersteller, die damit noch bessere und billigere Autos produzieren werden. Weil der junge Mann jetzt mehr verdient, kann er inzwischen nicht nur sein Auto abbezahlen, sondern sich einen Computer kaufen und seine Freundin dazu ermuntern, einen Informatiklehrgang zu besuchen. Dafür braucht sie nun ebenfalls ein Auto. Die beiden wollen demnächst eine eigene Firma aufmachen; sie soll genug Gewinn abwerfen, um das zweite Auto und den neuen Computer abzuzahlen und weitere Investitionen zu ermöglichen.

Auf den ersten Blick ist dies eine alltägliche Episode. Man nimmt die Perspektive des jungen Mannes ein und unterliegt dabei der gleichen Einschränkung wie dieser. Unbeachtet bleibt das Selbstverständliche daran: dass die Episode in einen gigantischen Handlungszusammenhang gehört, dessen Wachstum seit Jahrhunderten andauert. Für das Weiterkommen im Alltagsleben wirft es nichts ab, sich dies immer wieder bewusst zu machen. Wenn man sich dagegen für die menschliche Existenz in ihrer Gesamtheit interessiert, wird die Frage wichtig, in welchen historischen Kontext die Episoden des Alltags eigentlich eingebettet sind. Deshalb möchte ich im nächsten und übernächsten Kapitel diesen Kontext eingehend analysieren. Ich werde ihn das *Steigerungsspiel* nennen.

Anlass meiner Überlegungen zum Steigerungsspiel ist das Absurde als Risiko langer Wege. Das Steigerungsspiel unterliegt diesem Risiko in besonderem Maß. Es bietet dem Absurden Gelegenheit, sich als Sinn zu tarnen. Sichtbar wird es erst dann, wenn man von einzelnen Akteuren und Episoden absieht und den Gesamtzusammenhang im Lauf der Zeit ins Auge fasst. Nur bei dieser Betrachtungsweise kann ein Phänomen in Erscheinung treten, durch das sich die Soziologie seit Max Weber und seiner Analyse der Moderne immer wieder herausgefordert gefühlt hat: die Verselbständigung des instrumentellen Handelns. Der einzelne Akteur achtet in der Regel sorgsam darauf, dass sein Handeln zweckmäßig ist. Aber worin besteht der Sinn des Handelns, wenn man über den Horizont der Episode hinausblickt? Normalerweise unterbleibt diese Frage. Geht man ihr nach, stellt sich heraus, dass die meisten Zwecke instrumentell für andere Zwecke sind, diese wiederum für andere, und so weiter ad infinitum. Das Absurde nimmt die Gestalt unendlicher Pfade der Zweckmäßigkeit ohne letzten Zweck an. Instrumentalität findet nicht mehr aus sich selbst heraus; sie wird zirkulär; sie führt zu nichts.

Es wäre übertrieben, die Gegenwart auf diese Deutung zu reduzieren. Worum es mir geht, ist keine Globalcharakterisierung, sondern eine Tendenzaussage. Im Lauf der Zeit nimmt das bloß instrumentelle Denken und Tun überhand; Situationen der Ankunft verflüchtigen sich mehr und mehr. Wir wollen annehmen, dass der junge Mann und seine Freundin, von denen im obigen Beispiel die Rede war, gelegentlich auch einmal Urlaub machen, Essen gehen oder Musik hören. Trotzdem unterliegen sie einer schleichenden Sinnverschiebung. Steigerungen dienen anderen Steigerungen und kommen immer weniger noch auf der Ebene persönlicher Bedürfnisse an. Das Steigerungsspiel tendiert – je länger es dauert, um so mehr – zur Zirkularität. Was dann als möglicher Sinn noch übrigbleibt, ist das bloße Beschäftigtsein der Beteiligten und das Ideal der Verfügbarkeit anstelle des Verfügens.

Wenn Menschen ihr Handeln sozial organisieren, erreichen sie zwar viel mehr, als sie allein jemals könnten, aber es entstehen auch Schäden. Risiken gedeihen, wie der Soziologe Ulrich Beck in seinem Buch *Die Risikogesellschaft* herausgearbeitet hat, besonders gut in einer Situation organisierter Unverantwortlichkeit. Und das Absurde, so lässt sich fortsetzen, setzt sich als organisierte Sinnillusion in der Sozialwelt fest. Je größer dabei die Anzahl der Akteure ist, desto eher kann sich der einzelne in seinem begrenzten Sinnhorizont mit der Formel entlasten, dass der Zweck, den er gerade verfolgt, schon für irgend etwas gut sein werde – solange er dabei einem nächstliegenden Zweck gerecht wird, ist alles in Ordnung. Der Umstand, dass alle anderen auch so denken und handeln, verstärkt die suggestive Kraft dieser Formel.

Das kollektive Gedächtnis tut ein übriges. In der Geschichte des Steigerungsspiels gab es rauschhafte Boomjahre, Phasen kollektiver Euphorie, begünstigt durch einen Überfluss an materiellen Ressourcen der Steigerung, vorangetrieben durch Entdeckungen, Erfindungen und Folgeerfindungen, ausgerichtet an klaren und erreichbaren Visionen, Zeiten, in denen die vorhandene Humanenergie kaum ausreichte, um alle Arbeit zu tun. Aus dem Wunsch heraus, so weiterzumachen, ist der Paradiesmythos des Steigerungsspiels entstanden: der Traum vom ewigen Wachstum, von der immerwährenden Einführung neuer Produkte, von der fortgesetzten Selbstüberholung der Technik, von der institutionalisierten wissenschaftlichen Revolution – das Geschichtsmodell einer endlosen Reihe neu aufgestoßener Türen zu immer weiteren Möglichkeitsräumen. Die Erinnerung an eine beispiellose Erfolgsgeschichte überstrahlt das Absurde, das sich allmählich hinzugesellt hat.

Das Steigerungsspiel

Dass etwas anders werde, kann man nur sagen, wenn man das Bisherige kennt. Das Neue wird fassbar, indem man es vom Alten unterscheidet. Aber muss diese Vorgehensweise nicht versagen, wenn es um die Moderne geht? Die Schwierigkeit, von einem Wandel der Moderne zu sprechen, liegt darin, dass die Moderne ja bereits auf permanenten Wandel angelegt ist. Weil sie ständig Neues hervorbringt und die ewige Fortbewegung zu ihren Wesensmerkmalen gehört, kann man einen Wandel der Moderne nur als Wandel des Wandels erfassen.

Bevor ich dieses Thema im übernächsten Kapitel aufgreife, möchte ich zunächst den normalen Wandel der Moderne darstellen. Dieser lässt sich als Steigerungsspiel beschreiben. Obwohl dabei ständig Neues entsteht, bleibt die Ordnung der Transformation stabil. Das Steigerungsspiel ist darauf angelegt, die Grenzen des Möglichkeitsraums durch Perfektionierung der Mittel ständig weiter hinauszuschieben. Seine unbezwinglich und ewig erscheinende Dynamik gewinnt es durch seine Verankerung in der ganzen Gesellschaft. Es organisiert die sozialen Beziehungen einer Vielzahl von Akteuren: Unternehmen, Wissenschaft, Technik, Erwerbstätige und Konsumenten, Medien, Politik. Sie alle handeln nach Prinzipien, die sich unter dem Begriff der Steigerungslogik zusammenfassen lassen. Zur Steigerungslogik gehört das Denken in Skalen, der nach oben hin offene Wertvergleich, ein lineares Zeitverständnis sowie eine bestimmte Weise, die Welt zu sehen. Dieses Denken fasse ich unter dem Paradigma der Sachbezogenheit zusammen. Typisch dafür sind vier Aspekte: die Vorstellung, dass eine Sache etwas Objektives sei; ihre Betrachtung unter dem Primat der Nützlichkeit; die Annahme, dass sie von geschichtslosen Gesetzmäßigkeiten beherrscht werde; der Anspruch, sie ohne jede Einschränkung zu bearbeiten. Dieses Paradigma beschreibt das moderne Naturverständnis. Es genauer kennenzulernen verspricht zweierlei Ertrag: Erstens versteht man das Steigerungsspiel besser; zweitens kann man konkreter über das Steigerungsspiel hinausdenken.

Ein Strom von Episoden

Der Begriff des Steigerungsspiels

Stellen wir uns Touristen vor, die irgendwo auf der Welt aus dem Flugzeug steigen. Der Begriff Steigerungsspiel beschreibt nicht nur diese eine Situation, sondern auch die sozialen Episoden, die sie erst möglich gemacht haben, etwa das Flugzeug bauen, ein Reisebüro eröffnen, ein Hotel betreiben, arbeiten gehen, um die Reise bezahlen zu können. Was alles miteinander verbindet, ist die Steigerungslogik: Sie verknüpft die Urlauber mit der Gastronomie des Zielortes, das Reisebüro mit der Fluglinie, die Flugzeugbauer mit den Naturwissenschaftlern, die das Grundlagenwissen erarbeitet haben, diese wiederum mit den politischen Instanzen, die all das regeln, fördern und schützen. Tausend Szenen an tausend Schauplätzen hängen zusammen. Wir haben es bei allem Facettenreichtum mit *einem* Phänomen zu tun, gesteuert von *einer* Idee. Es überzieht die Welt wie ein Gespinst. Wie lässt sich das Steigerungsspiel definieren? Mein Vorschlag hat das Aussehen einer Liste:

- Das Steigerungsspiel ist ein historisch singuläres Phänomen.
- Seine kulturelle Bedeutung hat seit Jahrhunderten immer weiter zugenommen.
- Es besteht aus sozialen Episoden, die dadurch gekennzeichnet sind, dass sich alle Akteure an einer ihnen gemeinsamen Steigerungslogik orientieren.
- Die Episoden verbinden sich zu einer Gesamtheit: Sie sind zu jedem Zeitpunkt und an jeder Stelle aneinander anschlussfähig.

Gewiss wäre es irreführend, die Idee der Steigerung für die Moderne zu reklamieren. Ein Faustkeil genügt als Anschauungsmaterial dafür, dass diese Idee schon immer da war und wesentlich zu den Menschen gehört, gleichgültig, wann und wo wir ihnen begegnen. Es ist sogar plausibel, eine noch weitergehende Annahme zu vertreten: dass Steigerung als Evolutionsprinzip schon vor dem biologisch modernen Menschen wirksam war und dazu beitrug, seine Anatomie und Physiologie zu formen.

Wenn es sich so verhält, was rechtfertigt es dann, die vergangenen Jahrhunderte einschließlich der Gegenwart besonders hervorzuheben? Die Antwort ist eindeutig: Es ist die historisch beispiellose soziale Organisation der Steigerung, die unsere Epoche auszeichnet, das systematische Zusammenspiel einer unübersehbaren Menge von Akteuren in so verschiedenen Lebensbereichen wie Produktion und Politik, Wissenschaft und Unterhaltung, Arbeit und Konsum, Technik und Medien. Steigerung wurde zu einem wesentlichen Inhalt sozialer Beziehungen; sie integriert als immer wieder bearbeitetes gemeinsames Oberthema unsere gesamte Sozialwelt.

Warum hat erst die Moderne eine so umfassende Dynamik entwickelt? Warum hatte Augustus kein Auto? Schon einige Male in der Geschichte waren die Voraussetzungen gut. So entstanden im antiken Griechenland intellektuelle und politische Ordnungen, die denen unserer Zeit ähnlich waren. Kleisthenes schuf eine Verfassung, die den einzelnen aus verwandtschaftlichen und regionalen Hierarchien herauslöste und zum Staatsbürger machte. Vor dem Hintergrund einer nicht theozentrischen Metaphysik entwickelte sich zweifelndes, nach Argument und Erfahrung fragendes, syllogistisches und methodisch reflektiertes Denken, interessiert an universellen Gesetzmäßigkeiten, denen selbst die Götter unterworfen waren.

Demnach, so könnte man meinen, hätten die Römer doch gute Startvoraussetzungen gehabt, um das Möglichkeitsniveau unserer Zeit zu erreichen. Sie waren fähig zum Straßenbau, zur Errichtung der Aquädukte, zum Bau des Kolosseums, zur Konstruktion von Bädern und Zentralheizungen. Sie konnten auf die technische Tradition und das Wissen anderer, wesentlich älterer Kulturen zurückgreifen, etwa der Ägypter. Sie konnten sich von den Griechen inspirieren lassen. Dennoch kam das Steigerungsspiel nicht in Gang. Notwendige Bedingungen waren erfüllt, aber sie waren nicht hinreichend. Erst als auf Umwegen das Denken der Griechen im Mittelalter noch einmal in Europa aufleuchtete und erst nachdem es jahrhundertelang in Klosterbibliotheken geschlummert hatte, entfesselte es sein Potential.

Warum hatte Augustus kein Auto? Auf die Frage, welche Umstände ein Auto möglich machen, kann es keine einfache Antwort geben. Die Reihe der notwendigen Bedingungen ist lang: Wissen, unzählige Erfindungen, ein organisatorischer Rahmen von Technik und Produktion, rechtliche Voraussetzungen, die Verbreitung einer Mentalität des Erwerbs, Nachfrage nach Produkten und Dienstleistungen, Ausdifferenzierung von Berufen und Qualifikationen, verlässliche Buchungs- und Zahlungsmodalitäten. Je länger die Liste wird, desto mehr schiebt sich eine andere Frage in den Vordergrund: Was mobilisiert all diese Faktoren? Was ist die Bedingung der Bedingungen?

Damit kommt das Kernphänomen in Sicht: das Steigerungsspiel. Die Idee der Steigerung war immer und überall verfügbar, Autos konnten aber erst gebaut werden, als diese Idee zum wesentlichen Inhalt vieler verschiedener Interaktionen wurde. Was die Moderne von anderen Zeiten unterscheidet, ist die soziale Organisation der Steigerungslogik zu einem Spiel. In endlosen Ketten sozialer Episoden treiben sich die Akteure gegenseitig dazu an, immer neue Möglichkeiten zu schaffen. Das Spiel bezieht seine Kraft aus der Spannung kollektiven Wünschens; es lebt vom gemeinsam definierten Mangel. Je mehr fehlt, desto mehr Ansatzpunkte findet das Spiel. Als die Menschen dies erst einmal kollektiv begriffen hatten, war die Konstruktion eines Autos nur noch eine Frage der Zeit.

Das Steigerungsspiel ist ein Geflecht aufeinander bezogener Handlungen. Es liegt wie ein verbindendes Netzwerk über den Handlungsfeldern von Wissenschaft, Technik, Wirtschaft, Politik und Konsum. Kollektive und individuelle Akteure bewegen sich in einem weitverzweigten Labyrinth von Steigerungspfaden vorwärts und tauschen ihre Steigerungsergebnisse untereinander aus. Das Steigerungsspiel ist nicht identisch mit der gesamten Sozialwelt, sondern es ist ein Phänomen *in* der Sozialwelt, eine Quelle schematisierter Abläufe. Es ist ein Kristallisationskern des Zwischenmenschlichen, es integriert, schafft Ordnung, gibt Orientierung, macht die Welt über allen Wandel hinweg verstehbar. Das Steigerungsspiel verändert die Welt in einer uns allen selbstverständlich gewordenen Weise. Es organisiert menschliche Lebensenergie in einer kollektiven Anstrengung zum Zweck der immer größeren Ausdehnung des Möglichkeitsraums.

Die kulturelle Bedeutung des Steigerungsspiels wächst von Anbeginn bis heute. Damit ist Verschiedenes gemeint: Die Zahl der steigerungslogisch orientierten Akteure hat zugenommen. Der Anteil steigerungslogisch bestimmter Episoden an der Gesamtheit aller Episoden ist gestiegen. Steigerungsepisoden wurden immer weniger begründungspflichtig; sie avancierten zu Handlungsformen, die fast unbesehen als wertvoll anerkannt werden. Das Steigerungsspiel strahlt zunehmend auf Bereiche ab, denen das Steigerungsdenken fremd ist: Familie, Religion,

Kunst, Freundschaftsbeziehungen, soziale Milieus, Architektur. Das Verhältnis von Steigerungsspiel und steigerungsfremden Bereichen ist wie das Verhältnis von Zentrum und Peripherie. Im Konfliktfall setzt sich langfristig das Zentrum durch. Die Macht des Steigerungsspiels äußert sich teils als Überwältigung peripherer Bereiche, teils als deren Anpassung. Im Lauf der Sozialgeschichte wurde die Peripherie in zunehmendem Maß steigerungskompatibel. Es gibt steigerungsnahe und steigerungsferne soziale Bereiche. Zum Zentrum gehören vor allem die Börse, Unternehmen, Forschung und Entwicklung, Naturwissenschaft, Konsum und Werbung; zur Peripherie gehören unter anderem Kunst und Religion, Paarbeziehungen, Familien; dazwischen liegen etwa Politik, Bildung oder soziale Dienste.

Auch in den steigerungsnahen Bereichen wird nicht nur Neues angeboten; so viel Innovation ist gar nicht möglich. Alle Steigerungsergebnisse verharren einige Zeit in einer stabilen Phase, bis der nächste Steigerungssprung erfolgt. Entscheidend ist auch nicht so sehr, ob all die Fotoapparate, Autos, Softwareprodukte, Experten, Lerninhalte, wissenschaftlichen Paradigmen zum Zeitpunkt ihres Angebots etwas radikal Neues zu bieten haben. Worauf es vor allem ankommt ist, dass der letzte Steigerungssprung noch nicht lange zurückliegt, noch im kollektiven Gedächtnis enthalten ist und alle Akteure mit weiteren Steigerungssprüngen in naher Zukunft rechnen.

Auf diese Weise entsteht eine besondere Dynamik. Was in steigerungsnahen Marktsphären getauscht wird, gilt immer nur als vorübergehendes Gut. Wer etwas eingetauscht hat, hält bald nach dem Besseren Ausschau, und wer etwas anbietet, beeilt sich, den nächsten Steigerungssprung vorzubereiten, schon weil er sich durch die erwarteten Steigerungssprünge seiner Konkurrenten und durch die Steigerungsbereitschaft der Nachfrager dazu gezwungen sieht.

Kaum jemand gelingt es, sich dieser Dynamik ganz zu entziehen. Der ewige Sieg des Steigerungsspiels auch gegen den Widerstand einzelner Akteure zeigt deutlich, dass es sich um ein *Spiel* handelt: um eine riesige soziale Veranstaltung, in die man hineingezogen wird, ob es einem passt oder nicht, ein die ganze Welt überziehendes Hin und Her von Vorgaben, auf die man, seiner Vernunft oder seinen gelernten Reflexen gehorchend, spielkonform reagiert.

Die allen gemeinsame Basisorientierung

Das Steigerungsspiel ist allgegenwärtig. Es begegnet uns etwa im Alltagsgefühl eines durchschnittlichen Zeitgenossen, der mit der Anschaffung eines Computers zögert, weil die Geräte ständig besser und billiger werden. Mit Selbstverständlichkeit nehmen wir das Nachdrängen neuer Produktgenerationen zur Kenntnis, warten auf weitere Fortschritte medizinischen Wissens, wundern uns längst nicht mehr über Arbeitsrationalisierungen, spüren immer stärker den Wandel der Weltwirtschaft. Weil wir seit langem an das Steigerungsspiel gewöhnt sind, überrascht uns das Neue weniger als sein Ausbleiben.

Unübersehbar viele Akteure haben sich unter der Leitperspektive der Steigerung aufeinander eingestellt. Sie konkurrieren mit Steigerungen, sie erwarten Steigerungen voneinander, sie kooperieren bei der Herstellung von Steigerungsergebnissen und tauschen sie aus. Sie feiern ihre Steigerungserfolge und sind irritiert, wenn sie einmal ausbleiben.

Möglich ist das Zusammenspiel nur, weil alle Akteure eine gemeinsame Basisorientierung haben, auch wenn bei jedem noch ganz eigene Motive dazukommen. Einen Erfinder mag beispielsweise vor allem die Neugier treiben, und einen Unternehmer etwa der Wunsch, seiner Mutter zu imponieren. Beide Motive passen nicht zusammen und würden nicht ausreichen, um eine soziale Episode zwischen den beiden zustande zu bringen. Aber die Neugier des Erfinders und der Wunsch des Unternehmers, seiner Mutter Eindruck zu machen, sind über die Steigerungslogik aneinander anschlussfähig und ein Tausch kommt zustande; der Unternehmer kauft das Patent des Erfinders, und beide wissen, noch bevor sie sich überhaupt kennengelernt haben, dass genau auf dieser Ebene und auf keiner anderen soziale Anschlussfähigkeit gegeben ist. Alle Akteure im Steigerungsspiel wissen das. Also begegnen sie einander auf dieser Ebene, was auch immer ihre sonstigen Motive sein mögen.

Die Steigerungslogik ist nicht das Spiel selbst, sie ist die Regel, an der sich alle orientieren und durch die alle füreinander begreiflich und nützlich werden. Sie verstehen einander auf einer fundamentalen Ebene, auch wenn sie über ihre Sinnkonstruktionen fast gar nicht nachdenken; auch wenn sie sich darüber irren oder sich selbst belügen; auch wenn sie meinen, nur mit sich selbst beschäftigt zu sein. Die Steigerungslogik ist die unsichtbare Hand in einem umfassenderen Sinn, als dies Adam Smith gemeint hat, sie spricht aus den Apparaten, den Computerprogrammen, den

Verkehrsverbindungen, den Alltagshandlungen, den Bildern und Texten. Sie bedarf keiner besonderen Denkleistung mehr, weil sie bis zur Unkenntlichkeit selbstverständlich geworden ist, eingewoben in die handlungsleitenden Begriffe unserer Sozialwelt und schon da, bevor man überhaupt zu denken anfängt. Zahllose Begriffe tragen die Steigerungslogik als expliziten oder impliziten Code in sich: *Wachstum, neu, Preisknüller, Verbesserung, Erschließung, Rationalisierung, Auto, Computer, Internet, Entwicklungsland, Schwellenland, Industrienation, Informationsgesellschaft, Wissensgesellschaft, Konsum, Unterhaltung, Werbeblock, Waschmaschine, Fernsehen, Globalisierung.*

Warum Spiel?

Eric Berne, der Begründer der psychotherapeutischen Transaktionsanalyse, verwendet den Begriff des Spiels zur Beschreibung von Paarbeziehungen. Die einer Spielepisode zu Grunde liegenden Regeln erschließen sich dem Beobachter nur, wenn er Zeit hat; mit einem Schnappschuss ist es nicht getan. Es mag sein, dass die Spieler den Schnappschuss als bezeichnend empfinden, aber der Fotograf kennt das Bezeichnete nicht und bleibt auf seine Phantasie angewiesen, um das Bild zu verstehen. Es würde nicht einmal ausreichen, eine ganze Spielepisode zu filmen, denn auch dabei bliebe die situationsübergreifende Bedeutung des Spiels für das Alltagsleben der Beteiligten im dunkeln. Erst wenn man über lange Zeit hinweg immer wieder Abläufe zwischen den Akteuren protokolliert, tritt das Spiel zu Tage.

So, wie Eric Berne den Begriff des Spiels verwendet, scheint es sich zunächst um ein Synonym zum Begriff der Wiederholung zu handeln. Doch aus soziologischer Sicht ist es mehr als das. Das Wort Spiel ist von besonderem Wert, weil es theoretische Prägnanz und Anschlussfähigkeit an die Umgangssprache in sich vereint.

Nur wenige Wörter der Umgangssprache transportieren so viel vom Gegenstandsbereich der Soziologie wie der Ausdruck *Spiel*. Die Stärke eines umgangssprachlichen Ausdrucks ist freilich auch seine Schwäche. Der Ausdruck setzt Assoziationen in Gang, aber nicht alle davon passen. Die deutsche Sprache vereint im Ausdruck Spiel zwei Bedeutungsfelder, für die das Englische verschiedene Wörter bereithält. *Play* bezeichnet das lustbetonte Herumspielen, *game* das regelgeleitete, auf ein Ergebnis zustrebende Hin und Her zwischen mehreren Akteuren. Natürlich schließen sich beide Bedeutungen nicht gegenseitig aus, sie fallen aber auch nicht zusammen. Die Kategorie des Spiels, wie ich sie verwende, meint ausschließlich den als *game* bezeichneten Aspekt.

Sozialwissenschaftliche Allerweltsworte reichen nicht an die Assoziationskraft des Ausdrucks Spiel heran – Struktur, System, Kultur, Prozess, Interaktion, Kommunikation und andere Termini wirken im Vergleich dazu blass, abgedroschen, statisch, bedeutungsarm oder bedeutungsverschoben. Wohl deshalb hat sich die Kategorie des Spiels hier und da auch auf dem Planet der Sozialwissenschaften angesiedelt. Der Begriff Nullsummenspiel ist sogar schon in den allgemeinen Sprachschatz übergegangen.

Um Spiele zu verstehen, muss man einzelne Episoden, Ketten von Episoden, Geflechte von Episoden, unter Umständen sogar in Jahrhunderten anschwellende Ströme von Episoden im Auge haben. Es nützt nichts, etwa einen Schnitt zu machen, den Film anzuhalten, das Bild genau zu betrachten, damit einem nichts entgehe – denn das Wesentliche des Spiels vollzieht sich in der Zeit. Sobald das Schloss in den Dornröschenschlaf versinkt, entzieht es sich schlagartig der Beschreibung. In der Kategorie des Spiels verdichten sich soziale Wiederholungen, etwa Fernsehgewohnheiten, Geburtstagsrituale, Börsenspekulationen, Tarifkonflikte, Flirts, Fußballweltmeisterschaften und Kriege. Die Wirklichkeit als Spiel zu sehen bedeutet, einen ganz bestimmten Aspekt der Wirklichkeit zu fokussieren: die von Menschen geschaffenen Regelmäßigkeiten.

Die Leistungskraft der Kategorie des Spiels lässt sich in drei Punkten zusammenfassen: Erstens ermöglicht der Begriff einen Zugang zur sozialen Wirklichkeit oberhalb der Ebene einzelner Akteure. Die Theorie macht nicht beim Bewusstsein und Handeln isolierter Personen halt, nicht bei den Manövern von Konzernen, nicht bei der Politik bestimmter Staaten. Sie stellt vielmehr auf einen gemeinsamen übergeordneten Rahmen ab, der in die Aktionen aller hineinwirkt, gleichgültig ob sie sich dessen nun bewusst sind oder nicht, gleichgültig auch, ob ihnen dies gefällt oder nicht.

Zweitens eröffnet der Begriff des Spiels die Chance einer einfachen, bündigen Zusammenfassung vieler einzelner Abläufe, die auf den ersten Blick unverbunden und chaotisch erscheinen. Europäer sehen Baseball meist nur als ein unverständliches, merkwürdiges Hin und Her. Weil sie aber wenigstens wissen, dass Baseball ein Spiel ist, haben sie schon etwas Entscheidendes verstanden: dass das Hin und Her einen Sinn hat. Der Begriff des Spiels hebt die Verbundenheit scheinbar disparater Ereignisse hervor.

Drittens hat der Begriff des Spiels (anders als verwandte Begriffe, etwa Struktur oder System) eine besondere Nähe zum Begriff der Zeit. Man ist von Anfang an gezwungen, den Gegenstand der Überlegungen als Phänomen mit zeitlicher Ausdehnung zu begreifen. Dies gilt im Kleinen wie im Großen: für Episoden, denen ein gemeinsames Muster unterliegt, ebenso wie für den Ablauf eines riesigen Spielgeschehens, wie es das Steigerungsspiel darstellt. Hat man ein Spiel in seiner ganzen zeitlichen und soziokulturellen Ausdehnung erst einmal begriffen, kann man über Geschichte und Zukunft neu nachdenken.

Unschärfe. Ein methodischer Exkurs

Aus dem Blickwinkel des Beobachters (auch des Selbstbeobachters) haben Spiele den Charakter objektiver Tatbestände. Die Frage, ob ein Spiel im Gang ist, kann man mit demselben Anspruch auf Annäherung an die Wahrheit untersuchen wie die Frage, ob ein Apfel auf dem Tisch liegt oder nicht. Wer schon letzteres als Ansichtssache oder Glaubensfrage abtut, muss sich nicht wundern, wenn er nicht ernst genommen wird, weil er zu sich selbst in Widerspruch tritt, vorausgesetzt, er hat jemals einen Apfel gegessen.

Aber verhält es sich mit Spielen nicht ganz anders? Die Beschreibung von Spielen ist doch logisch gekoppelt an die Unterstellung von Sinn, damit aber wird alles unklar, vieldeutig, irrtumsanfällig, trügerisch. Sinn liegt nicht so unbezweifelbar vor wie ein Apfel auf dem Tisch.

Doch der Unterschied zwischen Äpfeln und Sinnkonstruktionen rechtfertigt nicht die Schlussfolgerung, dass man über letztere nicht wahrheitsorientiert reden könne. Es wäre absurd, die Schwierigkeit der Erkenntnis eines Phänomens als Beweis für seine Nichtexistenz ins Feld zu führen. Kaum etwas ist schwerer zu erkennen als Sinn, aber er findet empirisch statt und lässt sich empirisch beschreiben. Dabei muss man nicht jede Beschreibung akzeptieren, sondern kann sehr wohl zwischen richtig und falsch unterscheiden. Dass man hierbei besondere Vorsicht walten lassen muss, dass man keine völlige Erkenntnissicherheit gewinnen kann, dass man auch die beste Interpretation nur als Annäherung an die Wirklichkeit betrachten kann, dass oft mehrere Sinnschichten gleichzeitig aktuell sind – all dies mag abschrecken, Sinnkonstruktionen empirisch zu untersuchen, doch ist es kein Grund, das Unternehmen wegen nachgewiesener Unmöglichkeit abzublasen.

Nehmen wir ein Beispiel aus der Meteorologie: In Deutschland werden Tiefdruckgebiete schon immer mit Eigennamen bezeichnet, heißen Peter oder Trude. Was aber ist begriffslogisch der wesentliche Unterschied zwischen einem Menschen und einem Tiefdruckgebiet? Der Mensch ist zeitlich und räumlich wesentlich schärfer abgegrenzt als das Tiefdruckgebiet. Man kann genau sagen, wann sein Leben anfängt und wann es aufhört. Zwischen diesen beiden Zeitpunkten lebt er sein Leben, von seiner Haut umschlossen, die nach allen Seiten hin seine physische Grenze markiert, mit nur ganz langsam sich veränderndem Aussehen und relativ stabilen Handlungsmustern. Er verfügt über einen Pass, ein Bankkonto, eine Wohnung. Auch wenn sich nun im Lauf des Lebens manches an ihm selbst und an seiner Einbettung in die Umwelt ändert, liegt doch ein hoher Grad von Identifizierbarkeit vor.

Wäre Peter eine Marmorstatue, so wäre er in einem noch viel höheren Grad identifizierbar. Die Identität des Menschen Peter dagegen kann sich verändern, so dass seine Bekannten vielleicht sagen könnten: »Peter ist reifer geworden.« Die Bedeutung des Satzes »Das ist Peter« schrumpft unter diesen Umständen auf die Kennzeichnung eines Organismus zusammen, dem ein Personalausweis zugeordnet ist und der eine einzigartige, nur diesen Organismus kennzeichnende Geschichte hat. Wenn wir auch noch bedenken, dass ein Organismus im Lauf des Lebens mehrmals all seine Zellen erneuert, dann wird klar, dass wir eine erhebliche Vereinfachung vornehmen, wenn wir mit größter Selbstverständlichkeit sagen: »Das ist Peter«.

Wie verhält es sich aber erst, wenn Peter ein Tiefdruckgebiet ist? Wann genau fängt die Existenz des Tiefdruckgebiets an, wann hört sie auf? Wo ist seine Grenze, seine »Haut«? Was ist überhaupt ein Tiefdruckgebiet? Man kann es ja nicht einmal anfassen, es hat eigentlich keine Substanz. Das Tiefdruckgebiet ist ein lockeres Gespinst von Phänomenen, das über die Erdoberfläche wandert und sich ebenso stufenlos auflöst, wie es entstanden ist. Der Grad seiner Identifizierbarkeit ist wesentlich geringer als der seines Namenspatrons, so dass ein Meteorologe, der »Das ist Peter« sagt, noch viel mehr vereinfachen und Unschärfen glätten muss, als dies Menschen tun, wenn sie einander beim Namen nennen. So gibt es schwache Tiefdruckgebiete, aber wann sind sie so schwach, dass man fast schon annehmen muss, sie existierten gar nicht? Und wo fängt ein gerade nach Osten wanderndes Tiefdruckgebiet an: in Paris oder erst hundert Kilometer westlich davon? Trotz dieser kaum klärbaren und auch nicht klärungsbedürftigen Fragen ist die Identifizierung von Tiefdruckgebieten so unproblematisch, dass der Satz »Das ist Peter« unter Meteorologen keinerlei Diskursprobleme aufwirft. Dass es sich bei jedem einzelnen Tiefdruckgebiet um ein wirklich existierendes Phänomen handelt, daran besteht bei aller Unschärfe kein Zweifel.

Die Kategorie des Spiels bezeichnet ein unscharfes und dennoch reales Phänomen. Wie die Meteorologen zu einem Tiefdruckgebiet Peter sagen, so kann man ein über die Erde wanderndes, sich allmählich aufbauendes und wieder vergehendes Geflecht von Episoden, Ereignissen, Mustern und Handlungsweisen als Spiel bezeichnen. Die Identifizierbarkeit dieses Phänomens ist prekärer als im Fall des Tiefdruckgebiets, doch sie ist möglich – mit jenen Unschärfen, die nun einmal unvermeidlich sind, wenn man über Kulturphänomene spricht.

Natürlich lässt sich mit der Kategorie des Spiels nicht alles verstehen. In der Soziologie gibt es keine Weltformeln, sondern lediglich die Aussicht auf eine Verminderung des Unbeschriebenen und Unbegriffenen. Dass die Reichweite einer Theorie begrenzt sei, ist zunächst noch keine Kritik, sondern lediglich eine triviale Randbemerkung. Es kann gar nicht anders sein.

Die Kategorie des Spiels antwortet auf ein allgemeines soziologisches Dilemma: Einerseits ist die soziale Wirklichkeit immer unscharf, gemischt, unendlich differenziert; andererseits nötigt ihre Beschreibung zur Verdichtung und Vereinfachung. Entweder man verzettelt sich oder man vergröbert. Ohne die Kunst des Abkürzens, Pointierens, Glättens lassen sich wesentliche Züge der sozialen Wirklichkeit nicht erkennen. Um die Dinge auf den Punkt zu bringen, muss man typisieren und Tendenzen herausarbeiten und dabei vieles weglassen oder übertreiben. Gerade die intelligentesten, naturwissenschaftlich geprägten Kritiker der Soziologie erweisen sich in diesem Zusammenhang oft als Ignoranten. Ihnen ist nur schwer klarzumachen, dass Soziologie ohne Weglassungen und Übertreibungen ungenauer wird. Sie ist an den Regeln interessiert, nicht an den Ausnahmen. Sie muss deshalb entweder mit dem notorischen Einwand des Gegenbeispiels leben oder darauf verzichten, etwas Wesentliches zu sagen.

Die Steigerungslogik

Die Steigerungslogik ist die Universalgrammatik des Steigerungsspiels; sie ist die gemeinsame Basisorientierung, die alle Akteure aneinander anschlussfähig macht. Sie stellt die Beziehung zwischen dem Innenleben eines beliebigen einzelnen Akteurs und anderen Akteuren her; sie ermöglicht den Aufbau komplexer sozialer Organisationen und Handlungsgeflechte wie etwa Flughäfen, Konzerne, Forschungseinrichtungen. Sie strukturiert Lebensläufe, beeinflusst das Wahlverhalten, dirigiert die Politik. Sie ist robust und durchsetzungsfähig im Verhältnis zu anderen Handlungslogiken. Ihr Einfluss ist überwältigend, und ihre handlungslogische Landnahme hält immer noch an.

Denken in Skalen

Steigerung setzt voraus, dass man sich eine Reihe möglicher Ereignisse in einer Rangordnung vorstellt. Ein Beispiel ist der Lebensstandard. Der Begriff meint die Gesamtheit der Güter und Dienstleistungen, über die ein Mensch zu einem gegebenen Zeitpunkt verfügen kann. Der Lebensstandard kann hoch sein oder niedrig, mit entsprechenden Abstufungen dazwischen. Wer Steigerungen beabsichtigt, bringt immer Rangskalen ins Spiel, ob er nun seinen persönlichen Lebensstandard steigern möchte, vom wirtschaftlichen Fortschritt redet, ein neues Produkt auf den Markt bringt oder sich Gedanken um die Einschaltquoten einer Quizsendung macht.

Im Rückblick stellen sich solche Rangskalen als Steigerungspfade dar: als eine Reihe von Schritten der Vergrößerung einer Möglichkeitsprovinz. Computer, Häuser, Unterhaltungselektronik, Autos, Reisen, Erlebnisse – all dies sind Beispiele, bei denen die Menschen immer wieder Steigerungspfade beschritten haben.

Was auch immer einem begegnet, man kann es daraufhin befragen, welche Möglichkeiten man sich zusätzlich verschaffen könnte. Immer ist es die Differenz zwischen gegenwärtigen und zukünftigen Möglichkeiten, die der Konstruktion von Rangskalen zugrunde liegt. Oft sind es nur zwei Zustände der jeweiligen Möglichkeitsprovinz, die im Bewusstsein konkrete Form annehmen: der aktuelle Zustand und der unmittelbar darauffolgende. Was jenseits der nächsten Stufe der Steigerungsskala liegt, ist heute noch nicht aktuell.

Nach oben offene Wertvergleiche

Zu jeder Handlungslogik gehören Zielvorstellungen. Charakteristisch für die Steigerungslogik ist die Vorläufigkeit aller Zielvorstellungen. Worauf immer sich die Absichten richten mögen, es handelt sich nur um Durchgangsstationen, Zwischenziele, Stufen nach oben, die man wohl bald hinter sich lassen wird. Das jeweils nächstliegende Ziel wird die Plattform sein, von der aus das übernächste Ziel bestimmt wird. Die Ziele der Steigerungslogik ergeben sich aus einer unendlichen Serie nach oben offener Wertvergleiche.

Ein Leben mit Kühlschrank ist besser als eines ohne, ein Staubsauger mit hoher Saugleistung ist besser als ein einfacher, eine neue Theorie ist besser als eine alte, wenn sie mehr erklärt. Die Steigerungslogik unterwirft Ereignisse einer Wertung, sie erzeugt vergleichende Aussagen darüber, was besser und was schlechter ist. Welchen Wert etwas *an sich* hat, bleibt außer Betracht. Die Steigerungslogik ist komparativ, kennt nur den Vergleich der Werte von mindestens zwei Ereignissen, bei dem »das Bessere der Feind des Guten ist«.

Für das Steigerungsdenken ist nichts auf der Welt so, wie es sein könnte, alles scheint noch verbesserungsfähig und insofern immer unbefriedigend, wie weit man auch schon gekommen sein mag. Dies gilt auch für das Steigerungsspiel selbst. Ständig wird darüber diskutiert, wie es noch besser zu organisieren wäre. Die Kultur der Steigerung macht sich selbst zum Gegenstand der Steigerung. Sie ähnelt einem Hochleistungssportler, der unaufhörlich seine Leistungsblockaden analysiert und sie mit speziellen Trainingsmethoden zu bekämpfen versucht.

Übertragbarkeit

Im Fokus des Steigerungsdenkens steht die Ziel-Mittel-Relation. Sind die Mittel geeignet? Gibt es effizientere Alternativen? Welchen Preis muss man bezahlen? Die Ziele selbst treten bei dieser Art zu fragen in den Hintergrund. Das wichtigste Anliegen des Steigerungsdenkens ist die Verbesserung der Techniken, Mittel und Methoden, wozu auch immer. Gedanklich lässt sich die Logik der Steigerung auf beliebige Inhalte anwenden: Produktivität, politische Freiheit, Problemlösung in Organisationen, Erlebnisse, empirisches Wissen, Persönlichkeitsmerkmale, Speicherkapazität von Mikrochips, Anzahl von Fernsehprogrammen. Der

Wandel der Waffentechnik funktioniert nach demselben Prinzip wie die Einführung energiesparender Haushaltsgeräte.

Zeitvorstellungen

Gleichgültig, wo man sich gegenwärtig befindet, immer geht es im Denkschema der Steigerungslogik darum, was man hinter sich lassen will und wohin man möchte. Steigerung hat immer dieselbe Vergangenheit und immer dieselbe Zukunft. Man ist darauf programmiert, die Skala der möglichen Ereignisse vom schlechteren zum besseren Bereich zu durchwandern; dadurch ist die Zeit immer gleichförmig definiert.

Die Steigerungslogik programmiert die Handelnden darauf, linear zu denken, immer kleinere Ausschnitte der Wirklichkeit zu bearbeiten und dabei Skalen zu folgen, die nach oben offen sind. Sie nehmen ihr Steigerungswissen von einem Niveau zum nächsten mit, in der Hoffnung, damit immer wieder neue Steigerungen zustande zu bringen. Stellen wir uns im Vergleich dazu das zyklische Denken vor, etwa bezogen auf das Vegetationsjahr oder auf den Lebenszyklus. Bei jeder Station des Zyklus braucht man anderes Wissen; nicht nur die Mittel ändern sich, sondern auch die Ziele. Das im zyklischen Denken angelegte Wissen betrifft den Zyklus in seiner Gesamtheit. Erst nach vielen Runden hat man die verschiedenen Stationen oft genug durchlaufen, um über eine gereifte Erfahrung zu verfügen. Allgemein lässt sich zyklisch aufgebautes Handlungswissen auf folgende Formel bringen: »Stelle fest, wo du dich befindest, und überlege dann, was zu tun ist.« Demgegenüber befindet sich jemand, der linear denkt, in einem gewissen Sinn immer am selben Punkt. Er will immer nur weiter, und zwar mit gleichbleibenden Strategien.

In dieses allgemeine lineare Zeitmodell sind weitere Zeitvorstellungen eingebaut. Bezogen auf den jeweils nächsten Steigerungsschritt, ist die Zeitvorstellung episodenhaft; es gibt einen klar definierten Anfang und ein ebenso klar definiertes Ende, an das sich die nächste Episode anschließen wird. Im Vergleich zum zyklischen Denken wirkt die Linearität der Steigerung schlicht. Zyklisches Denken erzieht den Menschen zu geistiger Beweglichkeit, weil die verschiedenen Bedingungen innerhalb einzelner Zyklen ihm immer wieder andere Handlungen abverlangen. Lineares Denken erfordert nur wenige Handlungsmuster, mit denen der ganze Weg zurückzulegen ist, wo auch immer sich der Handelnde befinden mag. Insofern trügt der Eindruck des ständigen Wandels der Moderne ebenso wie umgekehrt der Eindruck der Immobilität zyklischer Kulturen. Um erfolgreich durchs Leben zu kommen, muss ein Angehöriger einer traditionellen Gesellschaft mehr im Kopf haben als ein Mensch in unserer Kultur.

Die mit der frühen Neuzeit populär gewordene Uhrwerksmetapher erlaubt beide Lesarten, die zyklische und die lineare. Bei der zyklischen Interpretation erscheint die Welt als Räderwerk. Alle Teile bewegen sich, manche schnell, manche langsam, dennoch bleibt alles an seinem Ort, auch die Uhr selbst. Kaum war die erste Uhr erfunden, wurde sie zum Gleichnis für die Harmonie des Großen und Ganzen. Spieluhren dienten der Veranschaulichung von Kreisläufen: Tage, Jahre, die Bewegungen der Gestirne, das Leben des Menschen, der Reigen der Zünfte um den weltlichen Herrscher im Mittelpunkt.

Bei der linearen Interpretation des Uhrwerks steht dagegen die Zeit selbst im Vordergrund, vorgestellt als endloser Zeitweg, der nie wieder zu einem früheren Punkt zurückführt. Die Uhr tickt immer weiter; wenn sie Tag, Monat und Jahr anzeigt, macht sie das Vorrücken auf der Zeitlinie sogar sichtbar.

Das Paradigma der Sachbezogenheit

Die Akteure des Steigerungsspiels sehen die Welt in charakteristischer Weise. Ihr Basismodell ist das Paradigma der Sachbezogenheit. Zur Selbstverständlichkeit geworden, lässt es sich nur schwer dingfest machen. Am deutlichsten zeigt es sich dann, wenn es gegen ein anderes Paradigma konkurriert. Man hört zum Beispiel, dass jemand beim Gießen mit seinen Zimmerpflanzen spricht oder einer alten Tasse mit abgeplatzten Stellen und Sprüngen in der Glasur einen Ehrenplatz zuweist, weil es die Tasse ist, aus der er als Kind getrunken hat. Oder jemand ärgert sich darüber, dass er »wie eine Nummer« und nicht »wie ein Mensch« behandelt wurde. In diesen Situationen herrscht Paradigmenkonkurrenz, und ausnahmsweise unterliegt das Paradigma der Sachbezogenheit einem anderen, das ich an anderer Stelle als Paradigma der Begegnung beschreiben werde.

Zum Kern des Paradigmas der Sachbezogenheit gehört die Vorstellung des *Objektiven*: Etwas ist unabhängig von mir da; ich verhalte mich zu ihm wie zu etwas Fremden. Bei der alten Kindertasse ist dies offensichtlich nicht der Fall; ich behandle sie nicht sachlich, sondern »als wär's ein

Stück von mir«. Nicht nur die Natur, sondern auch alles, was Subjekte geschaffen haben, lässt sich als etwas Objektives betrachten: Maschinen, Gebäude, Verkehrswege, Organisationen, Institutionen, Konventionen, Fernsehzeitschriften, Reiseprospekte, Versandhauskataloge. Entscheidend für die Vorstellung des Objektiven ist allein, dass der Handelnde die Sache als etwas von ihnen Getrenntes betrachtet. Sogar sich selbst kann er so sehen.

Ein zweites Element des Paradigmas der Sachbezogenheit ist die Wahrnehmung eines Gegenstandes unter dem Gesichtspunkt des *Nutzens*. Was kann man mit der Sache anfangen? Was hat man davon? Was muss man dafür einsetzen? Rechnet sich das? Man zählt Plus und Minus zusammen und erstellt ein Nutzenkalkül. Die Spuren dieser Form von Versachlichung überziehen die Welt inzwischen mit derartiger Dichte, dass man in großen Territorien, beispielsweise in Deutschland, kaum noch einen Quadratmeter findet, der davon völlig frei geblieben wäre. Das Nutzendenken bleibt jedoch nicht auf die physische Welt beschränkt; es durchdringt die gesamte Sozialwelt bis in ihre intimsten Verästelungen, wo es immer wieder zu Konflikten führt. Mal heißt es: »Ich fühle mich nur noch benutzt«, dann wieder: »Keine Sentimentalitäten!«.

Zum Paradigma der Sachbezogenheit gehört drittens eine Beziehung der schrankenlosen *Bearbeitung*. Im Rahmen der geltenden Gesetze darf ich mit einer Sache machen, was ich will. Ich werde sie also sachgerecht behandeln, damit sie mir möglichst viel nützt und/oder möglichst wenig schadet. Wenn es mir sinnvoll scheint, werde ich die Sache verbrennen, aufessen, zertrümmern, mit anderen Sachen vermengen, verwerten, verschleißen. Handelt es sich um Menschen, so kann Bearbeitung unter anderem bedeuten, dass man sie konditioniert, manipuliert, mit physischer Gewalt zu etwas zwingt, einer medizinischen Behandlung unterzieht, gentechnisch auf sie einwirkt.

Schließlich gehört noch ein viertes Element zum Paradigma: die Unterstellung nämlich, dass die Sache bestimmten *Regelmäßigkeiten* unterliege. Je besser man diese kennt, desto wirksamer kann man die Sache beherrschen und sich dienstbar machen. Wie reagiert sie, wenn man in bestimmter Weise auf sie einwirkt? Diese Frage charakterisiert den Denkhorizont von Naturwissenschaft und Technik.

Das Zeitalter des Steigerungsspiels war bisher eine Ära umfassender Versachlichung menschlicher Tätigkeiten. Was daneben überhaupt noch an Tätigkeiten übrigblieb, durfte die Hauptsache nicht stören. Liebe, Kunst,

Freizeit, Religion, Natur wurden auf eingegrenzte Areale verwiesen, die der Landnahme durch die Versachlichung nicht etwa deshalb entgingen, weil man aus Pietät oder Nostalgie davor zurückgeschreckt wäre, sondern allein deshalb, weil sie sich ihrem Wesen nach der Versachlichung widersetzen.

Die Sache im Visier der Steigerungslogik: eine Maschine, deren Leistung erhöht werden soll; ein Stück Land, dessen Ertrag gesteigert werden soll; ein Publikum, dessen Aufmerksamkeit wachsen soll; ein Produktionsablauf, der effizienter werden soll. Die damit verbundenen Nutzenvorstellungen weisen über das Vorhandene hinaus; sie haben die Form einer Wertung, die dem bereits Erreichten vorausgaloppiert und das Gesteigerte als das Bessere vorwegnimmt. Die Bearbeitung der Sache erfolgt methodisch, orientiert am jeweiligen Steigerungswissen, in dem die bekannten Regelmäßigkeiten der Sache, soweit sie sich für Steigerungen verwenden lassen, zusammengefasst sind.

Der steigerungslogisch eingestellte Blick betrachtet die schon gestalteten Sachen mit der Erwartung fortgesetzter Umgestaltung. Die Menschen tüfteln, erfinden, verbessern; sie entwickeln immer wieder neue Sachen zur Marktreife; sie konkurrieren untereinander mit den neuen Sachen, transportieren sie, verkaufen sie; sie erwerben die neuen Sachen und entsorgen die alten. Der Tausch neuer Sachen gegeneinander und das Ersetzen alter Sachen durch neue wurde zu einem hauptsächlichen Inhalt menschlicher Tätigkeiten.

Normaler Wandel, geordnete Transformation

Ein Konsument, der auf einer Zeitreise aus dem späten achtzehnten Jahrhundert in die Kultur der Steigerung katapultiert würde, begriffe erst einmal gar nicht, was gespielt wird. Er müsste nachlernen, was sich in Generationen als Muster entwickelt hat: dass beispielsweise die Geräte, die man im täglichen Leben gebraucht, nicht für möglichst lange Dauer anzuschaffen sind, sondern nur bis zur nächsten Modellgeneration. Im Vergleich zu den vorhergehenden Geräten können die neuen grundsätzlich mehr und sind oft auch billiger. Welche Gebrauchsdauer die Menschen als angemessen ansehen, hängt nicht so sehr von der objektiven Abnutzung des Produkts ab wie von der durchschnittlichen Geschwindigkeit seines technischen Veraltens. Nichts würde die Konsumenten mehr überraschen, als wenn der Markt der Konsumgüter auf dem inzwischen erreichten Möglichkeitsniveau verharren würde. Die Konsumenten müssten sich an den Umgang mit einer überwiegend stationären Warenwelt ohne permanente technische Innovation ebenso erst gewöhnen wie der Zeitreisende aus dem achtzehnten Jahrhundert an die Warenwelt der kontinuierlichen Steigerung.

Betrachten wir das Verlaufsmuster der Möglichkeitserweiterung am Beispiel des Computers. Welche Erweiterung der Computer im Vergleich zur Schreibmaschine bedeutet, ist nur noch wenigen Nutzern geläufig, weil die Schreibmaschine allmählich aus dem kollektiven Gedächtnis verschwindet. In kurzer Zeit wurde der erweiterte Möglichkeitsraum selbstverständlich. Schreiben kann man sich nicht mehr vorstellen, ohne Streichungen und Einfügungen vorzunehmen, Textbausteine zu verschieben, das Layout zu gestalten, Schrifttypen zu variieren, und all dies ohne Schere, Kleber, Tipp-Ex und Stift. Überflüssig zu erwähnen, dass darüber hinaus noch viel mehr möglich ist als bloße Textverarbeitung: Rechnen, Grafiken gestalten, Nachrichten versenden und empfangen, im Internet surfen, Datenbanken benutzen, spielen. Im Verhältnis zur Schreibmaschine sind die Möglichkeiten fast unendlich gesteigert. Früher allerdings bedeutete die elektrische Schreibmaschine schon eine Möglichkeitssteigerung im Vergleich zur mechanischen, und diese war ihrerseits eine Möglichkeitssteigerung im Verhältnis zur handschriftlichen Fixierung von Texten. Mit Sicherheit wird sich diese Steigerungsgeschichte noch fortsetzen. Der Computer befindet sich, seit es ihn gibt, in einem Zwischenstadium; er ist notorisch veraltet.

Selbst wenn man dies zum erstenmal hören würde, kennt man die Geschichte bereits, zumindest das sie bestimmende Muster, weil dieses seit langem allgegenwärtig ist. Abstrakt gesehen, befindet sich die Kultur der Steigerung trotz der ständigen Veränderungen in einem dynamischen Gleichgewicht. Dabei gibt es keine Rückkehr zum selben Punkt.

Im Steigerungsspiel entsteht das einzigartige Phänomen des *normalen Wandels*. Doch wie ist ständiger Wandel möglich, ohne ständig Desorientierung hervorzurufen? Man könnte auch fragen: Wie ist Wandel denkbar? Dies ist buchstäblich zu verstehen: Um normal zu sein, muss Wandel von vielen Menschen gemeinsam *gedacht* werden. Dass er ihnen immer wieder aufs neue einleuchtet, hat damit zu tun, dass sich seine objektive

Form jederzeit ins Subjektive übersetzen lässt. Das Verlaufsmuster der Möglichkeitserweiterung verändert die Welt in einer Form, die viele Menschen in ähnlicher Weise auffassen. In ihrer intuitiven Bilanz verrechnen sie Möglichkeitserweiterungen in der emotionalen Einheitswährung von Glück und Unglück. Diese Begriffe wirken zunächst allzugroß für die meist nur geringen Beträge, um die es im Einzelfall geht, aber sie erklären den erstaunlichen Sachverhalt einer gemeinsamen Tiefensemantik für beliebige Neuerungen. Ob man nach dem Sinn der Einrichtung von Navigationsgeräten in Autos fragt oder nach dem Sinn neuartiger Sportartikel, letztlich landet man immer bei denselben anthropologischen Kategorien.

Wie ist es möglich, Gesellschaft auf Wandel zu gründen? Wie können Menschen orientiert sein, obwohl sich ständig alles ändert? Wir stehen vor dem erstaunlichen Phänomen, dass wir gerade dann von Orientierungsverlust bedroht wären, wenn die fortlaufende Veränderung entfiele. Wir schreiten mit einem Schema geordneter Transformation voran. Unsere Grundorientierung ist die fortlaufende Zerstörung und der Wiederaufbau von Orientierungen.

Das Schema der geordneten Transformation wird verständlicher bei einem vergleichenden Blick auf Kulturen, in denen stabile Orientierungen vorherrschen. Solche Kulturen haben ein praktikables Dauerverhältnis von Subjekt und Umwelt gefunden. Die objektive Wirklichkeit erlaubt den Menschen, zu denken und zu tun, was sie immer schon gedacht und getan haben. Man betrachtet das tradierte Wissen als Schatz. Warum etwas daran ändern? Nachdem sich immer wieder herausgestellt hat, dass alles gut funktioniert, könnte jede Veränderung ein Fehler sein. Man schätzt das Risiko des Scheiterns durch Veränderung höher ein als den vielleicht entgangenen Gewinn, falls diese Idee überhaupt eine Rolle spielt. Wenn nichts Außergewöhnliches geschieht, etwa die Invasion einer anderen Kultur, eine Umweltkatastrophe, eine Mutation des Denkens durch das Auftreten einer revolutionären Persönlichkeit, kann eine Kultur unbegrenzt lange ohne die Zufuhr neuer Gedanken auskommen.

Viele Bilder, Skulpturen und Texte des Mittelalters beschreiben die stabile Ordnung der Welt. Heutigen Betrachtern scheint die mittelalterliche Themenstellung abwegig. Vorherrschend ist dabei die Idee des Gefüges, des Hauses, des Weltenbaus. Stände und Zünfte, Kaiser und Klerus, Tote und Lebende haben ihren festen Platz in einem metaphysischen Organigramm. Was besonders fremd wirkt, ist die statische Gesamtauffassung.

Hätten moderne Menschen als Metapher für die Welt, in der sie leben, zwischen dem Bild eines Hauses und dem Bild eines Hochgeschwindig-keitszuges zu wählen, so ist klar, wofür sie sich entscheiden würden. Sofern ihnen ihre Welt überhaupt noch mit Vergleichen einholbar erscheint, passt das Bild eines riesigen Vehikels, das sich schneller und schneller fortbe-wegt und sie in immer neue Horizonte trägt. So charakterisiert der eng-lische Soziologe Anthony Giddens die Moderne mit einem Bild aus der indischen Mythologie, dem Dschagannath-Wagen, der alles mitreißt, was sich ihm in den Weg stellt. Wer nicht überrollt werden will, hat keine an-dere Wahl, als aufzuspringen und mitzufahren. Freilich haben sich die Menschen inzwischen auf dem Dschagannath-Wagen häuslich einge-richtet. Der normale Wandel ist ihre Heimat.

Die Kultur der Steigerung hält an keinem Schema fest außer an einem: dem der geordneten Transformation. Doch diese muss berechenbar sein und die Bewegung von einem Punkt zum nächsten muss eine vorher-sehbare Richtung haben. Die geordnete Transformation ist eine extrem diesseitige Orientierung; sie erhebt die erfahrbare Wirklichkeit zum Lehr-meister der Menschheit, denn im Hier und Jetzt, nicht im Jenseits sucht man das Glück. Die dabei verwirklichte lernende Weltzuwendung ist das genaue Gegenteil des religiös unterlegten Desinteresses am Weltlichen. Religiöse Orientierungen sind nur lose mit der objektiven Wirklichkeit verbunden. Sie können sich bewähren, freilich nur im Sinn ihrer ausblei-benden Widerlegung. Erst wenn sich jemand einbildet, er könne tatsäch-lich über das Wasser wandeln, erleidet er mit seiner Orientierung Schiff-bruch. Weil der Informationsgehalt religiöser Orientierungen wesentlich im Metaphysischen liegt, werden sie nur selten durch diesseitige Erfah-rungen korrigiert. Das Ausbleiben der Offenbarung war ein solcher Fall. Die urchristliche Gemeinde sah sich gezwungen, ihre Orientierungen an die Wirklichkeit anzupassen.

Religion ist Glaubenssache; dagegen ist das diesseitsbezogene Denken und Handeln einem permanenten Falsifikationsrisiko ausgesetzt. Nichts ist so diesseitig wie die Kultur der Steigerung, und deshalb setzt sie auf maximale Orientierungsfluktuation. Sie hat den ungewöhnlichen, ja ein-maligen Standard eingeführt, aus ihren Orientierungen kein Dogma zu machen, sondern sie geradezu systematisch zum Abschuss freizugeben. Sie sollen nur so lange gelten, bis etwas Besseres gefunden ist.

Steigerungspfade, Plateauphasen, Steigerungssprünge

Als der Anthropologe Claude Lévi-Strauss 1938 eine Expedition durch den Nordosten Brasiliens unternahm, folgte er einer schnurgeraden Schneise durch Buschland und Urwald, die für den Bau einer Telegraphenlinie geschlagen worden war. Sie verlief Tausende von Kilometern durch das Land und war nur gelegentlich unterbrochen von Stationen für Wartungspersonal. Jedoch, so schreibt Lévi-Strauss in seinem Expeditionsbericht, »raubte die Erfindung der Radiotelegraphie, die um 1922 mit der Fertigstellung der Telegraphenlinie erfolgte, dieser letzteren jedes Interesse, die zum archäologischen Kuriosum eines vergangenen wissenschaftlichen Zeitalters genau in dem Augenblick herabsank, da sie beendet wurde.« Zwei Jahrzehnte später lebten entlang der Telegraphenlinie immer noch altgewordene Streckenwärter, verwitterte Gestalten einer flüchtigen Phase der Technikgeschichte, Fußkranke des Fortschritts, zurückgelassen am Wegrand eines endlosen Steigerungspfades.

Das Voranschreiten auf Steigerungspfaden vollzieht sich nach dem Muster von Stop and go. Greift man einen einzelnen Steigerungspfad heraus, etwa den der Telekommunikation, so stellt sich Steigerung nicht als kontinuierlich nach oben verlaufende Linie dar, sondern als treppenförmiger Vorgang: Plateauphasen und Steigerungssprünge wechseln einander ab. Nur wenn man eine summarische Betrachtungsweise wählt, wie sie etwa dem etablierten Wachstumsbegriff zugrunde liegt, erscheint Steigerung als kontinuierliche Größe.

Wirtschaftsführer, Computerfachleute, Produktentwickler, Marktforscher und andere Akteure des Steigerungsspiels beschäftigen sich intensiv mit der Frage, wie man die Dauer der Plateauphasen abkürzen kann. Warum ist der Prozess nur so schnell, wie er ist, und nicht noch schneller? Doch Geschwindigkeit hat zwei Aspekte: den vordergründigen, auffälligen Aspekt der Schnelligkeit und den verborgenen Aspekt der Verlangsamung. Wenn ein Auto zweihundert Stundenkilometer fährt, so gehören zu diesem Phänomen gleichzeitig Antriebskräfte und Bremseffekte. Bei aller Beschleunigung bleibt auch für das Steigerungsspiel die Frage: Was bremst es ab, und wie gehen die Akteure mit diesen Verzögerungen um?

In der Produktgeschichte der Mikrochips verdoppelt sich Moores Gesetz zufolge etwa alle sechs Monate die Speicherkapazität. Warum nicht wöchentlich oder täglich? Ist eine neue Chip-Generation erst einmal serienreif, dauert es eine gewisse Zeit, bis die nächste Generation soweit ist. Man muss nachdenken, Pläne anfertigen, einen Prototyp bauen und testen, Maschinen umrüsten, logistische Vorbereitungen treffen; man muss Geld mobilisieren und durch den Verkauf der gerade aktuellen Chip-Generation Profit machen; und immer noch spielt der Umstand eine Rolle, dass Menschen schlafen, essen und Urlaub machen wollen.

Die Unvermeidlichkeit zeitlicher Verzögerungen gilt auch für die Wissenschaft. In den Plateauphasen der Wissenschaft werden Standardwerke geschrieben, Normalwissenschaftler und Auswendiglerner arrivieren, Platzhirsche etablieren sich, Schulen, Dogmen, akademische Kirchen befestigen sich bis hinein in die Studien- und Prüfungsordnungen. Gutachter können sich auf das jeweils herrschende Paradigma berufen. In wissenschaftlichen Plateauphasen entfaltet sich ein akademisches Leben, das überwiegend aus Routine und Verweis auf angebliche Selbstverständlichkeiten beruht. Im Windschatten des vorübergehend geordneten Lebens bahnt sich jedoch der nächste Steigerungssprung, der Paradigmenwechsel an. Neue Paradigmen können sich unmöglich über Nacht etablieren; sie entwickeln sich nur ganz allmählich aus vielen Zweifeln, zunächst unsicheren Einsichten und zahllosen Erörterungen in der Fachwelt. Die wissenschaftliche Öffentlichkeit braucht eine kollektive Reaktionszeit, bis sie die Inputs an Forschungsprozessen, Denkanstrengungen und akademischen Diskursen in solcher Weise neu arrangiert hat, dass ein neues Paradigma entstehen kann.

Wenn der Paradigmenwechsel erst einmal vollzogen ist, haben alle nichts Eiligeres zu tun, als Befestigungsanlagen auf dem neuen Plateau zu errichten und sich dort zu verschanzen, wozu auch gehört, dass intellektuelle Biedermänner meinen, das Prestige wissenschaftlicher Erneuerer beanspruchen zu können. Der amerikanische Wissenschaftstheoretiker Thomas S. Kuhn, der als erster die wissenschaftsgeschichtliche Bedeutung von Paradigmenwechseln herausgearbeitet hat, konnte sich nicht dazu durchringen, sie klar als Fortschritte zu begreifen, er schließt diese Deutung allerdings auch nicht strikt aus. Im akademischen Milieu besteht am Steigerungscharakter der Wissenschaftsgeschichte jedoch kein wirklicher Zweifel.

Ein drittes Beispiel für die Koppelung des nächsten Steigerungssprungs an eine Reaktionszeit und an das Verharren auf einer Plateauphase ist jedem vertraut. Wer sich einen neuen Staubsauger gekauft hat, kann zwar schon kurze Zeit später auf einen anderen stoßen, der mehr leistet und weniger kostet. Dennoch wird er das gerade gekaufte Gerät noch einige Zeit behalten. Schließlich will er sein Geld nicht zum Fenster hinausgeworfen haben und muss auch erst einmal wieder dazu bereit sein, sich der Mühe des Kaufens und Entsorgens zu unterziehen.

Die Geschwindigkeit, mit der die Akteure den nächsten Steigerungssprung vollziehen, ist immer höher geworden. Die Arbeit an der Erhöhung dieser Geschwindigkeit ist institutionalisiert, es gibt feste Forschungs- und Entwicklungslabors, die kein anderes Thema haben. Seit Ende des zwanzigsten Jahrhunderts gilt die bloße Innovationsschnelligkeit als das wichtigste Erfolgsrezept im Steigerungsspiel überhaupt. Unterstützt durch die Informationstechnologie, die wie keine andere die Verkürzung von Reaktionszeiten erlaubt, wurde die Konkurrenz um zeitliche Vorsprünge wichtiger als die Konkurrenz um qualitative Vorsprünge. Doch Plateauphasen lassen sich nur abkürzen, nicht aufheben.

Im Alltag macht sich der permanente Wechsel zwischen Plateauphasen und Steigerungssprüngen im bereitwilligen Kaufen, Entsorgen und Neuanschaffen von Geräten bemerkbar; in der Unternehmenslandschaft bildet er sich als Aufeinanderfolge von Produktlebenszyklen ab; in der Wissenschaft als Sequenz von Paradigmenwechseln.

Nicht umsonst ist der Begriff des Paradigmenwechsels inzwischen volkstümlich geworden. Dass immer mehr Menschen mit einem so abstrakten Begriff etwas anfangen können, hängt auch damit zusammen, dass sie täglich Erfahrungen machen, in der das Grundmuster des Paradigmenwechsels tatsächlich anklingt. Innovationen wie die drahtlose Telegraphie, Antibiotika oder das Internet tragen alle Merkmale eines Paradigmenwechsels. Neue Techniken und Produkte führen zu neuen Gedanken; sie sind Objektivierungen neuer Ideen. Das Neue im physischen Sinn wäre bedeutungslos, wenn ihm nicht auch etwas Neues im paradigmatischen Sinn entspräche.

Obwohl die Plateauphasen immer kürzer werden, spielt sich unser Leben dennoch vor allem in ihnen ab; Paradigmenwechsel und gesteigerte Möglichkeiten erfahren wir als kurzfristige Schübe. Danach haben wir uns auf dem neuen Plateau einzurichten. Während wir uns noch einrichten, bereitet sich bereits der nächste Steigerungssprung vor. Die Angestellten der Telegraphenlinie muten uns deshalb so kurios an, weil sie etwas getan haben, was uns fremd scheint: Sie sind dageblieben. Aus der Perspektive der persönlichen Lebensgeschichte betrachtet, ist das Steigerungsspiel eine ständige Störung des Dableibens durch das Weiterziehen.

Das Ende einer Plateauphase hat oft den Charakter einer Überalterungskrise. Routine versetzt alle in einen Dornröschenschlaf. Eine Zeitlang fehlt es an Pioniergeist und an der Bereitschaft, den normalen Wandel des Steigerungsspiels mit all seinen Kosten und Unbequemlichkeiten mitzumachen. Irgendwann aber wird diese Unbeweglichkeit zur Gefahr. Wenn die Überalterungskrise ausgereift ist, entsteht neue Bewegung.

Trotzdem gehört das vorübergehende Stehenbleiben dazu. Ohne die wenigstens vorübergehende Ruhe der Plateauphase wäre der letzte Steigerungssprung sinnlos gewesen. Die Menschen brauchen wenigstens etwas Zeit, um einen neuen Horizont erst einmal zu besetzen und etwas mit dem neuerschlossenen Möglichkeitsraum anzufangen. Sie wollen die neuen Geräte richtig bedienen können, sich eine Weile daran freuen und für ihre eigenen Bedürfnisse verwenden. Was hier zum Vorschein kommt, ist die Logik der *Annäherung*. Diese ist Bestandteil der Steigerungslogik, aber sie weist zugleich darüber hinaus. Sie wird vor allem im Kapitel über den neuen Common sense eine wichtige Rolle spielen.

Wechselwirkung von Handlungsfeldern. Zwei Beispiele

Konsum, Technik und Produktion

Soziologisch gesehen greift man zu kurz, wenn man Produkte durch ihren Nutzen erklärt. Wo steht geschrieben, dass ein Geländeauto nützlicher ist als ein Spaziergang, eine Hi-Fi-Anlage nützlicher als eine Stunde Klavierüben, viele Spielsachen nützlicher als gar keine? Entscheidend ist, dass Geländeauto, Hi-Fi-Anlage und Spielsachen im Steigerungsspiel anschlussfähig sind, das Spazierengehen, das Klavierüben, das Spielen ohne Spielzeug dagegen nicht.

Welches Verhältnis besteht zwischen Konsum, Technik und Produktion? Die Unternehmen konkurrieren um den Absatz ihrer Produkte und vermitteln damit zwischen Technik einerseits und den Abnehmern ihrer Produkte andererseits. Sie vermitteln zwischen Wollen und Können, zwischen Konsumwünschen und ihrer technischen Umsetzung. Beides stimuliert sich gegenseitig, gemeinsam schrauben sich die Akteure zu immer höheren Möglichkeitsniveaus hinauf.

Es entsteht ein Spielzusammenhang, der durch ununterbrochene gegenseitige Provokation fortlebt und ständig Möglichkeitserweiterungen hervorbringt. Die Koevolution von Technik und Konsum lässt sich als Schnittmenge bestimmen: was Konsumenten wollen und was Ingenieure können. Zur kollektiven Lerngeschichte des Steigerungsspiels gehört auch die Zunahme der Fähigkeit beider Seiten, sich aufeinander einzustellen und die gemeinsame Schnittmenge herauszufinden. So wollen Konsumenten vielleicht schnurlose Telefone, kratzfeste Badewannen oder bügelfreie Bettwäsche. Aber sie wollen auch noch anderes, etwa Kontemplation, Erkenntnisse, Liebe, Gespräche, tiefgehende Begegnungen, und sie wissen, dass sie dies von Technik und Produktionsapparat nicht bekommen können.

Die Konsumenten lernten zu wollen, was sie von Technik und Produktion haben können und was nicht. Gleiches gilt in umgekehrter Richtung für Technik und Produktion. Die Akteure in diesen Handlungsfeldern folgen dem Pfad des Machbaren nur insoweit, als das Machbare auch gewünscht wird und sich absetzen lässt. Auf diese Weise tauschen Technik, Produktion und Konsum das aneinander anschließbare Wollen und Können aus.

Was haben sie von diesem Tauschgeschäft? Für die Konsumenten wird das Leben leichter, wenn auch nur in einem eingeschränkten Bereich. Technik und Produktion auf der anderen Seite verdanken der Absetzbarkeit von Waren ihr Fortbestehen. Apparate, Messverfahren, Computer, Software, Roboter, Produktionsabläufe oder auch die Geräteparks normaler Haushalte bilden eine Landschaft von Konstruktionen, die immer mehr können und die Menschen dazu veranlassen, Muster des Umgangs mit immer mehr Wahlmöglichkeiten auszuprobieren. Gewiss sind die mehrkönnenden Konstruktionen nicht auf das Steigerungsspiel beschränkt. Sie treten überall und in allen Zeiten in Erscheinung, doch nur im Steigerungsspiel wurden sie zum Treibsatz gesellschaftlicher Dynamik. Hier ist die Entstehung neuer Konstruktionen eine selbstverständlich erwartete, systematisch erzeugte Dauerleistung. Im Hin und Her zwischen Produktion, Technik und Konsumenten ist oft nicht mehr zu entscheiden, ob die Technik auf einen ununterbrochenen Steigerungssog reagiert oder ob sie umgekehrt einen Steigerungsdruck auf die Konsumenten ausübt. Im ersten Fall warten die Konsumenten schon auf neue Produkte, deren Zugewinn an Möglichkeiten schon vorher definiert ist, etwa auf Flachbildschirme, neue Impfstoffe, photovoltaische Anlagen. Im zweiten Fall stöhnen die Konsumenten, weil es schon wieder etwas Neues gibt und das Alte entwertet wird. Das gilt etwa für Unterhaltungselektronik, Software und Computer. Auch kann es sein, dass die Konsumenten das Alte schätzen, das plötzlich auf Nimmerwiedersehen verschwindet: Bücher, die man gerne noch einmal lesen würde, werden nicht mehr aufgelegt; Automodelle, die man gerne noch einmal neu kaufen würde, sind längst Geschichte; Kosmetikartikel, die man jahrelang verwendet hat, stehen von einem Tag auf den anderen nicht mehr im Regal.

Es kann jedoch auch vorkommen, dass die Technik etwas Unerwartetes offeriert, dessen Möglichkeitshorizont erst noch zu erkunden ist. So dauerte es Jahrzehnte, bis die Erfindung der akustischen Aufzeichnung von Tonsignalen dazu genutzt wurde, Musik zu konservieren; erst nach langer Zeit begann der Aufstieg der Musikindustrie. Ein anderes Beispiel ist das Internet, dessen Komplexität das Publikum erst einmal überforderte. Viele lehnten die neue Kommunikationsform zunächst mit dem Argument ab, dass sie sich zu sehr in ihren Lebens- und Arbeitsbereich dränge und ihnen zu hohe Aufmerksamkeitsleistungen abverlange. Dass das Internet inzwischen so selbstverständlich geworden ist wie das Telefon, weist auf die unaufhörliche Kommunikation zwischen den Handlungsfeldern von Technik, Produktion und Konsum hin. Sie intensiviert sich gerade dann, wenn ein Produkt zunächst skeptisch aufgenommen wird.

Wissenschaft und Technik

Wissenschaft ist ein Handlungsfeld besonderer Art. Mit ihrer Hilfe kann die Technik bei der Entwicklung von Produkten immer wieder neue Steigerungssprünge realisieren. Die anderen Akteure geben der Technik Geld und Steigerungserwartungen, die Wissenschaft gibt ihr gesteigerte Wirklichkeitsmodelle und kognitive Impulse.

Der Steigerungspfad der Wissenschaft besteht vor allem darin, möglichst viele Einzelbeobachtungen durch theoretische Modelle einzufangen. Sich von der Welt ein Bild zu machen heißt hier, ihre Verschiedenartigkeit zu verdichten und so einfach wie möglich darzustellen, wobei nicht intellektuelle Schlichtheit gemeint ist, sondern intellektuelle Ökonomie: vieles in wenigem zu fassen, die unübersehbare Masse des Konkreten in der Nussschale einiger Abstraktionen unterzubringen. Ohne diese Ökonomie des Denkens würde die Erweiterung der Wirklichkeit durch neue Sichtweisen nur unsere Verwirrung vergrößern.

Aber wozu das Ganze? Wissenschaftler klassischen Zuschnitts zucken hier mit den Achseln. Ihnen gilt das Erforschen von Gesetzmäßigkeiten als ein Wert an sich. An der Grenze des kognitiven Möglichkeitsraums zu arbeiten, diese Grenze nach außen zu verschieben, ist ihnen Faszination genug für ein ganzes Leben. Dass dies etwas mit Produktionsverfahren, Konsumgütern, Infrastruktureinrichtungen oder Militärtechnik zu tun haben könnte, spielt für das Handeln der Wissenschaftler nur eine untergeordnete Rolle. Ihr Leitmotiv ist die Wahrheit, nicht die Nützlichkeit.

In der Geschichte des Steigerungsspiels hat sich die institutionelle Trennung der drei Handlungsfelder Technik, Produktion und Wissenschaft bewährt. Wäre die Wissenschaft von Nützlichkeitserwägungen abhängig, wäre das Wachstum des Möglichkeitsraums viel langsamer und bescheidener ausgefallen. Nur wenn die Steigerung der Denkmöglichkeiten von Nützlichkeitserwartungen entlastet ist, kann sich spielerische Neugier entwickeln. Schon oft haben Wissenschaftler etwas entdeckt, was sie gar nicht gesucht hatten. Für die Inbesitznahme eines unbekannten Geländes ist spielerisches Neugierhandeln produktiver als der gezielte, scheuklappenbewehrte Vorstoß.

Das technische Denken ist immer wieder auf Zufuhr paradigmatischer Innovationen aus der Wissenschaft angewiesen, auf informatorischen Treibstoff, der dann in mehrkönnende Konstruktionen umgesetzt wird. Wenn alle Wissenschaftler plötzlich die Arbeit einstellten, wäre zwar technische Innovation nach wie vor möglich, aber nur, solange der Vorrat von Theorien reicht. Die bloße Nützlichkeitsorientierung der Technik würde für neue technische Erfindungen aber nicht ausreichen, denn die Technik kann nicht wissen, wofür sie nützlich ist. Sie benötigt ständige Zufuhr von Definitionen des Nützlichen – von Unternehmern, von Konsumenten und auch von Wissenschaftlern, denn wissenschaftliches Denken folgt technischen Möglichkeiten. Es orientiert sich an der Machbarkeit wissenschaftlichen Handelns: experimentieren, beobachten, messen, Informationen auswerten. Der immer raffiniertere technische Möglichkeitsraum beeinflusst das wissenschaftliche Tun und die Expansion der Denkmöglichkeiten unmittelbar.

Kapitalismus. Exkurs über die Beschränktheit
eines Leitbegriffs

Begriffe sind wie Scheinwerfer. Sie haben die Aufgabe, einen Abschnitt der Wirklichkeit, den man sonst nur dunkel ahnt oder völlig übersieht, möglichst klar hervorzuheben. Steht dafür bereits ein eingeführter Begriff zur Verfügung, so zieht die Definition eines neuen Begriffs, der im Grunde denselben Sachverhalt meint, nur eine ärgerliche Sprachverwirrung nach sich. Trifft dieser Vorwurf nicht auch den Begriff des Steigerungsspiels? Steht der Sachverhalt, der damit beleuchtet werden soll, nicht längst im Lichtkegel anderer Scheinwerfer? Vor allem zwei Leitbegriffe fallen einem ein: Moderne und Kapitalismus. Beide sind wie Platzhirsche, die seit langer Zeit das Revier besetzt halten. Es muss gute Gründe geben, die terminologische Ordnung zu stören.

Das Steigerungsspiel ist, wie ich an anderer Stelle ausführe, ein Aspekt der Moderne, der fälschlich mit dieser selbst gleichgesetzt wird. Kapitalismus wiederum ist ein Aspekt des Steigerungsspiels. Den Begriff der Moderne behalte ich bei, den Begriff des Kapitalismus nicht. Die Gründe dafür will ich zunächst kurz vorwegnehmen und später ausführlich erläutern.

In seiner Urbedeutung ist der Begriff des Kapitalismus historisch überholt. Er wird heute gleichbedeutend zum Begriff des freien Marktes gebraucht. Im Unterschied zum Begriff des freien Marktes transportiert der Begriff des Kapitalismus jedoch ein ganzes Waffenlager normativer Zusatzbedeutungen. Diese sind auch noch widersprüchlich – der Kapitalismus gilt gleichzeitig als Universalschuldiger und als Universalheiliger. In der zuletzt genannten Erscheinungsform tritt er zu allem Überfluss oft als Scheinheiliger auf, der kapitalistisch predigt und interventionistisch sündigt. Und wenn all dies nicht wäre, bliebe ein letzter Einwand übrig: Der Begriff erreicht nicht die erforderliche soziologische Tiefenschärfe. Diese Thesen will ich nun begründen.

Ein erkenntnistheoretisches Hauptproblem bei der Untersuchung sehr langfristiger Phänomene besteht darin, dass die Begriffe, mit denen man sie zu einem gegebenen Zeitpunkt erfassen will, den Stempel dieses Zeitpunkts tragen. Wendet man sie zu einem späteren Zeitpunkt an, nachdem sich das Phänomen gewandelt hat, führen dieselben Begriffe, die zunächst zu einer schärferen Sicht der Wirklichkeit verholfen haben, zu einem Knick in der Optik.

Prominent wurde der Begriff des Kapitalismus im neunzehnten Jahrhundert zunächst in der Form, die Karl Marx ihm im ersten Band des *Kapital* gegeben hat. Gemeint ist eine Gesellschaft, die durch den Klassengegensatz von Kapital und Arbeit gekennzeichnet ist: auf der einen Seite die Besitzer der Produktionsmittel, auf der anderen Seite diejenigen, die ihre Arbeitskraft verkaufen, um sich am Leben zu erhalten. Marx selbst sieht diese Gesellschaft bekanntlich nur als Übergangsstadium zum Sozialismus an, nimmt also eine historische Relativierung des Kapitalismus vor, die viele gar nicht zu interessieren scheint, die sich heute auf Marx berufen. Betrachtet man gegenwärtig die früh industrialisierten Gesellschaften, die er damals im Auge hatte, so kann man seiner historischen Relativierung nur zustimmen. Die Pointe dabei ist freilich, dass ausgerechnet der Sozialismus tot scheint, der angeblich todgeweihte Kapitalismus dagegen vital wie eh und je. Allerdings hat er sich stark verändert. Die Formel des Klassengegensatzes von Arbeit und Kapital beschreibt die Verhältnisse nicht mehr zutreffend.

Im fortgeschrittenen Steigerungsspiel arbeiten immer weniger Menschen nur für Geld allein. Vor allem eine feste Arbeit bedeutet mehr als nur ein regelmäßiges Einkommen: soziale Sicherheit, Planungssicherheit, soziale Anschlussfähigkeit und Aufstieg, Kreditwürdigkeit, Eingebundensein in einen strukturgebenden Zusammenhang. Insofern wurde aus der Klassengesellschaft eine Interessengemeinschaft.

Viele Antagonismen von einst überbrückt heute der Sozialstaat. Ausbeutungsverhältnisse sind nicht mehr klar zu identifizieren und können viele Formen annehmen. Die Ausbeutung von Arbeitnehmern durch Arbeitgeber ist nicht verschwunden, aber es gibt auch die Umkehrung dieses Ausbeutungsverhältnisses. Lohnfortzahlung im Krankheitsfall, weitreichender Kündigungsschutz und andere Abmilderungen des Arbeitnehmerrisikos verschaffen demjenigen, der das ausnutzen will, entsprechende Spielräume. Und schließlich ermöglichen die Solidarsysteme eine kaum wahrgenommene dritte Form – die Ausbeutung der einen Arbeitnehmer durch die anderen.

Es ist auch immer weniger klar, wer von wem abhängig ist. Lange Zeit war Austauschbarkeit nur ein Problem der Arbeitnehmer. Nun haben auch die Arbeitgeber dieses Problem. Bei den immer komplexeren Arbeitsstrukturen und Arbeitsanforderungen kommt es wie nie zuvor auf Wissen an. Das aber gehört den Arbeitnehmern und niemand sonst; wenn sie gehen, nehmen sie es mit. Eine hohe Mitarbeiterfluktuation schadet den meisten Unternehmen und wirkt sich negativ auf die Produktivität aus. Qualifizierte Mitarbeiter sind Mangelware, und die Unternehmer versuchen, sie mit diversen Anreizen längerfristig an sich zu binden.

Wer ist ein Kapitalist, und wer ist es nicht? Diese Frage stellt sich nicht nur bei den »Wissenskapitalisten« auf der Arbeitnehmerseite, sondern auch bei der größer werdenden Zahl von Aktienbesitzern, die gleichzeitig Arbeitnehmer sind. Immer mehr Firmen verteilen Mitarbeiteraktien als Lohnbestandteil. Die begünstigten Mitarbeiter stehen auf beiden Seiten. Bei der morgendlichen Zeitungslektüre schlagen sie als erstes den Börsenteil auf. Parallel dazu gibt es einen zwar zahlenmäßig noch kleinen, aber wachsenden Trend zur beruflichen Selbständigkeit. Alles kleine Kapitalisten? Nein. Unter einem Kapitalisten stellt man sich etwas anderes vor als einen Kleinunternehmer, der wesentlich mehr arbeitet als abhängig Beschäftigte und ein höheres soziales Risiko auf sich nimmt.

Die Reihe dieser Argumente ließe sich verlängern. Die vorgetragenen Gründe reichen jedoch aus, um die begrenzte historische Reichweite des ursprünglichen Kapitalismusbegriffs zu unterstreichen. Die vielen Versuche, ihn für tot zu erklären, haben sein Fortleben freilich nicht verhindern können. Das Wort ist geblieben, seine Bedeutung hat sich geändert. Im wesentlichen meint der Begriff inzwischen nichts anderes mehr als das, was Ökonomen unter einem freien Markt verstehen: ein abstraktes soziales Ordnungsprinzip, nicht mehr ein durch die Stellung zum Produktionsprozess bestimmtes Verhältnis sozialer Gruppen.

Soll man das alte Wort mit der neuen Bedeutung in seinen Sprachgebrauch übernehmen? Mehrere Gründe sprechen dagegen. Einer davon ist die aus früheren Zeiten ererbte normative Befrachtung des Begriffs. Wie der Beelzebub taucht er überall dort auf, wo es Armut, Abhängigkeit und Unterdrückung gibt, aber er hält sich auch dort hartnäckig, wo sie weitgehend verschwunden sind. »Der Kapitalismus« ist als zweifelsfrei überführter Universalschuldiger seit langem etabliert. In dieser Eigenschaft, aber nur in dieser, ist dem Begriff ewige Brauchbarkeit gewiss.

Es ist zum Beispiel verwirrend, wenn man die Probleme der Globalisierung durch »den Kapitalismus« (alias freier Markt) erklärt: die Schäden, die die riesigen Mengen zirkulierenden, spekulativen Geldes anrichten; Lohndumping, Sozialdumping, Steuerdumping in der globalen Konkurrenz von Arbeitsmärkten und Standorten; den Zwang, kurzfristige Renditeinteressen zum obersten Unternehmensziel zu erheben; die wachsende Kluft zwischen Arm und Reich; den riesigen Komplex ökologischer Probleme. Wenn man all diese unbestreitbaren Missstände unter dem Kampfbegriff des Kapitalismus (oft verwendet in Steigerungsformen wie Raubtierkapitalismus oder Turbokapitalismus) zusammenfasst, reduziert man ein Geflecht von Ursachen und Wirkungen auf die ebenso griffige wie irreführende Formel »Geld regiert die Welt«.

Bei genauerer Betrachtung zeigt sich, dass diese Formel manches erklärt und manches nicht. Man muss sich intellektuell mit der Komplikation arrangieren, dass es einerseits unumgänglich ist, die Macht des Geldes zu kontrollieren, und es andererseits darauf ankommt, diese Macht zur Entfaltung zu bringen, statt sie protektionistisch zu behindern.

Es passt zu dieser Ambivalenz, dass der Kapitalismus nicht nur als Universalschuldiger fungiert, sondern ebenso als Universalheiliger. Vor allem im angelsächsischen Sprachgebrauch wurde Kapitalismus zu einer positiven Kategorie: ein Leitbegriff, der für Prosperität durch Liberalisierung steht. Dieses Prädikat kann die »kapitalistische« globale Geld- und Wirtschaftspolitik jedoch oft gerade nicht für sich in Anspruch nehmen. Interventionen, Subventionen, Schutzzölle, Bürokratie, Korruption lassen das marktliberale Glaubensbekenntnis der reichen Nationen unglaubwürdig erscheinen. Teilweise wird als Kapitalismus bezeichnet, was sein Gegenteil ist. Unter diesen Umständen ist es besser, nicht von Kapitalismus zu reden, sondern einen anderen Begriff – etwa Protektionismus – zu wählen.

Bleibt der real praktizierte Kapitalismus. Eine Institution, die in den neunziger Jahren weltweit großen ökonomischen Schaden angerichtet hat, ist nach Ansicht vieler Experten ausgerechnet der Internationale Währungsfond, Hochburg des Kapitalismus und Verkörperung des marktliberalen Leitbilds. Der US-Ökonom und Nobelpreisträger Joseph Stiglitz ist ein unverdächtiger Kronzeuge für die Fragwürdigkeit der reinen und undifferenziert angewandten Lehre. In seinem Buch *Die Schatten der Globalisierung* belegt er minutiös die zerstörerische Kraft dogmatischer Verallgemeinerung des Markliberalismus. Die Politik des IWF war durch ein Denken gekennzeichnet, das sich für seine Misserfolge nicht interessierte und auf lokale Gegebenheiten keine Rücksicht nahm. War dabei der Kapitalismus als solcher das Problem? Nein – so lautet die Antwort von Stiglitz. Das Prinzip ist gut; schlecht war nur die Form seiner Umsetzung: radikaler Bruch statt allmählicher Annäherung, Zerstörung existierender ökonomischer Strukturen statt behutsamer Transformation, Destabilisierung statt Konsolidierung.

Kapitalismus ist ein Begriff, auf dem normative Hypotheken lasten – realitätsblinde Heilserwartungen auf der einen Seite, Tendenzen der Verteufelung auf der anderen. Die einen handeln wie Wundergläubige, die anderen schütten das Kind mit dem Bade aus. Was im Vergleich dazu für den Begriff des Steigerungsspiels spricht, sind seine Unvoreingenommenheit und die Überschreitung des rein ökonomischen Denkhorizonts. Wirtschaftsbeziehungen gehören zum Steigerungsspiel, aber nicht nur diese. Der Begriff umfasst das Denken und Handeln unter der Herrschaft der Steigerungslogik in seiner Gesamtheit.

Steigerung bedeutet nicht nur Erhöhung des Profits, sondern die Erweiterung des Möglichkeitsraums schlechthin; Profitsteigerung ist lediglich ein Teilaspekt davon. Steigerung im Sinn des Mehrkönnens ist eine anthropologische Kategorie, die allgemein genug ist, um sie auf alle Zeiten und auf beliebige Handlungsfelder anzuwenden. Die enorme Dynamik und weltumspannende Integrationskraft des Steigerungsspiels ist nur durch die Verzahnung des Wollens ganz unterschiedlicher Akteure zu erklären, nur durch den Gewinn, den sich jeder in seinem eigenen Werthorizont davon verspricht. Natürlich bekommen nicht alle, was sie wollen, aber das Wollen verschiedener Akteure ist aneinander anschlussfähig und zu einem riesigen kollektiven Projekt integrierbar. Geld ist meist nur eine Ausdrucksform für konkrete Zwecke, sei es die Mondlandung, das neue Modell eines Kampfpanzers oder das Klonschaf Dolly. Den kollektiven Pfad des Mehrkönnens nur durch die Macht des Geldes erklären zu wollen läuft auf eine Mystifikation hinaus, die im Vordergründigen stekken bleibt und den Hintergrund des heterogenen, aber miteinander verknüpften Wollens nicht erreicht.

Der Unterschiedlichkeit des Wollens entspricht die Unterschiedlichkeit der Akteure. Wenn es nur »die Kapitalisten« wären, die das Steigerungsspiel voranbringen, würde alles von einem Tag auf den anderen zusammenbrechen. Es lebt auch vom Wunsch der Verbraucher, es sich auf der Welt schönzumachen; von der Neugier und vom Geltungsdrang der Wissenschaftler; von der Experimentierlust der Techniker; vom Machtstreben der Politiker; vom Karrieredenken und vom Ehrgeiz vieler Arbeitnehmer. Dass die Abenteuerlust, der Gestaltungswille und das Profitstreben von Unternehmern ebenfalls eine entscheidende Rolle spielen, darf nicht zur Unterschätzung aller anderen Akteure führen.

Der Begriff des Steigerungsspiels integriert jede beliebige Art des Wollens, sofern es um Möglichkeitserweiterung geht, und jeden beliebigen Akteur, sofern er diese Art des Wollens sozial zur Geltung bringt. Er ist offen für beliebige Veränderungen der Machtverhältnisse. Dagegen schwört der Begriff des Kapitalismus die Theorie darauf ein, alle Macht bei einer Instanz, den Kapitalisten, dem Kapital, dem Geld zu lokalisieren. Ein Gedanke wie der, dass Verbraucher in immer größerem Maß selbst für genau die Warenwelt verantwortlich sind, über die sie schimpfen, besteht gar nicht erst den theoretischen Zulassungstest.

Ebenso ergeht es der Forderung nach politischer Kontrolle des Kapitals, denn der Leitsatz heißt ja »Geld regiert die Welt«. Durch Politik, so die oft wiederholte Behauptung, wird die Macht des Kapitals nur symbolisch bemäntelt, nicht wirklich eingeschränkt. Politische Kontrolle des Kapitalismus für unmöglich zu halten, sie aber gleichzeitig zu fordern ist ein Selbstwiderspruch, sie nicht zu fordern eine Selbstblockade.

Auch die Fixierung auf bestimmte Werturteile engt das Denken ein. Wenn Michael Hardt und Antonio Negri »Kapital« sagen, tun sie es aus einer Position prinzipieller Gegnerschaft heraus; bei Friedrich August von Hayek und Milton Friedman ist es genau umgekehrt – je kapitalistischer die Welt ist, desto besser. Der Begriff des Steigerungsspiels ist offener hinsichtlich dessen, was man in einer gegebenen Situation als richtig oder falsch beurteilt. Sein Werthorizont ist die Vernunft des Könnens schlechthin – eine Denkform, von der sich annehmen lässt, dass sie in allen Menschen angelegt ist, allen nachvollziehbar scheint und alle weiterbringt. Von dieser Wertposition aus kann der Boss eines Hedge-Fonds über den Sinn der Tobin-Steuer nachdenken, und der arrivierte Kapitalismuskritiker, der in der Businessclass zu einem Vortrag nach New York fliegt und sein Essen vor den übrigen Fluggästen in der Economyclass serviert bekommt, kann es sich mit einem weniger schlechten Gewissen schmecken lassen.

Von dieser Wertposition aus hat man es nicht nötig, die Perversionen eines Vernunftprinzips mit ihm selbst gleichzusetzen und es damit zu diskreditieren. Steigerungslogisch betrachtet, kann Kapitalismus im Sinn der Profitorientierung und der Konsolidierung von Unternehmen als vernünftig gelten, nicht jedoch die Bilanzskandale und Milliardenbetrügereien in den USA im Jahr 2002, nicht die ausschließliche Ausrichtung auf den Shareholder-Value, nicht die ungebremste Vergrößerung des Unterschieds zwischen Arm und Reich. Entgegen der allgemeinen Lesart handelt es sich dabei keineswegs um kapitalistisches Denken, sondern um seine Demontage. Unter dem Gesichtspunkt der Steigerung muss das Kapital an Vertrauenswürdigkeit, Langfristigkeit und Massenkaufkraft interessiert sein. Unternehmen, die sich daran orientieren, kommen allerdings kaum in die Schlagzeilen und werden von den Kritikern übersehen.

Wandel des Wandels

Kann es sein, dass die Dominanz des Steigerungsspiels jemals zurückgeht? Dies wäre ein gravierender Einschnitt, denn die Erwartung, dass seine Dominanz immer nur zunehme, ist als Ergebnis einer langen Vorgeschichte tief in unserem Bewusstsein verwurzelt. Freilich ist diese vermeintliche Fortsetzungsgewissheit nur eine Vermutung.

Für die Fortsetzungsvermutung sprechen starke Argumente. Am wichtigsten sind zwei Gesichtspunkte. Erstens besitzt das Steigerungsspiel eine bezwingende handlungslogische Macht. Die Steigerungslogik eignet sich in besonderer Weise zur Organisation komplexer sozialer Handlungszusammenhänge und setzt sich immer wieder wie von selbst durch. Zweitens ist dem Steigerungsspiel eine Art Unsterblichkeitsmechanismus einprogrammiert: Die Steigerungslogik definiert Probleme als Herausforderung und setzt somit kognitive Ressourcen für die Planung des nächsten Steigerungsschrittes frei. Je größer die Schwierigkeiten sind, desto dynamischer wird das Steigerungsspiel. Weder eine ökologische Krise noch globale Ungleichheit, noch wachsende Unübersichtlichkeit bedeuten sein Ende. Dabei handelt es sich zwar um selbsterzeugte Einschränkungen des Möglichkeitsraums, gleichzeitig aber wird das Steigerungsspiel mit neuer Energie versorgt, die sich genau an diesen Einschränkungen entzündet.

Limitierende Faktoren gibt es dennoch. Man stößt auf sie, wenn man den zunächst ungewohnten Gedanken ausarbeitet, dass die Steigerungslogik nicht nur kognitive Ressourcen freisetzt, sondern auch kognitive Ressourcen aufzehrt. Was damit gemeint ist, lässt sich leicht illustrieren. Warum ist eine normale Teetasse nicht mehr steigerbar? Weil sie im Hinblick auf den speziellen Nutzen, den Menschen von einer Teetasse erwarten, perfekt ist. Die kognitive Ressource der Perfektionierbarkeit ist in diesem Fall seit langem verbraucht. Neben Perfektionierbarkeit unterscheide ich drei weitere Typen kognitiver Ressourcen der Steigerungslogik: Erweiterbarkeit, Entdeckbarkeit und Objektivierbarkeit. Diese Res-

sourcen sind immer schwerer zu beschaffen, je weiter das Steigerungsspiel voranschreitet. Sie werden knapper, unsicherer, flüchtiger, und immer öfter beruhen sie auf bloßen Illusionen. Fazit: Ein Wandel des normalen Wandels im Steigerungsspiel kommt in Sicht.

Dieser Wandel hat nicht das Aussehen einer Ablösung, sondern eines
Hinzutretens. Schillers Formel für Wandel – »Das Alte geht, das Neue
kommt« – ist in diesem Fall zu einfach. Das Alte geht nicht, aber das Neue
kommt trotzdem. Das alte Steigerungsspiel bleibt, aber seine Macht geht
zurück. Das Neue, von dem in späteren Kapiteln die Rede sein wird, verlangt den Menschen jene Zweigleisigkeit ab, von der bereits am Anfang
die Rede war. Es ist möglich, wenn auch nicht notwendig, dass das Steigerungsspiel nicht mehr herrscht, sondern dient.

Fortsetzung oder Ende? Ein Scheinkonflikt

Plausible Heilserwartung?

Stellen wir uns vor, das Sozialprodukt wächst über Jahre hinweg durchschnittlich um fünf Prozent. Dabei ergibt sich von Jahr zu Jahr ein größeres absolutes Volumen, denn auch der Sockelbetrag, auf den sich der Prozentsatz bezieht, wächst ständig – er enthält zusätzlich zum aktuellen Wachstum auch das aller vorhergehenden Jahre. Es dauert etwa achtzig Jahre, dann ist allein das Wachstum des letzten Jahres genauso groß wie das gesamte Sozialprodukt zu Beginn des Berechnungszeitraums.

Dieses Rechenexempel soll die langfristige kollektive Erfahrung ständig beschleunigter Entgrenzung veranschaulichen. Auf den ersten Blick scheint eine Wachstumsrate von fünf Prozent zu hoch gegriffen. Wenn wir uns Wachstum jedoch nicht wie gewohnt als monetäre Größe vorstellen, sondern diesen Begriff auf das Volumen der Handlungsmöglichkeiten beziehen, wenn wir uns also die Veränderung der tatsächlichen Lebensverhältnisse vorstellen, so lässt sich ein Ansatz von fünf Prozent durchaus rechtfertigen. Diese Rate ist hier keinesfalls als Versuch einer quantitativen Bestimmung zu verstehen, sie soll lediglich symbolisieren, dass das Wachstum der Möglichkeiten schneller voranschreitet als das korrespondierende monetär definierte Wachstum. Die Produkte können immer mehr, die Wahlmöglichkeiten nehmen exponentiell zu, die Kombinationsmöglichkeiten wachsen, während die Preise tendenziell fallen. Die Frage, ob sich dies irgendwie quantifizieren ließe, ist an dieser Stelle ohne Bedeutung. Worum es geht, ist die verdichtete Beschreibung der kollektiven Entgrenzungserfahrung im Steigerungsspiel. Innerhalb eines überschaubaren Zeitraums nimmt der bloße jährliche Zuwachs am Ende ähnliche Ausmaße an wie das gesamte Volumen der Handlungsmöglichkeiten am Anfang.

Angesichts dieses Erfahrungshintergrunds erstaunt es nicht, dass im Gefühlsgemenge unserer Zeit immer wieder die Vision selbstgemachten Heils über die apokalyptischen Prophezeiungen triumphiert. Die Menschen versprechen sich alles – und bekommen es: Hochgeschwindigkeitszüge, totale Telekommunikation, fäulnisresistente Tomaten, intelligente Waffen und strotzende Potenz. Wer zweifelt daran, dass irgendwann auch das Ende von Orangenhaut und Haarausfall gekommen sein wird?

Ob es um Krieg oder um Kosmetik geht, überall herrscht das gleiche Gesamtbild von Vergangenheit, Gegenwart und Zukunft. Auf jeder Automobilmesse, in jeder Computerzeitschrift, in jedem Antrag auf Geldmittel für wissenschaftliche Forschung dokumentiert sich erneut eine selbstverständlich gewordene Vorstellung von Geschichte. Naturwissenschaft und Technik, volkswirtschaftliche und betriebswirtschaftliche Theorien, Wirtschaftspresse und Wirtschaftsbosse, Alltagsleben und Politik sind durchdrungen von einer Ahnung des Ewigen, als wäre die beste aller möglichen Welten zumindest im Prinzip erkannt und müsste nur noch immer besser herausgearbeitet werden – durch das sich immer stärker beschleunigende, alles unterwerfende, aber niemals ankommende Steigerungsspiel.

Aber dies ist nur eine Vermutung, deren scheinbare Plausibilität sich leicht erschüttern lässt. Denken wir uns ein gewaltiges Stück weiter, sagen wir tausend Jahre. Wird man dann immer noch den McKinsey-Berater ins Unternehmen holen? Wird man immer noch an der Optimierung von Verkehrsmitteln arbeiten? Werden die Menschen nach wie vor ihren persönlichen Gerätepark lebenslang verbessern, indem sie ältere Apparate gegen leistungsstärkere Neuentwicklungen austauschen? Werden die Nahrungsmittelproduzenten auch in tausend Jahren mit dem Angebot noch verlockenderer Marmeladen konkurrieren, die Tourismuskonzerne mit noch faszinierenderen Reisen, die Sexvermarkter mit noch erregenderen Lustartikeln, die Medien mit noch unterhaltsameren Inhalten?

Man könnte gegen diese Fragen einwenden, dass es für uns Zeitgenossen uninteressant sei, sich mit der Welt in tausend Jahren zu beschäftigen, wo man doch schon mit einer Vorstellung über die nächsten zehn Jahre zufrieden sein könnte. Genau darum geht es aber bei dem Gedankenexperiment: um Gegenwart und unmittelbare Zukunft. Wie können wir davon loskommen, uns die Zukunft immer nur so vorzustellen wie die Vergangenheit? Das Gedankenexperiment soll nur klarmachen, dass nichts selbstverständlich ist. Wenn in tausend Jahren alles anders sein kann, warum dann nicht auch schon in zehn?

Die soziologische Diskussion über die Fortsetzungsvermutung ist noch nicht einmal eröffnet. Auch die Auseinandersetzung über die Grenzen des Wachstums blieb auf ökologische Argumente fixiert und ging mangels geeigneter soziologischer Kategorien teils an den Kernfragen vorbei, teils gelangte sie zu Schlussfolgerungen, die aus soziologischer Sicht zweifelhaft erscheinen.

Dass die Kritik am herrschenden Fortschrittsmodell nach all der Zeit vergeblicher Einrede allmählich blass wirkt, ist kein Beweis für seine Richtigkeit. Ein wichtiges Grundmotiv dieser Kritik war der Vorwurf der Einseitigkeit: Das herrschende Modell sei fixiert auf nur eine Dimension des Fortschritts; auf diese Weise werde Vernunft verkleinert zur bloßen instrumentellen Vernunft – aber wozu? Rationalität werde halbiert und die andere Hälfte, das gute Leben, schlicht vergessen. Gegen die Wirksamkeit des Steigerungsspiels vermochte diese Kritik freilich ebensowenig auszurichten wie all die anderen Zweifel, die bei einem auf ständigen Aufbruch programmierten Lebensentwurf nicht ausbleiben können: das Beklagen des unausgesetzten Heimatverlusts, die Warnung vor Risiken, das Zurückscheuen vor dem Ungewohnten.

Die Forderung, aufzuhören, auszusteigen, umzudenken begleitet das Steigerungsspiel in seiner Geschichte wie ein unausgesetztes Hintergrundgeräusch. Wogegen sich die Kritik auch immer wenden mag, gegen Enttraditionalisierung, Entwurzelung, Entfremdung, Entzauberung, gegen Beschleunigung, Überforderung, Kommerzialisierung, Funktionalisierung, gegen die Sinnentleerung des Lebens, gegen Umweltzerstörung und Risiken – immer beruht sie auf derselben Unterstellung: dass den Menschen die Option offenstehe, aus freiem Entschluss alles zu beenden, was sie selbst angefangen haben. Aber die Frage ist: Kann ein Bewusstseinswandel, der sich als zunehmende Gegnerschaft gegen das Steigerungsspiel bemerkbar macht, etwas bewirken? Gibt es eine Berechtigung für die Hoffnung derer, die Wachstum als Wahn begreifen und zu einem anderen Leben aufrufen? Führt das Steigerungsspiel sein eigenes Ende herbei, indem es allmählich seine kritisierbaren Aspekte enthüllt? Dafür gibt es keine Anhaltspunkte. Gelegentliches Zögern, Unbehagen, Veränderungen von Konsumgewohnheiten, Wellen von Aussteigern, nachwachsende Protestgenerationen und andere Anzeichen von Distanz sind nicht mit einer wirklichen Krise des Steigerungsspiels zu verwechseln. Es bliebe völlig unbeeinträchtigt.

Die ältere Tradition der kulturkritischen Fortschrittsskepsis und die jüngere Tradition der ökologischen Wachstumskritik leben am Anfang des einundzwanzigsten Jahrhunderts nur noch in Beschwichtigungsformeln fort: Natürlich, man müsse auch die Probleme sehen und etwas dagegen tun, es sei aber auch schon viel getan worden; im übrigen könne man die schmerzhaften Folgewirkungen des Fortschritts nur durch neuen Fortschritt in den Griff bekommen; nur die Ökonomie könne die ökologische Krise meistern; nur Wachstum verspreche Arbeitsplätze und weltweit zurückgehende Armut; wer nicht steigere, verschlafe die Zukunft. Modernisierung heißt mehr denn je: *more of the same.*

Es hatte zwei Ursachen, dass keines von all den Argumenten, die schon das Vordringen der Eisenbahn begleiteten, irgend etwas verhinderte. Die eine Ursache erschließt sich bei einer soziologischen, die andere bei einer philosophischen Betrachtungsweise. Erstens: Das soziale Großprojekt der Steigerung verfügt, jedenfalls während einer langen Phase, über eine bezwingende Macht. Solange die Quellen dieser Macht nicht versiegen, ist kein Kraut gegen die handlungslogische Überwältigung gewachsen, und der ideologiekritische Diskurs kreist um sich selbst. Im folgenden werde ich mich ausschließlich mit den Quellen der handlungslogischen Macht des Steigerungsspiels beschäftigen.

Dies verweist auf die zweite, philosophische Ursache des Scheiterns der Kritik. Viele Gegner des Steigerungsspiels brachten es nicht über sich, ihr Misstrauen gegenüber den Verheißungen des herrschenden Fortschrittsmodells zu überwinden, und sie verstanden es ebensowenig, mit anderen Verheißungen zu überzeugen. Ihre Visionen waren zu wenig verlockend, zu spartanisch oder zu sehr im Jenseits angesiedelt. Die Gegner waren gut als Kritiker von Missständen, aber schwach als Kritiker entgangenen Glücks.

Ein Wandel des Wandels ist durchaus möglich. Doch aus den genannten Gründen ist es unwahrscheinlich, dass er das Aussehen einer ideengesteuerten Revolution haben wird, wie die Kulturkritik unausgesprochen oder explizit unterstellt. Plausibler ist die Erwartung, dass der Wandel erst durch einen objektiven Sachverhalt ausgelöst werden wird: durch die Abschwächung der dominierenden Handlungslogik, und zwar gerade infolge ihrer Fortsetzung. Diese Handlungslogik ist keineswegs bloß instrumenteller Natur, wie oft gegen sie eingewandt wurde; sie hat durchaus auch etwas mit dem Ziel des guten Lebens zu tun, allerdings nur mit einem Aspekt davon: der Erweiterung des Möglichkeitshorizonts. Weil die Vereinseitigung des Denkens im Steigerungsspiel so ungeheuer produktiv und lebensfördernd war, wird sie sich erst überwinden lassen, wenn ihre Leistungskraft erkennbar zurückgeht und wenn ihre Antworten auf die Frage nach dem guten Leben nicht mehr überzeugen.

Eine angstblockierte Debatte

In einer solchen Situation könnte eine neue Freiheit des Nachdenkens über alte Fragen aufkommen: Wie verläuft unsere Geschichte in ihrer Gesamtheit? Wie sollen wir uns Fortschritt vorstellen? Doch von solcher Freiheit ist noch wenig zu spüren.

Moden der Prophezeiung (atomares Inferno, Tod durch Amüsement, globale Klimakatastrophe, Werteverfall und Atomisierung der Gesellschaft, um nur einige Kritikmuster des späten zwanzigsten Jahrhunderts anzudeuten) haben eine aggressive Haltung gegen die Frage nach der Endlichkeit des Selbstverständlichen provoziert. Mit schnell zur Routine gewordenen Floskeln wie »Dauerlamento«, »verbeamtete Kulturpessimisten«, »gebetsmühlenhaft wiederholte Krisenbeschwörung« lässt sich beifälliges Kopfnicken einheimsen. Die modische Demontage von Endzeittheorien durch flotte Polemik wird mit der geistigen Leistung einer tatsächlichen intellektuellen Auseinandersetzung verwechselt. Es ist leicht geworden, etwas als »Quatsch« abzukanzeln, ohne dass noch jemand die Mühen der Begründung einklagen würde. Auf der Gegenseite verhält es sich allerdings oft nicht anders. Viele Untergangspropheten bedienen auch nur ein Schema, das sie weder selbst erdacht noch wenigstens konsequent durchdacht haben, und der Beifall des Publikums, an das sie sich wenden, bestärkt sie darin. So gleicht die öffentliche Auseinandersetzung über die Frage, wie denn unsere Gegenwart zu deuten sei, nicht selten einer Kissenschlacht.

Zunächst gilt es, sich wenigstens die Denkbarkeit eines Rückgangs des Steigerungsspiels zu erarbeiten. Gewiss gibt es viele Einwände, aber gerade der scheinbar naheliegende Einwand ist falsch: Mit der Erörterung eines möglichen Zurücktretens des Steigerungsspiels werde ein kulturpessimistisches, fortschrittsfeindliches Untergangsszenario aufgebaut. Dass man sich gegen die Vorstellung wehrt, etwas könne zu Ende gehen, an das man sich gewöhnt hat, ist allenfalls emotional verständlich: als Reflex der Ratlosigkeit angesichts der Vorstellung, mühsam erworbene und halbwegs beherrschte Routinen, mit deren Hilfe man seinen Weg in der gegebenen

Sozialwelt zu finden wusste, könnten nicht mehr ausreichen. Was dann? Der Fehler, aus der anfänglichen Unbeantwortbarkeit dieser Frage auf die Falschheit der These zu schließen, die sie provoziert hat, führt in den Bereich der Psychologie, vielleicht muss man sagen, der Massenpsychologie.

Endzeittheorien kommen und gehen, die soziologische Alltagsfrage nach dem Wandel sozialer Phänomene bleibt. Nur denen scheint der Rückgang des Steigerungsspiels sensationell, die sich mitten darin befinden. Für die Soziologie dagegen ist jede Behauptung unveränderter Fortsetzung ohne Ende zweifelhaft.

Der Plattheit vieler Endzeitdiagnosen steht die Unbedarftheit der Fortsetzungsvermutung in nichts nach. Oft hat man den Eindruck, die Fortsetzungsvermutung habe ein eigenes Leben angenommen und benutze denjenigen, der sie ausspricht, bloß als gedankenloses Sprachrohr. Kann man ihr überhaupt entkommen? Ihre kognitive Macht geht ja so weit, dass selbst viele Fortsetzungskritiker ihr unterworfen scheinen, denn oft begnügt sich ihre Kritik mit der Melancholie über die Unveränderlichkeit der schlechten Welt.

Unsere Intuition bleibt gespalten; so zweifelhaft uns eine Zukunft unendlicher Steigerung erscheint, so undenkbar kommt uns andererseits eine soziale Szenerie vor, die etwa *nicht* wesentlich auf das Steigerungsspiel gegründet wäre. Als Zeugen einer ungebrochenen handlungslogischen Landnahme und einer das Wahrnehmungsvermögen überfordernden Beschleunigung neigen wir zu der Einschätzung, eine Änderung dieser Dynamik sei wohl ausgeschlossen – um gleich wieder skeptisch zu werden. So konkurriert die Vision vom *Neuen Polynesien* nach dem Ende der Steigerung, die der amerikanische Biologe Gunter Stent schon 1969 publizierte, mit Metaphern einer Entgrenzung ohne Ende, etwa mit der gentechnischen Verheißung von Designermenschen und vom ewigen Leben oder mit der Phantasie des Physikers Michio Kaku: Ins Weltall schwärmen Roboter aus, die in der Lage sind, auf geeigneten Himmelskörpern neue Roboterfabriken zu bauen, um sich auf diese Weise zu multiplizieren und allmählich bis zu den Grenzen des Universums vorzuarbeiten – die Idee der Steigerung füllt den Kosmos mit dem Schaum ihrer Konstruktionen.

Lässt man solche Zukunftsbilder auf sich wirken, so fühlt man den Hintergrund der Angst, vor dem sich die Auseinandersetzung über die Frage der Fortsetzung vollzieht. Kern der Angst ist so oder so die Befürchtung fundamentaler Desorientierung. Einerseits: Was fängt man im Neuen Polynesien überhaupt noch mit sich selbst und den anderen an, wenn man der sozial strukturierenden Kraft der Steigerungslogik beraubt wurde? Doch auch die umgekehrte Vorstellung einer Zukunft ohne Ankunft scheint absurd: Muss der ständig weiter expandierende Möglichkeitsraum nicht irgendwann aus den Fugen geraten? Wann müssen wir paradoxerweise für das Mehrkönnen mit Nichtmehrkönnen bezahlen, weil der Überblick verloren geht und die ungewollten Folgen alles vernichten? Es liegt an diesem Gefühl der Nähe eines Abgrunds, dass der Diskurs – Fortsetzbarkeit oder nicht? – so emotional geführt wird.

These, Antithese, Synthese. Der Kurs der folgenden Überlegungen

Der Aufbau der weiteren Erörterung ist dialektisch. Ich werde zunächst Argumente anführen, die für die Fortsetzung des Steigerungsspiels auf unabsehbare Zeit sprechen. Danach geht es um die Antithese: Was lässt sich für die Annahme anführen, dass dem Steigerungsspiel Grenzen gesetzt sind? Die Antwort scheint nahezuliegen: Wenn es Grenzen gibt, dann sind sie ökologischer Natur. Seit dem Erscheinen von Dennis Meadows' *Grenzen des Wachstums* im Jahr 1972 hat sich diese Ansicht weltweit durchgesetzt. Sie scheint so einleuchtend wie die Erwartung, dass irgendwann das Licht einer Taschenlampe ausgeht, wenn man sie brennen lässt, weil sich die Batterie entlädt. Vor dem Hintergrund der Theorie des Steigerungsspiels komme ich jedoch zu einem anderen Ergebnis. Nicht ökologische, sondern kognitive Ressourcenknappheit (in einem noch näher zu definierenden Sinn) erweist sich als limitierender Faktor.

Wenn es sowohl Argumente für eine Fortsetzung des Steigerungsspiels gibt als auch für seine Begrenztheit und beides richtig ist, was soll man daraus folgern? Am Ende wird weder die Alleinherrschaft des Steigerungsspiels stehen noch sein völliger Zusammenbruch. Was sich andeutet, ist eine Synthese der Handlungslogiken von Steigerung und Ankunft.

Argumente für die Fortsetzungsvermutung

Die Eigendynamik des Steigerungsspiels zu verstehen heißt, es nicht als Phänomen der Entfremdung zu begreifen, als lebensweltfeindliches System, als unmenschliches Empire, wie es in der Kapitalismuskritik bis heute Tradition ist. In bestimmten Kontexten mögen diese Metaphern nützlich sein, hier aber sind sie hinderlich. Das Steigerungsspiel verstehen heißt vielmehr, es mit dem Willen der Menschen in Verbindung zu bringen: zu erklären, wie es dazu kommt, dass sie in historisch beispielloser Weise zusammenwirken, um es hervorzubringen und fortzusetzen. Man kann das Steigerungsspiel als etwas dem Menschen Fremdes sehen oder als etwas Eigenes; beide Perspektiven sind zwar einander entgegengesetzt, stehen aber nicht in logischem Widerspruch zueinander. Man braucht beide, um dem Umstand gerecht zu werden, dass Menschen etwas schaffen, das auf sie zurückwirkt. Im folgenden dominiert der Aspekt des Schaffens.

Es mag überraschen, dass bei dem folgenden Versuch, die Macht des Steigerungsspiels zu verstehen, der Aspekt des Nutzens keine Rolle spielt. Dies deshalb, weil es mir theoretisch zweckmäßiger scheint, den Konsens über die Nützlichkeit des Steigerungsspiels als Teil des zu erklärenden Sachverhalts aufzufassen und nicht etwa als eine seiner Ursachen. Erst wenn man die banale Erklärung hinter sich lässt, das Steigerungsspiel laufe, weil es den Akteuren sinnvoll erscheint, werden die eigentlichen Bedingungen seines Erfolgs sichtbar: anthropologische Verankerung, Eindeutigkeit durch Objektivierung, Abstraktion, permanenter Wertvorsprung, Spezialisierung, positive Rückkoppelungen, handlungslogische Opportunität, Interpretation von Defiziten als handlungslogische Ressourcen. Diese Stichworte greife ich in den folgenden Abschnitten auf.

Steigerungsdenken ist universell

Nur das Steigerungs*spiel* ist eine Besonderheit in der Geschichte der Menschheit, nicht etwa Steigerung überhaupt. Im Gegenteil, sie ist wesentliches Verlaufsmuster der Geschichte; kaum eine Tendenz zieht sich so durchgängig durch alle Zeiten und Kulturen. Im Zuge der »ersten Globalisierung« breiteten sich die Vorfahren der Menschen, aus Zentralafrika kommend, über den Erdball aus. Dieser Möglichkeitserweiterung im räumlichen Sinn korrespondierte eine im funktionalen Sinn, vorangetrieben durch Technik, Aufbau von Symbolsystemen und soziale Arrangements. Zwar gab es Seitenlinien in der Geschichte, und manche Kulturen machten in einem stagnierenden Möglichkeitsraum Halt, etwa die der Aborigines in Australien bis zum Beginn der Kolonisierung. Zwar kam es gelegentlich sogar zum Erlöschen von Kulturen wegen einer Kontraktion des Möglichkeitsraums, wie auf verschiedenen Inseln in der Torresstraße zwischen Australien und Neuguinea. Doch die Hauptlinie führt eindeutig nach oben zu immer höheren Möglichkeitsniveaus.

Es gibt ein grundlegendes anthropologisches Basisprogramm der Steigerung über eine Reihe von Stufen hinweg, das die Menschen allmählich zur Entfaltung bringen. Dies zeigt sich darin, dass sich Menschen über nichts anderes so gut verständigen können, ungeachtet aller Kulturschranken und Sprachgrenzen, wie über Möglichkeitserweiterungen. Wir sind mit einer Aufmerksamkeit für das Mehrkönnen ausgestattet, und wir sind in der Lage, könnensorientiertes Handeln zu durchschauen und zu bewerten.

Dahinter steht eine noch grundlegendere Disposition: die Zielgerichtetheit des Handelns. Ihre Allgegenwart bekundet sich in jeder beliebigen Antwort auf die Frage »Warum hast du das getan?«, ja sie steckt bereits in der Frage. Die Antwort versteht jeden Handgriff als Mittel zu einem Zweck. Dieses Deutungsschema begegnet uns selbst dann, wenn wir, etwa mit den Mitteln der Psychoanalyse, nach den tiefsten, den eigentlichen, den im Verborgenen vermuteten Ursachen unseres Handelns fahnden. Die Spur des Ziel-Mittel-Schemas zieht sich durch die gesamte Gattungsgeschichte.

Im Steigerungsspiel tun die Menschen das, was sie schon immer getan haben. Sie orientieren sich auf Ziele hin, bewerten ihr Handeln von Zielen her, reden miteinander unter der Herrschaft gemeinsamer Ziele, gestalten die Welt unterbrochen unter der Regie des Deutungsschemas zielorientierten Handelns. Es besteht eine doppelte Verbindung etwa zwischen einem Zeitgenossen, der sich online die neuesten Informationen über das Wetter holt, und einem Schamanen, der einen Regenzauber ausführt. Das Ziel-Mittel-Schema baut eine Brücke zwischen beiden. Nur weil beide über dieses Schema verfügen, können sie einander verstehen, wenn sie sich nur ausführlich gegenseitig ihre Ziele erklären. Da diese Ziele jedoch verschieden sind, würden sie einander dennoch fremd bleiben, wenn nicht hinzukäme, dass ihr Handeln aus tiefen existentiellen Ursprüngen kommt, die bei allen Menschen gleich sind.

Eindeutigkeit durch Objektivierung

In den Kommentaren, die das Steigerungsspiel seit langem begleiten, gibt es eine bezeichnende Selbstverständlichkeit. So nannte Arnold Gehlen eines seiner Bücher »Die Seele im technischen Zeitalter« und nicht etwa »Die Technik im Zeitalter der Seele«. Erst diese Umkehrung macht uns eine Annahme bewusst, die allen selbstverständlich ist: die Unterstellung einer Vormacht des Technischen im Verhältnis zum Subjektiven. Schnell lassen sich weitere Beispiele dafür finden, dass die Wahrnehmung eines Machtgefälles zwischen bestimmten Handlungsfeldern bereits als unbewusstes Weltbild in die Umgangssprache eingeschmolzen ist. Wenn etwa im Hinblick auf das Steigerungsspiel von Verführern die Rede ist, kommt niemand auf die Idee, dass damit die Nachfrager gemeint sein könnten und dass die Anbieter die Verführten wären. Es würde als Satire aufgefasst, einen Autokonzern samt Topmanagement, Werbeabteilung, Vertrieb, Rationalisierungsexperten und Unternehmensberatern als Opfer hinzustellen. Andererseits ist die Autonomie von Autokonzernen nicht eben groß; Sachzwänge führen das Regiment.

Eigenartigerweise sind es vor allem die hochgradig durch undiskutierbare Gegebenheiten bestimmten Handlungsfelder, die den freieren Handlungsfeldern überlegen sind. Das Gesetz des Handelns liegt bei Naturwissenschaft, Wirtschaft und Technik. Unvermeidlich docken die Menschen an den immer zahlreicher werdenden Anschlussstellen des Möglichkeitsraums an, der sich unter dem Einfluss der Hauptmächte formt. Als Metapher dafür eignen sich die Achterbahnen neuen Typs, die mit mathematischem und naturwissenschaftlichem Einsatz so konstruiert werden, dass bei allen Kurven, Überschlägen und Stürzen der Magen als ballistisches Zentrum des Organismus möglichst ruhig gehalten wird. Der Thrill bleibt erhalten, jetzt auch ohne unangenehme Nebenwirkungen. Natürlich könnten es die Menschen bleiben lassen, für solche Achterbahnen Eintrittskarten zu erwerben, aber warum sollten sie sich die Sensation entgehen lassen? Sie strömen zu den neuen Gelegenheiten des Fühlens, dominiert von den Handlungsfeldern Naturwissenschaft, Wirtschaft und Technik, die für sie kalkulieren und konstruieren. Ein anderes Beispiel ist die zunehmende Fixierung des Fernsehens auf Zuschauerquoten und die Objektivierung der Technologie der Quotenbestimmung. Man mag Schönheit, Wahrheit, Originalität für wichtig halten, man mag sie weit über die Quote stellen, aber die Quote siegt, weil sie handlungslogisch überlegen ist.

Handlungslogische Macht ergibt sich aus der Eindeutigkeit, mit der sich eine Aufgabe beschreiben lässt und mit der sich gute und weniger gute Lösungen voneinander unterscheiden lassen. Eindeutigkeit heißt in diesem Zusammenhang: Klarheit für alle. Möglich ist Klarheit für alle nur dann, wenn objektive Kriterien für Erfolg und Misserfolg gelten. Das Steigerungsspiel beruht auf Objektivierung. Ob Umsatzzahlen, Zuschauerquoten, Gewinne und Absatzmengen nach oben oder nach unten gehen, ob neue Software mehr oder weniger Fehler produziert, ob ein Apparat funktioniert oder nicht, ob das Folgemodell mehr Möglichkeiten verspricht als das alte, ob ein wissenschaftliches Paradigma den Horizont des Verstandenen erweitert, ob ein Experiment eine These bestätigt oder falsifiziert – all dies ist keine Frage des Geschmacks, sondern der Tatsachenfeststellung.

Die Objektivierbarkeit von Erfolg ist die Voraussetzung für Konkurrenzbeziehungen, die den Erfolgszwang und den Zeitdruck erhöhen, damit aber auch die Beschleunigung von Steigerungen. Die Objektivierbarkeit von Erfolg ermöglicht komplexe Tauschbeziehungen; Wert und Gegenwert lassen sich eindeutig in Geld ausdrücken. Die Objektivierbarkeit von Erfolg stimuliert den Aufbau produktiver Kooperationsnetze, weil klar erkennbar ist, was für das ins Auge gefasste Ziel notwendig ist. Die Objektivierbarkeit von Erfolg ermöglicht Lernprozesse: Welche Bedingungen haben dazu geführt, dass ein gewünschtes Ergebnis endlich eingetreten ist? Die Objektivierbarkeit von Erfolg macht Lernergebnisse übertragbar, von der Vergangenheit auf die Zukunft und von einem Akteur auf einen anderen – es kann sich ein kollektives Erfolgsgedächtnis bilden. Die Objektivierbarkeit von Erfolg ist das integrative Kernprinzip komplexer Organisationen, die ohne intersubjektive Eindeutigkeit von gemeinsamen Zielen keinen Tag lebensfähig wären.

Eindeutigkeit bewirkt Willensmacht, Vagheit bewirkt Willensgefolgschaft. Früh begannen die Handlungsfelder hoher Eindeutigkeit – Naturwissenschaft, Technik und Ökonomie –, ihre Vormachtstellung auszubauen, ohne in den folgenden Jahrhunderten jemals einen Einbruch zu erleiden. Die mächtigen Akteure wurden immer mehr, sie organisierten sich immer besser, die Gefolgschaft anderer Handlungsfelder wurde immer selbstverständlicher.

Abstraktion. Die Überlegenheit schwebenden Denkens

Ein Klavierlehrer hat zwei Schüler, beide gleich begabt und auf gleichem Niveau. Beide üben dasselbe Stück, indem sie es täglich fünfmal durchspielen. Nach einiger Zeit können sie es mehr schlecht als recht. Nun macht der Klavierlehrer ein Experiment. Er lässt A nach dem alten Schema weiterüben, für B dagegen denkt er sich eine Serie von technischen Übungen aus: erst relativ einfache, dann diffizilere, dann noch schwerere, schließlich solche der höchsten Schwierigkeitsstufe. Nach vierzehn Tagen spielt B das Stück wesentlich besser als A.

Worauf es bei diesem Beispiel ankommt, ist der Abstraktionsgrad der Handlungslogik. A hat immer wieder dasselbe getan; jeden Tag hat er fünfmal das Stück durchgespielt. B dagegen hat sich immer wieder andere Übungen vorgenommen. Dennoch kann man behaupten, er sei nach einer gleichbleibenden Handlungslogik vorgegangen. Zwar hat B immer wieder etwas anderes getan, dies aber mit System. Erst bei einiger Abstraktion erkennt man auch bei B ein klares Wiederholungsprinzip. Es besteht darin, sich bei jedem beliebigen Niveau Übungen vorzunehmen, die ein wenig über den schon erreichten Stand hinausweisen. Insofern tut auch B immer wieder dasselbe, auch wenn er sich ständig neue Übungen vornimmt.

Im Gegensatz zu B handelt A nach einer viel konkreteren Wiederholungslogik; bei ihm lässt sich viel leichter feststellen, dass er immer wieder dasselbe tut. Eine konkrete Handlungslogik stabilisiert das Gegebene; nur eine abstrahierbare, von einem Niveau zum nächsthöheren übertragbare Handlungslogik ermöglicht Steigerung. Stabilität ist hierbei nicht mehr unmittelbar erlebbar, man erfährt sie nur noch als kleinsten gemeinsamen Nenner immer neuer Situationen und Handlungen.

Kennzeichnend für die Moderne sind Wiederholungen besonderer Art und nicht etwa der Abschied von ihnen. Die Menschen ersetzten einen hergebrachten durch einen neuen Typus von Wiederholung. An die Stelle konkreter Wiederholungen traten abstrakte. Die Idee der *Verankerung* wurde von der Idee des *Schwebens* verdrängt.

Was ist damit gemeint? Verankerung und Schweben sind hier als Bezeichnungen für die Pole eines Kontinuums zu verstehen, zwischen denen Wiederholungen variieren können. Eine Wiederholung ist um so mehr verankert, je mehr sie unmittelbar erfahrbar und ohne großen Interpretationsaufwand erkennbar ist. Das Kreuzschlagen der Katholiken, Geburtstage, traditionelle Folklore an Festtagen, Kochen nach Rezept – dies sind einige Beispiele für stark verankerte Wiederholungen. Zur Verankerung eignen sich physische Objekte, Naturphänomene, Landschaften, Stellungen von Planeten, einzelne Menschen, Personen in einer eindeutig definierten Position, Gebäude, kalendarische Daten. Die Verankerung der Wiederholung in der konkret erfahrbaren Welt erstreckt sich von ihrem Auslöser über den Vollzug bis zu ihrem Ende. So wird etwa Weihnachten jedes Jahr durch dasselbe Datum ausgelöst und gilt als um so mehr gelungen, je mehr alles von Jahr zu Jahr gleichbleibt: der Weihnachtsbaum, der Austausch von Geschenken, die letzten religiösen Spurenelemente, das Gebäck, bis nach dem zweiten Feiertag alles vorbei ist.

Den Gegensatz dazu bilden schwebende Wiederholungen, bei denen von Mal zu Mal alles anders werden kann: Objekte, Personen, konkretes Tun; dennoch kann es sich um eine Wiederholung handeln, die allen Beteiligten geläufig ist. Eines von vielen Beispielen ist das wissenschaftliche Experiment, ja wissenschaftliches Handeln als methodengeleitetes Handeln überhaupt. Chemiker, Mediziner, Sozialpsychologen und Agrarwissenschaftler haben es in ihrem jeweiligen Forschungskontext zwar mit ganz verschiedenen Gegenständen, Versuchsanordnungen, Wissenstraditionen und Messverfahren zu tun, dennoch machen sie bei abstrakter Betrachtungsweise dasselbe. Es ist genau definiert, was unter einem Experiment zu verstehen ist; die Grenze zwischen wissenschaftlich und nicht wissenschaftlich exakt festgelegt. Schwebende Wiederholungen ereignen sich im Wechselspiel zwischen abstrakten Paradigmen und konkreten Abläufen. Ständig bedarf es der Vermittlung. Für jeden Einzelfall ist festzulegen, was allgemeine methodische Begriffe wie Experimentalgruppe, Doppelblindstudie oder Faktorenkontrolle für eine beliebige Versuchsanordnung bedeuten sollen.

Schwebende Wiederholungen können sich von konkreten Kontexten lösen. Sie lassen sich, im Gegensatz zu verankerten, auf neue Situationen ohne Ende übertragen. Dadurch kann eine Entwicklungslinie entstehen (im Fall des Experiments wäre dies die Linie des Erkenntnisfortschritts). Verankerte Wiederholungen halten dagegen die Beteiligten an einer bestimmten Stelle fest.

Vergleichen wir zur weiteren Veranschaulichung unsere Sozialwelt mit nomadischen Kulturen. Bei Nomaden assoziiert man als Kulturfremder zunächst Ruhelosigkeit, Bindungslosigkeit, Heimatlosigkeit. Doch dieser Eindruck trügt. Gerade weil sie kein festes Haus haben, müssen sie Festigkeit kultivieren, gerade weil sie durch die Lande ziehen, brauchen sie stabile Ordnungen in Form verankerter Wiederholungen.

Bei den Nomaden erlebt der Besucher aus der entwickelten Welt entgegen seiner Erwartung ein großes Ausmaß von Regelhaftigkeit. Von den einzelnen Handgriffen beim Be- und Entladen über die Wahl der Route und der Lagerplätze bis zur Brautwerbung gibt es keine Situation, für die eine nomadische Kultur nicht schon eine wohldurchdachte Antwort bereithielte, verankert in sinnlich erfahrbaren Merkmalen der Situation. Wegen des häufigen Wechsels der Situation wirkt das Leben der Nomaden trotzdem abwechslungsreich. Die Menschen stehen ständig vor der Herausforderung, ihr kulturelles Repertoire flexibel zu handhaben und mit Unsicherheiten fertig zu werden.

Die Antwort auf solche Herausforderungen ist bei Nomaden soweit wie möglich standardisiert und nur so flexibel wie nötig. Es wäre zu riskant, ständig an der Verbesserung des Handlungsrepertoires zu arbeiten, weil die Lebensbedingungen keine Irrtümer verzeihen. Alle geistige Anstrengung muss dafür aufgewendet werden, die jeweilige Situation richtig zu interpretieren und das kulturell vorgefertigte Antwortmuster den Besonderheiten der Situation anzupassen; für dauernde Erneuerung bleibt kein Spielraum. Das gesamte Problemlösungswissen der Nomadengruppe hat sich in der Vergangenheit bewährt, sonst wäre die Gruppe wahrscheinlich nicht mehr am Leben. Um weiter zu existieren, scheint es am vernünftigsten, zu tun, was man immer schon getan hat.

Im Gegensatz zum verankerten Denken der Nomaden erscheint das Denken der Moderne auf den ersten Blick traditionslos, unorthodox, experimentell. Zurück aus einer längeren Reise zur Welt der Nomaden spürt man schon am Heimatflughafen eine tiefgreifende Andersartigkeit. Die Zuordnung von Situation und Handlungsmuster scheint sich in diesem Ambiente aufgelöst zu haben. Doch der Eindruck täuscht.

Die Steigerungslogik gestattet es den Akteuren durch die außerordentlich weitgehende Abstraktion des Situationsbezugs, eine stabile Beziehung zur Umwelt selbst dann aufzubauen, wenn die Umwelt zu unübersichtlich und variabel ist, um sich an Traditionen zu orientieren. Jeder Akteur, ob Mensch, ob Unternehmen, ob Staat, ob Massenmedium, ist in einer steigerungsdynamischen Umwelt sofort anschlussfähig, wenn er nur mitmacht. Um zu agieren, muss man lediglich über das Denkschema der Steigerungslogik verfügen. Damit ist man auf alles mögliche vorbereitet, auch auf das Neue und Unerwartete – ganz im Gegensatz zu einem Nomaden, der beispielsweise zum erstenmal in seinem Leben einen Lastwagen sieht.

Die Kultur der Moderne weist also durchaus repetitive Züge auf, allerdings auf einer hohen Abstraktionsstufe. Zwar geht es auch bei den Nomaden nicht völlig ohne Abstraktion, denn Begriffe wie Fremder, Tier, Pflanze, Lagerplatz oder Mutter beziehen sich ja nicht auf ganz bestimmte Personen oder Objekte. In der Sprache der Steigerungslogik herrscht jedoch ein viel höherer Abstraktionsgrad. Konsumbedürfnisse, Bruttosozialprodukt, Armutsgrenze, Stückkosten, Einkommen, Falsifikation, Preis-Leistungs-Verhältnis, Trend, Programmvielfalt, Aktualität – solche Begriffe haben eine größere Reichweite und sind anders aus vergangenen Erfahrungen herausdestilliert als die Begriffe der Nomaden; sie erlauben Orientierung selbst in solchen Umwelten, für die die Begriffe gar nicht gedacht waren. Man kann sie nicht nur in die ewig neuen Zeiten der Moderne mitnehmen, sondern auch in fremde kulturelle Räume, in denen bisher ein anderes Spiel vorherrschte. Sehr wohl lässt sich eine nomadische Kultur steigerungslogisch beurteilen, während die Moderne im Begriffssystem von Nomaden nur durch die Kategorie des Fremdartigen darstellbar ist.

Der Übergang von verankerten zu schwebenden Wiederholungen erzeugt eine komplexe Welt – und befähigt gleichzeitig dazu, mit ihr umzugehen. Als die Spanier Anfang des sechzehnten Jahrhunderts in Amerika auftauchten, erblickten die Ureinwohner Erscheinungen jenseits aller bisherigen Erfahrung: weiße Hautfarbe, Pferde, Feuerwaffen. Für das Einmalige sah die Kultur der Azteken nur noch metaphysische Deutungsmöglichkeiten vor, denen zufolge Montezuma denken musste, dass es sich um Götter handelte. Das abstrakte, schwebende Denken wird mit solchen Unregelmäßigkeiten besser fertig als das konkrete, verankerte. Ihrem Wesen nach rechnet Abstraktion ja bereits mit der Unregelmäßigkeit der Welt. Abstraktion ist als Denkoperation erst durch Diversität gerechtfertigt. Die Denkhaltung des Schwebens macht es möglich, mit jener Komplexität umzugehen, die die moderne Grundhaltung des Vorstoßes in unerforschte und riskante Regionen mit sich bringt. Gerade für das Unerforschte und Riskante ist steigerungslogisches Denken bestens gerüstet.

Ein konkret verankertes Wiederholungsrepertoire, das allen Ereigniskonstellationen in einem modernen Ambiente gerecht würde, überschreitet das Maß des Menschenmöglichen. Doch das schwebende Denken vermag sich damit zu arrangieren. Es ist stur, nimmt keine Rücksicht auf konkrete Begleitumstände und hält seine Routinen durch. Ein empirisch forschender Wissenschaftler, ein Unternehmensberater, ein Techniker, ein Berufseinsteiger am Anfang seiner Karriere, ein Arzt – sie alle sind im Prinzip immer orientiert, denn ihre professionellen Handlungsmuster sind hinreichend abstrakt gehalten, um auf jede Konstellation übertragen zu werden. Dies – die Übertragung vom Abstrakten ins Konkrete – ist die Kunstfertigkeit, die im schwebenden Denken an die Stelle der Kunst der Differenzierung und des Gedächtnisses im verankerten Denken tritt. Ist diese Kunstfertigkeit erst einmal kollektiv eingeübt, kann passieren, was will – das Spiel läuft.

Permanenter Wertvorsprung

Niemand wundert sich darüber, dass eine Kindergärtnerin nicht einmal über die Hälfte des Einkommens einer PR-Expertin verfügt. Im Gesundheitswesen werden hohe Beträge in neue Apparate, Medikamente, Diagnoseverfahren investiert, während wirksame Methoden wie Physiotherapie oder Ernährungsberatung, die fast ohne alles auskommen, nur am Rande des Medizinbetriebs angesiedelt sind. Die Unternehmen investieren in die Entwicklung neuer (gesteigerter) Produkte mehr als in die Qualitätssicherung der alten. Zwar wäre es unsinnig, hier das eine gegen das andere auszuspielen – nehmen wir an, man braucht Werbung, Medizintechnik und neue Produkte genauso wie Vorschulpädagogik, Physiotherapie und ausgereifte Produkte. Aber warum geht von der ersten Gruppe eine wesentlich stärkere Faszination aus als von der zweiten, warum kommt überwiegend die erste Gruppe in den Wirtschaftsmagazinen vor, warum mobilisiert sie mehr Geld?

Die Antwort der klassischen Ökonomie lautet: Weil die Wertpräferenzen der Menschen im Verhältnis zu knappen Gütern nun einmal die erste Gruppe über die zweite stellen. Aber diese Antwort ist immer noch die Frage. Wo alle bereit sind, etwas Gegebenes anzunehmen, nämlich Wertpräferenzen, wird es kulturwissenschaftlich erst interessant. Wenn es darum geht, Geldströme, Preisrelationen, Einkommensunterschiede zu verstehen, führt kein Weg am Nachempfinden vorbei: Was geht in Menschen vor, die diese Wertpräferenzen herstellen und akzeptieren?

Werbung, Medizintechnik und Produktentwicklung sind besonders steigerungsintensiv. Die Berufssphären einer Kindergärtnerin, einer Physiotherapeutin, eines traditionsbewussten Winzers dagegen sind es nicht. Zwar bekommen sie Geld für ihre Leistungen und werden in den Markt einbezogen, zu dem auch Werbung, Medizintechnik und Produktentwicklung gehören. Die Güter aber, die miteinander verrechnet werden, verdanken ihre Entstehung anderen Handlungslogiken. Kindergärtnerinnen, Physiotherapeutinnen und traditionsbewusste Winzer handeln tendenziell nach einer Logik der *Annäherung*. Ihnen geht es um abgeschlossene Wertideen, und nur in diesem Rahmen bemühen auch sie sich um Steigerungen. Vielleicht nimmt die Kindergärtnerin an einer Supervisionsgruppe teil, die Physiotherapeutin an einer Fortbildung, und der Winzer züchtet eine besonders gehaltvolle Traube. Aber keiner von ihnen stellt sich prinzipiell ins Unendliche führende Steigerungspfade vor. Sie orientieren sich an Idealvorstellungen, und wenn es ihnen gelingen sollte, ihre Ziele zu erreichen, werden sie alles tun, um an diesem Punkt zu *bleiben*. Das (vielleicht unerreichbare) Ideal gilt als Endpunkt, nicht als bloße Durchgangsstation, die man in absehbarer Zeit nach einem Steigerungssprung hinter sich lassen wird.

Stellen wir uns zwei Inseln vor, eine Steigerungsinsel und eine Annäherungsinsel. Sie unterscheiden sich durch die jeweils praktizierte Handlungslogik. Auf beiden Inseln gibt es einen Binnenmarkt. Auf der ersten funktioniert er nach dem Steigerungsspiel. Auf der zweiten Insel ist er als Annäherungsspiel organisiert: Eine Sozialwelt, die sich an einem stabilen Wertkosmos orientiert und in der alle gehandelten Güter mehr oder weniger gelungene Annäherungen an Ideale sind. Für weitgehende Annäherungen erzielt man einen besseren Preis als für solche, die auf halbem Weg stehengeblieben sind.

Angenommen, beide Sozialwelten starten mit demselben Bevölkerungsumfang zum selben Zeitpunkt. Bald wird sich der Unterschied der Handlungslogiken bemerkbar machen. Die erste Insel wird das Aussehen von Hongkong oder Singapur annehmen, auf der zweiten wird sich dagegen nach den Pionierjahren nicht mehr viel ändern. Nun beginnen die Inseln, miteinander Handel zu treiben. Die Steigerungsinsel überholt spielend einige der auf der Annäherungsinsel zunächst geltenden Produktideale, und dies so eindeutig, dass die entsprechenden Industrien auf der Annäherungsinsel restlos verschwinden. Aber womit können die Bewohner der Annäherungsinsel die Produkte der Steigerungsinsel kaufen, nachdem auf letzterer die Maxime gilt: »Verschenkt wird nichts«? Was haben sie zu bieten, womit gleichen sie ihre Handelsbilanz aus? In der Tat: Es bleiben ihnen Marktnischen, die der Steigerungslogik nicht zugänglich sind. Im Grunde gibt es sogar sehr viel zu tun, das Wort »Marktnische« ist eine unangemessene Verkleinerung. Es gibt nämlich eine große Anzahl von Gütern, die sich der Steigerungslogik verschließen. Hierzu zählen unter anderem auch die Produkte von Kindergärtnerinnen, Physiotherapeutinnen und traditionsbewussten Winzern.

Nun verhält es sich zwar keineswegs so, dass die Bewohner der Steigerungsinsel auf diese Produkte verzichten könnten, dennoch steigt das Einkommen der Bewohner der Annäherungsinsel wesentlich langsamer als das der Steigerungsinsel. Immerhin: Es steigt wenigstens überhaupt; die Produkte der Annäherungsinsel bleiben ja wegen des Verzichts auf Steigerungen relativ knapp, so dass man von den reichen Leuten der Steigerungsinsel immer mehr dafür verlangen kann. Die Volkswirtschaft der Steigerungsinsel ist jedoch aus drei Gründen im Vorteil.

Erstens profitieren ihre Bewohner von der abstrakten Faszination der Steigerung. Die ständigen Grenzverschiebungen des Möglichkeitsraums lassen sich immer als Sensation verkaufen, sie strahlen den sinnlichen Reiz ungewohnter neuer Annehmlichkeiten aus. Bis dieser Reiz verflogen ist, hat sich schon der nächste Steigerungssprung vorbereitet. Die immer wache, zum Habitus gewordene Neu-Gier der Mitspieler erzeugt einen Bonus.

Zweitens wirken Steigerungssprünge als solche objektiv wertbildend. Eine Rationalisierungsmaßnahme erlaubt Einsparungen wertvoller Arbeitskraft; die Installation von Möglichkeiten der Telekommunikation spart Zeit und Wege; die im neunzehnten Jahrhundert erfundene und seither verfeinerte Konservierung von Lebensmitteln verhindert Wertverfall und Vergiftungen; der Benzinsparmotor verbraucht im Vergleich zu früher einen Bruchteil an Treibstoff. Zwar ist unübersehbar, dass sich die Menschen schnell an objektive Wertsteigerungen gewöhnen, zwar werden die gesteigerten Produkte schnell billiger, zwar kann man immer weniger damit verdienen – aber das Steigerungsspiel geht ja immer weiter, die nächsten Steigerungssprünge mit ihrer anfänglich lukrativen Wertsteigerung blieben bisher noch nie aus.

Drittens gibt es eine spezielle Nachfrage nach Steigerungsergebnissen, wenn diese in *anderen* Kontexten und auf *anderen* Steigerungspfaden Steigerungssprünge erlauben. Um ein noch leistungsfähigeres Notebook auf den Markt zu bringen, braucht der Anbieter noch leistungsfähigere Mikrochips. Um eine Multimediafirma aufzubauen, braucht der Unternehmer speziell qualifizierte, »gesteigerte« Mitarbeiter auf dem neuesten Stand der Informationstechnologie. Um einen Teil der Herstellungskosten einzusparen, braucht eine Redaktion Hochleistungsrechner und entsprechende Software, mit denen der Seitenumbruch direkt am Bildschirm erstellt werden kann. Diese Eigenschaft, für die Steigerungen anderer Akteure in einem bestimmten wirtschaftsgeschichtlichen Moment besonders gut brauchbar oder gar unverzichtbar zu sein, geht den Annäherungsprodukten ab.

Aus diesen Gründen verdienen die Bewohner der Annäherungsinsel notorisch weniger als die der Steigerungsinsel. Die Kindergärtnerin, die Physiotherapeutin, der Winzer können eine noch so gute Arbeit leisten, gegen den Wertvorsprung von Steigerungserzeugnissen kommen sie nicht an. Um ihr Einkommen zu verbessern, haben sie nur zwei Möglichkeiten. Sie können zum einen auf die Steigerungsinsel auswandern und sich dort als Steigerungsspieler präsentieren: als »Kindergärtnerin für Karrierekids«, als »Wellness-Expertin für Erfolgreiche« und als »Erlebniswinzer«. Zum zweiten können sie versuchen, ihr spezielles Produkt zu monopolisieren und damit besondere Marktmacht zu gewinnen. Dies ist bei Annäherungsprodukten leichter möglich als bei Steigerungsprodukten. Warum? Weil Ideale und die Annäherung daran offen sind für situative Singularität und höchstpersönliche Prägungen – beides aber sind monopolisierbare Güter. Es muss nur gelingen, andere dafür zu interessieren. Der Winzer könnte beispielsweise mit der Einmaligkeit von Lage, Klima, Boden und mit geschichtlichen Bezügen werben, die Kindergärtnerin mit ihrem Charisma, die Physiotherapeutin mit ihren heilenden Händen.

Der Spezialisierungsbonus

Wer der Steigerungslogik folgt, stellt wenige Zwecke, oft auch nur einen, in den Mittelpunkt seines Denkens. Der Vorteil dabei liegt in der Konzentration der geistigen Fähigkeiten. Die Akteure werden zu Spezialisten für das Vorwärtskommen auf ganz bestimmten Steigerungspfaden; es gibt Fachleute für die Entdeckung von physikalischen, chemischen oder biologischen Strukturen, für die Perfektionierung von Apparaten, für die Erkundung von Absatzchancen, für die Maximierung von Einschaltquoten. Im Lauf der Zeit verästeln sich die Steigerungspfade mehr und mehr; die Spezialisierung wird immer feiner.

Die Produktivität einer Gemeinschaft von Spezialisten ist derjenigen einer Gemeinschaft von Generalisten weit überlegen. Generalisten müssen darauf bedacht sein, alle Fertigkeiten zu erwerben, die man braucht, um dem großen Spektrum von Zwecken in ihrem Lebensbereich gerecht zu werden. Spezialisten können sich dagegen auf wenige Zwecke konzentrieren, weil sie von allen anderen Zwecken entlastet sind. Was sie sonst noch brauchen, besorgen sie sich über den Markt. In der Gemeinschaft der Generalisten wird viel geistiges Potential für den Überblick mobilisiert; das Spektrum der Zwecke bleibt auf den Umfang begrenzt, den die Angehörigen der Gemeinschaft überblicken können. In der Gemeinschaft der Spezialisten dagegen können sich die Menschen auf die Steigerung jeweils einzelner Zwecke konzentrieren. Weil das Denken an einer Stelle entlastet wird, kann es an anderer Stelle um so effektiver sein. Zwar verschwindet damit das Ganze aus dem Blickfeld der meisten Akteure, aber der Erfolg scheint ihnen recht zu geben. Um das Ganze, so scheint es, braucht man sich nicht zu kümmern, es entsteht von allein.

Je weiter das Steigerungsspiel geht, desto umfangreicher und raffinierter wird sein technisches, wissenschaftliches und organisatorisches Arsenal, das es zum Angriff auf Territorien (geographischer oder sozialer Art) einsetzen kann, die noch unter der Herrschaft anderer Handlungslogiken stehen; desto wirksamer kann sich das Steigerungsspiel auch gegen Subversion schützen. Der amerikanische Evolutionsbiologe Jared Diamond rekonstruiert in seinem Buch *Arm und Reich* die Geschichte der Menschheit seit der Jungsteinzeit als Geschichte der Durchsetzung von Kulturen, die aufgrund ökologischer Bedingungen einen Könnensvorsprung vor anderen Kulturen haben. Im Steigerungsspiel erreicht der Könnensvorsprung aufgrund sozialer, technischer und kognitiver Bedingungen astronomische Ausmaße. Jeder Versuch, es zu bremsen, muss entweder von einer hoffnungslos unterlegenen Position aus starten und ist zum Scheitern verurteilt wie alle bisherigen Angriffe, oder der Angriff bedient sich der Mittel des Steigerungsspiels und wird dadurch von einem Angriff zu seiner Fortsetzung. Der Steinzeitkommunismus des Pol-Pot-Regimes hatte langfristig keine Chance; umgekehrt deutet alles darauf hin, dass sich der Unterschied zwischen China und der westlichen Welt um so mehr verringert, je mehr China seine Stärke und Unabhängigkeit auf das Arsenal des Steigerungsspiels gründet.

Positive Rückkoppelungen

Das Steigerungsspiel lässt sich als ein Vorgang betrachten, bei dem sich Input in Output verwandelt. Schon beim allerersten Steigerungsschritt in der Geschichte der Menschheit, dem Gebrauch von Werkzeugen in der Altsteinzeit, war dies so. Inputs waren dabei Rohstoffe, menschliche Energie und geistige Arbeit. Beim nächsten Steigerungsschritt, den Heinrich Popitz in seiner *Geschichte der Technik* mit dem Übergang zur Agrikultur vollzogen sieht, hatte sich das Spektrum der Inputs schon beträchtlich erweitert. Es gab mehr Werkzeuge, Bodenbearbeitung, Vorratswirtschaft. In jeder darauffolgenden Phase wuchs die Menge der Inputs, die man kombinieren konnte, um Steigerungen zu erzielen. Zählen wir das wachsende Wissen der Menschen ebenfalls zu den Inputs hinzu und vergegenwärtigen wir uns die das Vorstellungsvermögen übersteigende Menge von Produktionsanlagen, Gebäuden, Apparaten, Werkstoffen und die sonstigen Inputs für Steigerungen irgendwelcher Art, so erkennen wir eine positive Rückkoppelung: Das Steigerungsspiel erzeugt immer mehr Bedingungen seiner Fortsetzung: Transportmittel, Kommunikationsmittel, intelligente Maschinen, leicht verfügbare Energie und sonstige Ingredienzien weiterer Steigerungen.

Eine weitere positive Rückkoppelung liegt in der reflexiven Natur der Steigerungslogik. Steigern heißt: darüber nachdenken, wie man etwas besser machen kann. Schnell wird dieses Nachdenken »autologisch« und fasst sich selbst ins Auge. Wie kann man besser darüber nachdenken, wie man etwas besser machen kann? Reflexivität steigert sich zu doppelter Reflexivität. Das methodische Denken wird methodisch durchdacht. Steigerungsdenken bezieht die Leitvorstellung des Fortschritts im Können auch auf sich selbst. Sein enormer Erfolg, seine jahrhundertelange Dauer und seine scheinbare Unveränderbarkeit gründen auch auf der Systematisierung methodologischer Selbstreflexion.

Neben der positiven Rückkoppelung auf der Seite der Inputs gibt es auch eine auf der Seite der gewünschten Outputs. Je größer der Möglichkeitsraum wird und je mehr Möglichkeiten die Menschen tatsächlich realisieren, desto speziellere Bedürfnisse treten auf, die an den neu realisierten Möglichkeiten ansetzen. Sobald ein neues Plateau erreicht ist, beispielsweise mit der Verbreitung des Autos, des Fernsehens, des Telefons, der modernen Küchentechnik, des Computers, tauchen neue Wünsche auf, die ausschließlich mit dem Gebrauch des neuen Produkts zusammenhängen.

Ständig beginnen neue Steigerungspfade, deren Ziel kurze Zeit vorher noch gar nicht definierbar war, da die Konstruktion noch nicht existierte, die dieses Ziel erst möglich machte. Neu begonnene Steigerungspfade setzen an Bedürfnissen an, die aus alten Steigerungsergebnissen abgeleitet werden. Immer größer wird der Anteil spielimmanent erzeugter, auf bereits Erfundenes bezogener Steigerungspfade.

Wir sehen einen doppelten Lawineneffekt: auf der Input-Seite ausgelöst durch sich potenzierende Kombinationsmöglichkeiten und doppelte Reflexivität, auf der Output-Seite ausgelöst durch sich potenzierende Wünsche. Der immer wieder geäußerte Eindruck von Beschleunigung stimmt. So unmöglich es ist, den Gesamtprozess noch zu überschauen, so eindeutig erfährt man doch sein Vorwärtsdrängen: als Verkürzung von Zeitintervallen, als Diversifizierung von Angeboten, als Ausweitung von Anspruchskatalogen.

Unwiderstehlichkeit: Die Kraft des Eingespieltseins

Das neunzehnte Jahrhundert begeisterte sich an der offensichtlichen Nützlichkeit von Steigerungen aller Art – technisch, wissenschaftlich, wirtschaftlich, infrastrukturell, medizinisch, im Lebensstandard. In der Gegenwart jedoch stellen wir fest, dass die Anstrengung der Möglichkeitserweiterung auch dann mit aller Kraft weitergeht, wenn kaum noch jemand ihre Nützlichkeit einzusehen vermag, sofern überhaupt noch jemand darüber nachdenkt. Die Steigerungslogik entfacht einen Sog, der mit der kollektiven Orientierungssicherheit zu tun hat, die sie vermittelt. Sie verführt durch besonders günstige Bedingungen kognitiver Selbstorganisation. Je weiter das Steigerungsspiel voranschreitet, desto unwichtiger wird die Fortschrittskomponente und desto wichtiger die Orientierungsleistung als solche.

Orientierung soll nützlich sein, aber sie wird leicht zum Selbstzweck. Es gibt eine universelle Bereitschaft, sich in Orientierungsvorgaben einzuklinken, eine Faszinierbarkeit durch Imperative aller Art. Das Steigerungsspiel fesselt die Aufmerksamkeit wie ein komplexer Apparat; es ist in seiner Gesamtheit so bestimmend, wie es die einzelnen Apparate sind, die es hervorbringt. So hat etwa der Computer für viele Benutzer nicht bloß die Bedeutung eines Werkzeugs, mit dem man effizient eine große Zahl von Zwecken erreichen kann. Gewiss: Man rechnet, programmiert, sucht, spielt, surft, chattet, schreibt, konstruiert, bucht, bestellt, informiert sich. Aber zusätzlich zu all dem geschieht noch etwas anderes. Unabhängig vom jeweils verfolgten Zweck übt der Umgang mit dem Computer an sich eine Faszination aus. Oft verschwinden die Benutzer geradezu im Medium, tauchen ein, vergessen die Zeit, kümmern sich nicht um Essen und Trinken. Der Computer ist eine Maschine der Selbstvergessenheit durch Fokussierung.

Man muss sich ganz auf ihn einstellen. Besonders in der Anfangszeit waren die Systeme launisch und neigten zu Pannen; um alles wieder zum Laufen zu bringen, musste man viel Zeit investieren. Je schwieriger es war, je mehr man mit Benutzerhandbüchern, Intelligenz und Herumprobieren um den Erfolg kämpfen musste, desto mehr stellte sich bei vielen jener Nebenerfolg ein, der im Glück der Faszination am konzentrierten Tun selbst besteht. Man wurde zum Tüftler und Pfadfinder in einem hindernisreichen Gelände, von dem man jedoch wusste, dass es ein Durchkommen gab. Man bewegte sich tastend vorwärts und selbst im Augenblick größter Unklarheit war Orientierung möglich.

Mit der vereinfachten Benutzeroberfläche ging die Zeit der Hingabe an eine Sache, in deren Struktur man immer tiefer eindringen konnte, langsam zu Ende. Das übersichtliche Menü und die kinderleichte Befehlssprache bringen einen schnell an jeden gewünschten Ort, ohne dass der Weg selbst noch zu einem Abenteuer würde. Jetzt ist es das Internet, das die Benutzer herausfordert. An die Stelle der technischen Hindernisse sind die Bildschirminhalte getreten. Man kann immer weitermachen, jeder neue Bildschirminhalt führt zu zwanzig anderen, die ihrerseits wieder herausfordern und auf ihren Abruf warten. Nach wie vor zieht der Computer den Benutzer in potentiell unendliche Interaktionsketten hinein.

Von Schritt zu Schritt spürt man dabei die Erfahrung des Orientiertseins. Weiterzukommen heißt: Bescheid zu wissen in einem prinzipiell beherrschbar scheinenden System. Die Lust des Orientiertseins änderte im Verlauf der Technik- und Softwaregeschichte lediglich ihren Bezugsrahmen. Ging es zu Beginn um die Beherrschung des Geräts, geht es nun um die Beherrschung der Inhalte. Doch Beherrschen und Beherrschtwerden gehen Hand in Hand. Man wird zum Gesteuerten im Moment des Steuerns. Das Gerät gibt einem nur dann etwas, wenn man sich anpasst. Dabei entsteht das Gefühl des Orientiertseins.

Eine Anthropologie des Computers müsste von der Lust des Orientiertseins handeln. Diese Lust gehörte schon immer zur Geschichte der Apparate und Werkzeuge, sie war aber noch nie so offensichtlich wie im

Umgang mit diesem Gerät. Der Computer öffnet über nichts als winzige Impulse das Tor zur Welt in einem abgeschirmten privaten Ambiente; ein geschützter Raum, in dem es Regeln gibt, Strukturen definiert sind, Angebote bereitstehen, unendliche Fortsetzungs- und Kombinationsmöglichkeiten locken.

Das Steigerungsspiel ist komplexer als ein Computer, aber es ähnelt diesem darin, dass von ihm eine Einladung zum Orientiertsein ausgeht. Die Menschen nehmen die Orientierungsleistung des Steigerungsspiels an. Es versorgt sie mit Anweisungen. Es beantwortet die schwierigste aller Fragen – was soll ich tun? – mit Regeln. Wenn sich das Befolgen dieser Regeln schwierig gestaltet, dann um so besser, denn desto mehr hat man zu arbeiten, zu forschen, zu wühlen und zu bohren. Auf kollektiver Ebene setzt sich die Orientierungsleistung des Steigerungsspiels fort. Weltweit werden die Akteure füreinander berechenbar. Es genügt, wenn alle Beteiligten voneinander annehmen, dass sie der Steigerungslogik folgen werden, um sie füreinander anschlussfähig zu machen. Das Steigerungsspiel wirkt wie ein schwarzes Loch, das im Lauf der Zeit eine machtvolle Bewegung mit immer größerer Sogwirkung erzeugt.

Defizite sind Ressourcen

Das Risiko, dem ich mich als Autor des folgenden Abschnitts aussetze, steht mir als Plakat vor Augen: Es zeigt ein am Boden kauerndes, halbverhungertes Kind und darüber in großen Lettern den Text der Überschrift: Defizite sind Ressourcen. Eine ganze Serie von Plakaten ließe sich so gestalten; weitere Motive wären etwa Flüchtlingslager, ölverschmutzte Küsten, qualmende Müllberge, vertrocknete oder überschwemmte Flusslandschaften und sogar die tödlich getroffenen, rauchenden Twin-Towers in New York.

Das Deutungsmuster, an das diese fiktive Plakatserie appelliert, ist die Formel von der menschengemachten Katastrophe. Angeklagt sind: Wachstumswahn, Kapitalismus, Großkonzerne, Markt, Kommerz, Ökonomie als solche; der Westen, die Wohlstandsgesellschaft, überhaupt alle, die im Überfluss leben, also »wir«.

Um darzulegen, dass die Leitthese dieses Abschnitts – Defizite sind Ressourcen – weder zynisch noch naiv ist, scheint es notwendig, zunächst einmal eingefahrene Urteilsroutinen abzuschütteln und das Recht auf Differenzierung zu beanspruchen.

Meine Frage ist, ob das Steigerungsspiel in absehbarer Zeit zu Ende geht. Ich verneine diese Frage aus mehreren Gründen; der wichtigste davon ist die soeben angeführte These. Wenn man sie böswillig liest, nimmt sie das Unglück billigend in Kauf, wenn sie es nicht sogar propagiert. Aber dies wäre ein Missverständnis. Es geht an dieser Stelle nicht um eine Wertung, sondern um die Beschreibung einer Handlungslogik. Etwas ausführlicher formuliert lautet die These: Aus der Perspektive der Steigerungslogik zählen Defizite zu den Voraussetzungen, die man braucht, um sie zu praktizieren. Dieser Satz fordert zwar nicht zur Bekämpfung des Unglücks auf, doch auch nicht zu seiner Billigung. Und schon gar nicht leugnet er es; im Gegenteil beschäftigt er sich mit seinen sozialen Konsequenzen. Er lässt sich auch so fassen: Probleme sind die Voraussetzung für die Kontinuität einer sozialen Ordnung zur Lösung von Problemen.

An dieser Stelle, so ließe sich einwenden, fließt eben doch eine Wertung ein. Wird hier nicht der Bock zum Gärtner erklärt? Das Steigerungsspiel erscheint als Retter – doch erinnert es nicht an den Feuerwehrmann, der Brände legt, um sie dann heroisch zu bekämpfen? Dieses Bild übertreibt zwar, denn es gibt keine Weltverschwörung absichtlicher Problemerzeugung, um im Anschluss steigerungslogisch agieren zu können. Richtig an dem Vergleich ist jedoch, dass das Steigerungsspiel unbeabsichtigte Nebenfolgen zeitigt, die wiederum den Einsatz der Steigerungslogik ermöglichen und herausfordern.

Ölkrise, Klimaveränderung, Tschernobyl, Aids, Massenarbeitslosigkeit, Terrorismus, Krise des Sozialstaats – all dies hat das Steigerungsspiel weder gestoppt noch eingegrenzt. Vielmehr verhält es sich gerade umgekehrt: Es setzt Grenzen voraus, um überhaupt praktizierbar zu sein. Wir stoßen hier auf ein Prinzip von genialer Einfachheit. Es macht das Wesen der Steigerungslogik aus, Defizite als Ressourcen zu interpretieren. Nur wenn man etwas nicht hat oder nicht kann, ist es möglich, das Steigerungsspiel fortzuführen. Wenn aber Defizite handlungslogische Ressourcen sind, ist ein Ende vorerst unwahrscheinlich.

Dem Alltagsverständnis nach bedeuten Grenzen das Ende der Fortbewegung. Im Steigerungsspiel bedeuten sie dagegen die Bedingung der Fortbewegung. Diese Umdeutung des Negativen ins Positive ist dort besonders wichtig, wo Grenzen in Sicht kommen, die das Steigerungsspiel selbst erzeugt. Dazu gehören beispielsweise Risiken.

Dass Steigerung riskant ist, gibt schon seit dem neunzehnten Jahrhundert Anlass zu Risikodiskursen. Gebremst wurde das Steigerungsspiel dadurch allerdings noch nie. Das jüngste Beispiel ist die Gentechnologie. Mit leichtem Kopfschütteln sieht die Menschheit sich selbst beim Sturm auf diesen Möglichkeitsraum zu. Nichts von dem, was sich als machbar herausstellt, unterbleibt etwa aus Risikoscheu. Es genügt, wenn es gewährleistet scheint, dass das angestrebte Steigerungsergebnis im Steigerungsspiel anschlussfähig sein wird. Eventuelle Gefahren bremsen nicht, sie heizen das Steigerungsspiel nur zusätzlich an. Eigene Steigerungspfade der Präventivtechnologie entstehen. Alles Neue, das im Lauf der Steigerungsgeschichte entsteht, verlangt den Menschen den Mut ab, etwas noch nicht sicher Gekonntes trotzdem zu tun, und setzt die Bereitschaft voraus, aus Unfällen und Pannen zu lernen. Erst allmählich bildet sich Orientierung heraus, riskante Ungewissheit verwandelt sich in die Beherrschung des Neuen, bis an dessen Stelle etwas noch Neueres tritt, das neue Ungewissheit nach sich zieht. Risikoprävention, Risikoeintritt, Folgenbeseitigung und kollektives Sicherheitslernen werden mit den Mitteln des Steigerungsspiels selbst bearbeitet. Risiken gelten keineswegs als Grund, an irgendeiner Stelle stehenzubleiben, sie gehören selbstverständlich dazu. Tenor aller Kommentare nach dem Zugunglück bei Eschede 1998 mit über hundert Todesopfern war bei aller Betroffenheit die Bereitschaft, Risiken hinzunehmen. »Das kann passieren«, war die Botschaft. Der Rest war routinierte Orientierungsverbesserung. Mit aller Verve ging man daran, eine nun offenbar gewordene Schwachstelle in Hochgeschwindigkeitszügen zu beseitigen. Störfälle lösen eine Risikoroutine aus, die darin besteht, eine zunächst unerkannte Unsicherheit auf den Begriff zu bringen und technisch oder organisatorisch darauf zu reagieren.

Mit dem Beispiel Risiko möchte ich nichts verharmlosen oder beschönigen. Auch der Diskurs, ob das Glas halbleer oder halbvoll ist, kann unterbleiben, weil er an der Eigendynamik des Steigerungsspiels nichts ändert. Diese Eigendynamik möchte ich beschreiben. Sie erzeugt Probleme, aber sie löst sie auch und setzt sich dadurch fort.

Je weiter die Globalisierung des Steigerungsspiels voranschreitet, desto deutlicher tritt allerdings eine Ausnahme von der Regel hervor: Es entstehen Problemzonen, in denen das Steigerungsspiel nicht oder nur in Teilbereichen funktioniert und deren Sozialgefüge nicht anschlussfähig sind – soziales Ödland, dominiert von Warlords, Fanatikern und Soldateska. In den verfallenden öffentlichen Gebäuden grasen Kühe, die öffentliche Ordnung ist zusammengebrochen, und die Gesellschaft ist in den

»Naturzustand« zurückgefallen, den Thomas Hobbes einst als Kampf aller gegen alle beschrieben hat.

Das Steigerungsspiel fließt an den Zonen sozialer Desertifikationen vorbei, weil es dort kein ausreichend dicht geknüpftes Netz von Akteuren gibt, die seiner Logik gewachsen sind. Vor allem im gegenwärtigen Diskurs über Afrika zeigt sich nun eine normative Ambivalenz: Selten oder gar nicht kommt die Mitverantwortung der betroffenen Staaten für die desolate Situation zur Sprache. Stattdessen wird *der* Kapitalismus für alles Übel verantwortlich gemacht und gleichzeitig dringend vermisst; der Täter soll auch der Retter sein, denn Hilfe wird ständig gebraucht. Schuld an dieser Ambivalenz ist vor allem jene unzureichende Differenzierung, die zur Tradition der Kapitalismuskritik gehört. Die Kritik dieser Kritik, wie ich sie weiter oben skizziert habe, richtet sich unter anderem dagegen, dass die Perversionen des Steigerungsspiels mit diesem selbst gleichgesetzt werden. Wenn ein Weltkonzern mit einem lokalen Despoten Geschäfte macht oder durch Raubbau an der Natur die Lebensgrundlagen der ortsansässigen Bevölkerung zerstört, gehört das nicht in denselben Topf wie die Liberalisierung des Handels, die dringend benötigte Schaffung mittelständischer Strukturen, die Stärkung regionaler Märkte oder der Aufbau einer funktionierenden institutionellen Ordnung.

Inkompetenz, Dummheit, Destruktivität können das Steigerungsspiel zum Stocken bringen oder gar Zonen der Verödung entstehen lassen. Auch dort, wo das Netz anschlussfähiger Akteure ausreichend dicht geknüpft ist und der Wille zur Fortsetzung besteht, kann es zu langen Phasen der Ratlosigkeit kommen, die aber, wie die Geschichte lehrt, auch zu einer Intensivierung steigerungslogischen Denkens führen und zu immer wieder neuen Anläufen, mit Versuch und Irrtum aus der jeweiligen Krise herauszufinden.

Dass dies in der Vergangenheit so war, ist zwar kein Beweis dafür, dass es in Zukunft auch so sein werde, doch wer ein Ende behauptet, muss gute Gründe dafür haben. Solange die nicht formuliert sind, scheint mir die Fortsetzungsvermutung wahrscheinlicher, nicht nur wegen der im wesentlichen linearen Entwicklung der vergangenen zweihundert Jahre, sondern auch wegen des Problemlösungsvermögens des Steigerungsspiels. Um dies zu untermauern, betrachte ich in den folgenden Abschnitten drei weitere immer wieder genannte Bedrohungen, die viele als Anfang vom Ende ansehen: Umweltzerstörung, Überkomplexität und soziale Spaltung.

Viele Beiträge zur Ökologiedebatte seit dem Erscheinen von Dennis Meadows' *Grenzen des Wachstums* im Jahr 1972 wurden der Komplexität und Flexibilität des Steigerungsspiels nicht gerecht. Immer wieder betrachteten Zeitkritiker die Vorräte an fossiler Energie und Rohstoffen als etwas Ähnliches wie das Geld von Konsumenten. Und immer wieder folgerten sie: Die Menschheit kann sich Steigerungen einkaufen, solange der Vorrat reicht, danach ist Schluss, sie hat ihr Kapital ausgegeben, die Grenzen des Wachstums sind erreicht.

Auf den ersten Blick erscheint es selbstverständlich, dass sich das Steigerungsspiel in absehbarer Zeit selbst das Wasser abgraben werde. Stellen wir uns ein Bergwerk vor. Mit immer rationelleren Abbaumethoden beutet der Bergwerksbesitzer seine Grube aus. Er setzt sich gegen seine Konkurrenten durch und verkauft zu sinkenden Preisen immer größere Mengen des abgebauten Materials. Eines Tages aber ist schlagartig Schluss. Der Grund ist simpel: Es gibt nichts mehr. Zumindest dieser spezielle Steigerungspfad ist nun an eine unüberwindliche materielle Schranke gestoßen.

Das Bild vom Bergwerk scheint das Verhältnis des Steigerungsspiels zur Umwelt gut zu beschreiben. Wir erleben das Steigerungsspiel als eine gewaltige Materialschlacht mit einem immer größeren Verbrauch an Rohstoffen, fossilen Energieträgern, Tierarten, Land, Luft, Wasser, Waldflächen. Immer wieder etwa entstehen internationale Auseinandersetzungen um Fischfangquoten. Während die Fangmethoden immer produktiver werden, gehen die Fischbestände der Weltmeere teilweise so stark zurück, dass der Zusammenbruch ganzer Populationen nur noch durch Beschränkungen zu erreichen ist. Der amerikanische Unternehmensberater und Publizist Paul Hawken zitiert in seinem Buch *Ökokapitalismus* eine Berechnung, der zufolge nicht weniger als vierzig Prozent der jährlich auf der Erde entstehenden Biomasse direkt oder indirekt von den Menschen verbraucht werden. Das Gewicht aller auf der Welt lebenden Menschen übersteigt inzwischen das Gewicht aller übrigen auf der Welt lebenden Säugetiere. Viele Experten halten eine Welternährungskrise in den nächsten Jahrzehnten für unausweichlich.

Dem Steigerungsspiel tut dies freilich keinen Abbruch. Mehr und mehr Entwicklungsländer wollen nun endlich in jene heiße, materialintensive Steigerungsphase eintreten, deren Annehmlichkeiten die Industrieländer schon so lange auskosten. Milliarden von Menschen, die sich nach dem Lebensstandard der Industrieländer gesehnt haben, werden unter keinen Umständen zu der Einsicht bereit sein, dass es doch für alle besser wäre, wenn sie auf Autos, Fernseher, Waschmaschinen und eine eiweißreiche Ernährung verzichteten.

Auch in den Industrieländern wird das Steigerungsspiel ständig materialintensiver. Es gibt immer mehr physische Produkte, immer kürzere Produktlebenszyklen, immer mehr Abfall, steigende Entropie. Zwar hat sich das Wachstum des Energieverbrauchs pro Kopf verlangsamt, doch beträgt der Verbrauch nach wie vor ein Vielfaches jener Menge, die ökologisch verträglich wäre.

Auf den ersten Blick scheint Meadows' These zwingend; sie bezieht ihre suggestive Kraft aus dem direkten Appell an den gesunden Menschenverstand. Man kann nur so lange aus einer Flasche trinken, bis sie leer ist; man findet nur so lange Gold, bis man am Ende der Goldader angelangt ist; man kann mit einem Auto nur so weit fahren, wie der Benzinvorrat reicht. Doch diese Metaphern gehen an der Wirklichkeit des Steigerungsspiels vorbei. Zwar ist nicht zu bezweifeln, dass etwa die Vorräte an fossiler Energie endlich sind, doch an der Annahme, dass dies dann auch das Ende des Steigerungsspiels bedeuten würde, bestehen soziologische Zweifel. Wir haben es mit einer kollektiv eingespielten, die ganze Welt umspannenden Handlungslogik zu tun, die abstrakt genug ist, um sich von einzelnen Rohstoffen wie Erdöl zu emanzipieren. Schon jetzt bewegt sich das Steigerungsspiel auf vielen Pfaden vorwärts, wo der Energieverbrauch so klein ist, dass man sich kaum noch Gedanken darüber zu machen braucht.

Warum ist das Steigerungsspiel nicht überall dort zusammengebrochen, wo Grund und Boden nicht ausreichen? Weil es im Geist seiner Handlungslogik liegt, den Mangel an Inputs zum Ausgang neuer Steigerungspfade zu machen. Als in den Städten der Platz knapp wurde, begann man, Grund und Boden zu multiplizieren, indem man höher und höher baute. Wolkenkratzer sind das Symbol einer Handlungslogik, die durch Grenzen nicht erstickt, sondern stimuliert wird. Grenzen sind ja gerade das Thema der Steigerungslogik. In einem völlig entgrenzten Möglichkeitsraum bliebe nichts mehr zu tun übrig, das Steigerungsspiel könnte sich in keiner Weise organisieren.

Zunächst wirkt eine Beschränkung als Hindernis, dann aber wird sie zum Hauptthema des Spiels umgedeutet; was es aufzuhalten droht, bringt es letztlich voran. Einerseits benötigt das Steigerungsspiel für seinen Fortgang materielle Ressourcen: Energie, Rohstoffe, Transportmittel, Produktionsanlagen, vorfabrizierte Teile, Kommunikationsnetze, schließlich auch Umweltbedingungen, unter denen Menschen existieren können. Fehlt es daran, kommt es zu einer Verminderung der Steigerung. Man kann weniger produzieren, transportieren, Infrastrukturen bereitstellen, forschen, entwickeln, Menschen beschäftigen, als man ohne den Mangel könnte. Es kann Fabrikstillegungen und Entlassungen geben. Die Wachstumsrate geht zurück. Die Energiepreise steigen und damit die Preise vieler weiterer Produkte. Manchmal potenziert sich die verlangsamende Wirkung eines Mangels, wie dies bei der Ölkrise Anfang der siebziger Jahre der Fall war. Doch nach einer Phase der Anpassung beginnt der Mangel belebend zu wirken. Er aktiviert das steigerungslogische Denken. Knappheit erzeugt Orientierungsressourcen in Form klarer Zieldefinitionen. Nichts lohnt sich so sehr wie die Überlegung, wie man einen von vielen stark empfundenen Mangel beheben könnte, etwa durch verbesserte Produktionsmethoden oder durch effizientere Bewirtschaftung des knappen Gutes. Mangel eröffnet neue Steigerungspfade; er provoziert die Menschen zur Erarbeitung neuen Steigerungswissens.

So gab es in der zweiten Hälfte des neunzehnten Jahrhunderts eine Explosion von Steigerungswissen für die Herstellung und Konservierung von Nahrungsmitteln. Landwirtschaftstechnik, Anbaumethoden, Konservierungsverfahren, Logistik – überall taten sich neue Steigerungspfade auf. Der Mangel an Nahrungsmitteln, bis dahin ein begrenzender Faktor des Steigerungsspiels, war zur Orientierungsressource für den Aufbau von Steigerungswissen geworden. Schließlich kam es zu einem anhaltenden Überfluss von Nahrungsmitteln. Zu Beginn des einundzwanzigsten Jahrhunderts könnte sich dies mit Hilfe der Gentechnologie wiederholen. Ein anderes Beispiel ist die sich abzeichnende Energieknappheit. Diese hat das Steigerungsspiel inzwischen bereits in zweifacher Weise als kognitive Ressource interpretiert: als Anstoß zur Erschließung neuer Energieformen und als Herausforderung zur Erhöhung des Ausnutzungsgrads vorhandener Energie.

Allgemein gilt: Die Denkanstöße, die der Mangel gibt, führen im Steigerungsspiel zu zwei Arten von Entdeckungen und Erfindungen: zu solchen, die den Mangel durch Mehrproduktion bekämpfen, und zu solchen, die ihn durch Sparen bekämpfen. Auch Sparen ist eine Form der Steigerung; hierbei wird die Effizienz bei der Ausnutzung des knappen

Gutes als Steigerungsskala definiert. Mangel kann das Steigerungsspiel zwar kurzfristig blockieren, mittelfristig jedoch bewirkt er seine eigene Beseitigung und oft auch eine weit darüber hinausgehende Belebung.

Die These von den Grenzen des Wachstums ist insofern zweifelhaft, als es im Wesen des Steigerungsspiels liegt, Grenzen zu überschreiten. Sie werden logisch vorausgesetzt; sie sind der Anfang, nicht das Ende. Mülltrennung, Energiesparen, Tempolimit, Filteranlagen, Katalysatoren, ökologische Steuern – überall regiert dieselbe Hintergrundüberlegung: nicht etwa des Stehenbleibens an den Grenzen des Wachstums, sondern der listenreichen Überwindung.

Es geht bei der Umweltkrise aber nicht nur um Sparen und Ressourcenproduktivität, es geht immer mehr auch um das schöne Leben. Und wieder wirkt derselbe Mechanismus: ästhetische Beeinträchtigungen und gesundheitliche Risiken bremsen das Steigerungsspiel nicht, sie geben ihm neue Impulse. Die Freiheit von Umweltbelastungen wird zum Wert an sich. Sie wird zu einem Bedürfnis wie das Essen, Trinken oder Schlafen. Der Vernunftappell der Ökologiebewegung hat tatsächlich Wirkung gezeigt, weil es sich um eine Form von Vernunft handelt, die einem unmittelbar selbst zugute kommt. Auch hier entstanden neue Steigerungspfade, etwa der des biologischen Landbaus und der vollwertigen Ernährung, die zunächst in kleinen Läden, dann in immer größeren Märkten und schließlich in Ketten von Märkten steigerungsgerecht vermarktet werden.

Beispiel Überkomplexität

Seit es Supermärkte gibt, hat die Anzahl der in ihnen angebotenen verschiedenen Produkte ständig zugenommen; gegenwärtig liegt sie bei 50 000 bis 80 000 Artikeln. Seit wir Radio und Fernsehen haben, steigen die Wahlmöglichkeiten zwischen verschiedenen Programmen; das Internet öffnet die Perspektive auf einen unendlichen Horizont. Ungebrochen ist der langfristige Trend zur immer größeren Spezialisierung der Arbeit, auf die schon Adam Smith, Karl Marx und Emile Durkheim hinwiesen. Die Menge der wissenschaftlichen Publikationen verdoppelt sich in immer kürzeren Zeitabständen, und trotz aller Aufrufe zur Interdisziplinarität geht die Spezialisierung der Wissenschaften ständig weiter. Die Apparate, mit denen wir uns im Alltagsleben umgeben, können mehr und mehr, so dass wir ihre Funktionen schon lange nicht mehr ausschöpfen.

Wohin man auch blickt, die Welt wird unübersichtlicher. Es gibt keine Erweiterung des Möglichkeitsraums ohne Zunahme der Komplexität. Führt dies zum Ende des Steigerungsspiels? Auch hier haben wir es mit einem Tatbestand zu tun, der sich durch das Praktizieren des Spiels in voraussehbarer Weise verändert. Als Metapher eignet sich der Turmbau zu Babel: Die Akteure sind nicht mehr aneinander anschlussfähig, weil sie nicht mehr überschauen, was sie einander zu bieten haben. Eine weitere Steigerung von Wahlmöglichkeiten wird zur Farce, weil sich niemand mehr das Spektrum des Wählbaren vergegenwärtigen kann. Neues Wissen wird nicht mehr verwertet, sondern vergessen, sofern es überhaupt noch jemand wahrnimmt. Am Schluss breitet sich eine Sehnsucht nach Einfachheit aus; die Faszination des Mehrkönnens wird durch den Zauber des Dableibens verdrängt. Das Steigerungsspiel ist am Ende, weil sich die Menschen der damit verbundenen Überforderung verweigern.

Das stärkste Argument gegen diese Grenzvision besteht in dem Umstand, dass sie nicht schon längst Wirklichkeit wurde. Denn bereits seit Generationen ist die systematisch durch das Steigerungsspiel verursachte Unübersichtlichkeit nichts Neues mehr, vielmehr gehört sie zur normalen Grunderfahrung der Menschen in der Moderne. Handlungslogisch gesehen macht es keinen Unterschied, ob die Fähigkeit, Informationen zu verarbeiten, tausendfach oder zehntausendfach überfordert wird. Es hätte doch wenigstens einmal eine Überkomplexitätskrise geben müssen, ein erstes Krachen der aus den Fugen geratenden Sozialwelt. Doch das Gegenteil ist der Fall. Persönliche Krisen, Anflüge von Verzweiflung wegen des Gefühls, die Welt nicht mehr zu verstehen, mag es geben, doch das Steigerungsspiel bleibt davon unberührt.

Wie ist dies möglich? Erneut stoßen wir auf den ingeniösen Trick der Steigerungslogik, Mangelzustände als Ressourcen zu deuten. Gerade das Nichtkönnen ist Voraussetzung dafür, dass die Steigerungslogik funktioniert. Und umgekehrt: Wenn man alles kann, kann man zumindest eines nicht mehr, nämlich steigern. Unübersichtlichkeit bedroht deshalb das Steigerungsspiel keineswegs mit dem informatorischen Erstickungstod, vielmehr bietet sie ihm zusätzliche Ansatzpunkte. Der überraschende Befund lautet: Die Komplexitätszunahme im Steigerungsspiel ist eine selbsterzeugte Ressource seiner Fortsetzung. Dass angesichts zunehmender Komplexität viele Akteure den objektiv gegebenen Möglichkeitsraum nicht optimal nutzen, heißt ja gerade, dass sich neue Steigerungspfade eröffnen lassen. Der notorisch suboptimale Gebrauch des Möglichkeitsraums schafft Gelegenheiten, das Steigerungsspiel ständig weiterzutreiben. Es ist, als würden alle nach Leibeskräften versuchen, sich auf einer Rolltreppe entgegen der Laufrichtung fortzubewegen – man kommt niemals an ein Ende. Dies nimmt viele Formen an: Beratungsangebote, Informationssendungen, Freizeitkurse, Ratgeberliteratur, Schnupperwochenenden, Motivationstage, künstliche Verknappung des Produktangebots, Steigerung durch Vereinfachung und Reduktion auf das Wesentliche. Dass es dabei zu Kollektivirrtümern kommt, zu massenhaft verschenkten, vergessenen, übersehenen und schließlich vernichteten Möglichkeiten, dass Vertrauen immer mehr an die Stelle objektiver Überprüfung treten muss, dass Steigerungssuggestionen oftmals tatsächliche Steigerung verhindern – all dies ist aus steigerungslogischer Sicht gerade deshalb kein Problem, weil es neue Probleme erzeugt und die perfekte Welt verhindert.

Allgemein lässt sich ein Muster mit vier Standardphasen erkennen: Zuerst vollzieht sich ein Steigerungsschub; dann setzt im zweiten Schritt zögernd und tastend die Nutzung des neu gewonnenen Möglichkeitsraums ein; im dritten Stadium entwickelt sich ein Gefühl für die Suboptimalität der Nutzung durch Überkomplexität; viertens kommen Steigerungen zweiten Grades auf den Markt, die es ermöglichen sollen, mit der Steigerung ersten Grades besser umzugehen. Das jüngste Beispiel für diese Abfolge ist das Internet. Seine Komplexität hat nicht zu seinem Zusammenbruch geführt, sondern zur Entstehung von Suchmaschinen, von Metasuchmaschinen, von Spezialzeitschriften, von neuen Berufen, von Online-Diensten, von Benutzeroberflächen und Menüs, mit denen selbst noch so laienhafte Benutzer fertig werden. Überkomplexität bedeutet Mangel an Übersicht. Mit einem Mangel jedoch befinden wir uns immer am Anfang eines neuen Steigerungspfades, nie an seinem Ende. Mit Überkomplexität beginnt der Weg in eine raffinierte, auf den Bedürfnishorizont des Subjekts bezogene Vereinfachung der Welt.

Beispiel Ungleichheit

Dass nicht alle Menschen in gleichem Ausmaß über den Möglichkeitsraum verfügen können, den das Steigerungsspiel hervorbringt, gehört als immer wieder erörtertes Thema unmittelbar zu seiner Geschichte dazu. Es gab immer mehr zu verteilen, aber von Anfang an war die Verteilung ungleich. Denen, die viel bekamen, konnte dies nur recht sein; deshalb waren es immer die Ärmeren beziehungsweise ihre politischen und intellektuellen Fürsprecher, die Ungleichheitsdiskurse vorantrieben und politische Gegenmaßnahmen initiierten. Gegenwärtige Diskussionen, etwa über die Zukunft des Sozialstaats oder die Auswirkungen der Globalisierung, knüpfen an eine lange Tradition anteilnehmender Empörung an, zu der unter anderem die Pauperismusdebatte des neunzehnten Jahrhunderts gehört, die Arbeiterbewegung, der Kampf um die Sozialgesetzgebung oder die Debatte um Chancengleichheit in der zweiten Hälfte des zwanzigsten Jahrhunderts.

Seit dem Erscheinen von Thorstein Veblens *Theorie der feinen Leute* im Jahr 1900 begleitet die Soziologie diese Diskurstradition durch die Beschreibung des jeweils geltenden Symbolsystems sozialer Distinktion. Pierre Bourdieu, dessen Buch *Die feinen Unterschiede* zu einem soziologischen Bestseller der achtziger Jahre wurde, verkörperte die soziologische Parteinahme für den Underdog wie kaum ein anderer. Ganz anders als etwa Ulrich Beck, der von vielen Soziologen dafür kritisiert wurde, dass er den Wandel sozialer Ungleichheit mit der Bewegung eines Fahrstuhls nach oben verglich. Diesem Bild zufolge bleiben Ungleichheiten immer bestehen oder vergrößern sich sogar noch; trotzdem verbessert sich die Situation von allen.

Das Bild vom Fahrstuhl hat den Vorteil, über den Verteilungskampf hinauszuweisen. Es zeigt, dass es auf zwei Aspekte ankommt: auf die Rangverhältnisse innerhalb des Fahrstuhls und darauf, ob er sich nach oben bewegt. Verteilungsdiskussionen sind ebenso legitim wie Diskussionen darüber, unter welchen Umständen es etwas zu verteilen gibt und unter welchen Umständen nicht.

Einerseits ist das Steigerungsspiel ohne Ungleichheit nicht vorstellbar. Warum sollte ein Akteur – sei es ein einzelner, ein Unternehmen, ein Staat – mitmachen, wenn er nicht hoffen kann, dass sich seine Mühe auszahlt? Mit dem Ertrag seiner Anstrengung verbessert er jedoch auch seine Startposition für die nächste Episode. Der erfolgreiche einzelne kann sich bessere Arbeitsbedingungen schaffen, Dienstleistungen finanzieren, weitere Qualifikationen erwerben; das erfolgreiche Unternehmen kann investieren, rationalisieren, die besten Köpfe einstellen, Werbung finanzieren, Preise gestalten; die erfolgreiche Nation gewinnt mehr Einfluss auf andere Nationen und kann dies ökonomisch nutzen.

Andererseits führt extreme Ungleichheit dazu, dass Mitspieler ausfallen. Eine Unternehmerlobby, der es gelingen würde, die Einkommen aller

Arbeitnehmer auf das Existenzminimum zu drücken, würde sich selbst das Wasser abgraben. Deshalb reagiert die Börse so sensibel auf Berichte über die private Nachfrage. Aus demselben Grund sind wohlhabende Nationen an der Prosperität anderer Nationen interessiert, auch auf die Gefahr hin, dass sie sich damit starke Konkurrenten heranzüchten. Die Weltwirtschaftskrise der dreißiger Jahre war eine Krise des Steigerungsspiels, die durch den Ausfall von vielen Millionen Akteuren entstand. Seit damals denkt man darüber nach, mit welchen Maßnahmen sich Ungleichheit auf ein steigerungslogisch verträgliches Niveau begrenzen lässt. Ein Beispiel dafür ist der damals entstandene Vorschlag des englischen Wirtschaftstheoretikers John Maynard Keynes, durch staatliche Ausgabenpolitik auch unter Inkaufnahme vorübergehender höherer Staatsverschuldung einen Verfall von Massenkaufkraft zu verhindern.

Die Ambivalenz von Verteilungskämpfen ist seit langem allen Beobachtern klar, die nicht einfach Partei für die eine oder andere Seite ergreifen, sondern den gesamten Spielzusammenhang im Auge haben. Der Weg des Steigerungsspiels entpuppt sich bei dieser Betrachtungsweise als eine Gratwanderung zwischen zuviel und zuwenig Ungleichheit. Auf der einen Seite droht die Störung des Spiels durch das massenhafte Ausscheiden von Mitspielern, auf der anderen Seite seine Störung durch eine zu weit gehende Entkopplung von Leistung und Teilhabe am Möglichkeitsraum.

Fast alle wirtschaftspolitischen Diskussionen der Gegenwart, ob sie nun als neoliberal oder als globalisierungskritisch etikettiert werden, lassen sich als Diskurse über diese Gratwanderung verstehen, wobei das Ziel der Steigerung allen gemeinsam ist. Es geht nicht um das Ob, sondern immer nur um das Wie. Auch sogenannte antikapitalistische Beiträge, etwa gegen einseitige Shareholder-Value-Orientierung, gegen ausufernde globale Finanzspekulation oder gegen Korruption, transportieren dasselbe Anliegen wie ihre Gegenstimmen – welcher Steigerungspfad zwischen zwei Extremen ist der beste?

Die Frage ist, wie bei den schon untersuchten Beispielen von Umwelt und Überkomplexität, ob das Steigerungsspiel Probleme erzeugen kann, die seine weitere Fortsetzung verhindern. Ist es nicht geradezu unvermeidlich, dass das labile Gleichgewicht zusammenbricht, sei es deshalb, weil die Anspruchsteller überhandnehmen und Leistung sich nicht mehr lohnt, sei es deshalb, weil die in den günstigeren Positionen zu gierig werden und sich selbst schaden, weil sie alles für sich wollen?

In der Geschichte des Steigerungsspiels hat es viele Ausschläge nach der einen oder anderen Seite hin gegeben. Das Wesentliche daran ist jedoch, dass seine Geschichte immer weitergegangen ist. Der Pfad nach oben wurde immer gesucht, wenn auch mit vielen Verzögerungen und Umwegen. Nun lässt sich zwar aus dieser historischen Erfahrung nicht ableiten, dass es immer so bleiben wird, trotzdem spricht einiges dafür, vor allem die oben erläuterte These, dass die Steigerungslogik Defizite als Ressourcen interpretiert. Die historische Kontinuität des Steigerungsspiels wird weder durch zuviel noch durch zuwenig Ungleichheit abgebrochen, weil sich jedesmal, wenn diese Gefahr wächst, Gegenkräfte erheben.

Dahinter steht die kulturell gewachsene Bereitschaft von Akteuren, ihre Situation rational zu durchdenken und letztlich lieber Konzessionen zu machen, als den Spielzusammenhang zu zerstören. Wegen des labilen Gleichgewichts schließen sich die Gegenkräfte nicht aus, sondern ergänzen sich. Angebotsorientierte oder nachfrageorientierte Wirtschaftspolitik, Regulierung oder Deregulierung, mehr oder weniger Staat, Betonung von Leistung oder Solidarität – diese und ähnliche Gegensätze wurden nicht umsonst zu nie erledigten Konfliktthemen. Noch hinter dem radikalsten Ausschließlichkeitsanspruch, der zur Rhetorik der öffentlichen Auseinandersetzung dazugehört, verbirgt sich der Konsens, dass man immer beides braucht.

Verknappung von Steigerungswissen

Warum ein Wandel des Wandels wahrscheinlich ist

Die Botschaft der vorangegangenen Überlegungen lautet: Ein Ende des Steigerungsspiels ist nicht in Sicht. Es läge in der Tradition der Auseinandersetzung über diese Frage, auf diesen Befund emotional zu reagieren: sei es mit Wut, Verzweiflung und Resignation der Gefangenen im »stahlharten Gehäuse der Hörigkeit«, so die berühmte Formulierung Max Webers (die nicht selbst als Gefühlsäußerung, sondern als Charakterisierung der emotionalen Kosten der Moderne zu verstehen ist); sei es mit einer Euphorie der Entgrenzung, die ihren vielleicht eigenartigsten Ausdruck bei jenen Menschen findet, die sich sofort nach ihrem Tod einfrieren lassen, weil sie auf ihre Wiedererweckung in einem Zeitalter grenzenloser medizinischer Möglichkeiten vertrauen. Es ist nicht einfach, sich von solchen Gefühlsreflexen frei zu machen und sich in aller Nüchternheit mit der Frage zu beschäftigen, ob denn etwas anderes geschehen könnte als das, was wir bereits kennen.

Aber widerspricht nicht bereits die Frage nach einem Wandel des Wandels dem Befund ungebrochener Fortsetzung des Steigerungsspiels, wie ich ihn im vorangegangenen Abschnitt erörtert habe? Ich will meine Antwort zunächst bildlich geben. Stellen wir uns eine kleine Stadt vor, die ganz von einem Familienclan beherrscht wird, bei dem alle Fäden zusammenlaufen. Der Clan ist größter Arbeitgeber, besetzt alle wichtigen politischen Positionen, bestimmt das Kulturleben, kümmert sich um karitative Belange. Eines Tages jedoch taucht ein Fremder auf, ein charismatischer Prediger, der mehr und mehr Menschen in seinen Bann zieht. Wir brauchen nicht einmal anzunehmen, dass der Prediger gegen den Clan agitiert, um zu der Feststellung zu gelangen, dass sich die Sozialwelt dieser Stadt gründlich ändern wird, wenn der Prediger bleibt. Nicht in Opposition zum Bestehenden zu gehen ist eine besonders subtile und wirksame Form der Opposition. Es genügt, dass sich in der Stadt ein zweites Zentrum etabliert, das zum Kristallisationskern von Gedanken, Symbolen, neuen Ritualen, Institutionen und Strömungen wird. Die Sozialwelt der Stadt wird darüber nicht zerbrechen, sie wird nur vielgestaltiger, komplexer, reicher an Alternativen, und zwar gerade dann, wenn beide Zentren nebeneinander existieren und es nicht zum offenen Konflikt kommt, bei dem schließlich doch wieder nur eine Monokultur übrigbliebe. Allgemein gesprochen: Es ist kein logischer Widerspruch, wenn man die Möglichkeit sozialen Wandels in Erwägung zieht, auch wenn bereits gegebene Strukturen erhalten bleiben.

Was für die Entstehung eines zweiten Zentrums spricht, ist zunächst nur eine allgemeine Überlegung: Wenn schon keine von außen kommende Macht dem Steigerungsspiel etwas entgegenzusetzen hat, so kann es doch sein, dass das Steigerungsspiel aus sich selbst heraus eine Gegenkraft erzeugt. Seine Fortsetzung wird gedanklich immer schwieriger. Um diese These auszuarbeiten, unterscheide ich im folgenden zwischen zwei Typen des Wissens: Universalwissen und Steigerungswissen. Ich werde darstellen, dass Steigerungswissen im Lauf der Zeit knapp wird, knapp werden muss, und zwar um so mehr, je weiter das Steigerungsspiel voranschreitet.

Zwar profitiert das Steigerungsspiel normalerweise von der Knappheit, aber es gibt eine Ausnahme: Knappheit nicht als eine Einschränkung von Möglichkeiten, sondern im Sinn fehlender Handlungsimpulse. Das einfachste Beispiel sind persönlich empfundene Probleme. Fallen sie auf einmal weg, nachdem man lange Zeit durch sie in Atem gehalten wurde, empfindet man neben einem Gefühl der Erleichterung auch eine gewisse Leere und Ratlosigkeit. Wie soll es nun weitergehen? Man ist es nicht gewöhnt, ohne den Druck von Vorgaben zu handeln. Es herrscht erst einmal Ideenknappheit; man steht vor dem paradox scheinenden Problem der Problemlosigkeit. Nicht, dass man nun nicht mehr existieren könnte, aber rein steigerungslogisch betrachtet, ist man in einer solchen Situation erst einmal mit seinem Latein am Ende.

Universalwissen und Steigerungswissen

Wie erreicht man auf Steigerungspfaden die jeweils nächste Stufe? Gewiss: durch Forschen, Rationalisieren, Umdenken – aber dies ist nicht die Antwort, sondern die Frage. Gesucht sind die Formen geistiger Selbstorganisation beim Vorstoß ins Neuland. Gesucht ist eine Vorstellung vom Voranschreiten der Ideen.

Die Steigerungslogik kombiniert Pragmatik und Phantasie. Deshalb reicht der übliche Wissensbegriff für das Steigerungsspiel nicht aus. Im folgenden kommt es darauf an, den hergebrachten Wissensbegriff zu erweitern. Es geht darum, die Orientierung auf das Neue im Steigerungsspiel als kognitives Phänomen zu erfassen. Darauf zielt der Begriff des Steigerungswissens. Im Gegensatz dazu steht das Universalwissen. Dieses ist im Steigerungsspiel allgegenwärtig, aber es ist nicht identisch mit dem Steigerungswissen

Universalwissen: Um einen neuen Impfstoff zu entwickeln, müssen sich Forscher einer großen Menge von universell einsetzbaren Denkmöglichkeiten bedienen, zum Beispiel der Statistik. Mit den Daten von Versuchsreihen wäre ohne Statistik nichts anzufangen. Forscher erfinden sie jedoch nicht jedesmal neu, sondern haben sich die Statistik im Rahmen ihrer Ausbildung als Denkmöglichkeit angeeignet. Darüber hinaus benötigen sie viele weitere kognitive Zutaten, um sich eine neue Orientierung zu erarbeiten, deren konkreter Niederschlag der neue Impfstoff sein wird. Von all diesen Denkmöglichkeiten können sie im Lauf ihres Forscherlebens immer wieder in wechselnden Zusammenhängen Gebrauch machen.

Manche dieser Denkmöglichkeiten ändern sich fast nicht mehr. Sie zählen zum stabilen geistigen Instrumentarium des Steigerungsspiels. Andere scheinen noch unausgereift und werden deshalb selbst zum Gegenstand der Steigerung durch andere Forscher, die sich die Erweiterung von Denkmöglichkeiten zum Ziel gesetzt haben. Man bedient sich der gegebenen Denkmöglichkeiten, solange keine besseren an ihre Stelle treten. Nicht durch Inanspruchnahme ändert sich das Arsenal, sondern nur durch kritisches Überdenken. Im Verhältnis zu Steigerungspfaden sind solche Denkmöglichkeiten niveauflexibel. Sie können sich in keiner Weise abnutzen, sooft man sie auch verwendet (was nicht heißt, dass sie sich nicht ändern können).

Steigerungswissen: Nur mit Universalwissen kommt man nicht weit. Man braucht auch Vorstellungen, die das bereits erreichte Niveau überschreiten. Solche Vorstellungen, die ich im folgenden als Steigerungswissen bezeichne, verbrauchen sich in dem Maß, wie die Menschen mit ihrer Hilfe das Projekt der Steigerung fortsetzen. Universalwissen ist niveauflexibel, Steigerungswissen ist niveaubegrenzt. Wie ein Treibstoff ist es ständig neu zu beschaffen; es ist eine flüchtige Ressource. Universalwissen kann man immer wieder verwenden und wirft es erst dann über Bord, wenn besseres Wissen zur Verfügung steht. Niveaubegrenztes Wissen ist dagegen eine verderbliche Ware; mit seiner Verwendung wird auch schon sein Verfall eingeleitet. Steigerung verzehrt die kognitiven Voraussetzungen ihrer kollektiven Praktizierbarkeit, so dass ständig Nachschub zu beschaffen ist.

Abstrakt gesehen bleibt die Steigerungslogik zwar immer dieselbe, doch ihre Konkretisierung ändert sich von Schritt zu Schritt. Damit diese Konkretisierung möglich ist, muss die jeweilige Situation bestimmte Gedanken erlauben. Sinnvolle Denkbarkeit ist aber keine Selbstverständlichkeit; sie ändert sich von Situation zu Situation, und es kann durchaus Situationen geben, in denen Steigerung nicht mehr sinnvoll denkbar ist.

Angelangt auf einem neuen Niveau, zu dem man sich emporgesteigert hat, muss man wieder Ausschau nach neuem Steigerungswissen halten. Wie man Energie braucht, um Bewegung zu erzeugen, so braucht man im Steigerungsspiel Ideen der Fortsetzung; wie die Verfügbarkeit von Energie nicht immer und überall garantiert ist, so sind es auch nicht diese Ideen. Eine Untersuchung über das Zustandekommen von Ideen der Fortsetzung fördert vier allgemeine und zugleich niveaubegrenzte Handlungsmuster zutage: Entdeckung, Objektivierung, Perfektionierung, Erweiterung. Doch um diese Handlungsmuster überhaupt aufbauen zu können, braucht man eine Vorstellung davon.

Bevor man sein Ziel erreicht hat, kann man Perfektionierbarkeit, Erweiterbarkeit, Entdeckbarkeit und Objektivierbarkeit nur *vermuten*. Nur so ist Steigerung vorwegnehmend denkbar, nur so kann man über den Status quo hinausgelangen. Deshalb bezeichne ich die vier Typen von Spielraumvermutungen als Steigerungswissen. »Alles Wissen ist Vermutungswissen«, behauptete Karl Popper. Worauf es hier ankommt, ist die Umkehrung dieses Satzes: Alle Vermutungen sind Wissen. Ungesichert oder bestätigt – Vermutungen sind unentbehrlich, um zu handeln.

Wenn sich Steigerungswissen bewahrheitet, ist es schon nicht mehr wichtig. Die ihm vorausgegangenen Vermutungen haben sich zwar bestätigt, aber sie lassen sich nur noch auf die Vergangenheit und eine kurze Gegenwart beziehen. Für den Aufbau der nächsten Grenzverschiebung im Möglichkeitsraum benötigt man neue Vermutungen, die sich um einen noch nicht vollzogenen Steigerungsschritt drehen.

Selbst wenn nun der Vorrat an Steigerungswissen unerschöpflich sein sollte, ist doch anzunehmen, dass die jeweils gerade verfügbaren Ideen im Verhältnis zur Zahl der Akteure und zum Tempo der Steigerung immer knapper werden. Zunehmend wird deshalb das Steigerungsspiel durch Ungewissheit gebremst. In den folgenden Abschnitten werde ich die genannten vier Typen des Steigerungswissens untersuchen.

Perfektionierbarkeit.
Endliche Spielräume auf gegebenen Pfaden

Für einen Bergsteiger gibt es an jedem Punkt seines Aufstiegs zum Gipfel einen nächsten Schritt. Er geht immer weiter, bis er oben ist. Auch die Akteure im Steigerungsspiel gehen immer weiter, aber sie unterscheiden sich vom Bergsteiger darin, dass das Erreichen des Gipfels sie in Ratlosigkeit stürzt. Sie sind auf einen Weg eingerichtet, der niemals endet. Sie streben nach oben, ohne wirklich ankommen zu wollen.

Die Zukunft ist kein Punkt, sondern ein Korridor. Ständig werden neue Ziele ausgerufen; im Kern geht es jedoch nicht um das Erreichen dieser Ziele, sondern um den Aufbruch dahin. Eine unerlässliche Bedingung dieses permanenten Aufbruchs ist die Perfektionierbarkeit. Was ist damit gemeint? Um etwas zu perfektionieren, benötigt man die Vorstellung einer Verbesserung, eine Differenz zwischen Ideal und Wirklichkeit. So lebt die

Chip-Branche von der noch lange nicht erschöpften Vorstellbarkeit weiterer Erhöhungen der Speicherkapazität; die Bekämpfung vieler Krankheiten steht trotz langer Anstrengungen immer noch am Anfang; zögernd begann gegen Ende des zwanzigsten Jahrhunderts die Perfektionierung des Energiesparens; alte Phantasien der physiologischen und ästhetischen Perfektionierung des Menschen formieren sich machtvoll zu neuen Projekten, jetzt mit Hilfe biotechnischer Werkzeuge. Die Differenz zwischen Ideal und Wirklichkeit lässt sich als Möglichkeitsunterschied beschreiben. Perfektionierbarkeit setzt voraus, dass dieser Unterschied besteht und Wünsche offenbleiben.

An dieser Stelle fließen Subjektives und Objektives zusammen. Das Wünschen ist eine subjektive Angelegenheit, die Erfüllung oder Nichterfüllung der Wünsche dagegen ein objektives Faktum – die Kategorie der Perfektionierbarkeit spielt auf beides an. Insofern kann man sagen: Die Wirklichkeit muss mitspielen, damit das Steigerungsspiel spielbar ist. Weil die Menschen die Wirklichkeit unausgesetzt so umgestalten, dass die Wirklichkeit ihren Wünschen mehr und mehr entspricht, ist es wahrscheinlich, dass das Steigerungsspiel eines Tages immer weniger zur Wirklichkeit passt. Für die Steigerungslogik ist der Mangel eine Ressource, das Fehlende ein Gut, das unerreichte Ziel eine Existenzbedingung.

Es ist offensichtlich, dass es immer schwieriger wird, diese Existenzbedingung zu sichern. Gleichgültig, auf welchem Steigerungspfad man sich befindet – wenn es nicht gelingt, auf der jeweils erreichten höheren Möglichkeitsstufe ein neues Projekt aufzubauen, ist man zumindest auf diesem Steigerungspfad am Ende.

Es gibt Gegenstände, die sich seit langer Zeit nicht mehr wesentlich verändert haben. Man kann, so scheint es, eine Kaffeetasse wohl noch im Design variieren, nicht jedoch ihren Nutzen weiter steigern, wenn man ihren Nutzen darin sieht, das Trinken heißen Kaffees zu ermöglichen. Ist damit der Steigerungspfad zu Ende? Steigerung setzt Perfektionierbarkeit, also ein noch vorhandenes Nutzendefizit voraus. Man könnte sich zum Beispiel eine Tasse mit eingebautem Temperaturregler ausdenken: Es wäre doch schön, wenn man seine persönliche Idealtemperatur eingeben könnte und die Tasse die Fähigkeit hätte, dank einer Warmhalteautomatik mit Energiespeicher über Stunden hinweg den Kaffee heiß zu halten. Wir stellen also fest: Die Tassen, über die wir gegenwärtig verfügen, sind steigerungslogisch noch nicht ausgereizt; allerdings scheinen die Menschen dies gar nicht mehr zu wünschen. Aber falls es doch so wäre: Könnte es nach dem gerade angedachten Steigerungsschritt noch weitergehen? Ja: Man könnte wünschen, dass die Tasse verschiedene Getränke erkennt, für die der Benutzer verschiedene Temperaturen einprogrammieren kann.

Und dann? Allmählich könnte es mit der Perfektionierbarkeit der Tasse knapp werden. Man könnte noch ihr traditionelles Nutzenideal – das Trinken – mit einem anderen Nutzenideal verbinden, beispielsweise der Telekommunikation: Man nimmt den Henkel ab und kann damit telefonieren. Doch dies wäre schon keine Steigerung im Hinblick auf die Trinkfunktion mehr, sondern die Vereinigung zweier Steigerungspfade. Kombinationsmöglichkeiten gibt es unendlich viele, worauf es für den Fortgang des Steigerungsspiels aber ankommt, ist nicht die Kombination, sondern die Perfektionierbarkeit der einzelnen Komponenten.

Das Beispiel der Tasse zeigt: Immer wieder verbraucht man die vorgestellte Differenz zwischen Ideal und Wirklichkeit durch Perfektionierung; immer wieder muss man sich im Anschluss daran etwas Neues einfallen lassen, und dies wird mit voranschreitender Steigerung immer schwieriger.

Viele Steigerungspfade sind im Verlauf des Steigerungsspiels an einem Ende angekommen. Seit Jahrzehnten hat es beispielsweise, wie Untersuchungen der Stiftung Warentest ergaben, keine Verbesserungen der Leistung von Rasierapparaten mehr gegeben, so sehr die Werbung dies den Verbrauchern auch einreden wollte. Die Entwicklungsgeschichte von Produkten kann so definitiv am Ende sein, wie Wunderkerzen nach einer Weile abgebrannt sind.

Auch andere Steigerungspfade sind betroffen: Genauer als die Atomuhr in Braunschweig kann eine Uhr nicht mehr sein. Weißer als weiß kann ein Waschmittel nicht waschen. Es lohnt sich nur so lange, die Vollkommenheit der Klangwiedergabe zu steigern, wie die Verbesserung für das menschliche Ohr noch hörbar ist. Man kann die Energieausbeute von Motoren nur bis zu einer bestimmten Obergrenze vorantreiben. Die Robotisierung der Arbeit ist am Ende, wenn alles von Maschinen getan wird, was von Maschinen getan werden kann. Die dichteste Form der Informationsaufzeichnung wird vielleicht in absehbarer Zeit die Speicherung auf atomarer Ebene sein, danach geht es nicht mehr weiter. Es ist nicht auszuschließen, dass die Naturwissenschaft mehr und mehr Fragen so erschöpfend beantworten wird, dass hinsichtlich dieser Fragen kein weiterer Forschungsbedarf mehr besteht. All diese Beispiele zeigen: Nach einer langen Zeit ununterbrochener Steigerungsgeschichte, in der man

Steigerungsziele so weit entfernt glaubte, dass man meinen konnte, das Steigerungsspiel lasse sich auf Ewigkeit einrichten, stellt sich schließlich doch die Endlichkeit von Steigerungspfaden heraus.

Jene Medien, die in den neunziger Jahren als neu bezeichnet wurden, verdienten diese Charakterisierung tatsächlich noch. Durch Computer, Digitalisierung, Vernetzung, Satelliten und unablässige Modernisierung der Software stieg das objektive Möglichkeitsvolumen der Medien enorm. Die entscheidenden Nutzenfortschritte wurden bereits genannt: Globalität, Interaktivität, Aktualität, Kapazität für Datenmassen und Anpassung an individuelle Bedürfnisse. Diese Steigerungen lösten einen weltweiten Rausch aus, einen historisch unvergleichlichen Medienboom, der zu den großen Triumphen in der Geschichte des Steigerungsspiels zu rechnen ist.

Dass es hier noch viele Gipfel zu erklimmen gibt, erfahren wir fast schmerzlich, wenn wir Kapitän Jean Luc und seine Mannschaft im *Raumschiff Enterprise* ihre Freizeit auf dem Holo-Deck verbringen sehen. Was für eine Vision: in jede denkbare Situation real gefühlt eintauchen zu können, sofern sie nur in der Holo-Bibliothek gespeichert ist. Auf dem Holo-Deck jedoch wird altgewohntes Steigerungswissen knapp, routinisierte Steigerungsphantasien brechen zusammen, Komparative werden lächerlich: virtueller als virtuell, interaktiver als interaktiv, jetziger als jetzt, umfassender als umfassend und auf den Leib geschriebener als auf den Leib geschrieben kann es nicht geben.

Heimliche Endvision des Medienspiels war von Anfang an das Verschwinden der Medien aus dem Bewusstsein der Konsumenten. Vervollkommnung der Medien bedeutete schon immer, sie unauffälliger zu machen und die durch sie transportierte Wirklichkeit so erscheinen zu lassen, als ob man sich unmittelbar in ihr befände. Schon urzeitliche Zeichen waren geeignet, den fernen Sender ein Stück näher an den Empfänger zu bringen; der Abwesende tauchte wenigstens mit einem Zeichen aus der völligen Verlorenheit auf. Als man endlich Briefe schreiben konnte, rückten räumlich voneinander entfernte Personen wesentlich enger zusammen. Das Telefon stellte noch größere Nähe her; das Bildtelefon aber scheint den Menschen bereits zuviel Nähe herzustellen, denn die Technik dafür ist seit längerem verfügbar, kann sich aber am Markt nicht durchsetzen.

Wenn die Menschen überhaupt bereit sein sollten, den mediengeschichtlichen Weg der Überwindung von Distanz so weit wie möglich zu gehen, ist eine Zeit der Ankunft unvermeidlich. Auf dem Holo-Deck der Enterprise ist genau das der Fall. Das Ausloten des geschaffenen Möglichkeitsraums ist das einzige, was zu tun übrigbleibt, denn das letzte denkbare Ziel der Mediengeschichte, das Vertuschen der Medien durch eine perfekte Wirklichkeitsillusion, ist erreicht, der Steigerungspfad zu Ende.

Am Ende der Perfektionierbarkeit auf einem gegebenen Pfad ist man entweder dann, wenn man sich bis zur Endvision hinaufgesteigert hat oder wenn man an eine Schranke stößt, die den Steigerungsaufwand immer größer und das Ergebnis immer dürftiger werden lässt. Das Perpetuum mobile ist ein Beispiel eines unerreichbaren Nutzenideals, das durch gegenwärtige ökologische Probleme eine neue, dringliche Bedeutung bekommen hat. Mit der Technologie des Energiesparens versucht man, sich dem Perpetuum mobile soweit wie möglich anzunähern, wohl wissend, dass das Ziel unerreichbar ist.

Was geschieht am Ende der Perfektionierung? Die perfektionierte Konstruktion bleibt zwar erhalten, kann aber nicht mehr Gegenstand der Steigerung sein. Die Ressource der Perfektionierbarkeit ist verbraucht. Mag es sich bei der Konstruktion um einen Apparat handeln, um eine Trainingsmethode, um eine Technik der Informationssteigerung oder um naturwissenschaftliches Wissen über objektiv gegebene Regelmäßigkeiten, immer kommt es zum gleichen Wandel der Umgangsweise mit der perfektionierten Konstruktion. Am Ende kann es nicht mehr um Steigerung gehen, sondern nur noch um den Gebrauch der Konstruktion auf dem höchsten erreichbaren Niveau. Ist dieses erreicht, wird noch das Design durchvariiert oder die Konstruktion mit anderen Konstruktionen kombiniert. Uhren zum Beispiel, die seit langem sekundengenau gehen, tauchen in Schreibgeräten, Zahnbürsten, Haushaltsgeräten und Ohrringen auf. Rasierapparate werden mit einer Vorrichtung kombiniert, die während des Rasierens bereits das Rasierwasser aufträgt. Und das Revolutionäre an einem Waschmittel ist heute, wenn seine Eigenschaften in der Werbung von einem Mann angepriesen werden. Das manchmal komische Insistieren der Steigerungsenergie am Ende des Pfades ändert aber nichts daran, dass man weiter nicht mehr kommen kann. Am fast schon fatal erscheinenden Faktum der erreichten Perfektion von Uhren, Rasierapparaten und Waschmitteln ist nicht zu rütteln.

Die Ankunft im Reich der fertigen Dinge hat bereits begonnen. Dennoch geht das Steigerungsspiel weiter. Es reagiert auf die Beendigung von Steigerungspfaden mit der Zuwendung zu solchen, die noch Perfektionierbarkeit gewähren. So lassen sich etwa die Verfahren der Herstellung einer perfektionierten Konstruktion ihrerseits noch weiter perfektionieren, wenn schon nicht die Konstruktion selbst. Vor allem aber sucht das Steigerungsspiel ständig neue Anfänge. Die Akteure erweitern das Repertoire ihrer Nutzenideale und erschließen sich auf diese Weise die Ressource noch unverbrauchter Perfektionierbarkeit. Notwendig dafür ist freilich, dass den Menschen etwas bisher nicht Dagewesenes überhaupt erstrebenswert scheint.

»Magst du auch aus dem Meer schöpfen, du bekommst doch nur so viel, wie dein Krug fassen kann«, sagt ein indisches Sprichwort. Eignet es sich als Beschreibung der Geschichte der Perfektionierbarkeit? Geht es nicht mehr weiter, wenn der Krug voll ist: wenn man hat, was man braucht? Offenbar passt das Bild nicht ganz. Es mag für einzelne Steigerungspfade gelten, aber für das Steigerungsspiel in seiner Gesamtheit trifft ein simpler Einwand zu: Man kann sich zusätzliche Krüge anfertigen. Damit beschäftigt sich der folgende Abschnitt.

Erweiterbarkeit.
Die Umwandlung potentieller in aktuelle Wünsche

Computer, Inlineskates und Solarzellen haben gemeinsam, dass sie erst im vorgerückten zwanzigsten Jahrhundert auf der Bildfläche erscheinen. Vorher konnte man noch nicht einmal auf die Idee kommen, diese Produkte besitzen zu wollen. Dies ist hier mit dem Begriff der Erweiterung gemeint: Die Erfindung neuer, bisher nie gedachter Ziele. Ohne diesen informatorischen Treibstoff müsste sich die Steigerungslogik auf Perfektionierung im Rahmen schon begonnener Entwicklungspfade beschränken und wäre bald am Ende.

Worin unterscheiden sich Erweiterung und Perfektionierung? Bei der Orientierungsressource der Perfektionierbarkeit handelt es sich um eine Eigenschaft schon begonnener, aber noch nicht beendeter Steigerungspfade. Sie ist so lange gegeben, wie das Ziel noch nicht erreicht ist. Erweiterung besteht dagegen im Verlassen alter Steigerungspfade; gesucht sind Ziele, zu denen noch niemand unterwegs ist. Diese neuen Ziele zu finden, weil bei den alten ein Engpass der Perfektionierbarkeit droht, ist ein Projekt eigener Art. Neue Ziele sind von ständiger Erweiterung der Wünsche abhängig.

Wünschbar im weitesten Sinn ist alles, was Menschen wollen oder wollen könnten, aber nicht haben. Dazu gehören erstens diejenigen Möglichkeiten, an die noch niemand denkt; zweitens gehören dazu die schon vorgestellten, aber noch nicht verwirklichten Möglichkeiten. Im ersten Fall spreche ich von potentiellen Wünschen, im zweiten von aktuellen Wünschen. Für die Menschen des neunzehnten Jahrhunderts zählte das Auto noch zu potentiellen Wünschen, im Lauf des zwanzigsten Jahrhunderts gehörte es schnell zu den aktuellen. Das Steigerungsspiel besteht wesentlich in der organisierten Umwandlung potentieller in aktuelle Wünsche. Prototypen erscheinen auf der Bildfläche, und neue Steigerungspfade entstehen.

Allmählich wird das nunmehr aktuell Gewünschte für immer mehr Menschen tatsächlich auch zugänglich, die Knappheit der neugeschaffenen Möglichkeiten verringert sich. Demnach vollzieht sich die Erweiterung des Wünschbaren in zwei Stufen: zunächst Definition neuer Ziele, dann Verbreitung von sich allmählich steigernden Annäherungen. An unzähligen Produkten, etwa dem Auto, dem Telefon, dem Fernsehgerät, dem Computer, dem Karibikurlaub, der Psychotherapie, der Pornographie lässt sich die Verwandlung von potentiellen in aktuelle Wünsche und daran anschließend die Verminderung der anfänglichen Knappheit neu geschaffener Möglichkeiten studieren.

Gäbe es nur die bereits begonnenen Steigerungspfade, käme das Steigerungsspiel bald zum Erliegen. Doch laufend entstehen neue Wünsche. Die Menschen entnehmen dem unendlichen Reservoir des potentiell Wünschbaren immer wieder Rohstoff und verwandeln ihn in aktuelle Wünsche. Zwar vernichten sie bisherige Ziele dadurch, dass sie diese erreichen, sie eröffnen sich jedoch ständig die Aussicht auf neue, noch unerreichte Ziele.

Die Erweiterung des Spektrums neuer Ziele schlägt sich nicht nur in der Produktvielfalt und in der Ausdifferenzierung des Dienstleistungsangebots nieder. Auch in den empirischen Wissenschaften entstehen und vergehen Ziele. Während sich neue Fragen aufdrängen, werden alte obsolet, etwa die, ob es eine Nordwestpassage gibt. Dass das Produktspektrum immer vielfältiger wird, dass die Zahl der Berufe trotz des Aussterbens überholter Berufe wächst, dass sich die Bandbreite spezialisierter Unternehmen, Projektgruppen und staatlicher Einrichtungen ständig vergrößert, dass es schließlich auch immer mehr wissenschaftliche Teildisziplinen, mehr Forscher und Forschungsprojekte gibt – all dies zeigt, dass die Nettobilanz bisher positiv war. Es entstanden mehr neue Ziele, als alte Ziele aus dem kulturellen Gedächtnis verschwanden.

Der Prozess der Erweiterung vollzieht sich in mehreren Schüben. Am Anfang stehen die Basiserfindungen. Verschwommen spürt man ihr Potential und macht sich auf die Suche danach. Es folgt eine zweite Phase der Zielerfindung. Was Menschen mit neuen Techniken anfangen könnten, bedarf ebenso der kreativen Erkundung wie die Entwicklung neuer Apparate selbst. Dabei folgt die kulturelle Konstruktion der technischen. Es dauert oft Jahre, bis die Brauchbarkeit des Neuen ausgelotet ist. Welcher Horizont sich etwa mit dem Bau des ersten Computers geöffnet hatte, zeigte sich erst in den neunziger Jahren. Zum Zeitpunkt seiner Erfindung war der von ihm erwartete Nutzen noch recht gering: Informationsspeicherung, Auswertung, Rechnen, Schreiben, Zeichnen. Mit dem Internet trat dann ein wirklich neuer Verwendungszusammenhang hervor, dessen Potential erst im Lauf der Jahre erkennbar wurde.

Ähnliche Basiserfindungen waren Tonträger, Telefon und Auto. Im Kern sind Basiserfindungen vielseitig einsetzbare Denkmodelle, die sich für zunächst noch kaum sichtbare Zwecke verwenden lassen. Möglichkeitsphantasien sind gefragt – was könnte man mit der Basiserfindung alles machen? Was man mit Computern sonst noch anfangen könnte, hat zu einer Reihe von Steigerungspfaden geführt: Spracherkennung, Bild- und Tonwiedergabe, Anlagensteuerung, Nachahmung von Tieren und Menschen. Hat man das einer Basiserfindung innewohnende Potential erkannt, ist man freilich noch nicht am Ziel angekommen. Erweiterung macht den Weg frei für oft langjährige Perfektionierung.

Die beiden eben beschriebenen Schübe der Erweiterung, die potentialeröffnende und die möglichkeitserschließende, ziehen einen dritten Schub nach sich: Erweiterung um instrumentelle Ziele. Das Flugzeug als Basiserfindung wäre für sich allein genommen sinnlos, und seine Möglichkeiten wären nicht nutzbar, wenn nicht instrumentelle Ziele ins Spiel kämen, die sich ausschließlich daraus ergeben, Menschen und Frachtgut auf dem Luftweg befördern zu wollen. Man braucht ein Buchungssystem, Flughäfen, Flugsimulatoren für die Pilotenausbildung, Fabriken, technische Anlagen für die Wartung, spezielle Werkstoffe. Und wieder folgt die Perfektionierung der Erweiterung auf dem Fuß.

So stellt sich die Geschichte der Luftfahrt als ein dreiphasiger Vorgang der Erweiterung mit anschließender Perfektionierung dar. Am Anfang stand das Basisziel: fliegen. Kaum deutete sich an, dass dieses Ziel erreichbar war, kam eine neue Klasse von Zielen ins Blickfeld: das, was man mit Flugzeugen anfangen kann. Gleichzeitig begann die Konkretisierung der instrumentellen Ziele: Was braucht man zusätzlich zur Basiserfindung, um die ins Auge gefassten Ziele zu erreichen? Die Bearbeitung dieser Frage setzt ganze Steigerungsbäume oder Steigerungslawinen frei.

Doch jede Erweiterung braucht Abnehmer. In einem seiner letzten Interviews sagte John Ford auf die Frage, mit welchen Gefühlen er seinem Tod entgegensehe, dass ihm sein Ableben schlicht egal sei. Alle Wünsche, die er je in seinem Leben gehabt habe, seien in Erfüllung gegangen, also könne er nun auch ohne weiteres sterben. John Ford hat sicher übertrieben; er muss doch wenigstens kleine, alltägliche, sich erneuernde Wünsche gehabt haben, etwa spazierengehen, sich unterhalten, essen, trinken, Interviews geben, sonst wäre er nur noch teilnahmslos auf seinem Stuhl gesessen. Er meinte wohl die Wünsche eines Regisseurs: Filme, Preise, Begegnungen mit Schauspielern. Sein Leben als Regisseur war ausgelebt; er hatte alle Ziele erreicht. Eine Erweiterung seiner Wünsche hätte für ihn keinen Sinn mehr gehabt.

Wer etwas Neues will, verfügt über eine notwendige, aber nicht hinreichende Voraussetzung, um sich in der Welt zurechtzufinden. Gelingt es ihm schließlich, ans Ziel zu kommen, so ist das zwar erfreulich, aber er riskiert Desorientierung. In dieser Situation muss ihm erst wieder etwas Wünschbares einfallen; bleibt es aus, weiß er nicht mehr weiter.

Etwas zu wünschen ist nur auf den ersten Blick ausschließlich eine Konstruktion des Subjekts. Bei näherem Hinsehen zeigt sich, dass der Wunsch von den objektiven Verhältnissen mitgeprägt wird, weil er an sie anschließt. Eine Situation legt einen bestimmten Wunsch nahe oder auch nicht. Gerade dieser zweite Aspekt – das durch eine bestimmte Umwelt nahegelegte *Nicht*wünschen – ist für die Theorie des Steigerungsspiels von besonderem Interesse. Einem Eisverkäufer wird der Wunsch nach Eis kaum noch einen Orientierungsimpuls geben, denn Eis hat er ja täglich im Überfluss. Für ein Kind dagegen, das sein Taschengeld bereits ausgegeben hat und das nicht mit nachgiebigen Eltern rechnen kann, sieht der Fall anders aus. Hier kann der Wunsch nach einem Eis zum Kristallisationskern verschiedener Projekte werden und so lange eine Orientierungsressource sein, bis das Ziel erreicht ist.

Wenn es sich nun so verhält, dass Wünschbarkeit nicht nur vom Subjekt abhängt, sondern auch von der Situation, in der es sich befindet, so stellt sich die Frage: Was geschieht mit der Erweiterbarkeit von Wünschen im Lauf des Steigerungsspiels, das ja einen ständigen Situationswandel erzeugt? Oft bekommt man in diesem Zusammenhang zu hören, die

Menschen seien unersättlich, ihre Bedürfnisse unendlich. Manche behaupten das Gegenteil: Der Mensch brauche eigentlich nicht viel, so dass die meisten schon jetzt mit Überflüssigem beladen seien und ihnen als letztes Bedürfnis nur noch der Wunsch nach Entlastung geblieben sei. Beide Positionen sind in der Verallgemeinerung zu extrem. Plausibel ist die These eines Rückgangs der Dringlichkeit von Wünschen – steigerungslogisch ausgedrückt: einer Verknappung der Knappheit.

Im selben Maß, wie das Potential des Steigerungsspiels zunimmt, vermindert sich der Bedarf nach seinen Angeboten. Voll Eifer stürzen sich die Akteure auf immer entlegenere Bedürfnisse, um das Steigerungsspiel doch noch weiterzutreiben. Es wird jedoch immer schwieriger, die neuen Produkte, nach denen niemand gerufen hat, überhaupt noch an den Mann zu bringen. Aufwendige kollektive Lernprozesse in Form von Werbekampagnen sind notwendig, nicht nur, um den Menschen klarzumachen, dass da ein neues Produkt ist, sondern um darüber hinaus ein neues Bedürfnis zu prägen, das das neue Produkt erst sinnvoll erscheinen lässt.

Was erscheint Menschen halbwegs sinnvoll, wenn sie ihren Verstand beisammen haben? Betrachten wir die Bedürfnisbereiche von Essen, Kleidung, Gesundheit, Wohnen, Fortbewegung, Kommunikation, Information. Wenn eine bestimmte Grenze erreicht ist, werden aus Steigerungen Abwandlungen auf gleichbleibendem Niveau. Man mischt die Zutaten immer wieder neu zusammen, verändert das Design, kombiniert Funktionen immer wieder anders, doch unter dem Strich kommt keine Nutzensteigerung mehr heraus, weil der Nutzen bereits über die Ausnutzungsmöglichkeiten des Menschen hinausgetrieben ist.

Typisch für die Wirtschaft im fortgeschrittenen Steigerungsspiel ist ein wachsendes Problem der sozialen Anschließbarkeit immer neuer Produkte. Was soll man mit all diesen Gegenständen und Dienstleistungen noch anfangen? Brot ist immer anschließbar, nicht aber ein informationsübertragender Teppich, der Signale in eine Brille sendet. Doch was soll die Wirtschaft tun, wenn ein winziger Bruchteil ihrer Produktionskapazität ausreicht, um genügend Brot für alle herzustellen? Die Akteure im Steigerungsspiel ähneln Reinhold Messner. Nachdem er den ersten Achttausender bestiegen hatte, machte er sich an den zweiten und so weiter. Aber im Jahr 1986, nach dem vierzehnten Mal, war zumindest diese Form des Weitermachens zu Ende, der Zielvorrat war verbraucht, denn es gibt nur vierzehn Berggipfel, die höher als achttausend Meter sind. Zwar bleiben dann immer noch die Wüsten und die Pole als Extremziele, aber auch dieser Zielvorrat ist begrenzt. Das Steigerungsspiel verändert den kollektiven Zielvorrat. Es führt einerseits zur Entstehung neuer Ziele, andererseits vernichtet es Ziele durch Erfüllung.

Entdeckbarkeit. Die Ausbeutung des Vorrats an Invarianzen

Um im Lotto zu gewinnen, orientieren sich Spieler an ihrem Geburtsdatum, beschwören die Geister von Verstorbenen, betreiben Zahlenmagie, kaufen Betrügern todsichere Gewinnsysteme ab. Wenn ein so großes Interesse an einer erfolgreichen Spielmethode besteht – warum gibt es sie nicht schon längst? Weil es sie nicht geben kann. Allen echten Glücksspielen ist gemeinsam, dass sie den Spielern keinen Ansatzpunkt dafür bieten, eine Verbindung zwischen gegenwärtigem Handeln und zukünftigem Erfolg herzustellen. Niemandem ist es bisher gelungen, eine Gesetzmäßigkeit herauszufinden, die es erlauben würde, bereits vor der Ziehung der Lottozahlen das Ergebnis vorherzusagen, und wäre es auch nur mit einer minimal vom zufälligen Raten abweichenden Trefferquote.

Um Steigerungsziele zu erreichen, muss man Gesetzmäßigkeiten ausnützen. Das Wollen darf nicht ins Blaue hinein gehen, es muss realistisch und seinem Gegenstandsbereich angemessen sein. Erfolgreiches Wollen setzt Modelle voraus, die der objektiven Wirklichkeit entsprechen. Sie mögen lückenhaft oder falsch sein; trotzdem lassen sie sich brauchen, sofern sie nicht völlig an der Realität vorbeigehen. Es gibt viele Beispiele für falsche Modelle, die trotzdem nützlich waren, weil sie sich der Wirklichkeit wenigstens annäherten. So waren die Vorstellungen zur Straße von Anian, wie sie in vergangenen Jahrhunderten kursierten, zwar falsch, aber doch nicht ganz, denn immerhin enthielt der Mythos die Idee, dass es überhaupt eine eisfreie Nordwestpassage geben könnte. So war ihre erste Durchquerung im neunzehnten Jahrhundert durch das nicht ganz falsche Modell bereits seit langem vorprogrammiert.

Ein anderes Beispiel ist die Geschichte der Bekämpfung epidemischer Erkrankungen. Bevor sich die Erkenntnis durchsetzte, dass Krankheiten wie etwa Cholera durch Mikroorganismen verursacht werden, dominierte in der Medizin die Miasmentheorie, nach der giftige Ausdünstungen für die Ausbreitung von Epidemien verantwortlich waren. Max Pettenkofer, ab 1865 erster deutscher Professor für Hygiene und Begründer der experimentellen Hygiene, war ein Anhänger dieser Theorie. Seine Untersuchungen ließen ihn zu der Überzeugung kommen, dass Cholera durch

Bodenverunreinigungen und Besonderheiten des Grundwasserstandes verursacht würde. Die moderne und endgültige Theorie der Entstehung der Cholera durch Bakterien wurde, als sie gegen Ende des neunzehnten Jahrhunderts aufkam, heftig befehdet und lächerlich gemacht, unter anderem auch durch Pettenkofer. Seine Theorie verfehlte zwar die eigentlichen Ursachen, dennoch erzielte man auch mit der Miasmentheorie Erfolge, weil Bodenverunreinigungen und Wasserqualität die Entstehung von Bakterien begünstigen. Auch hier wieder eine falsche Theorie, die trotz ihrer Mängel mit der Wirklichkeit soweit korrespondierte, dass sich nützliche Konsequenzen aus ihr ergaben.

Mit schiefen, unscharfen und teilweise irreführenden Orientierungen sind Menschen oft ganz gut zurechtgekommen. Freilich: Damit überhaupt eine Orientierung entstehen kann, muss die Welt in irgendeiner Weise geformt sein. Brauchbare, objektiv gegebene Formen sind eine Orientierungsressource im Steigerungsspiel. Dabei kommt es vor allem auf diejenigen Formen an, die noch nicht bekannt sind, die manche jedoch ungefähr erahnen. Die einer Entdeckung vorausgehende Vermutung, einer brauchbaren Form auf der Spur zu sein, ist Steigerungswissen. Es verflüchtigt sich immer dann, wenn die Entdeckung gemacht ist.

Im folgenden ist erstens zu präzisieren, was hier mit Form gemeint ist. Zweitens ist auf die Bedeutung von Entdeckungen im Verlauf des Steigerungsspiels einzugehen. Drittens ist zu klären, weshalb es sinnvoll ist, Entdeckbarkeit als flüchtig aufzufassen.

Erstens: Was bedeutet Form? Menschliche Orientierungen, die dem Außersubjektiven mehr oder weniger entsprechen, sind am besten als *Regelmäßigkeiten* oder *Invarianzen* aufzufassen. Uns interessiert das Außersubjektive in seinem spezifischen, von anderen Aspekten unterschiedenen Charakter und in seiner Stabilität, so dass wir uns darauf einstellen können.

Wo immer beispielsweise die Menschen im Lauf ihrer Geschichte sesshaft wurden, spielte das Angebot an domestizierbaren Wildpflanzen eine entscheidende Rolle. Darüber, ob man etwas mit einer Wildpflanze anfangen kann, entscheiden verschiedene Faktoren, bei Gräsern beispielsweise die Menge und Größe der Samen, die Wuchsgeschwindigkeit, die Gleichzeitigkeit des Keimens, die bevorzugten Standorte. Nur weil sich die Menschen darauf verlassen konnten, dass bestimmte Gräser bestimmte Eigenschaften immer wieder reproduzierten, konnten sie Orientierungen aufbauen. Wie die domestizierbaren Wildpflanzen ließen sich auch die domestizierbaren Wildtiere als Bündel von Regelmäßigkeiten sehen, die die Menschen in Modellen zu repräsentieren wussten. Dann entdeckten sie eine weitere Regelmäßigkeit: dass sich nämlich Pflanzen und Tiere durch das Zusammenleben mit den Menschen genau so veränderten, wie dies den Nutzenvorstellungen der Menschen entsprach. Jahrtausende vor der Evolutionstheorie, die diese Vorstellungen bestätigte, entwickelten die Menschen auf Beobachtungen hin die Idee des Züchtens.

Zu den wahrnehmbaren Regelmäßigkeiten zählen etwa die Eigenschaften verschiedener Arten von Materie, geologische Formationen, Pflanzen, Tiere, das Verdampfen von Wasser bei Erhitzung. Was eine Invarianz ist, versteht man am besten vom Gegenbegriff der völligen Entropie her. Stellen wir uns eine total durchmischte und gleichförmige Welt vor, eine Welt, in der es nicht mehr möglich ist, einzelne Phänomene voneinander zu unterscheiden. In einer solchen Welt kann man keine Invarianzen entdecken. Invarianz heißt: Ein Phänomen ist von anderen Phänomenen unterschieden und bleibt gleichzeitig sich selbst treu, zumindest lange genug, um etwas damit anzufangen. Nur in einer Welt, in der solche Phänomene vorkommen, können sich Menschen orientieren.

Zweitens: Welche Rolle spielen Entdeckungen im Lauf des Steigerungsspiels? Nach und nach haben sich die Menschen immer mehr Invarianzen erschlossen. Dabei entfernten sie sich immer weiter von den Regelmäßigkeiten, die bereits der Alltagswahrnehmung zugänglich sind, und sie bedienten sich immer raffinierterer Methoden der Modellierung und Abstraktion. Die systematische, nutzenorientierte Ausbeutung von Invarianzen war die tragende Idee der Technikgeschichte seit Galilei.

Alle technischen Fortschritte beruhten auf der Ausbeutung von Invarianzen, die wir mit verschiedenen Begriffen erfassen, etwa: Naturgesetze, Strukturen, Wahrscheinlichkeiten. Ohne Invarianzen wäre jeder Versuch, die Grenzen des Möglichkeitsraums zu verschieben, zum Scheitern verurteilt gewesen. Umgekehrt gilt: Mit jeder neuentdeckten Invarianz tut sich ein weites Feld von Nutzungsmöglichkeiten auf. Die vielfältige Ausbeutung der Relativitätstheorie von der Atomtechnik bis zur Raumfahrt ist ein Beispiel dafür, welche Möglichkeitsgewinne die Entdeckung von Invarianzen auslösen kann.

Für den Fortgang des Steigerungsspiels kommt es vor allem auf noch unentdeckte Invarianzen an; sie sind eine unschätzbare kognitive Ressource. Andererseits sperren sich, wie das Lotteriebeispiel am Anfang dieses Abschnitts zeigt, manche Wirklichkeitsbereiche hartnäckig gegen den Aufbau von halbwegs erfolgreichem Invarianzwissen und damit auch gegen den Aufbau einer Steigerungslogik. Wo auch immer wir eine solche Logik am Werk sehen, müssen Invarianzen vorliegen, die man sich durch Modelle zunutze machen kann. Ist dies nicht möglich, gleichen Techniker, Naturwissenschaftler oder Manager Lotteriespielern auf der Suche nach einem System.

Drittens: Ist die Entdeckbarkeit von Invarianzen eine knapper werdende Orientierungsressource? Auch der Weg von Entdeckungen lässt sich als Steigerungspfad beschreiben. Paradigmen folgen aufeinander, die den Phänomenen immer näher kommen, bis keine revolutionären neuen Erkenntnisse mehr möglich sind. In der Geschichte der Naturwissenschaft lassen sich zahlreiche Beispiele für weitgehend ausgebeutete Entdeckbarkeit finden, etwa das Periodensystem, die Hauptsätze der Thermodynamik, das geltende Basismodell der Genetik. Die Entdeckung, dass die Erde eine Kugel ist, versinnbildlicht sowohl die Flüchtigkeit der Orientierungsressource der Entdeckbarkeit als auch das oft enorme Steigerungspotential einmal dingfest gemachter Invarianzen. Das Steigerungsspiel hungert ständig nach neuen Invarianzen. Wer seine unbegrenzte Fortsetzbarkeit annimmt, setzt unerschöpfliche Entdeckbarkeit von Invarianzen voraus.

Die Entdeckung von Invarianzen kommt als neues Wissen bei den Akteuren an, die nun zu vorher nicht denkbaren Steigerungsschritten fähig sind. Ein altes Paradigma wird durch ein neues verdrängt und verschwindet, wie dies bei der Ablösung der Miasmentheorie der Fall war. Hatte schon diese Theorie zu medizinischen Steigerungsschritten geführt (mehr Hygiene, Mundschutz, Quarantäne), so führten die paradigmatischen Steigerungen, die Robert Koch, Louis Pasteur und andere voranbrachten, zu einer Kaskade weiterer Steigerungsschritte. Dieses Potential ist nun aufgebraucht; mit der breitflächigen Entwicklung von Antibiotika ist das Ende des Steigerungspfads fast erreicht, wenn nicht die Zunahme der Resistenz von Keimen zu einem Rückschritt führt, der eine neue Serie von Steigerungsschritten ermöglicht.

Das Paradigma der Infektionstheorie wird jedoch ebensowenig verschwinden wie etwa die 1628 von William Harvey formulierte Theorie des Blutkreislaufes, die bis heute Bestand hat. Steigerungswissen wird nach der Ausbeutung seines Steigerungspotentials zu Universalwissen. Von sich kann es nun keine neuen Steigerungsimpulse mehr geben, in

Kombination mit weiteren Entdeckungen von Invarianzen aber durchaus. Fortschritte der Biowissenschaften ersetzen das ältere Paradigma der Infektionstheorie nicht etwa, sondern kombinieren es mit aktuellen neuen Paradigmen, deren Steigerungspotential noch nicht erschöpft ist. Eines Tages wird sich aber auch dieses Steigerungswissen in Universalwissen verwandeln.

Zur weiteren Veranschaulichung eignet sich die Geschichte der Geographie. Lange Zeit war die Geographie eine ausgesprochen innovative Wissenschaft. Damit war es um die Wende zum zwanzigsten Jahrhundert vorbei, denn damals wurden mit der Erforschung der Antarktis die letzten weißen Flecken auf der Landkarte getilgt. Zumindest einer der Steigerungspfade der Geographie war am Ende, eine Orientierungsressource geographischen Fortschritts versiegt.

Ende des neunzehnten Jahrhunderts war die Meinung so verbreitet, dass auch die Physik dieses Stadium bereits erreicht habe, dass ein wohlmeinender Freund dem jungen Max Planck vom Physikstudium wegen mangelnder Berufsaussichten abriet. Die Geschichte der Physik im zwanzigsten Jahrhundert lässt einen darüber lächeln. Mitnichten deutet sich ihr Ende an, wie der Wissenschaftspublizist James Horgan in seinem Buch *The End of Science* behauptet; besser hat der Wissenschaftsphilosoph Nicholas Rescher ihre Entwicklung durch die Theorie der *Fragendynamik* beschrieben: Neue Erkenntnisse werfen mehr Fragen auf, als sie beantworten. Ob dies immer so weitergehen wird oder ob der Vorrat an Invarianzen allmählich knapp werden wird, lässt sich heute nicht entscheiden; möglich ist beides. Worauf es hier ankommt, ist jedoch die zusätzliche Frage, ob neues Invarianzwissen im selben Maß als Steigerungswissen brauchbar sein wird, wie dies in den vergangenen Jahrhunderten immer wieder zu beobachten war, oder ob sich allmählich eine Abnahme seines Grenznutzens zeigt. Auch dies lässt sich gegenwärtig nicht mit Sicherheit sagen, es spricht aber eine höhere Wahrscheinlichkeit für die Abnahme des Grenznutzens als dagegen, wenn man annimmt, dass die zentralen Bedürfnisse von Menschen gleich bleiben.

Ein Hinweis darauf liegt in dem Umstand, dass die ökonomische Bedeutung von Invarianzwissen aus den Bereichen von Psychologie und Kultursoziologie um so mehr zunimmt, je weiter die Naturwissenschaft und ihre technische Ausbeutung voranschreiten. In immer wieder neuen kognitiven Moden geht es etwa um Motivationstechniken, Corporate Identity, Rhetorik, Managementstrategien, Megatrends, absatzrelevante

Zukunftsvisionen. Dabei handelt es sich um Wissensgebiete, die viel schwieriger zu handhaben sind als solche, die durch Naturgesetze strukturiert sind. Eines der Hauptprobleme liegt darin, dass das Wissen über solche »weichen« Wirklichkeitsaspekte keine langfristige Fortschrittsgeschichte haben kann. Es ist nicht im strengen Sinn nachprüfbar und wegen seiner Zeitgebundenheit nicht kumulierbar, so dass man sich dem Gipfel der Wahrheit allmählich annähern könnte. Vor allem aber eignet es sich nicht als Steigerungswissen. Untersuchen wir dies an einem Beispiel.

Jeder Programmdirektor, jeder Chefredakteur, jeder Online-Anbieter macht sich ein Bild von seinem Publikum, um nicht ins Blaue hinein zu handeln. Was auch immer dieses Bild im einzelnen enthalten mag, es besteht ausschließlich aus vorgestellten Regelmäßigkeiten, und seien sie noch so unscharf und schwach ausgeprägt, denn nur die Annahme von Regelmäßigkeiten erlaubt planvolles Handeln. Medienmacher interessieren sich deshalb für alle halbwegs stabilen Reaktionen des Publikums, um dieses Invarianzwissen strategisch zu nutzen. Invarianzen sind hier etwa die Reaktionen von Medienkonsumenten auf eine Erhöhung des Bildanteils, auf Reizintensivierung, Vereinfachung, Schematisierung und Zeitverkürzung. Die ständige Verwendung des Wissens um Publikumsreaktionen lässt sich an der Entwicklung der Medieninhalte in den letzten Jahrzehnten ablesen. Würde nun ein genialer Medienmacher eine weitere Invarianz entdecken, so könnte er dieses Wissen für kurze Zeit nutzen, um sich einen Steigerungsvorteil zu verschaffen. Freilich würde er bald imitiert werden und die zukünftige Entwicklung des Medienspiels würde durch das neu entdeckte Invarianzwissen beeinflusst.

Die Invarianzen kollektiv ausgeprägter Reaktionsmuster haben allerdings nicht die gleiche Stabilität wie die Invarianzen in den Gegenstandsbereichen von Physik, Chemie, Biologie und anderen Naturwissenschaften. Es kann sogar sein, dass die Menschen beginnen, genau das Gegenteil desjenigen Musters auszubilden, nach dem sie sich lange Zeit berechnen ließen, vielleicht nur, weil sie einen Wunsch nach Distanzierung vom Altgewohnten verspüren: Plötzlich ekeln sie sich vor bildüberladenen, reizintensiven, simplifizierten, schematisierten und radikal zeitverkürzten Inhalten. Dieser Wunsch nach Distanzierung vom Gewohnten ist nun zwar seinerseits ebenfalls eine Invarianz, aber eine von solcher Art, die sich in jeder kulturhistorischen Phase anders darstellt und kaum Prognosen erlaubt.

Ähnlich verhält es sich mit Invarianzen, die oft unter Allerweltsfloskeln wie Zeitgeist, Gegenwartsgesellschaft, Mainstream zusammengefasst werden: Themen öffentlicher Diskurse, vorherrschende Problemdefinitionen, kollektive Ängste und Hoffnungen, ästhetische Muster, Gruppengrenzen, Feindbilder, populäre Modelle der Welterklärung, zur Selbstverständlichkeit gewordene Lebensphilosophien wie das Schema der Selbstverwirklichung und des schönen Lebens am Ende des zwanzigsten Jahrhunderts. Solche Invarianzen bilden sich zwar ständig um, und ihr Vorrat kann deshalb niemals zu Ende gehen. Anders als in der Naturwissenschaft eignen sie sich jedoch wegen ihrer Instabilität nicht zur Begründung dauerhaften Steigerungswissens. Das stabilste Element des Wissens der Medienmacher ist die Erkenntnis, dass ihr publikumsbezogenes Invarianzwissen instabil und ständig erneuerungsbedürftig ist. Um ihrem Hauptanliegen, für andere interessant zu sein, zu genügen, müssen die Medien immer wieder von vorne anfangen. Sie können keine lange Steigerungsgeschichte inszenieren, vergleichbar der Geschichte der Technik oder der Naturwissenschaft, sie können unmöglich im Lauf der Jahrzehnte und Jahrhunderte immer faszinierender, immer interessanter, immer spannender werden, weil die für sie bedeutsamen kulturellen Invarianzen nur von kurzer Dauer sind.

Objektivierbarkeit. Das knappe Gut der Eindeutigkeit

Der Bau von Disneyland France war mit gigantischem Aufwand verbunden. Das Hauptproblem war jedoch nicht die Mobilisierung der Mittel, nicht die Koordination der am Bau beteiligten Akteure, nicht die Fertigstellung des Erlebnisparks, denn bis zu diesem Punkt ist Erfolg objektivierbar. Das Hauptproblem von Disneyland France als einem privatwirtschaftlich finanzierten Projekt, das auf Gewinne ausgerichtet sein muss, lag darin, dass sich der subjektbezogen definierte Erfolg des Projekts erst nach seiner Fertigstellung erweisen würde und höchst unkalkulierbar war.

Mit den Mitteln des Steigerungsspiels kann man riesige Bauwerke errichten, es lässt sich aber nicht garantieren, dass das, was schließlich dort veranstaltet wird, den ganzen Aufwand rechtfertigt. Disneyland France etwa ist ein Symbol für den Unterschied von objektiven und subjektbezogenen Erfolgsdefinitionen – und für den Wechsel zwischen beiden. Objektive Erfolgsdefinitionen sind eine unschätzbare Orientierungsres source, aber auch eine flüchtige. Am Ende vieler Steigerungspfade werden subjektbezogene Erfolgsdefinitionen bestimmend.

Das Steigerungsspiel hungert ständig nach Erfolgen. Ist die Möglichkeit weiterer Erfolge durch Perfektionierung verbraucht, muss man sie durch Beginn neuer Steigerungspfade wieder schaffen. Zwar versuchen viele eine Objektivierung des Subjektiven: die Fortsetzung des Steigerungsspiels im Reich des Erlebens. Doch dieses Projekt muss scheitern.

Als Bach gefragt wurde, wie er es denn anstelle, so virtuos zu spielen, gab er zur Antwort, das Prinzip sei einfach. Man müsse nur die richtigen Tasten zur richtigen Zeit drücken. Wenn wir uns dumm stellen und diesen Satz ernst nehmen, ist es nicht weit zu der Idee, man könne klavierspielende Automaten bauen, denn dies ist ja genau das, was ein Automat kann: die richtigen Tasten zur richtigen Zeit drücken. Geht es nur darum, eine gegebene Komposition Note für Note in mechanische Vorgänge zu übersetzen, die akustische Wirkungen hervorrufen, so lässt sich das Klavierspielen vollkommen entsubjektivieren. In der Tat kamen im neunzehnten Jahrhundert automatische Klaviere und Orgeln auf, die bis zum heutigen Tag perfektioniert wurden. Elektronische Klangerzeugung und Chips ließen die Instrumente immer raffinierter und billiger werden – das klassische Beispiel eines Steigerungspfads.

Warum aber spielt überhaupt noch jemand Klavier, wenn doch Klaviermaschinen so perfekt sein können? Warum gibt es Starpianisten, die für horrende Gagen Konzerte geben, wenn man doch für den Gegenwert einer einzigen Gage gleich zehn Klaviermaschinen auf das Konzertpodium stellen könnte? Die Antwort hat Bach gegeben, der die Wichtigkeit des subjektiven Moments in der Musik auf ironische Weise herausstreicht, indem er es unter den Tisch fallen lässt. Bezeichnenderweise tauchen am Ende der Steigerungsgeschichte von Musikautomaten Keyboards mit programmierbaren Unregelmäßigkeiten auf, so dass die Rhythmusautomatik von der perfekten Einhaltung des Metrums abweichen kann. Am Ende der Perfektionierung kommt uns die Idee, das Salz des Unvollkommenen beizumengen. Die Vortäuschung des Menschlichen erscheint als letzte mögliche Stufe der Steigerung. Trotzdem werden die Starpianisten nicht aussterben, denn die Annahme, das Subjektive lasse sich automatisieren, beruht auf einem Fehler; sie zeugt von einer naiven Auffassung von Subjektivität.

Die Vermengung objektiver und subjektiver Erfolgsdefinitionen ist einer der häufigsten Kategorienfehler unserer Zeit. Wer Klavier spielen lernen möchte, muss zwar zunächst einmal objektive Erfolgsdefinitionen in den Mittelpunkt stellen, etwa die Notenschrift lernen, wissen, was ein Violinschlüssel ist oder was die Vorzeichen bedeuten, aber die Hauptschwierigkeit besteht darin, »die richtige Taste zur richtigen Zeit zu drücken«. Durchschnittlich begabte Klavierschüler brauchen Jahre, bis sie die technischen Fähigkeiten entwickelt haben, etwa eine Mazurka von Chopin zu spielen. Diese Seite des Lernvorganges trägt noch alle Züge eines Versuchs der Selbstautomatisierung: Der Klavierschüler versucht zunächst, sich möglichst weit an einen Klavierautomaten anzunähern, der die Notenschrift perfekt in Akustik umsetzt.

Was diese Seite des Lernens anbelangt, so ist das Erfolgskriterium zweifellos objektivierbar. Jeder beliebige Mensch, der etwas von der Sache versteht, kann feststellen, ob der Klavierschüler fehlerfrei spielt, was auf dem Notenblatt steht. Um ganz sicherzugehen, überlassen wir die Kontrolle einem automatischen Klavierlehrer, einer Maschine, die sowohl Noten lesen als auch Musik wahrnehmen kann und die imstande ist, beides miteinander zu vergleichen.

Nehmen wir nun an, der Klavierschüler hätte dem automatischen Klavierlehrer vorgespielt und alles richtig gemacht; nach dem Schlussakkord erscheint die Anzeige »Null Fehler«. Neben dem automatischen Klavierlehrer sitzt jedoch der menschliche und schüttelt den Kopf. Auf den fragenden Blick des Klavierschülers hin sagt er: »Schrecklich! Du hast gespielt wie ein Automat!« Es liegt auf der Hand, was der wirkliche Klavierlehrer einfordert: so etwas wie Ausdruck, Inspiration, Lebendigkeit, Beseelung und welche Ausdrücke es noch geben mag, um subjektbezogene Erfolgsdefinitionen zu bezeichnen. Bei Chopin etwa ist das subjektive Element unverzichtbar; jeder Laie kann hören, ob es da ist oder nicht. Dies ist aber auch schon das Ende der Eindeutigkeit. Fragt man genauer nach, worin das subjektive Element denn eigentlich bestehe, wird man blumige, vieldeutige Ausdrücke zu hören bekommen. Darüber hinaus wird man feststellen, dass verschiedene Zuhörer ein und derselben Interpretation weit auseinanderliegende Urteile abgeben. »Mitreißend« sagt der erste, »lauwarm« der zweite, »völlig daneben« der dritte. Angesichts dieser Verhältnisse scheint es illusorisch, den automatischen Klavierlehrer weiterzuentwickeln und ihm die Zusatzfunktion »subjektbezogene Erfolgskontrolle« einzubauen. Dass dieser Weg verschlossen bleibt, liegt daran, dass subjektive Erfolgsdefinitionen nicht standardisierbar sind. Nicht wenige denken deshalb, es gäbe sie gar nicht oder sie ließen sich allmählich aus der sozialen Wirklichkeit herausfiltern, um störungsfreie Abläufe sicherzustellen. Selbst die härtesten Vertreter universeller Objektivierung werden jedoch schon beim nächsten Gang in ihre Küche von ihren eigenen subjektiven Erfolgskriterien wieder eingeholt. Da stehen sie nun vor dem Kühlschrank und überlegen, was ihnen jetzt wohl am besten schmecken würde.

Subjektive Erfolgsdefinitionen sind untrennbar mit der Singularität dessen verbunden, der die Erfolgsurteile abgibt. Der Mensch selbst, und zwar jeder für sich, ist das Messinstrument. Man wird der Ungreifbarkeit subjektiver Erfolgsdefinitionen auch dann nicht gerecht, wenn man sagt, dass eben jeder seinen eigenen Geschmack habe. Dabei schwingt nämlich oft die Vorstellung mit, jeder Mensch sei eine Art Maschine. Sie wird zum charakteristischen Denkfehler vieler Menschen, die von sich behaupten: »Ich bin so und so geartet, und deshalb gefällt mir dieses oder jenes.« Was dabei unter den Tisch fällt, ist die reflexive Natur von Erlebnissen. Wie wirkt etwas auf mich? Gefällt es mir, missfällt es mir? Die Antwort auf diese Fragen ist untrennbar mit der Form der Selbstbeobachtung verbunden, die ohne Grenzen variieren kann, auch bei ein und demselben Beurteiler, und die darüber hinaus in einer Wechselbeziehung mit dem Gegenstand der Beurteilung steht.

Im zwanzigsten Jahrhundert dominierte zunächst die romantische Bachinterpretation; sie prägte den Rahmen der Selbstbeobachtung von Musikliebhabern während der Aufführung. Inzwischen hat die historische Auffassung Boden gewonnen; wer sich mit dieser Voreinstellung beim Anhören einer Bach-Interpretation von Wolfgang Rübsam selbst beobachtet, wird verrückt, weil dem auf historische Werktreue eingestellten Zuhörer die ständigen Temposchwankungen unerträglich scheinen. Entscheidend ist hier, dass man nicht etwa direkt das Außersubjektive beobachtet (hier: die Interpretation), sondern sich selbst in Reaktion auf etwas Außersubjektives.

Aus dieser Selbstbezogenheit gibt es kein Entrinnen. Im Gegenteil: In der Selbstbeobachtung bauen sich regelmäßig auch noch positive Rückkoppelungen auf. Man nimmt eine bestimmte Wirkung des Außersubjektiven auf sich selbst wahr – und schon akzentuiert man die Wahrnehmung, fokussiert das Bewusstsein, blendet andere Wahrnehmungen aus. Auch wenn wir über stabile Muster der subjektiven Urteilsbildung verfügen, so wissen wir doch auch, dass unser Urteil schwanken kann – mit der Laune, mit dem Blickwinkel, mit den Zusatzinformationen, mit sachfremden Details wie etwa der Nasengröße der Pianistin, mit zufälligen Assoziationen, mit unkalkulierbaren Bifurkationen am Anfang positiver Rückkoppelungen, die je nach Zufall zu Enthusiasmus oder schroffer Ablehnung führen können.

Es wundert deshalb nicht, dass Johannes Brahms auf die Vorhaltung, er spiele seine eigenen Stücke immer wieder anders, zur Antwort gab, er sei schließlich kein Idiot. Dass Glenn Gould mit seiner ersten Einspielung der Goldberg-Variationen über Nacht weltberühmt wurde, lässt sich keinesfalls darauf zurückführen, dass ihm etwa die Entdeckung der »richtigen« Interpretationsweise gelungen wäre, vielmehr verhielt es sich so, dass er Musikliebhabern eine Möglichkeit des Andersseins, eine neue Variation aufgezeigt hatte, die in ihrer Mischung aus Klarheit, Intellektualität, Leidenschaft und Exzentrizität zeitgemäß war. Sie elektrisierte dadurch, dass sie mühelos an einen ohnehin in der Aufbauphase befindlichen neuen Rahmen der Selbstbeobachtung anschloss.

Wegen der Veränderlichkeit von Erlebnissen, die durch die Veränderlichkeit der Selbstreflexion zustande kommt, ist ein Automat mit der Funktionstaste »subjektzentrierte Erfolgskontrolle« nicht möglich.

Beziehen wir nun die Unterscheidung von objektiven und subjektbezogenen Erfolgsdefinitionen auf die Organisation kollektiven Lernens im Steigerungsspiel. Um welche Art von Erfolgsdefinitionen geht es etwa bei der Rationalisierung von Produktionsverfahren, bei der Verbesserung der Bildwiedergabe von Fernsehgeräten, bei der Entwicklung von Medikamenten, bei gentechnischen Eingriffen, bei Marktoffensiven für Konsumgüter, beim Standortwettbewerb der Nationen auf der Suche nach Investoren, bei der Fortentwicklung von Hardware, in der Nanotechnologie, in der Umwelttechnik, in der Werkstoffwissenschaft? Es geht immer um objektive Erfolgskriterien. Ob sich die Erfolge einstellen, lässt sich unabhängig von der Subjektivität der Kontrolleure ermitteln.

Steigerungsergebnisse müssen sich leicht darstellen lassen. Wenn man Steigerung dagegen als innere Wirkung auffasst, ist man zur Feststellung des objektiven Erfolgs auf Umwege angewiesen, wie sie die Marktforschung beschreiten muss. Gefühle lassen sich nicht einfach beobachten; man muss danach fragen: »Wie gut schmeckt Ihnen der neue Brotaufstrich?« Die Antwort ist als langfristiger Erfolgsindikator ungeeignet, denn sie kann morgen schon anders lauten.

Der Rückgang der Objektivierbarkeit betrifft die beiden Hauptbereiche unternehmerischen Denkens, Produktion und Absatz. Erfolg oder Misserfolg von Steigerungsbemühungen lassen sich nicht mehr so eindeutig belegen wie zu Beginn des Steigerungsspiels. Qualitätsgesichtspunkte treten in den Vordergrund, über die sich nicht mehr eindeutig urteilen lässt. Je weiter die technische Perfektionierung der Produktion voranschreitet, desto mehr kommt es auf den subjektiven Faktor, auf das soziale Kapital an: Kreativität, Kooperationsfähigkeit, analytisches Denken, kompetente Informationsverarbeitung, Organisationstalent, auf die Fähigkeit, sich selbst Ziele zu setzen.

Das Steigerungsspiel zwingt dazu, auch den subjektiven Input ständig zu optimieren, nur lässt sich das Ergebnis dieses Versuchs nicht objektiv dingfest machen. Man weiß viel weniger genau, ob man überhaupt vorankommt, wenn man beispielsweise einen Mitarbeiter durch einen anderen ersetzt, der besser qualifiziert erscheint, als wenn man eine Maschine durch eine andere ersetzt. Ähnlich verhält es sich mit den Produkten: Nachdem die objektiv messbaren Nutzensteigerungen mehr und mehr ausgeschöpft sind, drängt sich der subjektive Nutzen beispielsweise eines Autos in den Vordergrund. Gefällt es den Konsumenten? Fühlen sie sich darin wohl? Verwirklicht es ihre Träume? Spricht es vielleicht einen wichtigen Aspekt ihrer Identität an? Gefällt ihnen das Design? All diese Fragen beschäftigen die Abteilungen für Produktentwicklung um so mehr, je besser die technischen Probleme gelöst sind. Damit verlässt die Produktentwicklung den Bereich objektiv messbarer Steigerungserfolge und mündet in einen Abschnitt der Wirtschaftsgeschichte, in dem die Qualität des Produktes nicht mehr unabhängig vom Konsumenten definierbar ist. Die Eindeutigkeit unternehmerischen Handelns verfällt dramatisch. Objektiv ist am Ende nur noch die Bilanz, der monetäre Ausweis von Erfolg oder Misserfolg. Dagegen wird die Vorgeschichte des Erfolgs mehr und mehr vom Nebel der Subjektivität eingehüllt. Das objektive Endergebnis lässt sich immer weniger auf objektiv nachweisbare Ursachen zurückführen.

Das zweidimensionale Leben

Gebremste Fortsetzung und Verlust der kulturellen Hegemonie

Das Steigerungsspiel wird durch Gegenkräfte beflügelt; es lebt von Problemen. Deshalb ist es bisher aus seinen Krisen immer wieder gestärkt und mit zusätzlichem Schwung hervorgegangen. Was zunächst als Ende erschien, erwies sich nach einiger Zeit als Neubeginn. Doch sein Höhepunkt, definiert durch Begriffe wie Globalisierung, virtuelles Kaufhaus, weltweite Vernetzung, fällt mit dem Beginn einer Ära der gebremsten Fortsetzung und des Verlusts seiner kulturellen Hegemonie zusammen. Verstellt von den Kulissen der Fortsetzung, drängt etwas Neues in die Geschichte und normalisiert sich hinter dem Rücken der kollektiven Selbstwahrnehmung.

Die Verknappung des Steigerungswissens wirkt verlangsamend. Gewiss entsteht immer wieder neues Steigerungswissen, aber das Verhältnis von Vorrat und Bedarf wird ungünstiger. Während die Fortsetzung des Steigerungsspiels den Bedarf an Steigerungswissen immer höher schraubt, wird es immer schwieriger, weiteres Steigerungswissen zu erschließen. Die Nachfrage danach steigt schneller als das Angebot.

Die Fortsetzungsdynamik des Steigerungsspiels kommt dadurch jedoch nicht zum Erliegen. Deshalb ist nicht die Frage, was nach dem Steigerungsspiel kommt, sondern was hinzutritt. In Umrissen wird eine zweidimensionale Moderne erkennbar. Neben dem alten Zentrum der Sachen, der Natur, des Könnens gewinnt das neue Zentrum des Subjekts, der Kultur, des Seins an Macht. Das liegt daran, dass der Knappheit von Steigerungswissen ein Überfluss von Möglichkeiten gegenübersteht. Die Aufmerksamkeit verlagert sich von den Sachen zu dem Subjekt, das sie handhabt.

Jenseits der Sachen

Die ersten Sachen galten den Menschen als etwas Vorgefundenes: Pflanzen, Tiere, Steine, Wasserläufe, Höhlen. Das Wort »vorfinden« soll die Besonderheit der ersten Sachen herausstellen: Sie waren Natur, sie trugen keine Spuren menschlicher Einwirkung. Einfache Beispiele für den Umgang mit vorgefundenen Sachen sind der Bau einer Hütte, das Jagen, das Fischen, das Kultivieren von Feldfrüchten, das Anfertigen von Werkzeugen. Kennzeichnend ist in all diesen Fällen, dass sich die Menschen durch die Sachen herausgefordert fühlten. Was sie vorfanden, verlangte ihnen intensive Arbeit ab und stellte ihnen Rätsel, von deren Lösung sie sich einen Nutzen versprechen konnten.

Versetzen wir uns im Kontrast in typische Umgebungen unserer Zeit: ein Einkaufszentrum, ein internationaler Großflughafen, ein U-Bahn-Knotenpunkt mit Läden und Serviceangeboten auf mehreren Ebenen unter der Erde, das Innere eines Autos, eine moderne Küche. Wir befinden uns hier in Mikrowelten, in denen neben den Subjekten Sachen in Erscheinung treten, die darauf programmiert sind, sich mit anderen Sachen zu beschäftigen. Eine Geschirrspülmaschine kümmert sich um den Abwasch. Ein Fenster putzt sich von selbst. Ein Bauroboter errichtet Häuser. Eine vollautomatisierte Fertigungsstraße setzt Autos zusammen. Leitsysteme sind in Entwicklung, die Autos zum Ziel steuern sollen, während der Fahrer Zeitung liest. Immer mehr von dem, was sachbezogen zu tun ist, wird von den Sachen selbst erledigt. Das sachbezogene Tun der Menschen fällt auf einen historischen Tiefstand.

Der lange kollektive Weg in die Sachbezogenheit führt allmählich in ein Gelände jenseits der Sachen. Während die ursprünglichen Formen des Sachbezugs – Bearbeitung und Enträtselung – zur dynamischen Kernidee von Wissenschaft, Technik, Wirtschaft und Politik wurden, traten im Leben des einzelnen andere Formen des Sachbezugs in den Vordergrund: Bereitstellung, Nutzung und Pflege. Anfangs traten viele Benutzer den Sachen noch respektvoll gegenüber; sie verbrachten etwa den Samstagnachmittag mit der intensiven Wäsche und Politur ihres Autos. Heute sind die meisten eher verärgert, wenn Sachen ihnen zuviel Aufmerksamkeit abverlangen. Sie wollen auch keine Zeit damit verlieren, den Umgang mit ihnen zu lernen, vielmehr soll die Anpassung in umgekehrter Richtung verlaufen: Eine Sache soll sich unauffällig und rasch ihren Wünschen unterordnen, welche Anforderung sie auch immer stellen mögen.

Wo auch immer sich die Benutzer befinden, auf Reisen, in der Innenstadt, vor ihren Fernsehgeräten, im Internet, beim Zeitunglesen, Radio hörend im Auto – überall offeriert sich ihnen das Universum der Sachen, überall haben sie eine Wahl zu treffen. Ihr Sachbezug reduziert sich vor allem darauf, etwas zu kaufen und nach Hause zu bringen. Dort wartet bald bereits ein großes Arsenal von Sachen darauf, gewählt zu werden, falls sich ein Bedürfnis nach ihnen melden sollte: Kleider, Möbel, Küchengeräte, Musikkonserven, Bücher, Radios und Fernsehgeräte. Das Wählen ist an die Stelle des Bearbeitens getreten. Beim Bearbeiten muss sich der Benutzer einer Sache auf ihre Eigenarten einstellen, beim Wählen muss er nur noch darauf achten, dass die Sache auf seine Eigenarten eingestellt ist.

Multifunktionale Sachen entstehen, die ungeheure Mengen von Wählbarem in sich integrieren. Es kommen Geräte, die alles sind: Aktenschrank, Bibliothek, Musiksammlung, Heimkino, Stereoanlage, Telefon, Fax, Lexikon, Zeitung, Reißbrett, Brief, Bestellkatalog, Energiezentrale. Das Arsenal der Dinge wird virtuell, der physische Aspekt der Sachen tritt zurück. Das einzige Hindernis auf dem Weg zur perfekten Subjektangepasstheit ist die Kenntnisnahme von Handbüchern und Gebrauchsanweisungen. Deshalb wurde Benutzerfreundlichkeit zur wichtigsten Herausforderung der Produktentwickler. Auf dem Weg zur vollständigen Dienstbarkeit der Sachen müssen sich die Konstrukteure mit dem Körper des Benutzers, seinen Sinnesorganen, Bewegungen, Denkweisen, mit seiner Stimme, seinen Augen und seinen Händen auseinandersetzen und ihre Geräte dafür anschlussfähig machen.

Die Folge dieser Veränderungen sind Selbstbegegnungen. Auch wenn man nur die Sachen im Sinn hat, lässt man sie unversehens hinter sich, während man noch glaubt, auf sie zuzugehen. Jenseits der Sachen findet das Subjekt sich selbst als Thema wieder. Anders jedoch als beim Bau einer Hütte oder beim Anfertigen eines einfachen Werkzeugs wartet hinter sachbezogenen Routinetätigkeiten der Gegenwart der Zweifel an ihrem Sinn. Welche neuen Produkte könnte man noch brauchen? Im wachsenden Misstrauen gegen die altgewohnten Argumente von Sachzwang und evidenter Nützlichkeit, in der um sich greifenden Erörterung von Entbehrlichkeit und Schädlichkeit reagieren viele Zeitgenossen schon jetzt mit Kaufzurückhaltung. Was in der Börsensprache die Bären sind, das sind im Konsumgütermarkt die kritischen, zögerlichen Verbraucher, die sich fragen: Wozu ist das alles überhaupt gut?

Die Wirtschaftspresse interpretiert Kaufzurückhaltung immer nur als steigerungslogische Ausfallserscheinung. Die Verbraucher würden nur deshalb weniger konsumieren, weil sie sich ein finanzielles Polster für schlechte Zeiten zulegen wollten oder weil sie den Eindruck hätten, alles sei teurer geworden. Zögernde Konsumenten gelten als pessimistisch und verzagt, nicht als vernünftig oder einer Sache überdrüssig. Gelegentlich wird Kaufzurückhaltung als eine Art Streik bezeichnet. Dieser Begriff suggeriert, dass ein Nachlassen der Konsumneigung nur temporär sei. Es gilt als selbstverständlich, dass die Verbraucher zu kontinuierlicher Konsumsteigerung zurückkehren werden, sobald nur die ökonomischen Voraussetzungen stimmen und das Vertrauen in die Wirtschaft wiederhergestellt ist.

Doch der Wandel geht tiefer. Die Moderne führt das Denken über die Sachen hinaus. Unter der Hand werden psychologische, soziologische, philosophische und ästhetische Fragen unabweisbar, so sehr es vielen widerstreben mag, sich im Dunstkreis unexakter Disziplinen wiederzufinden. Die verblüffende Pointe unserer Geschichte ist, dass die Radikalisierung der Exaktheit im technisch-naturwissenschaftlichen Denken eine Entwicklung vorangetrieben hat, an deren Ende man nichts Dringenderes zu tun hat, als über das Unscharfe, Ungewisse, Flüchtige und dennoch unbezweifelbar Vorhandene nachzudenken – über sich selbst, über andere, über Kultur.

Können und Sein

Nein – zur Philosophie des Seins von Plato bis Heidegger haben die folgenden Überlegungen keinerlei Verbindung. Vor allem der Begriff des Seins macht es notwendig, mit einer so schroffen Abgrenzung zu beginnen, ist er doch seit Jahrtausenden Gegenstand philosophischer Erörterung. Ich betrachte Können und Sein hier jedoch aus soziologischer Perspektive. Es kommt mir dabei auf genau diese Worte an, denn sie sind dem Alltagsbewusstsein nahe, um das es der Soziologie geht. Das Alltagsbewusstsein kümmert sich nicht um die philosophische Entfremdung seiner Begriffe, und darin will ich ihm folgen.

Die Begriffe Können und Sein meinen zwei grundlegende Sichtweisen, die im Leben jedes Menschen ständig auftauchen. Die Sichtweise des Könnens fokussiert das Erarbeiten von Handlungsmöglichkeiten; sie kennzeichnet das sachbezogene Denken. Die Sichtweise des Seins fokussiert das Auskosten eines gegebenen Handlungsspielraums; sie kennzeichnet das subjektbezogene Denken. Im einen Fall geht es um das Haben, um die Steigerung der Möglichkeiten, um die Sicherung von Errungenschaften, um die Abwehr von drohenden Einschränkungen; im anderen Fall geht es darum, etwas mit der Situation anzufangen, in der man sich befindet.

Die Menschen haben es immer mit beiden Sichtweisen zu tun; sie können sich nicht bloß auf eine beschränken und die andere gänzlich vernachlässigen. Allerdings ändern sich die Gewichte. Es gibt Zeiten – in der Geschichte ganzer Kulturen ebenso wie in der Lebensgeschichte einzelner Menschen –, in denen die Frage des Könnens fast alle Aufmerksamkeit beansprucht, Zeiten der Bedrohung, der Not, der Eroberung; und es gibt Zeiten, in denen man die Frage des Könnens vergisst und sich nur noch mit dem Aufenthalt in einer gegebenen Situation beschäftigt.

Nähern wir uns den beiden Schlüsselbegriffen mit einem einfachen Beispiel. Ein Mensch, der im dunklen Zimmer nach dem Lichtschalter tastet, hat das Können im Sinn. Die Dunkelheit verweigert ihm das Sehen; sein Handeln ist darauf ausgerichtet, dieses Hindernis zu überwinden. Sobald er den Lichtschalter gefunden hat, wendet er sich dem nächsten Thema zu. Das Licht geht an, der Möglichkeitsraum erweitert sich schlagartig. Wir beobachten: Der Mensch nimmt ein Buch aus dem Regal, setzt sich in einen Sessel und beginnt zu lesen. Sein Thema ist nun vermutlich nicht mehr das Können, sondern das Sein: in einem gegebenen Möglichkeitsraum den momentanen Wünschen entsprechend zu existieren, ohne den Möglichkeitsraum selbst zum Gegenstand des Denkens zu machen. Allerdings können wir nicht sicher sein. Was liest er? Vertieft er sich in einen Roman oder in einen Ratgeber der Eigenheimfinanzierung? Bei der ersten Variante bestätigt sich unsere Vermutung einer auf das Sein bezogenen Grundhaltung, bei der zweiten geht es erneut um das Können: Kaum ist das erste Defizit beseitigt, kaum ist der Raum erleuchtet, steht schon das nächste Projekt des Könnens auf dem Programm.

Die Logik des Könnens und die Logik des Seins berühren sich vielfältig in unserer Lebenswirklichkeit. Sie schließen aneinander an, fordern sich gegenseitig heraus, stören einander, bewegen sich in Reaktionsketten vorwärts – aber sie lassen sich meist analytisch voneinander trennen. Die begriffliche Polarität von Können und Sein ist ein unentbehrlicher Code für das Tiefenverständnis der Gegenwart.

Die Idee des Könnens nimmt verschiedene Grundformen an. Ihr Inhalt kann erstens das *Erhalten* eines gegebenen Möglichkeitsraums sein. Zweitens kann es um die *Verteilung* von Möglichkeiten zwischen verschiedenen Anspruchstellern gehen. Diesen beiden Thematisierungsformen begegnet man auf Schritt und Tritt; die erste bestimmt gegenwärtig etwa die Umweltdiskussion, die zweite den Diskurs über Sozialstaat und Solidarität. Eine dritte, ebenso selbstverständliche Variante könnensgerichteten Denkens hat das *Gebrauchen* zum Inhalt: Wie aktiviert man das Potential einer Situation? Wie benutzt man etwas? Schließlich gibt es eine vierte Thematisierungsform, die den Kern des Steigerungsspiels ausmacht. Die Idee des Könnens wird dabei auf das *Mehrkönnen* zugespitzt. Diese vierte Sichtweise unterscheidet sich von den vorangegangenen dreien dadurch, dass sie den Möglichkeitsraum nicht als gegeben annimmt, sondern auf die Verschiebung seiner Grenzen ausgerichtet ist.

Betrachtet man die vergangenen Jahrhunderte unter dem Blickwinkel der Denkformen des Könnens und des Seins, so wird eine gegenläufige Entwicklung sichtbar. Das Können triumphierte im Machtgewinn der Steigerungslogik. Das seinsgerichtete Denken dagegen wanderte im Lauf der Zeit immer mehr ins Unbewusste und Nebensächliche ab, weil es komplizierter, umständlicher und in seinem Erfolg oft nicht eindeutig zu beurteilen war. An Orientierungsmacht ist das seinsgerichtete Denken dem Steigerungsdenken eindeutig unterlegen. So wurde es zurückgedrängt und führte ein Schattendasein.

Die Idee des Mehrkönnens ist das große Faszinosum der ganzen Epoche. Keine andere Idee ist dieser an Kontinuität, Allgegenwart und Wirksamkeit vergleichbar, keine andere hat Denken, Alltagsbeziehungen, Institutionen und Konstruktionen so sehr geprägt. Sie ist uns vor allem durch die tägliche Anschauung unübersehbar vieler technischer Entwicklungspfade vertraut, doch geht ihr Herrschaftsbereich weit über die Technikgeschichte hinaus. Wissenschaft, Unternehmensorganisation, Konsumsphäre, Medien, Bildungswesen sind davon durchdrungen, der Umgang mit lebenden Organismen, nicht zuletzt auch der Umgang vieler Menschen mit sich selbst: mit ihren Gefühlen, ihrem Bewusstsein und ihrem Körper.

Mehr zu können heißt, über neue Wahlmöglichkeiten zu verfügen, bisher nur Ersehntes endlich in Reichweite vorzufinden, sich in einem erweiterten Raum zu bewegen. Die Metapher des Raums erlaubt anschauliche Vorstellungen: Entgrenzung, Beschleunigung, Entfaltung, Entwicklung, Voranschreiten, Fortschritt. Was dies im einzelnen bedeutet, variiert von Bereich zu Bereich. In der Technikgeschichte verwirklicht sich Mehrkönnen als Funktionssteigerung, in der Wissenschaftsgeschichte als Ausweitung der Erklärungskraft von Paradigmen, in der Unternehmensorganisation als Erhöhung von Produktivität und Absatz, beim Konsumieren als zunehmende Angebotsvielfalt, Qualitätssteigerung und Verbilligung, beim Umgang mit sich selbst als Hinausschieben der Grenzen, die einem auf Grund körperlicher, emotionaler und kognitiver Eigenschaften zunächst gesetzt sind.

Immer wieder in den Dienst anderer Ideen gestellt und ihnen untergeordnet, stellt sich die Idee des Mehrkönnens letztlich doch als die eigentliche epochale Leitidee heraus. Schadlos überdauerte sie das Verblassen anderer Leitideen. Große Zukunftsentwürfe, die viele Menschen lange Zeit begeisterten und historischen Abschnitten ihren Stempel aufdrückten, erwiesen sich als vergänglich. Rückblickend wirken Nationalismus und Sozialismus wie Katalysatoren, die den eigentlich zentralen Prozess der vergangenen Jahrhunderte in Gang hielten, indem sie ihn für ihre Zwecke zu nutzen versuchten. Gegensätzliche politische Zielsysteme, einander bekriegende Utopien und Ideologien lassen sich als wechselnde Medien der in allem Wandel gleichbleibenden Idee des Mehrkönnens verstehen.

Ideen sind Gestalten des Wollens. Deshalb geht es hier weniger um das tatsächliche Können und Sein der Menschen als um das Können*wollen* und Sein*wollen*. Wer nach Ideen fragt, interessiert sich für die Projekte der Menschen: Wie entwerfen sie ihre Zukunft? Was wiederholt sich dabei? Welche Muster haben sie herausgebildet, um jeweils den nächsten Schritt zu gehen?

Die Bedeutung der Unterscheidung von Können und Sein liegt darin, dass diese beiden Denkformen völlig verschiedene Sozialformen erzeugen. Die Denkformen des Könnens und des Seins bleiben ja nicht, wie im Beispiel des dunklen Zimmers, auf den Horizont des einzelnen beschränkt, sie schließen sich vielmehr zu Systemen gemeinsamen Denkens zusammen. Was dies heißt, lässt sich an vielen Konstruktionen verdeutlichen, an materiellen wie immateriellen, die kooperativ aufgebaut wurden, um dann gemeinsam genutzt zu werden.

Ein U-Bahn-System ist ein Beispiel für ein kollektives Projekt, das sowohl in der Aufbauphase wie in der Nutzungsphase die Menschen unter dem Zeichen könnensgerichteten Denkens zusammenbringt. Zunächst geht es darum, den Möglichkeitsraum einer großstädtischen Bevölkerung durch eine gemeinsame Anstrengung bedeutend zu erweitern. Damit die Menschen ihre Ziele im Stadtgebiet schneller erreichen können, setzt sich eine gewaltige Maschinerie von politischen und administrativen Einrichtungen, Planungsbüros, Zulieferungsfirmen, Technikern, Ingenieuren und Arbeitern in Bewegung. Wenn man überlegt, was dabei alles zusammenkommen muss und aufeinander abzustimmen ist, erscheint es einem fast als ein Wunder, dass die U-Bahn am Ende tatsächlich betriebsbereit ist und funktioniert.

Die Frage, wie dieses Ergebnis überhaupt zu erreichen ist, führt uns direkt zu einem tragenden Fundament der Denkwelt des Könnens: Es ist vor allem die Klarheit der Erfolgsdefinition. Schon in der Aufbauphase kann jeder sofort sehen, ob das System funktioniert oder nicht. Auch in der Nutzungsphase der U-Bahn setzt sich das könnensgerichtete Denken fort. Meist haben die Menschen einen instrumentellen Bezug zur U-Bahn; sie brauchen sie, um von Punkt A nach Punkt B zu kommen. Auch wenn nun jeder U-Bahn-Benutzer woandershin will, gibt es doch ein verbindendes Element zwischen allen Fahrgästen: Sie haben ein objektiv beschreibbares Ziel im Sinn, das sie erreichen wollen – eine Einkaufszone, einen Betrieb, einen Konzertsaal, eine Schule. Die Klarheit der Erfolgsdefinition setzt sich bei der U-Bahn in der Nutzungsphase fort; deshalb ist es, bei aller Komplexität, eine kollektiv gut lösbare Aufgabe, ein U-Bahn-System am Laufen zu halten. Es sind gerade auch die Pannen, die das gemeinsame Ziel immer wieder hervortreten lassen und für Kontinuität sorgen, denn in der könnensorientierten Denkwelt wirken Probleme integrativ.

Viele Konstruktionen sind jedoch nach ihrer Fertigstellung ganz anders zu betrachten. Wohnungen, Fernsehanstalten, Erlebnisparks, Musikkonserven, Restaurants oder touristische Strukturen haben ein Janusgesicht. Ihre Anfertigung läuft unter der strengen und klaren Regie der Logik des Könnens ab, ihre Verwendung dagegen gehört in die Denkwelt des Seins. Was dies bedeutet, ist noch weitgehend unverstanden. Betrachten wir das Beispiel des Millennium Dome in London. Dieses Bauwerk symbolisiert die Janusgesichtigkeit wie kein anderes und berührt Können und Sein gleichermaßen. Zunächst haben wir keine Schwierigkeiten, seine Entstehung zu beschreiben und zu verstehen. Alle Begriffe, die wir dazu brauchen, sind uns vertraut: Arbeitsteilung, Rationalität, Technik, Planung, Finanzierung, Werbung, Organisation, formalisierte Herrschaftsbeziehungen.

Dass aber all diese Kategorien der Beschreibung sozialer Wirklichkeit nach der Fertigstellung des Projekts nicht mehr viel einbringen würden, war schon bei der Grundsteinlegung zu spüren. Kaum war der erste Schritt getan, setzte auch schon die Diskussion darüber ein, wozu denn diese Konstruktion nach ihrer Fertigstellung einmal gut sein könnte. Damit wurde eine typische Frage der Denkwelt des Seins laut. Anders als ein U-Bahn-System verweist der Millennium Dome die Menschen auf sich selbst und stellt ihnen die Frage, was sie mit einem gegebenen Möglichkeitsraum anfangen wollen.

Ein Blick auf eine beliebige Fernsehanstalt, auf die Tourismusbranche oder auf Las Vegas zeigt: Es mangelt nicht an Versuchen, auch der sozialen Organisation des Seins mit dem Arsenal der Denkwelt des Könnens zu Leibe zu rücken: Management, Kreative, Wissenschaftler beschäftigen sich mit Fragen der Aufmerksamkeitssteigerung, der Glücksmaximierung, der Steuerung von Besucherströmen und Einschaltquoten. Aber wie gut lässt sich das Sein nach den Regeln des Könnens organisieren? Es gibt dabei viel unfreiwillige Komik, viel grandioses Scheitern, viele unvorhergesehene Erfolge. Als in den Jahren vor der Pariser Weltausstellung von 1889 der Eiffelturm geplant wurde, kamen neben Euphorie auch Skepsis und Ratlosigkeit auf, vergleichbar mit der Diskussion über den Millennium Dome in seiner Planungsphase. Aber selbst die Befürworter des Eiffelturms sahen seine spätere Bedeutung nicht voraus. Eigentlich war er lediglich als Symbol der Weltausstellung und als Demonstration von Ingenieurskunst gedacht; sein Abriss nach einigen Jahren war einkalkuliert. Aber etwas Unerwartetes geschah: Die Welt begann, den Eiffelturm zu lieben; er wurde zum Wahrzeichen von Paris und verwurzelte sich so tief in der kollektiven Denkwelt des Seins, dass ihn nun, wenn überhaupt, nur noch der Rost zum Verschwinden bringen kann. Und hier geht die Denkform des Seins wieder ihn die Denkform des Könnens über: Wie bewahrt man den Eiffelturm vor dem Verrosten?

Dass ausgerechnet Weltausstellungen Beispiele für den Übergang von der Denkwelt des Könnens in die Denkwelt des Sein liefern, scheint auf den ersten Blick widersprüchlich. Weltausstellungen verkörpern die Denkwelt des Könnens, was sonst? Vielleicht ist es aber gerade dies, was sie zum Indikator für einen Umschwung macht. Die große Zeit der Weltausstellungen war das neunzehnte Jahrhundert. Ungeahnte Möglichkeitserweiterungen wurden zu einer Perspektive für alle. Die öffentliche Inszenierung objektiver Fortschritte traf auf ein empfängliches, begeisterungsfähiges Publikum. Von da war es ein weiter Weg bis zur Expo 2000 in Hannover, zu deren Schwierigkeiten es zählte, dass sie eine Tradition fortzusetzen versuchte, die heute auf immer weniger Resonanz stößt. Die Faszinierbarkeit des Publikums durch die Darstellung von Möglichkeitserweiterungen ist stark zurückgegangen. Es verhält sich zwar keineswegs so, dass diese nicht mehr nachgefragt würden, nur sind sie inzwischen so selbstverständlich geworden, dass sie sich kaum noch für Inszenierungen eignen.

So erklärt sich, dass in der öffentlichen Resonanz auf die Expo 2000 die Architektur der einzelnen Pavillons eine viel größere Rolle spielte als die Präsentationen technischer Innovationen, die in der Presse allenfalls mit

Nebensätzen bedacht wurden. Die Architektur der Pavillons hingegen gestattete es dem Publikum, Einblicke in die Lebenswelt der dort vertretenen Länder zu gewinnen. Das Interesse richtete sich nicht mehr wie bei den früheren Weltausstellungen auf das Können, sondern auf das Sein; nicht mehr auf die Erweiterung des Möglichkeitsraums, sondern den Aufenthalt in ihm.

Dies jedoch bringt uns in Verlegenheit, denn im Vergleich zum Planeten des Könnens wurde der Planet des Seins mit geringerer Intensität erforscht und reflektiert. Er wird meist als entschwindendes Gestirn dargestellt; in berühmten Polaritäten wie Gemeinschaft und Gesellschaft (Ferdinand Tönnies), mechanische und organische Solidarität (Emile Durkheim), Wertrationalität und Zweckrationalität (Max Weber) erscheint das seinsgerichtete Denken regelmäßig als gestrige Form. Seine theoriestrategische Bedeutung ist vor allem die eines Kontrastmittels, um die heutige Form, das könnensgerichtete Denken, besser beschreiben zu können. Dies ist nicht erstaunlich, denn die Begriffspaare entstanden in einer Epoche, die ganz durch die Faszination des Könnens geprägt war. Die großen Theorietraditionen spiegeln die gesellschaftliche Vorherrschaft könnensgerichteter Themen wider: Modernisierung, Rationalisierung, soziale Ungleichheit und ihre symbolischen Formen, Technik, Risiko, Arbeit, Sozialstaat – all dies sind klassische Themen der Soziologie, und sie sind wesentlich in der Denkwelt des Könnens angesiedelt. Was aber geschieht gesellschaftlich, wenn sich mehr und mehr Menschen mit Fragen des Seins beschäftigen? Worauf zielen Fragen des Seins überhaupt ab, und wie denken die Menschen über sie nach?

Zu dieser Unklarheit kommt hinzu, dass der Begriff des Seins philosophiegeschichtlich so vorbelastet und mit so heterogenen Bedeutungen besetzt ist, dass man gerne ein anderes Wort hätte – es gibt jedoch keines. Den Begriff des Seins verwende ich hier in einer aller Metaphysik entkleideten, ausschließlich auf den handelnden Menschen bezogenen Variante. Er soll die Ideen kennzeichnen, mit denen Menschen ihrem Handeln letztlich Sinn geben (letztlich heißt: nach allen nur als instrumentell vorgestellten Zwischenstationen). Der Begriff des Seins meint hier: Projekte des Aufenthalts in einem zumindest vorübergehend als gegeben betrachteten Möglichkeitsraum.

Die Unterscheidung von Können und Sein erinnert an eine kategoriale Gegenüberstellung, die Erich Fromm in seinem Buch *Haben und Sein* Ende der siebziger Jahre einem breiten Publikum nahegebracht hat. Aus mehreren Gründen ist hier jedoch vom Können die Rede und nicht, wie bei Fromm, vom Haben.

Zunächst ist Können der allgemeinere Begriff. Wenn ich einen bestimmten Geldbetrag *habe*, stehen mir Möglichkeiten offen. Haben erlaubt Können, aber Können setzt nicht immer Haben voraus. Zum Möglichkeitsraum, auf den sich der Begriff des Könnens bezieht, zählt beispielsweise auch die für Menschen zugängliche und nutzbare Umwelt in ihrer Gesamtheit einschließlich der öffentlichen Güter: Verkehrsnetze, Schulen, sogar das Wetter und die Luft zum Atmen. Auch das Wissen und die Fähigkeiten eines Menschen gehören zum Möglichkeitsraum. Was man kann, ist mehr als das, was man hat – ein Klavier zu besitzen bedeutet noch nicht, dass man auch zu spielen vermag.

Was zusätzlich eher für den Begriff des Könnens als für den des Habens spricht, ist der Umstand, dass es der Soziologie um Absichten geht, denn sie sind es, die soziale Prozesse voranbringen. Eine Untersuchung von Absichten des Habens würde nur Konsumformen in den Blick bringen, eine Untersuchung von Absichten des Könnens dagegen erfasst Technik, Wissenschaft, Unternehmensorganisation, Bildungssystem, Arbeitsteilung und vieles mehr, die Anschaffung von Konsumgütern ohnehin. Hinter der Absicht des Habens steht normalerweise die Absicht des Könnens. Dass die Umkehrung dieses Satzes nicht notwendig gilt, ist ein Hinweis auf die größere Reichweite der Kategorie des Könnens im Vergleich zu der des Habens.

Auch in anderer Hinsicht wähle ich eine von Erich Fromm abweichende Perspektive. Während Fromm den Aspekt des Erlebens in den Vordergrund stellt, geht es mir um soziales Handeln. Meine Leitfragen richten sich nicht, wie bei Fromm, auf den Unterschied zwischen grundlegenden Existenzweisen, sondern auf den Unterschied zwischenmenschlicher Muster, deren Sinn wesentlich auf das Können oder auf das Sein bezogen ist. Dieser soziologische Aspekt wird bei Fromm lediglich gestreift, aber nicht ausgelotet. Hier dagegen steht er im Mittelpunkt. Es geht um eine Soziologie des Könnens und Seins, nicht um die Beschreibung damit verbundener Formen des Erlebens.

Ein letzter Unterschied liegt in der Bewertung. Fromm dramatisiert den Gegensatz der beiden Hauptkategorien zu einem Kampf zwischen Gut und Böse. Er bekennt sich zur Religion des Seins und will die im Haben abtrünnig Gewordenen bekehren. Damit frischt Fromm eine Tradition der Unterscheidung von Licht und Schatten auf, die in meinen Überlegungen keine Rolle spielt. Können und Sein betrachte ich als zwei Facetten des Menschen, die sich nicht in eine allgemeingültige Rangordnung bringen lassen. Wertungen von Können und Sein sind allenfalls sinnvoll, wenn man sich in bezug auf historisch und persönlich immer wieder wechselnde Umstände von Mal zu Mal fragt: Worauf kommt es jetzt eigentlich an? Sollte man jetzt besser die Orientierung auf das Können in den Vordergrund stellen oder die Orientierung auf das Sein? Es kann keine allgemeine Antwort auf diese Frage geben. Eines aber ist klar: Es besteht überhaupt kein Widerspruch zwischen dem Können auf der einen und dem Sein auf der anderen Seite. Aus dem historischen Ungleichgewicht zu Gunsten des Könnens lässt sich nicht die Forderung nach einem neuen Ungleichgewicht zu Gunsten des Seins ableiten. In Sicht kommt das zweidimensionale Leben.

Der neue Common sense

Neue Formen des Alltagslebens werden nicht gefunden, sondern kon-struiert. Es wäre unsinnig, sich hierzu unter der Überschrift »Wie wir morgen leben werden« in kühnen Visionen zu ergehen. Doch die Neu-gier ist stärker als die Vorsicht. Einige grundsätzliche Überlegungen scheinen nicht zu gewagt: Wie könnten die Grundlinien einer Hand-lungslogik aussehen, die nicht das Können in den Vordergrund stellt, sondern das Sein?

Das Steigerungsspiel wird nicht verschwinden, aber seine Bedeutung wird in dem Maß zurückgehen, wie die seinsgerichtete Sozialsphäre Auf-merksamkeit, Ehrgeiz und Energie der Menschen auf sich ziehen wird. Im ersten Teil dieses Kapitels entwickle ich die Grundlagen für die dann folgenden Teile. Es bedarf vor allem einer weiteren Präzisierung der Be-griffe von Können und Sein: Welche Bedeutung haben sie, wenn man sich auf den Horizont eines konkreten einzelnen Menschen einlässt? Und weiter: Wie kann man sich eine Vorstellung darüber bilden, was ein Mensch tun wird? Die Methode, nach der ich vorgehen möchte, nenne ich prognostisches Verstehen. Diese Methode werde ich dialektisch einsetzen und mich dabei am Begriff des Common sense orientieren. Aber was heißt Verstehen eigentlich genau? Und was bedeuten in diesem Zusam-menhang Dialektik und Common sense?

Damit sind die Fragen und Begriffe angedeutet, die für die nachfol-genden Teile des Kapitels wichtig sind. Nach dem methodischen Teil wird es zunächst um das Alltagswissen in einer geänderten Situation gehen, dann um Handlungsmuster, schließlich um die Sozialwelt in ihrer Ge-samtheit.

Wie weiterdenken?

Dialektik und prognostisches Verstehen

Menschen sind in ihrem Handeln immer weniger festgelegt. Ein Prognostiker müsste sich eigentlich das Gegenteil wünschen: je weniger Optionen, desto berechenbarer die Entscheidungen der Menschen. Die Erweiterung des Möglichkeitsraums bringt es jedoch mit sich, dass es schwieriger wird, etwas über die Zukunft auszusagen. Davon wissen zum Beispiel Produktentwickler ein Lied zu singen: Was die Menschen wollen könnten, wird facettenreicher und verändert sich immer schneller. Kultur konkretisiert sich in immer kleineren Räumen und immer kürzeren Zeitspannen.

Trotzdem kann man nicht behaupten, dass nun alles in winzige kulturelle Segmente zerfalle. Der Eindruck umfassender Partikularisierung ergibt sich allenfalls aus der Perspektive kurzfristig orientierter Marktforschung, deren Aufgabe darin besteht, das Partikulare in Einteilungen von Nachfragern zu übersetzen. Langfristig aber zeigt sich eine entgegengesetzte Tendenz: Abstrakte Muster entstehen, die sich in scheinbar unverbundenen Phänomenen wiederholen. Zwar irritieren sich Bergwanderer und Mountainbike-Fahrer gegenseitig, hinsichtlich des abstrakten Motivs der Erlebnisrationalität jedoch wollen sie das gleiche. Das extremste Beispiel ist die Steigerungslogik. Dieses Schema ist allgemein genug, um so verschiedenartige Denkwelten wie die von Softwareingenieuren, Hausfrauen, Werbefachleuten und Programmdirektoren unter einen Hut zu bringen. Der zerklüfteten Oberfläche liegt ein Sockel von Gemeinsamkeit zu Grunde.

Welche zukünftigen Gemeinsamkeiten bilden sich gegenwärtig aus? Man ist versucht, diese Frage der Unterhaltungsindustrie zu überlassen. Prophetisches Sehen ist eine Form der Blindheit. Naiv ist es, soziologische Erfindungen in die Welt zu setzen und zu glauben, man könne damit das langsame Wachsen sozialer Konstruktionen abkürzen, die doch erst aus Versuch und Irrtum, aus Reflexion und Selbstveränderung, aus Lernen und Verlernen hervorgehen.

Dennoch sind einige Annahmen möglich; man ist nicht gezwungen, ins Blaue hinein zu phantasieren. Zwar gibt es keine detailgenauen Verfahrensvorschriften, aber man kann vorwegnehmendes Denken methodisch strukturieren. Wie an einem Geländer tastet man sich im Dunkeln voran. Die wichtigste Methode nenne ich dialektische Prognostik. Gewöhnt an lineare Prognostik, brauchen wir nun ihr Gegenteil. Es gibt Zeitabschnitte und Themengebiete, in denen die lineare Prognostik der dialektischen überlegen ist. Dazu gehört das Steigerungsspiel, das sich in tausenderlei linearen Verläufen vorwärts bewegt. In der Fortsetzungsvermutung, die im Lauf des Steigerungsspiels entstanden ist, verselbständigt sich die historische Passage der Linearität zu einem machtvollen Geschichtsmythos, der inzwischen das Denken auf der ganzen Welt bestimmt. Dialektik beginnt mit der Annahme, dass Fortsetzung nur eine Möglichkeit ist. Sie sucht die Vollständigkeit der Überlegung im *Unterschied zum Bisherigen*. Lineare Prognostik arbeitet mit der Logik der Fortschreibung, dialektische mit der Logik der Alternative. Dialektik verwendet das vorhandene Wissen auf ungewohnte Weise: nicht zusammenfügend, abkürzend, gestaltbildend, wie es der naturwissenschaftlichen Suche nach eleganten Formeln entspräche, sondern kontrastbildend und nach Auflösung forschend. Im Kern aber geht Dialektik über bloße Negation hinaus. Sie fragt immer auch bereits nach dem Neuen und geht damit zum prognostischen Verstehen über.

Es gibt zwei Hauptquellen prognostischen Verstehens. Die erste besteht in gegenwärtig erkennbaren Mustern, von denen sich annehmen lässt, dass sie weiter ausagiert werden. Die zweite Quelle besteht in anthropologischer Selbstbesinnung: Was könnte den Menschen, so wie wir sie kennen, zukünftig sinnvoll scheinen? Denn von unserer Zukunft wissen wir zumindest eines: dass wir es nach wie vor mit uns selbst zu tun haben werden. Damit zeichnet sich ein Zukunftsdenken ab, das im Gegensatz zu einer auf konstruierter Gewissheit und vordergründiger Exaktheit beruhenden Prognostik steht: die Selbstbefragung des Menschen; das Nachdenken darüber, welche Wege der Common sense in einer geänderten Landschaft nehmen könnte. Es bleibt dabei nichts anderes übrig, als sich in unsicheres Terrain zu begeben, oder besser: sich in dem unsicheren Terrain umzusehen, in dem man sich ohnehin schon die ganze Zeit befindet, ob man nun will oder nicht.

Aussagen über »den Menschen« sind jedoch mit besonderer Vorsicht zu genießen. Leicht maßt man sich dabei an, seine eigene kulturelle Provinz für die ganze Welt zu halten. Aber auch die Gegenbehauptung stimmt nicht: dass es keine Gemeinsamkeiten zwischen den Menschen geben könne. Wir kommen um die unbequeme Differenzierung nicht herum, dass wir in vieler Hinsicht grundverschieden und in anderer gleichartig sind. Vielleicht war noch nie eine Zeit so von Verschiedenartigkeit fasziniert wie die unsere. Viele machen das Herausarbeiten ihrer Besonderheit im Vergleich zu allen anderen Menschen zu ihrem Lebensprogramm. Dennoch ist die Annahme von Gemeinsamkeiten zwingend und durch tägliche Erfahrung aller belegt. Sie ist der Ausgangspunkt prognostischen Verstehens, das darauf abzielt, die Sozialwelt der Zukunft von innen her zu denken. Die Leitfrage lautet: Wie werden normale Menschen auf denkbare Veränderungen ihres Horizonts von Handlungsmöglichkeiten reagieren?

Überlegungen dazu können nicht mit dem Anspruch empirisch gesicherter Forschungsergebnisse auftreten. Sie sind als Diskussionsangebot aufzufassen, begründet nur in dem Maße, in dem sie anderen überzeugend scheinen. Man versetzt sich in zukünftige Menschen hinein und fragt sich selbst: Was würde ich tun?

Mein folgender Versuch prognostischen Verstehens ist in mehrere Schritte unterteilt. Im nächsten Abschnitt werfe ich, freilich noch aus weiter Distanz, einen ersten Blick auf den zu verstehenden *Inhalt*; im darauffolgenden Abschnitt skizziere ich die *Methode* des Verstehens als solche, um welchen Inhalt es auch immer gehen mag. Aus diesen beiden grundlegenden Perspektiven ergibt sich alles weitere. Das restliche Kapitel besteht darin, die Umrisse zukünftiger Normalität zu entwerfen.

Tausch, Ergebnis, Tätigkeit.
Können und Sein im Handlungsentwurf

Zunächst will ich den Bereich näher bestimmen, auf den sich das Verstehen richten soll: auf das Denken und Handeln einzelner Menschen; prognostisches Verstehen ist dessen Vorwegnahme. Dabei ist es hilfreich, zumindest eine grobe Vorstellung davon zu entwickeln, in welche Richtung das Verständnis gehen soll.

In unserem Zusammenhang liefert der Begriff des Seins eine solche Vorstellung. Einfach und ohne Anklänge an Heidegger bezeichnet dieser Begriff hier, wie bereits weiter oben ausgearbeitet, einen Aspekt des menschlichen Wollens. Können und Sein interessieren hier als *Projekte*;

als Könnenwollen und Seinwollen. Was bedeutet es, jemanden unter dieser Perspektive zu verstehen?

Im Mittelpunkt steht der Moment, in dem jemand etwas will. Dieser Moment zieht sich durch unser ganzes Leben. Er gleicht dem vorwärts brennenden Glutpunkt einer Zündschnur. Der Moment des Handlungsentwurfes, des absichtsvollen Übergangs von der Gegenwart in die Zukunft durchwandert unser Leben und füllt sich ständig mit neuen Inhalten. Es ist die Kernidee der folgenden Ausführungen, dass dem Können und dem Sein jeweils typische Handlungsentwürfe entsprechen. Bedeutungsverschiebungen zwischen Können und Sein lassen sich konkreter fassen, wenn man darüber nachdenkt, welche Handlungsentwürfe im Leben vieler Menschen hervortreten oder zurückgehen. Für die Abgrenzung von Können und Sein ist nun die Unterscheidung dreier Typen von Handlungsentwürfen wichtig: Tausch, Ergebnis, Tätigkeit. Welcher Typ im Bewusstsein eines Handelnden gerade vorherrscht, kann man feststellen, indem man ihn fragt: Was will er im gegebenen Moment? Wie würde er sein Ziel beschreiben? Wann würde er das Ziel als erreicht und die Handlung als abgeschlossen betrachten? Untersuchen wir nun die drei Typen genauer.

Von *Tausch* spreche ich, wenn der Handelnde bestrebt ist, für eine Leistung eine Gegenleistung zu bekommen. Ein Investor baut Wohnungen, um Miete zu kassieren, umgekehrt leisten die Mieter ihre monatlichen Zahlungen, um in der Wohnung leben zu dürfen. Eine Hand wäscht die andere. Menschen halten sich an Gesetze, Regeln, Konventionen, Befehle, um Sanktionen zu vermeiden und akzeptiert zu werden; ihre Leistung ist Wohlverhalten, die erwartete Gegenleistung Verschonung und Integration.

Das Handeln zielt auf ein *Ergebnis*, wenn es etwas entstehen lässt. Man produziert etwa Texte, Wissen, Kunstwerke, Gegenstände, Dienstleistungen, Transporte. Es gibt rein ergebnisorientierte Autofahrten, die man unternimmt, um Entfernungen zurückzulegen. Man putzt die Fenster nicht zum Spaß, sondern um sie wieder sauber zu haben. Man arbeitet sich an den Kraftmaschinen im Fitness-Studio ab, um seinen Körper der gerade geltenden Körpermode anzugleichen.

Es geht um *Tätigkeit*, wenn der bloße Vollzug der Handlung auch schon ihr Ziel ist. Man geht spazieren um des Spazierengehens willen, nicht etwa, um von Punkt A zu Punkt B zu kommen. Kinder spielen, weil ihnen das Spielen gefällt. Viele fahren aus bloßer Lust am Fahren mit dem

Auto durch die Gegend. Angeblich stehen sogar manche gerne im Stau. Es heißt dann oft, man tue etwas um seiner selbst willen oder etwas sei Selbstzweck. Genauer wäre eine andere Formulierung: Man tut etwas wegen seiner unmittelbaren Wirkung auf sein Innenleben – wegen des Tätigkeitserlebnisses.

Im Einzelfall mischen sich die Zielklassen: Ein Mann beschließt, zu Fuß in ein Blumengeschäft zu gehen, einen Strauß zu kaufen und ihn selbst zusammenzustellen. Im Hinblick auf den Blumenstrauß plant er einen Tausch. Er möchte seine Freundin versöhnlich stimmen, die sich von ihm vernachlässigt fühlt, weil er so viel arbeitet. Der Weg zum Blumengeschäft führt durch eine schöne Gegend. Der Mann will zu Fuß gehen, weil er den Weg genießen möchte und glücklich ist, endlich einmal an die frische Luft zu kommen. Bei diesem Teil seines Entschlusses kommt es ihm auf das Erlebnis der Tätigkeit an. Später im Blumengeschäft stellt er seinen Strauß selbst zusammen, weil er darin besonders gut ist. Hier zielt sein Handeln auf das bestmögliche Ergebnis ab.

Betrachten wir zur Veranschaulichung der Zielklassen weitere Beispiele. In einem Gefangenenlager etwa gibt es wenig Spielraum für tätigkeitsbezogene oder ergebnisbezogene Handlungsentwürfe. Alles ist auf Tausch angelegt: Arbeit und Gehorsam gegen Verschonung vor Strafe oder auch nur gegen das nackte Leben. Im Bewusstsein der Gefangenen dominiert das Tauschmotiv; versagt bleiben ihnen die Freuden des Lebens in Form der Lust an Tätigkeiten oder der Freude an Ergebnissen. Zudem sind die Tauschverhältnisse ungünstig; man gibt alles und muss froh sein, wenn man wenigstens mit dem Leben davonkommt. Auf ganz andere Weise werden die Finanzmärkte, um ein weiteres Beispiel zu untersuchen, vom Tauschmotiv beherrscht. Getauscht werden ungewisse Gewinnaussichten gegen Geld. Im Gegensatz zum Gefangenenlager steht jedem die Teilnahme frei, und jeder Teilnehmer erwartet einen Gewinn. Unter diesen Bedingungen kann sich eine Sozialwelt reiner Tauschakte entwickeln, die durch ökonomische und psychologische Faktoren reguliert wird. Wert und Gegenwert sind bei jedem Tauschakt als Zahl darstellbar; auf die tauschenden Personen kommt es nicht an. Diese Sozialwelt ist informationstechnologisch globalisierbar; sie besteht in nichts anderem als in der organisierten Begegnung anonymer tauschbereiter Akteure.

Soziologisch gesehen ähneln sich Gefangenenlager und Börse – in beiden Fällen dominiert der Tausch. Der für die folgenden Überlegungen wichtigste Unterschied hat mit Geld zu tun. Im Gefangenenlager herrscht überwiegend Naturaltausch (worunter ich sowohl den Tausch konkreter Güter verstehe als auch den Tausch sozialer Güter, etwa Konformität gegen Sanktionsverschonung), während die Börse das Mekka der Geldwirtschaft ist.

Ein drittes Beispiel ist die Subsistenzwirtschaft. Wenn Menschen von der Hand in den Mund leben, kommt es auf nichts so sehr an wie auf Ergebnisse. Vergleichen wir einen, der sich Fleisch im Supermarkt besorgt, mit einem, der es sich erjagt. Dabei wird deutlich, dass man beim ergebnisbezogenen Handeln viel stärker gefordert ist als beim Tausch, um in den Genuss des begehrten Objekts zu kommen.

Ein Beispiel für die Vorherrschaft tätigkeitsbezogener Ziele ist der Kindergarten. Der Tausch spielt hier fast keine Rolle. Ergebnisbezogene Ziele kommen zwar vor, etwa bei Bastelarbeiten, sie sind aber ganz dem Ziel untergeordnet, in der Tätigkeit selbst Erfüllung zu finden. Würde Bastelzwang bestehen, hätten wir es mit einer Kinderfabrik, nicht mit einem Kindergarten zu tun. Kinder sind Meister der Selbstvergessenheit im Tun; mehr noch als bei ergebnisbezogenen Zielen muss man sich bei tätigkeitsbezogenen mit Haut und Haar auf die Situation einlassen, um sein Ziel zu erreichen.

Gefangenenlager, Börse, Subsistenzwirtschaft, Kindergarten – diese Beispiele stehen für Abstufungen der Nähe zwischen Subjekt und Welt. Am besten kann man sich beim monetären Tausch heraushalten. Dabei gibt es verschiedene Grade; groß ist die Distanz bei Börsengeschäften oder beim Versandhandel, während personenbezogene Dienstleistungen wie das Haareschneiden eine hohe Aufmerksamkeit für konkrete Dinge und Personen erfordern, auch wenn dies in den Rahmen eines monetären Tauschaktes eingebettet ist. Um ein Ergebnis zu erzielen, sei es einen guten Haarschnitt oder eine aufgeräumte Wohnung, muss man sich in hohem Maß auf die konkrete Wirklichkeit in der gegebenen Situation einlassen. Am stärksten ist man jedoch involviert, wenn das Ziel in der Tätigkeit liegt. Wozu ein Buch lesen, Klavier spielen, spazierengehen, wenn man sich nicht voll und ganz auf das konzentriert, was man gerade tut? Man verschwendet seine Zeit, wenn man sich nicht mit Haut und Haar in den Kontakt mit der Wirklichkeit stürzt, der man unmittelbar gegenübersteht.

Die Unterscheidung von Können und Sein soll die unterschiedlich große Nähe von Subjekt und Welt in einer Polarität auf den Begriff bringen. In Reinform sind die in dieser Polarität angesprochenen Gegensätze zwar nur selten verwirklicht, aber man kann die Mischformen, wie sie uns im täglichen Leben begegnen, besser beschreiben, wenn man über eine Vorstellung der Reinformen verfügt. Nützlich ist dies vor allem bei Vergleichen, die sich auf isolierte Episoden im Leben einzelner Menschen beziehen können, auf die Tendenz ihrer Handlungen, auf kleine soziale Gebilde bis hin zu ganzen Gesellschaften. Besonders interessant ist dabei der Zeitvergleich: Wie verändert sich das Verhältnis von Können und Sein in den Handlungsentwürfen der Menschen? Um so zu fragen, braucht man eine Vorstellung von den Reinformen des Könnens und des Seins. Denken wir sie uns zunächst als zwei vollständig voneinander getrennte Planeten.

Auf dem Planet des Könnens sind die Menschen ausschließlich damit beschäftigt, am Möglichkeitsraum zu arbeiten. Bei allem, was sie tun, haben sie Tauschakte, Ergebnisse oder beides im Sinn. Wer tauscht oder etwas herstellt, verändert den Möglichkeitsraum, also das Können. Wie etwa ist das Haareschneiden auf dem Planet des Könnens einzuordnen? Der Kunde kauft ein Ergebnis; er tauscht eine Frisur gegen Geld. Durch diesen Tauschakt verändert sich auch der Möglichkeitsraum des Friseurs, denn er kann sich für das Geld etwas kaufen. Dazu musste er freilich erst seine Arbeit tun und das geforderte Ergebnis herstellen. Der Planet des Könnens ist durchwirkt von instrumentellen Beziehungen; alles ist Mittel zum Zweck und insofern begrenzt sinnvoll. Man tauscht seine Arbeitskraft gegen Geld; man tauscht das verdiente Geld gegen das, was man zum Leben braucht; man tauscht die Lebensmittel gegen die Wiederherstellung seiner Arbeitskraft; man tauscht schließlich seine Arbeitskraft wieder gegen Geld. Die Welt des Könnens besteht aus unendlich langen Ergebnisketten und zahllosen Tauschzyklen, die sich oft um einzelne Produkte herum kristallisieren, etwa das Auto: Rohstoffe, Einzelteile, Transport, Konstruktion, Organisation, Werbung, Zahlungsverkehr.

Auf dem Planet des Seins haben die Menschen bei allem, was sie tun, nur ein übergeordnetes Ziel. Sie wollen das Tun selbst so erleben, dass sie sich ganz davon ausgefüllt und ergriffen fühlen. Sie wollen darin aufgehen und im Moment des Tuns alles andere vergessen. Es soll keine Ziele geben, die über diesen Moment hinausweisen. Welche Konsequenzen dies für den Möglichkeitsraum hat, ist ihnen gleichgültig. Es gibt leidenschaftliche Köche, die das fertige Gericht weder gegen Geld eintauschen noch selbst verzehren und denen es gleichgültig ist, wenn andere sich darüber hermachen. Die das Gericht essen, haben wiederum nichts mit

Fitness, Wiederherstellung ihrer Arbeitskraft oder Gesundheit im Sinn; ihnen geht es allein um den Genuss.

Vermutlich sind die Menschen auf den beiden Planeten auch noch auf andere Weise aktiv, denknotwendig ist dies jedoch nicht. Es kommt allein auf die Absichten an, die in den Handlungsentwürfen hervortreten. Auf dem Planet des Könnens beabsichtigen die Menschen ausschließlich Eingriffe in den Möglichkeitsraum (durch Tauschakte und Ergebnisse); auf dem Planet des Seins setzen die Menschen einen gegebenen Möglichkeitsraum voraus. Es kümmert sie nicht, wie sie durch ihr Tun auf die Welt einwirken; worauf es ihnen allein ankommt, ist die Wirkung ihres Tuns auf ihr Innenleben, das Tätigkeitserlebnis.

Je mehr man sich in die Reinformen des Könnens und Seins hineindenkt, desto klarer wird einem freilich, dass Können und Sein aufeinander angewiesen sind. Für den Planet des Seins liegt dies auf der Hand. Das seinsgerichtete Handeln besteht im Ausnutzen eines gegebenen Handlungsspielraumes, aber wir leben nicht im Paradies, also müssen wir ihn durch könnensgerichtetes Handeln schaffen, vergrößern, erhalten. Aber auch das könnensgerichtete Handeln hat für sich allein keinen Bestand. Auf dem Planet des Könnens hätte ein Auto ausschließlich den Sinn, neues Können zu ermöglichen. Ebenso wäre es mit dem Geld, das die bei der Entstehung des Autos beteiligten Akteure verdienen. Doch wozu? Können um des Könnens willen ist absurd. Der letzte Sinn des Könnens liegt darin, Sein zu ermöglichen. Sein ohne Können ist unmöglich; Können ohne Sein ist zwar möglich, aber sinnlos. Implizit ist in Handlungsentwürfen, die das Können im Auge haben, das Sein als letzter Sinn immer schon mitgedacht, allerdings kann es in der Geschäftigkeit des Tauschens und der Produktion von Ergebnissen leicht in Vergessenheit geraten. In ihrer Gesamtheit hat die Welt des Könnens nur Sinn, wenn sie auf die Welt des Seins bezogen ist.

Im Steigerungsspiel finden wir die Idee des Könnens in extremer Weise ausbuchstabiert. Manchmal könnte man denken, den Planeten des reinen Könnens gebe es tatsächlich, nämlich hier. Doch selbst im Hinblick auf das Steigerungsspiel ist diese Einschätzung gleich in mehrfacher Weise falsch.

Erstens ist die Welt des Könnens, sofern sie als Steigerungsspiel organisiert ist, ganz elementar auf die Welt des Seins angewiesen, weil sie von dort immer wieder Impulse erhält, zusätzliches Können hervorzubringen. Das Steigerungsspiel braucht Könnenserweiterung, dementsprechend habe ich die Erweiterbarkeit als Bedingung und als eine seiner knappen kognitiven Ressourcen dargestellt.

Zweitens gibt es in der Welt des Könnens immer mehr Ergebnisse und Tauschgeschäfte, die ihrem gemeinten Sinn nach unmittelbar auf die Welt des Seins bezogen sind. Anders kann es gar nicht sein, wenn der Möglichkeitsraum immer weiter zunimmt. Das Auto etwa ist im Lauf seiner Produktgeschichte immer seinsbezogener geworden; es wird heute als ein Produkt vermarktet, dessen Benutzung Selbstzweck sein soll. Der Umgang mit dem Auto wird zu einer Tätigkeit, die viele um ihrer selbst willen erstreben.

Drittens lässt sich beobachten, dass sich in der Welt des Könnens seinsgerichtetes Denken als Nebenfolge entwickelt. Handeln, das zunächst ausschließlich könnensorientiert gedacht war, macht oft auch Spaß. Es kann sogar berauschen und zur Sucht werden. Es gibt enthusiastische Börsenmakler, Manager, Forscher, Handwerker, Friseure, Hausmeister und Kranführer. Der Glücksforscher Mihaly Csikszentmihalyi berichtet in seinem Buch *Flow. Das Geheimnis des Glücks* sogar von Fließbandarbeitern, die in ihrer Tätigkeit Erfüllung finden. Alle diese Beispiele stehen für die Entstehung einer sekundären Form des Seins im Verlauf primär könnensgerichteten Tuns.

Auch beim Tauschen und beim Herstellen von Ergebnissen handelt es sich um Tätigkeiten, die unweigerlich zu Tätigkeitserlebnissen führen, ob man diese nun beabsichtigt oder nicht. Im Lauf der Zeit wird dieses sekundäre Tätigkeitserlebnis immer wichtiger – wie wichtig, haben schon viele zu spüren bekommen, die ihren Arbeitsplatz verloren haben und aus der Welt des nur scheinbar reinen Könnens hinauskatapultiert wurden.

Wenn der Planet des reinen Seins nicht schon deshalb eine Utopie wäre, weil er einen Möglichkeitsraum voraussetzt, um den man sich ständig kümmern muss, so bliebe immer noch die Sehnsucht der Menschen nach Bodenhaftung übrig. Das sekundäre und eher beiläufige Sein gelingt gerade deshalb oft so gut, weil es vordergründig um das Können geht. Jede Tätigkeit lohnt sich, ob man nun etwas dabei erlebt oder nicht: Sie führt zu einem greifbaren Resultat, und man hat ein klar definiertes Ziel. Der Weg zum Ziel ist oft spannend und abwechslungsreich; man kann seine Fähigkeiten einsetzen; man vergisst sich selbst und die Zeit. Man erlebt Momente des Glücks, ohne primär danach gestrebt zu haben.

Warum ist dann aber nicht alles gut so, wie es ist? Warum sollte man mehr von der Welt des Seins anstreben, als man bereits hat? Warum reichen einem die Enklaven des Seins in der Welt des Könnens nicht aus? Eine Antwort findet sich in einem Gleichnis von Franz Kafka: »Es wurde ihnen die Wahl gestellt, Könige oder der Könige Kuriere zu werden. Nach Art der Kinder wollten alle Kuriere sein. Deshalb gibt es lauter Kuriere, sie jagen durch die Welt und rufen, da es keine Könige gibt, einander selbst die sinnlos gewordenen Meldungen zu. Gerne würden sie ihrem elenden Leben ein Ende machen, aber sie wagen es nicht wegen des Diensteides.« Mit anderen Worten: Gäbe es nur das sekundäre Sein als Begleiterscheinung in einer könnensgerichteten Welt, wäre alles absurd. Man ist gern der Bote, aber nur, wenn es auch Könige gibt. Die Könige stehen hier für das reine, primäre Sein.

Um den Gebrauch der Begriffe Können und Sein einzuüben, kann man damit beginnen, das gerade ablaufende eigene Handeln einzuordnen. Für einen Autor beispielsweise überwiegt das angestrebte Ergebnis – der Text und seine Veröffentlichung – meist alles andere. Auch das sekundäre Sein spielt für Autoren eine Rolle: Sie schreiben gern. Ähnlich können Leser sich selbst befragen. Leser von Belletristik sind in der Regel primär seinsgerichtete Leser. Bei Sachbüchern kommt es manchen Lesern ausschließlich auf ein Ergebnis in Form neuen Wissens an; manche denken darüber hinaus und planen die Verwertung des Ergebnisses in zukünftigen Tauschakten; sie wollen das neue Wissen vielleicht beruflich verwerten oder es gegen Prüfungszertifikate eintauschen, die ihrerseits Zugang zu weiteren beruflichen Tauschketten eröffnen. All diese Leser wären rein könnensgerichtet. Aber auch bei Sachbüchern spielt Faszination eine wichtige Rolle, und damit auch das Sein, oft sogar im primären Sinn: Man liest aus purer Neugier.

Aufschlussreich und existentiell aussagekräftig wird die Betrachtung freilich erst dann, wenn man von solchen Momentaufnahmen zu längeren Zeitabschnitten übergeht; von einem Zeitabschnitt zum nächsten, um beide miteinander zu vergleichen; von der Untersuchung einzelner zur Untersuchung von Kollektiven. Könnensgerichtete und seinsgerichtete Handlungsentwürfe kommen überall vor, was sich aber von Mensch zu Mensch, von Kultur zu Kultur, von Epoche zu Epoche unterscheidet, sind die Größenverhältnisse. Damit ist gemeint: das Ausmaß der Investitionen von Zeit, Energie und materiellen Werten (einschließlich des Geldes) in bestimmte Typen von Handlungsentwürfen.

Das Steigerungsspiel bedeutete zunächst eine Annäherung an das Modell reiner Könnensorientierung. Die Seinsbezogenheit des Könnens, ohne die alles Können sinnlos ist, dünnte aus, worauf eindrücklich Max Weber mit seiner Zeitdiagnose der Verabsolutierung der Mittel hinwies: Sie wurden sich selbst Zweck genug. Eine weitere Form der Seinsvergessenheit zeigte sich in der abnehmenden Bedeutung sekundären Seins; darauf bezieht sich der Begriff der Entfremdung. Und schließlich drohte die Arbeit das ganze Leben zu vereinnahmen; die Zeit für primär seinsgerichtetes Handeln wurde knapp. Viele Kulturkritiker sehen dies als unumkehrbaren, linear voranschreitenden Vorgang an. Dies stimmt auch für einen langen Abschnitt der Geschichte der Moderne. Aber das Pendel schwingt zurück; die Anteile ändern sich erneut.

Was heißt Verstehen?

Im vorangegangenen Abschnitt ging es um mögliche Inhalte prognostischen Verstehens. Was heißt es, wenn man Menschen als Könnenwollende oder Seinwollende begreift? Was hierbei zunächst ausgeklammert blieb, ist das Verstehen als Methode. Was tut man eigentlich, wenn man versteht?

Allgemein bedeutet Verstehen: fremde Subjektivität nachvollziehen. Für Soziologie und Philosophie ist das Verstehen ein Kristallisationskern, ohne den diese Disziplinen gar nicht existierten. Sie haben diesen Begriff jedoch nicht erfunden, sondern aus dem alltagssprachlichen Gebrauch übernommen. Dies ging nicht ohne Tausende von Präzisierungsversuchen und Übersetzungen in spezielle Theoriesprachen ab. Im wesentlichen aber ist die außerwissenschaftlich vorgeprägte Bedeutung überall erhalten geblieben. Mehr als dieses Grundverständnis ist im folgenden nicht erforderlich.

Mindestens drei Formen des Verstehens fremder Subjektivität sind jedermann geläufig: Verstehen, was jemand fühlt; Verstehen, was jemand meint; Verstehen, warum jemand etwas tut. Um abzukürzen, spreche ich von emotionalem, semantischem und handlungslogischem Verstehen.

In Alltagsbeziehungen ist das *emotionale* Verstehen oft wichtig, in den folgenden Überlegungen wird es jedoch keine Rolle spielen. Emotionales Verstehen kann nicht zum Inhalt einer theoretischen Abhandlung werden (es sei denn aus der Metaperspektive), weil es im Fühlen besteht.

Dies gilt nicht für semantisches und handlungslogisches Verstehen. Beides ist der sprachlichen Darstellung sehr wohl zugänglich, und das nicht zuletzt deshalb, weil es im Alltagsleben ebenfalls oft sprachliche

Form annimmt. Man fragt: Was meinst du eigentlich? Warum tust du das? Was hast du dir dabei gedacht? Die Antworten bilden das Innenleben des Gefragten nach und liegen dort bereits in sprachnaher Form vor, als Gedanke, Kalkül, Selbstinterpretation, Wortschatz, Lebensphilosophie, Modell der Wirklichkeit. Die Konzentration auf semantisches und handlungslogisches Verstehen folgt sowohl der soziologischen als auch der philosophischen Tradition.

Semantisches Verstehen ist der Versuch, die Welt selbst so zu sehen, wie dies andere Menschen in einer bestimmten Situation tun. Zunächst denkt man an eine Sprechsituation. Man übersetzt die vom anderen gebrauchten Symbole in Bedeutungen, die einem selbst zur Verfügung stehen, und nimmt dabei an, dass diese Bedeutungen in etwa denen entsprechen, die der andere meint. Wenn man ihn nicht versteht, fragt man solange nach, bis man den Eindruck hat, dass ausreichend semantische Korrespondenz hergestellt ist. Aber die Aufgabe semantischen Verstehens geht weit über Sprechsituationen hinaus. In allen Handlungen des anderen, in seinen Besitzgegenständen, Beziehungsnetzen und Emotionen kommt implizit auch sein subjektiver Bedeutungskosmos zum Ausdruck. Es wäre nur an der Oberfläche gekratzt, würde man sich darunter eine Art Wörterbuch vorstellen. Zwar gehört eine Art subjektives Lexikon auch dazu, ebenso wichtig aber ist die Beziehung zwischen den »Eintragungen« und den grundlegenden Ordnungsvorstellungen. Eine dieser Ordnungsvorstellungen wurde weiter oben bereits ausführlich dargestellt: das Paradigma der Sachbezogenheit. Das Schwergewicht semantischen Verstehens liegt im folgenden auf alternativen Paradigmen.

Handlungslogisches Verstehen ist ohne semantisches Verstehen nicht denkbar, aber es hat etwas ganz anderes im Sinn. Warum verkauft sich ein Automodell besser als andere? Warum haben sich bei einer Wahl die politischen Kräfteverhältnisse erdrutschartig verschoben? Warum hat jemand meine Fensterscheibe eingeworfen? Immer bezieht sich der Versuch des Verstehens auf ein Handeln, etwa auf das Kaufen, das Wählen, das Zerstören. Verstehen heißt, das Handeln auf das zurückzuführen, was der Akteur zu wissen glaubt und was er will. Handeln, Wissen, Wollen: Dieser Verweisungszusammenhang ist der zentrale Ort des Common sense.

Wenn ein Psychiater die Mordserie eines Geistesgestörten vor dem Hintergrund eines in langen therapeutischen Sitzungen offenbarten Wahnsystems interpretiert, so handelt es sich immer noch um handlungslogisches Verstehen. Was dieses Extrembeispiel verdeutlicht, ist die Überbrückbarkeit der Fremdheit zwischen Menschen durch Verstehen. Man kann das Tun eines anderen handlungslogisch nachvollziehen und gleichzeitig in jeder Hinsicht ablehnen. Im Kontrast dazu steht der Begriff des Common sense. Er zielt auf handlungslogische Gemeinsamkeiten ab. Welches Handeln, Wissen und Wollen scheint in einer bestimmten Situation vernünftig? Beim prognostischen Verstehen spielt die Orientierung auf den Common sense eine wichtige Rolle. Er zentriert die Überlegungen auf eine empirisch relevante Frage: Was könnte vielen Menschen sinnvoll vorkommen?

Mit dem Begriff des Common sense knüpfe ich an eine Tradition der angelsächsischen Philosophie an, die Ende des achtzehnten Jahrhunderts in Schottland ihren Ausgang nahm. Thomas Reid, der Begründer der Schottischen Schule, meinte damit ein angeborenes Vermögen der Wahrheitserkenntnis. Etwa hundert Jahre später griffen die Begründer des amerikanischen Pragmatismus, Charles Sanders Peirce, William James und John Dewey, die zentrale Botschaft auf. Sie besteht im Vertrauen darauf, dass die Menschen dazu fähig sind, sich in ihrem Alltagsleben zurechtzufinden: Begriffe und Deutungsmuster zu entwickeln, die ihren existentiellen Anliegen förderlich sind und sich darüber zu verständigen. Damit verbindet sich eine Absage an alle absoluten philosophischen Systeme ohne Bezug zur kulturspezifischen und zeitgebundenen Lebenswirklichkeit. »An die Stelle des ewigen Wesens der Dinge als Mittelpunkt des Philosophierens«, schreibt der Philosoph Helmut Pape über den Pragmatismus, »tritt jetzt der historisch, das heißt in seiner Zeit existierende Mensch mit seinen Zielen und Zwecken, der Mensch, der die Praxis seines Lebens zum Ansatzpunkt der Klärung auch theoretischen Denkens heranzuziehen vermag.« Man ist versucht, hinzuzufügen: Was sonst? Es ist *der dramatische Reichtum der konkreten Welt* (so der Titel der Studie von Pape aus dem Jahr 2002), der es nahelegt, die Lebenspraxis der Menschen und ihr eigenes Orientierungsvermögen in den Mittelpunkt der Philosophie zu stellen, denn nur sie können herausfinden, was in ihrer jeweiligen Situation das Beste für sie ist. Was mein Buch dazu beitragen kann, ist lediglich ein Reflexionsangebot. Die Vitalität des Pragmatismus ist bis heute ungebrochen; prägende Figuren der Gegenwartsphilosophie wie Richard Rorty und Hilary Putnam stehen in seiner Tradition.

Der Anlass, über Handeln, Wissen und Wollen immer wieder neu nachzudenken, ergibt sich aus dem Wandel der objektiven Lebensverhältnisse. Den Common sense des Steigerungsspiels, wie ich ihn weiter oben beschrieben habe, beherrschen die meisten einigermaßen. Doch nun werden sie neu herausgefordert. Sie können das ignorieren oder in eingefahrene Handlungsmuster umdeuten, sie können sich aber auch darauf einstellen. Möglich ist vieles, vernünftig scheint weniges.

Im Fokus stehen damit einzelne Menschen und die Vernunft ihrer alltäglichen Lebensführung. Meine Hauptfrage richtet sich darauf, was ihnen vernünftig *scheinen könnte*, und nicht etwa darauf, was – in einem angeblich objektiven oder metaphysischen Sinn – vernünftig *ist*, denn darüber lassen sich keine verbindlichen Aussagen machen.

Warum einzelne und ihre alltägliche Lebensführung? Warum nicht Organisationen, Institutionen, Nationen, Weltgesellschaft? Warum nicht Klassen, Ethnien, Subkulturen, Altersgruppen, Religionszugehörige? Weil sich das Kräfteverhältnis zwischen Individuum und Kollektiv verändert hat. Es kommt zumindest in Europa und Nordamerika in immer stärkerem Maß auf die einzelnen an; aus Untertanen, Unaufgeklärten, Eingezwängten werden Akteure, deren Mitverantwortung steigt, gleichgültig, ob es ihnen bewusst ist oder nicht und ob sie es wollen oder nicht.

Einzelne und mehrere

Das Verstehen beginnt beim einzelnen Menschen, doch dies ist noch nicht der letzte Schritt. Wenn es einzelne miteinander zu tun bekommen, entsteht ein Phänomen eigener Art: das, was sich zwischen den Menschen abspielt und machtvoll auf sie zurückwirkt. So schicksalhaft und unbeeinflussbar die soziale Wirklichkeit oft denjenigen erscheint, die in ihr und mit ihr leben, so abhängig ist sie von jedem einzelnen. Die Betroffenen sind gleichzeitig die Konstrukteure ihrer Wirklichkeit.

Hat man nun eine ungefähre Vorstellung davon, wie es in den Menschen aussieht, die in bestimmten Situationen aufeinandertreffen, so kann man noch einen Schritt weitergehen und darüber nachdenken, in welche Richtung sich wohl die soziale Wirklichkeit entwickeln wird, die sie gemeinsam erzeugen. Was würde wohl in einem sozialpsychologischen

Experiment passieren, in dessen Verlauf wir kleine Gruppen von einander unbekannten Freiwilligen jeweils für eine Woche in einem Gebäude einschließen würden? Was bekämen wir in der Rolle eines Big Brother zu sehen? Eines ist klar: Die soziale Wirklichkeit, die unter diesen Bedingungen entsteht, hängt von der Personenkonstellation ab. Nach einer Serie von Beobachtungen entwickelt man ein theoretisches Gespür dafür, was geschehen wird, je nachdem, welche Menschen aufeinandertreffen. Um eine Prognose zu wagen, muss man die Teilnehmer am Experiment vorher möglichst gut kennen. Man muss sie zunächst einmal als einzelne verstehen, um zu erahnen, wie sie sich als mehrere aufeinander einspielen werden.

Die Kunst der Grobeinstellung

Im folgenden geht es nicht um eine Prognose im naturwissenschaftlichen Sinn, sondern um die Erkundung eines möglichen Wegs. Abgesehen davon sind auch sogenannte exakte Prognosen nicht besonders aussagekräftig. Sie müssen immer wieder an die Wirklichkeit angepasst werden und sind deshalb eigentlich nur verkappte Gegenwartsbeschreibungen. In der ständigen Nachbesserung empirischer Aussagen zeigt sich ihre tatsächliche Unschärfe.

Die Trendforschung lebt von der Widerlegung eigener Vorhersagen, denn Ungewissheit weckt neue Nachfrage nach Zukunftsphantasien. Der Wunsch nach Details ist groß, aber auch die Gefahr des blühenden Unsinns. In Zukunftsromanen und spekulativen Sachbüchern, deren Hauptressource die Phantasie ihrer Autoren ist, kann man lesen, was Menschen von morgen essen, wie sie sich fortpflanzen, wie ihre Autos aussehen und mit welchen Waffen sie einander umbringen.

Konkretheit ist gut, aber nur, wenn sie sich begründen lässt. Auch prognostisches Verstehen kann *zu* konkret werden. Der theoretische Fehler der Überkonkretisierung besteht im Ignorieren des Eigensinns, seine Korrektur in der Anerkennung von Unvorhersehbarkeit. Aber auch Unvorhersehbarkeit hat Grenzen: Mit einer gewissen Wahrscheinlichkeit lassen sich die Wege des Eigensinns vorwegnehmen. Über diese lohnt sich nachzudenken. Sichtbar werden sie nur bei einer Betrachtungsweise, die relativ abstrakt bleibt und deren Auflösungsvermögen bewusst grob gehalten wird. Die Kücheneinrichtungen der Zukunft sind nicht das Thema der folgenden Überlegungen.

Zusammenfassung. Der Denkrahmen im Überblick

Es war der Zweck der vorangegangenen Abschnitte, gedankliche Mittel für die folgenden Überlegungen zu erarbeiten. Die Hauptergebnisse fasse ich nun in einigen Thesen zusammen:

- Die Methode der Wahl ist das prognostische Verstehen: sich in Menschen von morgen hineinzudenken.
- Das Verstehen kann emotionaler, semantischer und handlungslogischer Art sein. Emotionales Verstehen bleibt im folgenden ausgeklammert; es geht allein um semantisches und handlungslogisches Verstehen.
- Semantisches Verstehen bedeutet: nachzuvollziehen, wie andere Menschen die Welt sehen. Dem semantischen Verstehen ist der folgende Hauptabschnitt (Erweiterung der Weltsicht. Über den Wandel des Alltagswissens) gewidmet.
- Handlungslogisches Verstehen bedeutet: den Zusammenhang von Handeln, Wissen und Wollen nachzuvollziehen. Darum geht es im übernächsten Hauptabschnitt (Seinsgerichtetes Handeln).
- Verstehen setzt an einzelnen Menschen an, lässt sich aber auf ihre Beziehungen ausdehnen. Einige Schritte in dieser Richtung übernimmt der letzte Hauptabschnitt dieses Kapitels (Soziologie des Seins).
- Die Methode des Verstehens ist im gegebenen Zusammenhang dialektisch einzusetzen. Dies bedeutet: nicht nach Fortsetzung zu fragen, sondern nach Gegensätzen und Alternativen zu heutigen Denkformen und Handlungsmustern.
- Anlass der dialektischen Orientierung ist die Polarität von Können und Sein.
- Die Begriffe von Können und Sein sind in den Handlungsentwürfen der Menschen verankert. Es geht um Könnenwollen und Seinwollen. Ob Handlungen mehr dem Könnenwollen oder mehr dem Seinwollen zuzuordnen sind, richtet sich danach, ob sie auf Tauschakte, die Herstellung von Ergebnissen oder auf Tätigkeitserlebnisse gerichtet sind.
- Der weiteren Strukturierung prognostischen Verstehens dient die Fokussierung auf den Common sense. Es handelt sich dabei um einen Suchbegriff: Welches Handeln, Wissen und Wollen könnte Menschen in einer vorweggenommenen Situation vernünftig scheinen?

Erweiterung der Weltsicht.
Über den Wandel des Alltagswissens

Die Welt aus der Sicht des Seins

Der Alltagsverstand stellt sich die Wirklichkeit als ein riesiges Arrangement von Gegenständen vor – Bäume, U-Bahnen, Bürosessel, Zahnbürsten, Galaxien. Darin liegt, wie die Philosophie immer wieder herausgearbeitet hat, eine Vereinfachung. Gegenstände sind nicht ohne unser geistiges Zutun denkbar, denn es gibt unzählige Möglichkeiten, über die Welt nachzudenken und zu reden. Jeder Gegenstand entsteht vor unserem inneren Auge erst dadurch, dass wir eine Wahl treffen.

Es ist durchaus sinnvoll, diesen Umstand im Alltagsleben zu vernachlässigen, weil wir uns blockieren würden, wenn wir die erkenntnistheoretischen Grundlagen unserer Weltbilder ständig reflektierten. Manchmal aber, so auch hier, ist es notwendig, die Vereinfachung aufzuheben und sich folgendes klarzumachen: Ein Stuhl wird für mich erst zu einem Gegenstand, weil ich der Welt mit einer bestimmten Wahrnehmung gegenübertrete, die es mir ermöglicht, einen Stuhl als abgegrenzte Einheit von seinem Umfeld zu unterscheiden. Gegenstände sind nicht Gegenstände *an sich*, sondern *für mich*.

Wenn wir etwas tun, unterscheiden wir zwischen Subjekt und Objekt, zwischen uns selbst als Akteuren und dem Gegenstand unserer Aktion. Im Alltagsleben sind wir zwar alle der felsenfesten Überzeugung, die Gegenstände seien einfach da. Dabei machen wir uns aber nicht klar, dass die Gegenstände so, wie wir sie erleben, immer durch unsere Sichtweisen mitgeformt sind. Gewiss, die Welt existiert unabhängig von uns, es ist gleichgültig, was wir über sie denken. Um aber etwas zu tun, müssen wir uns die Welt erst einmal in bestimmter Weise zurechtlegen. Wir müssen sie gliedern, eingrenzen, theoretisch durchdringen, mit Begriffsnetzen überziehen, anschlussfähig an unsere Subjektivität machen. Wir müssen uns die Welt so konstruieren, dass wir zu ihr in Beziehung treten können. Hierfür gibt es unzählige Möglichkeiten. Einige erweisen sich als praktisch, andere führen immer wieder zu Schwierigkeiten. Die besonders weit verbreiteten, im Handeln der Menschen immer wiederkehrenden Sichtweisen sind es, die nun im Mittelpunkt stehen.

Auf eine von vielen Sichtweisen, freilich eine historisch wichtige, spielte Max Weber mit seiner Formel von der *Entzauberung der Welt* an. Er charakterisierte damit die unaufhaltsame Veränderung der Beziehung der Menschen zur Wirklichkeit im neunzehnten und zwanzigsten Jahrhundert, als sich die gewaltigen Kräfte des Steigerungsspiels voll entfalten und sich das Paradigma der Sachbezogenheit immer stärker durchsetzte. Nun, zu Beginn des einundzwanzigsten Jahrhunderts, stellt sich die Frage, wie wir mit der Wirklichkeit umgehen sollen, wenn wir Ziele verfolgen, denen das Paradigma der Sachbezogenheit nicht angemessen ist.

Verfolgen wir die Geschichte eines Steuerberaters, der genug Geld verdient hat, um seinen Beruf an den Nagel zu hängen und sich einen lange gehegten Wunsch zu erfüllen: Er möchte Bilder malen. Er kauft eine Scheune, die er zum Atelier ausbaut. Schließlich ist alles bereit, er könnte mit dem Malen beginnen – aber er sitzt nur herum, und es fällt ihm nichts ein. Was zeigt sich in dieser Geschichte? Wenn ein Steuerberater anfängt, eine Scheune auszubauen, wechselt er von der Kopfarbeit zur Handarbeit – ein großer Sprung, wie es scheint. Handlungslogisch gesehen sind Kopf- und Handarbeit jedoch nahe verwandt; es gibt in beiden Fällen objektive Erfolgskriterien, effiziente Methoden, erlernbare Standardfähigkeiten, klare Ziele, Steigerbarkeit. Viel größer ist der Sprung von den Tätigkeiten des Steuerberaters oder Handwerkers zur Tätigkeit des Künstlers. Am Anfang der Geschichte ging es um *Sachen*. Doch als die künstlerische Arbeit beginnen sollte, brachen die alten Orientierungsgrundlagen weg. Gänzlich anderes Denken war nun gefragt. An die Stelle der Sachen traten das *Werk* und das *Selbst*. Nachdem der Mann lange vergeblich auf eine Inspiration gewartet hatte, verkaufte er das Atelier und kehrte in seinen Beruf zurück.

Das Paradigma der Begegnung

Die beiden im letzten Abschnitt eingeführten Begriffe Werk und Selbst gehören zum übergeordneten *Paradigma der Begegnung*. Es ist das Gegenstück zum Paradigma der Sachbezogenheit. Beide Sichtweisen haben ihren Sinn: Sachbezogenheit dient dem Können, Begegnung dem Sein.

Was heißt Begegnung? Ich verwende dieses Wort in den nächsten Abschnitten als Ausdruck für den Wunsch von Menschen, mit der Welt in Kontakt zu treten. Das Seinwollen, so meine Ausgangsannahme, ist nicht nach innen gerichtet, sondern nach außen; es zielt nicht auf Abkapselung, sondern auf Wechselwirkung. Seinwollen heißt, nach Grenzerfahrungen zu suchen, um einen Begriff von Karl Jaspers aufzugreifen.

Dies ist nicht als philosophische Setzung gemeint, sondern als anthropologische Interpretation. Sie soll dazu dienen, Menschen zu verstehen, wenn sie die Fragen des Könnens und der Möglichkeitserweiterung vergessen und der Aufenthalt im schon vorhandenen Möglichkeitsraum alles ist, was sie im Moment wollen – wenn sie gemeinsam einen Kaffee trinken und sich unterhalten, Musik hören, eine Reise machen, aber auch, wenn sie aus eigenem Antrieb arbeiten oder freiwillig etwas lernen.

Das Paradigma der Begegnung und das Seinwollen sind nicht notwendig mit dem Menschsein verbunden, aber sie sind doch immer wieder artikulierte und gesuchte Möglichkeiten des Menschseins. Man findet sie schon im Gilgamesch-Epos, im Alten Testament, in der abendländischen Philosophie, und man findet sie in den Antworten, die Menschen heute auf die Frage geben, wann sie sich glücklich fühlen.

Quer durch die Sozialwelt der Gegenwart hat sich ein Diskurs über das Glück von nie gekannter Intensität entwickelt: in den Printmedien, in Talkshows, in der Alltagskommunikation, bei der Produktentwicklung, in Konsum und Werbung, in der Psychoszene, in der Ratgeberliteratur, auf dem Religionsmarkt. Alle Welt macht sich Gedanken, jeder berät jeden, man glaubt, zweifelt, verwirft und glaubt erneut. Der Glücksdiskurs schwebt über der Sozialwelt wie eine Staubwolke über einer Fabrik. Diese Metapher spielt auf die Konturlosigkeit der Sache an, über die alle reden. Glücksvorstellungen der Gegenwart haben sich vom Objektiven ins Subjektive verlagert. Sie meinen nicht mehr günstige Umstände, sondern Erlebnisse. Günstige Umstände wie Geld, Gesundheit, Zeit, Zugänglichkeit von Möglichkeiten haben in diesem Denken lediglich die Funktion des Mittels. Sie sind nichts wert, wenn man nichts damit anzufangen weiß – wenn man es nicht versteht, sich selbst damit glücklich zu machen. Doch jedes Selbst ist singulär. Die Kommunikation über das Glück meint im wesentlichen etwas nicht Kommunizierbares. In Versuchen der Verständigung über »das Glück« erfüllt dieses Wort die semantische Funktion eines Platzhalters, der für das steht, was jeder selbst damit verbindet. Die Verständigung über das Glück orientiert sich am Glück der Reichen und Prominenten, die ihre Bekenntnisse in Interviews veröffentlichen; an Mythen, Lebensweisheiten und Populäranthropologie; an kollektiv erarbeiteten Schemata, die den Begriff des Glücks durch Zeigehandlungen zugänglich machen (Tropenstrand unter Palmen, die Aussicht von einem

Berggipfel an einem klaren Sommertag, der Anblick herbstlich gefärbter Wälder, Kinder, die friedlich im eigenen Garten spielen).

Bei aller Verschiedenartigkeit der Vorstellungen vom Glück gibt es als gemeinsamen Bezugspunkt das Subjekt. Glück ist ein Name für das, was Menschen *für sich* wollen, und zwar an *oberster Stelle*. Ein Goldsucher weiß nur nicht, wo das Gesuchte zu finden ist. Ein Glückssucher hat es schwerer; er ist sich zusätzlich oft im unklaren darüber, worin der Gegenstand seiner Suche überhaupt besteht. Wenn jemand glaubt, sein Glück gefunden zu haben, verbindet sich das Glücksgefühl oft mit einem Aha-Erlebnis, das den Betroffenen über den glücklichen Moment hinaus begeistert, weil er erkannt zu haben glaubt, worauf er eigentlich aus ist. Selbst wenn das Glück schnell wieder verschwindet, besitzt er nun Anhaltspunkte dafür, was er tun muss, um es wieder zu erlangen. Das Paradigma der Begegnung und das Seinwollen sind Begriffe, die etwas über die Suche des Subjekts aussagen sollen; sie gehören zum Glücksdiskurs dazu.

Im folgenden werde ich fünf Gegenstandsbereiche untersuchen: *Ich, Du, Beziehung, Artefakte, Natur*. Dabei handelt es sich weder um die einzig mögliche noch um eine erschöpfende Einteilung der Welt. Ich beanspruche lediglich, etwas zu bezeichnen, womit sich so gut wie jeder täglich auseinandersetzt. Aus den übergeordneten Paradigmen Sachbezogenheit und Begegnung ergeben sich zwei Paradigmenfamilien. Die folgende Übersicht macht alle verwendeten Begriffe und ihre Beziehung zueinander auf einen Blick sichtbar.

Gegenstandsbereiche und Paradigmen

Gegenstandsbereich	Paradigma der Sachbezogenheit (könnensgerichtet)	Paradigma der Begegnung (seinsgerichtet)
Ich	Fähigkeit	Selbst
Du	Kunde	Gegenüber
Beziehung	Gesellschaft	Gemeinschaft
Artefakte	Konstruktion	Werk
Natur	Materie	Erscheinung

Ich. Fähigkeit oder Selbst

Im Grunde ist der an sich selbst interessierte, sich selbst zum Maßstab machende Mensch von Anfang an eine der tragenden Ideen des Steigerungsspiels. Gegen die Faszination des Ziels, zu leben, wie es einem gefällt, hat kein Argument eine Chance. Die Euphorie der Steigerung nährt sich von der Aussicht auf bessere Zeiten, seit es das Steigerungsspiel gibt. Aber was heißt »besser«? Was heißt »wie es einem gefällt«? Am Anfang, im Stadium eines noch unentwickelten Möglichkeitsraums ist die Frage nach dem Wünschenswerten leicht zu beantworten. Wenn immer wieder Hunger droht, Epidemien ausbrechen, viele Menschen schlecht wohnen, nur die Privilegierten der Enge ihres Wohnquartieres entrinnen können, muss man sich nicht lange mit dem Selbstverstehen aufhalten. Wer sich dagegen in einem Einkaufs- und Dienstleistungszentrum mit zahllosen Angeboten befindet, ist ohne Selbstverstehen handlungsunfähig. Es ist aber nicht nur die Sphäre des Konsums, es ist das Leben in zunehmender Freiheit ganz allgemein, das die Menschen dazu zwingt, sich mit sich selbst auseinanderzusetzen. Ob man sich zu Hause aufhält, einen Partner sucht, eine Reise macht, über Religion nachdenkt, ein Auto kauft, einen Ausbildungsweg einschlägt, im Internet surft: Es kommt immer maßgeblich auf einen selbst an.

Keine Konvention, keine vorgestellte metaphysische Instanz, kein Weisungsbefugter sagt einem, was man tun soll. Man kann sich nur noch nach sich selbst richten. Doch die Ungewissheit ist groß. Wer bin ich, und was will ich aus meinem Leben machen? Diese Frage hat im Lauf der letzten Jahrzehnte immer mehr Menschen ergriffen; in vielen Industrienationen ist sie nicht mehr bloß ein Luxusproblem privilegierter Minderheiten, sondern ein Lebensthema der meisten.

Kompliziert wird dieses Thema dadurch, dass das Ich zunächst nur Rohmaterial ist. Seine Ausformung hängt von der persönlichen Lebensgeschichte ab. Je mehr ein Mensch in ihr voranschreitet, desto mehr wird er zu seinem eigenen Baumeister. Gewiss kann er sich nicht so vollständig »neu erfinden«, wie es diese in Mode gekommene Redewendung suggeriert. Interessant aber ist, dass sie sich überhaupt verbreitet hat, denn darin bezeugt sich ein wachsendes Gespür für den Anteil, den das Ich an seiner eigenen Verfasstheit hat. Dies gilt zwar für alle Menschen und alle Zeiten, doch der Anteil variiert von Epoche zu Epoche. Zu keiner Zeit hat sich das Ich so viel mit sich selbst beschäftigt wie in der Moderne. Das Ich wurde dadurch in immer höherem Maß für sich selbst verantwortlich, aber auch sich selbst ausgeliefert.

Die Ausgangsfrage des Steigerungsspiels hat uns wieder eingeholt und erobert sich ihren Platz zurück. »Wer bin ich?« steht nun neben der im Steigerungsspiel lange Zeit dominierenden Frage »Was kann ich?«. Die erste Frage zielt auf essentielles, die zweite auf instrumentelles Selbstverstehen. Dafür benötigt man jeweils eine eigene Betrachtungsweise. Die eine bezeichne ich im folgenden als Paradigma der *Fähigkeit*, die andere als Paradigma des *Selbst*; die eine ist könnensgerichtet, die andere seinsgerichtet.

Je nachdem, worum es gerade geht, ist es sinnvoll, den Menschen so oder so zu sehen. Doch diese Flexibilität ist noch kaum im Alltagsbewusstsein verankert. Viele denken, es könne nur entweder das eine oder das andere gelten. Zwischen verschiedenen Betrachtungsweisen desselben Gegenstandsbereichs besteht jedoch kein logischer Widerspruch.

Sieht man sich könnensgerichtet, so ist man an *Fähigkeiten* interessiert. Wer neue Fähigkeiten erwirbt, erweitert seinen persönlichen Möglichkeitsraum. Stellen wir uns jemanden vor, der ein bestimmtes Computerprogramm erlernt. Er hat nicht die geringste Lust dazu, dennoch unterzieht er sich der Mühe. Er sieht sich selbst als Sache, die es zu bearbeiten gilt, und sei dies noch so frustrierend, denn am Ende steht ein hochwertiges Ergebnis: die bessere Verwendbarkeit der eigenen Person. Der Lernende betrachtet die schließlich erlangte Fähigkeit als Zwischenziel, von dem aus viele weitere Ziele erreichbar werden.

Mehr Worte braucht es nicht, um den Bildungsbegriff des Steigerungsspiels darzustellen. In großen Debatten wird dieser Bildungsbegriff immer wieder öffentlich durchbuchstabiert. Was das zugrundeliegende Paradigma anbelangt, besteht kein Unterschied zwischen der Erregung über die Ergebnisse der *Pisastudie* im Jahr 2002 und der Resonanz von Georg Pichts Buch *Die Bildungskatastrophe* vier Jahrzehnte früher. Wie das Steigerungsspiel, so hat sich auch das Paradigma der Fähigkeit weltweit durchgesetzt. Es findet sich wieder in Begriffen wie Humankapital, lebenslanges Lernen, Informationsgesellschaft, Wissensgesellschaft; es macht aus der Bildungspolitik ein Unternehmen nationaler Ressourcenmehrung in steigerungslogischer Absicht, vergleichbar der Erdölförderung; es erklärt die rasante Entwicklung von Südkorea seit den fünfziger Jahren und gleichzeitig das Zurückbleiben anderer Nationen, die den steigerungslogischen Bildungsbegriff nicht im selben Maß kultiviert hatten.

Dieses Paradigma in die Praxis umzusetzen, wird sowohl wichtiger als auch schwieriger. Wichtiger, weil Erfolg und Misserfolg in der Konkurrenz von Menschen, Unternehmen und Nationen immer stärker von Fähigkeiten abhängen und immer weniger von materiellen Ressourcen. Schwieriger, weil sich die benötigten Fähigkeiten in bezeichnender Weise ändern. Arbeitssituationen stellen komplexere psychische Anforderungen: im Team arbeiten, Ideen haben, andere überzeugen, die Dinge im Zusammenhang sehen können, selbstverantwortlich handeln, flexibel reagieren, vieles gleichzeitig tun, sich in andere einfühlen. Mit dem Fortschritt des Steigerungsspiels ist der Mensch immer weniger nur als Sachen bewegender und bearbeitender Organismus gefragt; dafür gibt es Maschinen. Was übrigbleibt, sind Tätigkeiten, die sich auf Wissen, auf Menschen, auf soziale Kooperationszusammenhänge beziehen. Deshalb wird es gerade aus der Logik des Steigerungsspiels heraus wichtig, sich Fähigkeiten anzueignen, bei denen Kultur und Subjektivität gefragt sind. Heute wie gestern betrachtet man sich selbst unter dem Blickwinkel der Eigenschaften, die im Steigerungsspiel anschlussfähig machen, aber es geht um andere Eigenschaften als früher. Welche dies sind, zeigt sich etwa in der wachsenden Aufmerksamkeit für die sogenannten Soft skills, in der Wichtigkeit von erfolgreich absolvierten Persönlichkeitstests bei Einstellungen und Beförderungen, im Training von Siegermentalität und positivem Denken, in der Verbreitung von Psychogruppen, Workshops, Ratgeberbüchern, Managementseminaren und Rhetorikkursen.

Soft skills sollen standardisierbar, objektivierbar, vergleichbar, messbar, zertifizierbar und steigerungslogisch verwendbar werden, aber dies ist ihrer Natur nach unmöglich. Das Steigerungsspiel stößt hier an eine Grenze, die es wie gewohnt überschreiten möchte, aber nicht überschreiten kann. Arbeitsmarkt und Personalwesen sind dabei, sich in ein Theater inszenierter Urteilssicherheit zu verwandeln. Selbstdarstellung in Bewerbungsunterlagen, in Vorstellungsgesprächen, in Eignungstests und umfangreichen Prozeduren der Personalauswahl wird zu einem Ritual der Herstellung illusionärer Gewissheit.

Wer Autos vermarkten soll, muss anderes können als derjenige, der sie konstruiert. Gefragt sind komplexe Fähigkeiten des Verstehens und der Verständigung, aber wie sind sie zu beschreiben? In welchen Zertifikaten sind sie vermerkt? In welchen Bildungsgängen erwirbt man sie? Dies sind rhetorische Fragen, die lediglich dazu dienen, eine Leerstelle zu markieren. Das Defizit ist grundlegend. Es betrifft den Themenbereich, um den es hier geht: alternative, seinsgerichtete Paradigmen, mit denen Menschen der Wirklichkeit gegenübertreten, beginnend beim eigenen Ich. Gerade wer sich etwa mit der Vermarktung von Konsumartikeln beschäftigt, muss die Fähigkeit entwickeln, zwischen könnensgerichteten und seinsgerichteten Paradigmen zu unterscheiden. Paradox ausgedrückt: Er muss die Fähigkeit haben, ein Paradigma des Ich nachzuvollziehen, das sich *nicht* am Paradigma der Fähigkeit orientiert.

Das seinsgerichtete Paradigma des Ich bezeichne ich im folgenden als Selbst. Wie lassen sich Selbst und Fähigkeit voneinander unterscheiden? Stellen wir uns zur Veranschaulichung des Unterschieds jemanden vor, der an einem schönen Sommertag in einen See steigt. Er kann zwar gut schwimmen, weiß aber, dass er zu Panikanfällen neigt, wenn er sehr weit hinausschwimmt. Deshalb nimmt er sich vor, in der Nähe des Ufers zu bleiben. Offensichtlich betrachtet sich der Schwimmer in diesem Moment unter dem Gesichtspunkt der Fähigkeit. Ob Schwimmen, Fremdsprachenkenntnisse oder Softwarekompetenzen: Fähigkeiten sind als Außenwirkungen des Ich definiert.

Das Paradigma des Selbst betrifft das Innenleben. Die äußere Welt ist dabei eine Quelle von Impulsen, die nach innen wirken. Wer an einem schönen Sommertag in einem See baden geht, freut sich darauf, im Wasser zu sein, und möglicherweise hat er auch, wie in unserem Beispiel, ein wenig Angst davor. Beides ist seinsgerichtet. Vorfreude zielt auf gewolltes, Angst auf nichtgewolltes Sein.

Wer den Schwimmer beim Verlassen des Sees danach fragt, wie es war, bekommt vielleicht zur Antwort: »Es war schön, und ich hatte keine Schwierigkeiten«. In diesem Satz finden wir die beiden Paradigmen von Selbst und Fähigkeit zwar berücksichtigt, doch wir sollten uns über den Informationsgehalt der Aussage nicht täuschen. Was das Können anbelangt, wissen wir fast alles über die vergangene Handlungsepisode, was das Sein anbelangt, wissen wir fast nichts. Der Satz »Ich hatte keine Schwierigkeiten« bedeutet in diesem Fall: Ich konnte es; es ist mir gelungen, meinen Körper über Wasser zu halten. Durch ihre Verankerung im Außersubjektiven sind Aussagen über Fähigkeiten durch Beobachtung nachvollziehbar; jeder weiß, was gemeint ist. Aber was wissen wir, wenn jemand sagt »Es war schön«? Verglichen mit der Fülle an Sinneseindrücken, Gedanken, Bildern, Erinnerungen, Gefühlen, auf die sich dieser Satz bezieht, ist sein Informationsgehalt überaus dürftig. Auch größere Ausführlichkeit ändert daran nichts Wesentliches. »Das Wasser hat mich erfrischt; ich fühlte mich wie in meinen Kindertagen; ich sah wundervolle Lichtreflexe«: Nein, viel haben auch diese Beschreibungen nicht eingebracht. Viel befriedigender ist das Ergebnis bei einem Satz wie »Ich kann schwimmen«. Mehr braucht man nicht, um über das Vorhandensein einer Fähigkeit informiert zu sein.

Das Defizit seinsgerichteter im Verhältnis zu könnensgerichteter Kommunikation hat eine einfache Ursache: Seinsbezogen gibt es mehr mitteilenswerten Inhalt, aber weniger Mitteilbares. Nie hat jemand auch nur annähernd darstellen können, was es für ihn bedeutet, in einem See zu schwimmen. Schon die Vielzahl und Dichte innerer Ereignisse einer Zeitspanne von fünf Minuten bringt uns an die Grenzen der Kommunizierbarkeit. Wichtiger noch ist ein zweiter Gesichtspunkt: Subjektive Ereignisse gewinnen ihre Eigenart dadurch, dass sie mit einem komplexen inneren Kosmos verwoben sind. Sie sind in keinem anderen Menschen in der gleichen Weise wiederholbar. Der innere Kosmos, in dem sie entstehen und vergehen, entwickelt sich in einer nicht wiederholbaren Subjektgeschichte von Körpererfahrungen, sozialen Erfahrungen, Informationen und Selbstreflexionen. Fragt man viele Menschen, die im See geschwommen sind, danach, wie es war, so sagen gewiss mehrere von ihnen: »Es war schön«, aber für jeden bedeutet »schön« etwas anderes.

Zwar wäre es übertrieben, von absoluter Nichtkommunizierbarkeit zu sprechen. Wenn jemand sein Urteil »schön« präzisiert und sagt, er fühle sich erfrischt, so weiß man, dass er sich im Moment hellwach, energiegeladen und positiv gestimmt fühlt. Man kann nachfühlen, wie das Blut schneller durch seine Adern fließt oder die Sonne auf seine kühle Haut scheint und sie langsam trocknet, weil man selbst schon einmal in einem See gebadet hat. Viele selbstbeschreibende Ausdrücke sind zum Teil verankert in Erfahrungen, die jeder machen kann, ungeachtet persönlicher Singularität. Eines der häufigsten Missverständnisse zwischen Menschen besteht jedoch darin, dass man vollständige Kommunizierbarkeit unterstellt, wo grundsätzlich nur partielle Kommunizierbarkeit möglich ist. Am weitesten werden die Grenzen der Kommunizierbarkeit in der Literatur und in der Psychotherapie hinausgeschoben; in der Literatur allerdings nur im Hinblick auf ein erfundenes Selbst, das nicht mit dem Selbst des Autors gleichzusetzen ist, und in der Psychotherapie nur im Rahmen einer langfristigen Kommunikationsbeziehung und auch nur dann, wenn die Wahrnehmungsfähigkeit des Therapeuten nicht, wie so oft, der Abstraktionsmaschine einer »Schule« zum Opfer gefallen ist.

Das Paradigma der Fähigkeit unterstellt zu Recht Vergleichbarkeit, Messbarkeit, Kommunizierbarkeit. Das Paradigma des Selbst erkennt die unauffindbare Verborgenheit großer Teile des Innenlebens für andere an. Im Zentrum seinsgerichteten Denkens befindet sich eine Zone von Einsamkeit, der man nicht entrinnen kann. Nichts verkennt diese Tatsache mehr als jene psychologisierende Herangehensweise an den Menschen, die mit Variablen arbeitet, wo Inkommensurabilität herrscht; die nach Gesetzmäßigkeiten strebt, wo alles Wesentliche singulären Charakter hat; die innere Ereignisse mit einer universellen Sprache beschreiben will, wo die Worte fehlen. Wohl ist es verständlich, dass das Paradigma des Selbst in der empirischen Wissenschaft auf entschiedene Ablehnung stößt, aber diese Ablehnung ist nur historisch, nicht auch sachlich plausibel; sie gründet in der Erfolgsgeschichte könnensgerichteten Denkens und zeugt davon, dass die psychologische und soziologische Bewältigung des Seins noch nicht als wissenschaftliches Problem wahrgenommen wird.

Die klassische empirische Wissenschaft sucht nach einfachen Modellen und empirisch falsifizierbaren Aussagen. Das Paradigma des Selbst ist ihr zutiefst fremd: Singularität, unergründlicher Facettenreichtum, Reflexivität, spontane Selbstveränderung, Unschärfe von Selbstbeschreibungen, Untrennbarkeit von Beobachter und Beobachtungsgegenstand.

In der gegenwärtigen Wirklichkeit des Denkens herrscht das Paradigma der Fähigkeit auch dort vor, wo das Paradgima des Selbst notwendig wäre. Plakativ gesagt: Man macht keinen prinzipiellen Unterschied zwischen dem Selbst und einem Fahrrad. Wie man ein Fahrrad als blau oder rot beschreibt, als Rennrad oder Mountainbike, so operiert auch das Selbstverstehen vieler Menschen mit der Vorstellung eines gegebenen Gegenstands mit festen Eigenschaften, dessen Beschreibung so selbstverständlich und nachvollziehbar erscheint wie die Unterscheidung zwischen Blau und Rot, Rennrad und Mountainbike. Zu dieser irreführenden Vorstellung hat die akademische Psychologie Erhebliches beigetragen. Noch überwiegen Muster des Selbstverstehens, die das Subjekt als Medium einer begrenzten Anzahl von Variablen entwerfen. Fahrräder haben einen Gepäckträger oder einen Kindersitz, haben sieben oder vierzehn Gänge, sind geländetüchtig oder nicht. Menschen sind mehr oder weniger introvertiert, depressiv, intelligent, paranoid, selbstsicher, haben das gewisse Etwas oder nicht, sind Siegertypen oder Loser, Draufgänger oder Angsthasen. Der diagnostische Blick, den die Psychologie in die Welt gesetzt hat und den viele Menschen in ihre Alltagskommunikation übernommen haben, verhindert die seinsgerichtete Selbstwahrnehmung, denn er entspricht Sehgewohnheiten, die nur im Umgang mit Sachen zweckmäßig sind.

Das einzigartige, für andere im wesentlichen unzugängliche Selbst ist ein Gegenparadigma zu den Persönlichkeitsmodellen der Psychologie. Es ist die Voraussetzung weiterer Paradigmen, die ich in den folgenden Abschnitten behandle: Gegenüber, Gemeinschaft, Werk, Erscheinung. Sie alle gehören zur Paradigmenfamilie der Begegnung. Sie setzen das Selbst insofern voraus, als zur Begegnung immer zwei gehören.

Du. Kunde oder Gegenüber

Im Gegenstandsbereich *Du* geht es um die Frage, wie man sich den anderen vorstellt, wenn man etwas in bezug auf ihn tut. Es dient der Klarheit, Du und Wir analytisch zu trennen. Vorstellungen über den anderen und Vorstellungen über die Beziehung zu ihm sind Themen für sich. Für das könnensgerichtete Paradigma des anderen wähle ich im folgenden die Bezeichnung *Kunde*, für das seinsgerichtete den Begriff *Gegenüber*.

Kunden sind alle, die etwas brauchen. Dazu gehören die Käufer im Supermarkt, die Kunden des Friseurs, die Gäste im Hotel, jeweils aus dem Blickwinkel derjenigen, die etwas für sie tun. In bestimmten Situationen sind auch Arbeitskollegen, Freunde, Partner, Eltern oder Kinder so etwas wie Kunden: Man stellt sie sich als jemand vor, der etwas braucht und dem man etwas ermöglichen will. Zugegeben, diese Betrachtungsweise ist ungewöhnlich. Sie ist aber gerechtfertigt, wenn man über ein gemeinsames Element vieler verschiedener Handlungsepisoden sprechen will, die normalerweise nicht in Zusammenhang gebracht und nicht thematisiert werden.

Das Paradigma des Kunden stellt das, was der Kunde will oder braucht, in den Mittelpunkt: einen Haarschnitt, Büchsenmilch, Nachrichten, Ratschläge, Kooperation, Hilfe bei Schularbeiten, Pflege, Aufmerksamkeit. Die Episode ist abgeschlossen, wenn der Kunde das Gebrauchte hat und zufrieden ist.

Im Paradigma des Kunden hat das Brauchen und Ermöglichen objektiven Charakter. Als Metapher dafür eignet sich der Versandhandel. Belege für die erfolgte Transaktion sind der Versandauftrag an den Lieferservice und die Empfangsbestätigung, die der Kunde bei Aushändigung unterschreibt. In den beiden Formularen kommt die Eindeutigkeit des Gebrauchten zum Ausdruck. Vor Gericht hat man als Kunde keine Chance, wenn bei einer Klage wegen Nichtauslieferung Versandauftrag und Empfangsbestätigung vorgelegt werden.

Die schwierigsten Kunden sind aber nicht diejenigen, die an allem etwas auszusetzen haben; immerhin lässt sich überprüfen, ob eine Reklamation objektiv gerechtfertigt ist. Die schwierigsten Kunden sind solche, die das Gebrauchte nicht annehmen wollen und seine Notwendigkeit bestreiten. Dies ist ein typischer Problemfall zwischen Eltern und Kindern.

Die Beschreibungskraft des Modells des Versandhandels reicht weit, aber es hat seine Grenzen, und damit wird auch die Frage nach einem anderen Paradigma wichtig. Das Paradigma des Kunden stellt die Sache in den Mittelpunkt, gewissermaßen das Paket, aber es liegt in der Entwicklungslogik des Steigerungsspiels, dass der Inhalt des Pakets immer schwerer zu fassen ist. Dies zeigt sich besonders klar in der zunehmenden Heterogenität des Begriffs der Dienstleistung, der so verschiedene Tätigkeiten wie Fensterputzen und Psychotherapie einschließt.

»Wir können uns doch in Zukunft nicht bloß noch gegenseitig die Haare schneiden«, sagte der Präsident des Bundes der Deutschen Industrie, Olaf Henkel, in einem Interview Mitte der neunziger Jahre. Dieser Ausspruch besticht durch Prägnanz. Zum einen bringt er die traditionelle steigerungslogische Vorstellung von richtiger, ordentlicher, zukunftsträchtiger Tätigkeit zum Ausdruck: Die Hauptsache, das sind Produktionsanlagen in permanenter Rationalisierung, Forschung und Entwicklung, weltweit operierende Unternehmen und globale Geldströme. Zum anderen drückt das Zitat aber auch die Ratlosigkeit der Ankunft aus. Gesetzt den Fall, neben die gewohnte Hauptsache träte eine ungewohnte – was sollen wir denn dann machen? Sollen wir uns etwa unser Leben lang gegenseitig die Haare schneiden? Als Kern der Sentenz schält sich heraus, dass nicht sein kann, was nicht sein darf.

Die Ironie des Zitats zielt auf die Diskussion zur Zukunft der Arbeit und stellt die Bedeutung personenbezogener Dienstleistungen in Frage: Das Haareschneiden wird sich zwar nicht wegrationalisieren lassen, genauso wie andere Tätigkeiten, etwa Pflege, Beratung, Erziehung. Aber das kann doch nicht alles sein! Darauf lässt sich antworten: Natürlich nicht, aber die Bedeutung von Tätigkeitsarten verschiebt sich. Landwirtschaftliche Arbeit trat zugunsten der Industriearbeit zurück, Industriearbeit zugunsten von Dienstleistungen. Und Dienstleistungen verändern ihren Inhalt. Das Haareschneiden ist nicht mehr typisch.

Komplexe personenbezogene Tätigkeiten werden eine immer größere Bedeutung gewinnen. Mehr und mehr erkennt man Komplexität dort, wo man zunächst mit großer Selbstverständlichkeit Einfachheit unterstellte. Ein Beispiel ist die Arbeit der Kindergärtnerin. Die Wortschöpfung »Kindergärtnerin« zielt auf das simple Hüten und Aufpassen. Dies wirkt immer antiquierter in einer Zeit, in der ins öffentliche Bewusstsein dringt, was längst bekannt ist: Aufpassen ist das wenigste; es geht um die ganze Persönlichkeit des Kindes mit Perspektive auf das spätere Leben. Die nachträgliche Entdeckung einer schon immer gegebenen Komplexität zeigt sich in einer wachsenden Bereitschaft, über den anderen als Gegenstand von Tätigkeiten neu nachzudenken.

Dass man die Komplexität und den Wert personenbezogener Tätigkeiten im Vergleich zu sachbezogenen immer mehr anerkennt, ist ein entscheidender Wandel am Ende einer Epoche, die naturwissenschaftliche und mathematische Intelligenz prämierte, während sie keine besondere Leistung darin sah, etwa den Widerstand eines Jugendlichen gegen eine Mathematikaufgabe in Interesse zu verwandeln oder einen Sterbenden bis zu seinem Tod zu begleiten.

Was macht Komplexität aus? Vergegenwärtigen wir uns zunächst das Einfache, die klar definierten »Pakete des Versandhandels«, etwa Straßenarbeiten: Es wird gebaggert, ein Damm aufgeschüttet, Schotter angefahren, geteert, gewalzt. All diese Tätigkeiten beziehen sich zwar unmittelbar nur auf Sachen, letztlich aber doch auf Kunden, denn wozu würde die Straße sonst gebaut? Näher am Kunden ist ein Kfz-Mechaniker in einer kleinen Reparaturwerkstatt, der einen Ölwechsel vornimmt. Im Gegensatz zu einem Straßenarbeiter kommt er in Kontakt mit denjenigen, die von seiner Arbeit profitieren. Sie bezieht sich unmittelbar auf Sachen, mittelbar aber auf Menschen, denen der Kfz-Mechaniker dient.

Im Vergleich dazu ist etwa die Arbeit eines Lehrers wesentlich komplexer. Hier geht es darum, Menschen selbst zu beeinflussen und nicht, wie bei Straßenarbeiten oder beim Kfz-Kundendienst, Sachen zu bearbeiten, die für Kunden gedacht sind. Das Modell des Versandhandels ist ungeeignet. Der Kunde bekommt nicht einfach ein Paket; in gewissem Sinn ist er selbst das Paket.

Der entscheidende Unterschied liegt in der Definition von Erfolg und Misserfolg. Ob eine Straße gut oder schlecht gebaut ist, ob ein Auto gut oder schlecht gewartet wurde, lässt sich unabhängig von den Menschen beurteilen, denen der Wert der Arbeit letztlich zugute kommen sollte.

Wenn die Arbeit gut ausgeführt wurde, ist es für die Definition der Wertschöpfung egal, ob der Kunde zufrieden ist oder nicht. Ein notorischer Nörgler, der vor Gericht Gewährleistungsansprüche geltend macht, verliert den Prozess. Auf den psychophysischen Zustand des Klägers kommt es im Gerichtsverfahren nicht an, sondern allein auf den Zustand der Sache. Stellen wir uns nun im Vergleich dazu einen Physiklehrer vor, dessen Versuchsanordnung stimmt und der alles richtig macht, was sachlich für seinen Unterricht erforderlich ist, der aber die Schüler langweilt und ihnen nicht vermitteln kann, worum es überhaupt geht. Wie könnte es besser laufen? Gut wäre es zum Beispiel, wenn der Lehrer den Versuch falsch aufbaut, alles schiefgeht und ihn die Schüler auslachen. Jetzt hätte er ihre Aufmerksamkeit und könnte mit ihnen erarbeiten, warum das Experiment nicht funktionieren konnte und wie man es eigentlich hätte durchführen müssen.

Wichtig an diesem Beispiel ist ein Detail, das man leicht übersieht: Der geschilderte didaktische Kunstgriff funktioniert in dieser Klasse nur genau einmal. Bei seiner Wiederholung würden die Schüler den Lehrer durchschauen, und er hätte verspielt. Warum dies so ist, liegt auf der Hand. Die Schüler haben sich verändert; sie sind um die Erfahrung der ersten Situation reicher; die Erfahrung der zweiten Situation trifft auf einen neuen Bewusstseinskontext, der den gleichen Ablauf in ganz anderem Licht erscheinen lässt. Ein physikalisches Experiment lässt sich mit denselben Gegenständen unendlich oft wiederholen, ein didaktisches Experiment mit denselben Schülern nicht. Der Physiklehrer wird immer wieder Schwierigkeiten haben, wenn er seine Schüler wie die Gegenstände seiner Versuchsanordnung sieht, regiert von unveränderlichen Gesetzmäßigkeiten.

Bei komplexen Dienstleistungen wie der des Lehrers wird das Paradigma des Kunden unzweckmäßig. Geht es um Lernprozesse, Unterhaltung, Pflege, Psychotherapie, Führung, Beratung, Öffentlichkeitsarbeit, Design oder Produktentwicklung, so gerät man an die Grenze der Leistungskraft des Modells vom Versandhandel. Zwar ist die Leistung, die man für den anderen erbringt, nach wie vor in eine monetäre Tauschbeziehung eingebettet. Aber sie besteht wesentlich darin, dass man auf den anderen im Hier und Jetzt eingeht, freilich ohne den übergeordneten Zweck aus dem Auge zu verlieren. Das Paradigma des Kunden ist nicht obsolet, aber es mischt sich mit einem anderen, dem des Gegenübers. Dass sich damit eine andere Denkwelt auftut, sieht man unter anderem an der Beschränkung juristischer Kodifizierbarkeit. Als Kunde kann man im Zivilprozess Leistungen einklagen; handelt es sich dagegen, wie beim Unterricht, um ein öffentlich-rechtliches Leistungsverhältnis, kann man zwar den Weg der Dienstaufsichtsbeschwerde beschreiten, doch die wesentliche Qualität der Leistung ist nicht sanktionsfähig – das zielführende und angemessene Eingehen auf den anderen im Hier und Jetzt.

Die Vorstellung des Du als Gegenüber ist mit dem Paradigma des Selbst vergleichbar und weist in der sozialen Wirklichkeit der Gegenwart auf dieselben Leerstellen hin. Der Unbedarftheit des Satzes »Ich bin so und so« entspricht die des Satzes »Du bist so und so«. Darin wird das Du einem Gegenstand gleichgesetzt; es »hat« bestimmte Eigenschaften. Das Du wird als kristallisierte Variablenkonstellation gedacht. Für die Beziehung zu einem Kunden mag dies ausreichen, für die Beziehung zu einem Gegenüber braucht man ein anderes Bild vom Du. Die Komponenten dieses Bildes sind – wie beim Selbst – Einzigartigkeit, Unvergleichbarkeit, spontane reflexive Selbstveränderung, Unabschließbarkeit der Erkundung, Prozesshaftigkeit.

Wir stoßen hier auf einen Grundwiderspruch der Gegenwart. Einerseits lässt sich das Du als Gegenüber steigerungslogisch nicht fassen, andererseits braucht das Steigerungsspiel Nachfrage als informatorischen Treibstoff, und gerade das Du als Gegenüber hat Bedürfnisse ohne Ende, weit mehr, als das Du als Kunde. Allenthalben versucht das Steigerungsspiel, sich diese Ressource zu erschließen, doch das Scheitern ist programmiert. Ist dies nun eine gute oder eine schlechte Nachricht?

Es könnte eine gute sein, wenn man sich ohne Rücksicht auf die Logik des Steigerungsspiels die Wirkung einer nie versiegenden Nachfrage auf eine Volkswirtschaft vorstellt. Die Nachfrage nach komplexen personenbezogenen Tätigkeiten kann kaum jemals größer sein als das Angebot, denn die Herstellung des Ergebnisses im anderen lässt sich nicht rationalisieren. Sie bleibt an Einzelfälle gebunden, von denen es so viele gibt wie Menschen. Die Nachfrage ist unersättlich und entsteht ständig neu. Eine Überproduktionskrise komplexer personenbezogener Tätigkeiten ist nicht vorstellbar, Mangelzustände sind dagegen häufig. Jeder Mensch ist darauf angewiesen, dass andere etwas für ihn tun. Ohne die Fürsorge mindestens eines anderen Menschen können Kinder ihr menschliches Potential nicht entwickeln. Ohne Kommunikation über die bloße medizinisch notwendige Krankenpflege hinaus dauert der Heilungsprozess länger. Alleinlebende haben eine kürzere Lebenserwartung als Menschen, die mit jemandem zusammenleben, selbst wenn die Beziehung problematisch ist. Der Bedarf an Zuwendung liegt offenbar in unserem Wesen als Menschen begründet. Liebesbedürftig, voll Neugier aufeinander, süchtig auf Gespräche, tröstbar durch Zuspruch, verloren ohne Ratgeber, glücklich zu machen durch Anlehnung und Berührung, manchmal bereit zu bedingungsloser Hingabe, sind wir darauf angewiesen, dass andere Tätigkeit in uns investieren.

Solche Bedürfnisse jedoch durch die Steigerungslogik erschließen zu wollen, ist ein Kategorienfehler. Was Landwirtschaft, industrielle Produktion oder Informationsverarbeitung modernisieren hilft, erweist sich hier als untauglich. Wirklich modern ist ein situationsangepasster Wechsel zwischen den Paradigmen von Kunde und Gegenüber, je nachdem, was gerade zweckmäßiger ist.

Lässt sich die Art von Zweckmäßigkeit, um die es hier geht, allgemein beschreiben? Wann ist es angebracht, vom Paradigma des Kunden zum Paradigma des Gegenüber zu wechseln? Es muss mindestens eine der folgenden drei Bedingungen vorliegen:

Erstens: Die Entstehung des »Produkts«, der Wirkung im anderen, ist zwingend mit seiner Aktivität verbunden. Man ist auf die Kooperation des Subjekts angewiesen, in dem die Wirkung entstehen soll.

Zweitens: Die Wirkung im anderen hängt von seiner inneren Landschaft ab. Man kann nichts verallgemeinern und benötigt selbst dann immer wieder andere Zugangsweisen, wenn es sich um dieselbe Person handelt.

Drittens: Die vorgestellte Wirkung ist nicht auf einer nach oben offenen Steigerungsskala darstellbar. Reife beispielsweise, Gesundheit, Faszination, Urvertrauen, emotionale Stabilität, Lernfähigkeit, Fitness – all dies erlaubt Steigerung nur begrenzt. Dem Phänomenbereich angemessen ist nicht die Vorstellung unendlicher Perfektionierung, sondern der allmählichen Approximierung, nicht die Logik der Steigerung, sondern die Logik der Annäherung.

Ein Beispiel, auf das alle drei Bedingungen zutreffen, sind Erlebnisse. Auf dem Erlebnismarkt werden zwar Erlebnisse angeboten und nachgefragt, aber dies beruht auf einem Irrtum. Jeder muss sich seine Erlebnisse selbst machen, welche Angebote auch immer ihm dabei zur Verfügung stehen mögen. Anbieten kann man nur Zutaten, die sich relativ leicht in Erlebnisse umsetzen lassen – Illustrierte, Fernsehprogramme, Reisen, Kleider, Parfums, Accessoires, Sportartikel, Events, Animation, virtuelle Spielwelten, Drogen, Sex und so weiter. Was die Nachfrager aus all dem machen, ist ihre Privatsache, so sehr sie vielleicht auch danach streben mögen, auch noch die von ihnen selbst zu leistende Erlebnisarbeit an Dienstleistungseinrichtungen zu delegieren. Der Erlebnisanbieter gibt das Versprechen, einlösen kann es nur der Nachfrager. Beim Erlebniskonsum gibt es keine Garantien; oft genug endet er in einer uneingestandenen Enttäuschung.

Worauf es bei Erlebnissen ankommt, ist die Verbindung von Gefühlen (Heiterkeit, Spannung, Erschrecken, Gelöstheit, Rührung) mit Selbstbeschreibungen. Diese haben oft ein sehr einfaches Aussehen, wie es etwa bei dem Satz »Das war super« der Fall ist, oder sie ergeben sich auch nur implizit aus der Reaktion, die man an sich selbst wahrnimmt. Nach dem Erzählen eines Witzes beispielsweise nimmt der Lachende nicht einfach bloß sein Lachen als solches wahr, sondern er ordnet es als »Lachen nach dem Erzählen dieses Witzes durch diese Person« ein, wodurch es von anderen, teilweise auch unangenehmen Formen des Lachens unterschieden wird (Lachen beim Gekitzeltwerden, Lachen aus Schüchternheit, verächtliches Lachen). Gelungene Erlebnisse sind nicht einfach gegebene Eindrücke, die man zuerst hat, um sie dann mehr oder weniger kompetent zu beschreiben; vielmehr sind Erlebnisse Konstruktionen, deren Eigenart unweigerlich durch die Beschreibung mitgeprägt wird. Gefühle sind psychophysisches Rohmaterial, aus dem sich ganz unterschiedliche Gestalten bilden lassen. Was schließlich als Erlebnis herauskommt, hängt maßgeblich von der reflexiven Aneignung der eigenen Gefühle ab.

Gewiss kann man das Bewusstsein schulen, sensibilisieren, mit neuen Inhalten bereichern. Man kann versuchen, die Umgebung so zu gestalten, dass das Bewusstsein wahrscheinlich in bestimmter Weise darauf reagieren wird. Schiller bewahrte angeblich halbverfaulte Äpfel in seiner Schreibtischschublade auf, weil ihn ihr Geruch inspirierte. Ein Spaziergänger nimmt unter Umständen eine längere Anfahrt in Kauf, um eine Landschaft zu durchwandern, von der er sich ein besonders schönes Erlebnis verspricht. Der Erfolg solcher bewusstseins- und erlebnissteigernder Methoden ist jedoch höchst störanfällig (unter anderem, weil sich das Bewusstsein oft selbst im Wege steht). Invarianzen erweisen sich als instabil, als situations- und personenabhängig. Und was heißt schon gesteigertes Bewusstsein? Wie will man sich seiner Erfolge vergewissern, wenn man zur Bestätigung der Bewusstseinssteigerung das eigene Bewusstsein braucht?

Das Steigerungsspiel folgt dem Weg des geringsten Orientierungswiderstands. Es wählt bei seinen Versuchen, das Du als Kunden anzusprechen, solche Aspekte des Wissens, der Gesundheit, der sozialen Kompetenzen, des Erlebens aus, bei denen die vorhin genannten drei Bedingungen möglichst schwach ausgeprägt sind. Dem Erlebnismarkt, dem Gesundheitswesen, dem Bildungssystem oder dem Kontaktmarkt ist dies deutlich anzumerken.

Dem Erlebnismarkt entgegengesetzt ist der Versuch, dem anderen ein Erlebnis zu bereiten, indem man ihm als Gegenüber begegnet. Ein alltägliches Beispiel ist ein Gespräch, bei dem die Beteiligten nichts anderes wollen, als sich gut zu unterhalten. Die Kunst, interessant, amüsant, faszinierend zu sein, beruht auf dem Vermögen, den anderen in seiner Besonderheit zu sehen und spontan auf die Oszillationen seines Innenlebens im Hier und Jetzt zu reagieren. Wer einfach nur versucht, witzig zu sein, hat schon verloren – er macht sich zum Tölpel, weil er die erheiternd gemeinte Bemerkung ohne Ansehen des anderen erfindet, als wäre sie ein abgelöst von der konkreten Person zu sehendes Konsumgut wie eine Tafel Schokolade. Sein Erfolg ist um so größer, je mehr es ihm gelingt, den Inhalt der Bemerkung mit dem Innenleben des anderen im Hier und Jetzt zu verknüpfen.

Ein zweites Beispiel ist das persönliche Geschenk und ein drittes – was sonst? – die körperliche Liebe. Man kann es kaum besser sagen als Max Weber: »Allem Sachlichen, Rationalen, Allgemeinen so radikal wie möglich entgegengesetzt gilt die Grenzenlosigkeit der Hingabe dem einzigartigen Sinn, welches dies Einzelwesen in seiner Irrationalität für dieses und nur dieses andere Einzelwesen hat … Gerade darin: in der Unbegründbarkeit und Unausschöpfbarkeit des eigenen Erlebnisses, weiß sich der Liebende in den Kern des wahrhaft Lebendigen eingepflanzt, der jedem rationalen Bemühen ewig unzugänglich bleibt, den kalten Skeletthänden rationaler Ordnungen ebenso entronnen wie der Stumpfheit des Alltags.« Dem bleibt nur noch das Lob der Gegenseitigkeit hinzuzufügen, das der amerikanische Philosoph Robert Nozick in seinem Buch *Vom richtigen, guten und glücklichen Leben* anstimmt: »Ob sie es im sonstigen Leben tun oder nicht, beim Sex handeln Menschen häufig und unbewusst so an anderen, wie sie möchten, dass andere an ihnen handeln. Wie schön, dass Freiheit, Offenheit, Kreativität, Kühnheit und Intelligenz – Züge, die in der größeren Welt nicht immer so umfassend belohnt werden – so überaus süße private Früchte tragen.« Die Intelligenz, von der Nozick hier spricht, besteht in der Fähigkeit, den anderen in seiner Einzigartigkeit zu erfassen. Sie gehört zum Paradigma des Gegenübers wie die mathematische Intelligenz zum Ingenieur.

Beziehung. Gesellschaft oder Gemeinschaft

In ihrem Dokumentarfilm *Die Macht des Lachens* führt die Regisseurin Ulla Fels eine Kultur in Gambia vor, die Scherzbeziehungen pflegt. Solche Scherzbeziehungen erstrecken sich über das ganze Leben. Sie bestehen darin, dass sich die Beteiligten ständig auf den Arm nehmen. Verwandte, Nachbarn, Freunde pflegen solche Scherzbeziehungen, und sie halten besser als Ehen. Warum sollte man sie auch aufgeben, wenn der Hauptzweck der Beziehung darin besteht, sich gegenseitig zum Lachen zu bringen?

Worin besteht aber eigentlich eine Beziehung? Zwar tritt sie in den Handlungen einzelner zutage, etwa in den Späßen, die A mit B treibt und umgekehrt, doch sie ist nicht identisch damit. Beziehung ist mehr; sie ist das in vielen Episoden eingeübte Muster aufeinander bezogener Handlungen. Beziehung ist eine Art situationsübergreifendes Drehbuch für mehrere Beteiligte. Sie ist das unter wechselnden Begleitumständen durchgespielte Grundthema einer endlosen Serie von Variationen. Wenn man jemanden einmal auf den Arm nimmt, hat man noch lange keine Scherzbeziehung mit ihm. Erst durch häufige Wiederholungen entsteht ein »Etwas«, eine Art unsichtbare soziale Substanz, ein immaterielles Ding, dem man einen Namen geben kann, beispielsweise »Scherzbeziehung«. Zwischen den Beziehungspartnern hat sich etwas verfestigt. Doch dies ist nur eine metaphorische Formulierung, denn da ist ja nichts Festes, mit den Händen Greifbares. Beziehung ist immer schon geschehen, und sie wird aus der Erinnerung der Beteiligten an das schon Geschehene heraus wahrscheinlich wieder so ähnlich geschehen. Könnte man den inneren Gehalt sozialer Episoden filmen, erhielte man nicht etwa eine Aneinanderreihung von Bildern, sondern eine Überlagerung, als würde man den Filmstreifen zerschneiden, die einzelnen Bilder aufeinanderlegen und gegen das Licht halten. Sichtbar würde ein verschwommenes und dennoch erkennbares Verlaufsschema.

Was wir über unsere Beziehungen zu wissen glauben, ist immer eine Vereinfachung. Das ist unvermeidlich; aber viele verfügen nicht einmal über eine Vorstellung davon, was eine Beziehung überhaupt sein könnte.

Ihnen fehlt der alltagssoziologische Grundbegriff. Unter diesen Umständen verhält es sich mit Beziehungen wie mit dunkler Materie, aus denen der Kosmos angeblich im wesentlichen besteht, die man bisher aber noch nicht finden konnte. Beziehungen wurzeln zum großen Teil in subjektiven Vorgängen jenseits des verfügbaren und abrufbaren Wissens. Das Gehirn organisiert Beziehungen jedoch auch dann, wenn man keine Ahnung von ihnen hat. Wie unreflektiert auch immer, haben die Menschen schon immer an ihren Beziehungen gearbeitet. Sie haben sich aufeinander eingespielt; sie haben Muster der Arbeitsteilung, der Intimität, der Macht aufgebaut.

Beziehungen kann man nicht sehen; sie sind ein Gegenstandsbereich, der zwar physische Spuren hinterlässt, selbst aber keine physische Qualität hat. Beziehungen haben Macht über die Menschen, aber die Machtinstanz ist kein Gegenüber. In der Reflexionsgeschichte der Menschheit bedeutete die Entdeckung der Beziehung und ihrer Gestaltbarkeit einen enormen Gewinn an Möglichkeiten. Diese Entdeckung lässt sich in allen Kulturen nachweisen. Was sie einbringt, hängt allerdings maßgeblich von der Komplexität und Wirklichkeitsentsprechung der Paradigmen ab, mit denen Menschen Beziehungen sehen.

Die Schwierigkeit beginnt damit, sich den Gegenstandsbereich überhaupt vorzustellen. Ist *Beziehung* etwas anderes als *Ich* und *Du*? Eine Beziehung lebt vom Handeln der Beteiligten. Dennoch lässt sie sich nicht auf einzelne Handlungen reduzieren, zumindest ist dies nicht zweckmäßig.

Keiner kann ohne weiteres ausscheren, Ich und Du sind aufeinander eingespielt, nach kurzer Zeit schon in blinder Routine. Das Muster, dem sie sich überlassen, tritt ihnen als abstrahierte Ordnung gegenüber. Wie eine Maschine, beispielsweise ein Auto oder ein Computer, den Benutzer an ein festes Schema bindet, obwohl die Maschine bis zum letzten Schräubchen eine Konstruktion der Menschen ist, so auch die Beziehung. Es kommt vor, dass alle Beteiligten erfolglos gegen die Beziehung revoltieren. Die Beziehung zwingt ihr Schema denen auf, die sie erfunden und konstruiert haben. Die Macht der Beziehung ist unsichtbar und überpersönlich, in einer konkreten Situation nicht dingfest zu machen; sie ist nicht bloß das Handeln des einen und des anderen. Das Beziehungsmuster ist nicht leicht zu fassen und doch höchst real.

Ich habe zunächst einigen Platz darauf verwendet, den Gegenstandsbereich Beziehung herauszuarbeiten, weil er von allen fünf hier behandelten Gegenstandsbereichen (Ich, Du, Beziehung, Artefakte, Gegebenes) derjenige ist, der am wenigsten greifbar ist. Um über Paradigmen nachzudenken, muss erst einmal klar sein, worauf sie sich überhaupt richten. Die Begriffe *Gesellschaft* und *Gemeinschaft*, die ich im folgenden verwende, um das könnensgerichtete vom seinsgerichteten Paradigma der Beziehung zu unterscheiden, sind für einen Soziologen fast unvermeidlich. Es war der deutsche Soziologe Ferdinand Tönnies, der mit seinem Hauptwerk *Gemeinschaft und Gesellschaft* 1887 diese Begriffe in die Soziologie einführte. Max Weber, Emile Durkheim und Talcott Parsons passten dieses Gegensatzpaar mit jeweils eigenen Bezeichnungen in ihre Theorien ein, aber die Grundbedeutung ist überall die gleiche, und sie ist zeitlos aktuell. Ich übertrage diese Grundbedeutung hier auf mögliche Sichtweisen von Beziehungen, und zwar auf Sichtweisen von jedermann, nicht nur von Soziologen. Menschen können Beziehungen als Gemeinschaft oder als Gesellschaft auffassen. Gemeinschaft ist das seinsgerichtete, Gesellschaft das könnensgerichtete Paradigma.

An Tönnies ist oft kritisiert worden, dass er ein Wertgefälle zwischen den beiden Formen herstellt und eine Aussage über sozialen Wandel damit verbindet. Er bevorzugt die Gemeinschaft, aber er sagt den Triumph der Gesellschaft voraus. Diese Kritik scheint gerechtfertigt. Man kann nicht pauschal sagen, das eine sei besser als das andere, kommt es doch ganz auf die Ziele an, die die Handelnden gerade verfolgen. Wenn es darum geht, ein Projekt effizient und sachbezogen abzuwickeln, etwa eine Verwaltungsreform, kann eine Tyrannei der Gemeinschaft und die damit verbundene Vetternwirtschaft alles zunichte machen. Und was den Triumph der Gesellschaft betrifft, so stellt sich immer mehr heraus, dass durch ihn Gemeinschaft zwar oft verdrängt, aber gleichzeitig auch wieder herausgefordert wird. Diese Kritik ändert jedoch nichts an der Prägnanz der beiden Begriffe. Sie erlauben es, Beziehungen in einer existentiell bedeutsamen Weise aufzufassen: im Hinblick auf gewolltes Können oder auf gewolltes Sein.

Sieht man Beziehungen als Gesellschaft, so stehen Zweckmäßigkeit, Objektivität, Unpersönlichkeit, methodisches Vorgehen, Abstraktion, Sachbezogenheit im Vordergrund. Die Beziehung dient der Sache und umgekehrt. Dadurch wird die Beziehung selbst zu einer Sache, mit der sachbezogen umzugehen ist. Was solche Beziehungen zusammenhält, sind Regelungen.

Regelung liegt vor, wenn es darum geht, das sich Wiederholende zweckmäßig zu gestalten. Hierzu zählen etwa Gesetzgebung, Organisation von Zusammenarbeit in der Produktion, Absprachen eines zusammenlebenden Paares, wer welche im Haushalt anfallenden Arbeiten erledigen soll. Nicht alles freilich, was regelmäßig ist, lässt sich auch regeln. Früher übergab ein Bauer im Alter seinen Hof dem Erben, lebte aber auf dem Hof weiter. Welche Ansprüche der Altbauer hatte, wo er wohnen durfte, welche Naturalien und Geldbeträge ihm zustanden, vielleicht sogar die Ausstattung der Küche der Altbäuerin, wurde in detaillierten Verträgen festgelegt. Trotzdem war die Beziehung zwischen Altbauer und Jungbauer oft unerträglich, von den Spannungen zwischen Schwiegermutter und Schwiegertochter gar nicht zu reden. Der Generationenkonflikt zwischen denen, die jahrzehntelang gearbeitet hatten, und denen, die nun alles anders machen wollten, wurde durch den Vertrag nicht erreicht. Die Regelung konnte sich nur auf einen Bruchteil dessen erstrecken, was die Beziehung tatsächlich ausmachte.

Ebenso lässt sich etwa eine subtile Form der Arroganz kaum durch eine Regelung aus der Welt schaffen. Wenn A immer wieder B dadurch demütigt, dass er ihn für die Erledigung einfacher Aufgaben lobt, so wird es schwierig sein, dies zu regeln, schon deshalb, weil beiden dieses Element ihrer Beziehung wahrscheinlich gar nicht bewusst ist. Selbst wenn ihnen nun ein Beobachter das Muster bewusst macht, ist es kaum durch eine Vereinbarung zu löschen, es wird nun vielleicht nur noch subtiler: Die im bemühten Vermeiden einer Demütigung durch Lob zum Ausdruck kommende Schonhaltung könnte B als noch viel demütigender empfinden.

Dass dagegen B die Küche aufräumen muss, wenn A gekocht hat und umgekehrt, derlei lässt sich regeln. Nicht umsonst stellt alle juristische Kodifizierung von Beziehungen darauf ab, objektivierbare Bedingungen mit objektivierbaren Konsequenzen zu verknüpfen; der Rest ist nicht justiziabel. Regeln lässt sich ein Produktionsablauf, nicht aber das Betriebsklima. Regeln lassen sich das Sorgerecht für die Kinder und die Unterhaltsverpflichtungen bei einer Scheidung, nicht aber die Muster des Austauschs von Gefühlen.

Gemeinschaft ist das seinsgerichtete Gegenparadigma zu Gesellschaft. Hier wird die Beziehung nicht einem Zweck untergeordnet; sie selbst ist der Zweck (was nur eine Umschreibung dafür ist, dass es einem darum geht, was man in der Beziehung erlebt). Dass sich dieser Zweck nicht in das Paradigma von Beziehung als Gesellschaft einbeziehen lässt, habe ich gerade an zwei Beispielen (Altbauer und arroganter Partner) gezeigt. Gemeinschaft und Gesellschaft schließen sich nicht gegenseitig aus; meist ist es sogar sinnvoll, Beziehungen unter beiden Gesichtspunkten zu betrachten. Als Gemeinschaft befragt man sie unter der Perspektive gewollten Seins, und oft ist es erst die Erfahrung des *nicht*gewollten Seins, die diese Perspektive aktuell macht. In diesem Fall hat man verschiedene Möglichkeiten: Erdulden, Trennung, Bearbeitung. Letzteres nimmt die Form von Aussprachen und Auseinandersetzungen an, die allerdings davon bedroht sind, selbst wieder zu einem nichtgewollten, drehbuchhaft eingespielten Bestandteil der Beziehung zu werden, statt diese in die gewünschte Richtung zu verändern.

Stellen wir uns dazu ein Psychotherapeutenpaar vor. Die beiden verbringen einen großen Teil ihrer Zeit damit, über ihre Beziehung zu reden und »an der Beziehung zu arbeiten«. Kein Aspekt bleibt unbeobachtet, von platten materiellen Regelungen bis hin zu subtilen Fragen der Machtbalance und der »eigentlichen« Botschaften hinter dem Schleier der Worte. Jeder Handgriff, jeder Gesichtsausdruck, jeder Tonfall wird als Zeichen für den Zustand der Beziehung beobachtet, interpretiert, abgelehnt oder für gut befunden. Er wehrt sich gegen ihre »hermeneutische Dominanz«, sie hätte gerne mehr »positive Verstärkung« und weniger »typisierende Eingrenzung«. Vor lauter Vertragsverhandlungen findet die bearbeitete Beziehung kaum noch statt. Es gelingt den beiden nicht mehr, von jener Ebene wieder hinabzusteigen, auf der sie über ihre Beziehung reden, um endlich wieder in der Primärbeziehung zu leben. Unbemerkt baut sich auf der Meta-Ebene eine Sekundärbeziehung auf. Indem sie ständig über ihre Beziehung erster Ordnung reden, entwickeln sie als Beziehung zweiter Ordnung gemeinsame Formen des Redens, die schließlich fast alles sind, was sie überhaupt noch gemeinsam haben. Um diese Beziehung zweiter Ordnung ihrerseits zu bearbeiten, müsste sich das Psychotherapeutenpaar auf eine Meta-Meta-Ebene begeben, vielleicht nur, um zu erkennen, dass die einzige Alternative zur Trennung darin besteht, sofort damit aufzuhören, an ihrer Beziehung zu arbeiten.

Es fällt auf, dass die Thematisierung von Beziehungen als Gemeinschaft in der Gegenwart einen überwiegend negativen Charakter hat. Man kümmert sich um die Beziehung, wenn sie Probleme bereitet; die Pflege der Beziehung – nicht im Sinn der Problemabwehr, sondern der Gestaltung von Gemeinschaft – spielt eine geringere, eher beiläufige Rolle. Dies liegt nur zum Teil daran, dass man Gemeinschaft im Gegensatz zu Gesellschaft nicht regeln kann. Zum anderen Teil liegt es an der fehlenden Klarheit darüber, was man überhaupt machen soll, um eine Beziehung positiv zu gestalten. Wenn von »Beziehungspflege« die Rede ist, so ist im

Grunde fast immer *Gesellschaft*spflege gemeint: die zweckgerichtete Investition von Gefälligkeiten. Worin könnte demgegenüber die Gemeinschaftspflege bestehen? Würde sie sich ausschließlich auf den Austausch von Gefälligkeiten beschränken, könnte man kaum noch von Gemeinschaft sprechen; man hätte es mit einem reinen Tauschsystem zu tun, also mit Gesellschaft. Welche gemeinschaftsadäquaten Formen gibt es? Drei davon will ich im folgenden grob skizzieren: Symbolisierung, Ästhetisierung und Kontakt.

Symbolisierung: Franzosen, Italiener oder US-Amerikaner begehen jedes Jahr mit Begeisterung ihre Nationalfeiertage, deren wichtigste Bedeutung darin besteht, den Staat als Gemeinschaft vor Augen zu führen. In ähnlicher Weise dienen Geburtstage, Weihnachten und andere Feiertage der Symbolisierung von Gemeinschaft. Die Beteiligten machen sich klar, dass es etwas zwischen ihnen gibt, so unklar dieses Etwas mit seinen vielen Schichten und unbewusst bleibenden Zonen auch sein mag. Abschlussfeiern, Betriebsfeiern, Familienfeste dienen ebenfalls diesem Zweck. Feiern sind aber nur eine von vielen Formen der Symbolisierung. Nachbarn rufen sich hin und wieder ein paar Belanglosigkeiten zu. Man telefoniert, schickt sich E-Mails, schreibt sich Glückwunschpostkarten, bringt sich gegenseitig Blumen mit, ist nett zueinander. Die eindringlichste Form der Symbolisierung von Gemeinschaft ergibt sich nur als Nebeneffekt: in der solidarischen Bewältigung von Notsituationen, etwa nach schweren Naturkatastrophen.

Ästhetisierung: In jeder Beziehung entwickelt sich eine eigene Kultur. Dazu liefert die Geschichte Europas ein aufschlussreiches Feldexperiment: die unterschiedliche Entwicklung der finnisch-ugrischen Sprachen, die beide auf eine gemeinsame Ursprache zurückgehen. Vor Jahrtausenden trennten sich die Vorfahren der heutigen Finnen und Ungarn. In der Folgezeit lebten die beiden Populationen fast ohne jede Verbindung zueinander. Als sie sich trennten, sprachen sie noch dieselbe Sprache; heute dagegen haben die finnische und die ungarische Sprache nur noch etwa zwanzig gemeinsame Wörter. Finnen und Ungarn können einander nicht mehr verstehen.

Woher rührt die unvermeidliche Einzigartigkeit von Kulturen? Es sind immer einzigartige Menschen, die unter einzigartigen Umständen Einzigartiges tun. Unvermeidlich entwickeln sie in längerfristigen Beziehungen einen nur ihnen gemeinsamen Kosmos von Sprache, Symbolen, Bedeutungen, Traditionen, Wissensbeständen, ästhetischen Mustern,

Mentalitäten und Wirklichkeitsmodellen. Betrachten wir als Beispiel eine Paarbeziehung. Schon zu Beginn, wenn erste Elemente einer gemeinsamen Kultur entstehen, ist das Singuläre unvermeidlich, denn jeder hat eine eigene Lebens- und Lerngeschichte hinter sich, die so nur einmal vorkommt. Wenn sich nun die Sphären dieser singulären subjektiven Kulturen zu berühren beginnen, entsteht zwangsläufig eine ebenso singuläre Beziehungskultur.

Stellen wir uns die beiden beim Frühstück vor. Sie trinken Kaffee und sehen sich dabei über den Rand der Tasse hinweg an. Die Situation könnte nicht alltäglicher sein, dennoch ereignet sich hier etwas Singuläres: dieser eine Blickwechsel über den Rand der Tasse hat für dieses Paar (wie für viele anderen Paare) eine besondere gemeinsame Bedeutung. Der Blick kann liebevoll, ironisch, forschend sein. Er kann erwidert werden oder nicht. Er kann Reaktionen hervorrufen. Doch all dies beruht auf einer gemeinsamen Geschichte, von der nur dieses Paar wissen kann. Vielleicht hat jeder der beiden in vorangegangenen Partnerschaften äußerlich gleiche Situationen erlebt, doch die Bedeutung des Blickwechsels war immer wieder anders. Auch wenn es paradox klingt: Einzigartigkeit ist gewöhnlich.

Weniger gewöhnlich ist eine Idee, die an dieser Einzigartigkeit anknüpft: die Idee der *schönen Beziehung* als Ergebnis ihrer Kultivierung. Die Beziehung wird reflektiert, ästhetisiert und wie ein Kunstwerk gestaltet. Während etwa die durch Frauenbewegung und Psychotherapie in Gang gebrachte Beziehungsarbeit an Problemen ansetzte und um neue Regulierungen bemüht war, herrscht hier ein anderes Denken vor: nicht Schadensbegrenzung, Kompromiss, Störfallintervention, sondern ästhetische Konstruktion.

Kontakt: Es gibt Momente, in denen die Beteiligten einer Beziehung das Gefühl haben, sich in einem gemeinsamen geistigen Raum zu befinden. In den Filmen von Ingmar Bergmann gibt es dafür viele Beispiele, etwa jene langgedehnte Szene in der *Herbstsonate*, in der sich Tochter und Mutter nacheinander dasselbe Stück von Chopin auf dem Klavier vorspielen. Zwei sehr gegensätzliche Menschen werden füreinander sichtbar, tauschen sich aus, erfassen einander.

Das Wesentliche solcher Augenblicke kann man nicht sehen, hören, riechen, schmecken, ertasten, dennoch spürt man es deutlich. Für Kontakt ist die körperliche Berührung weder hinreichend noch notwendig, oft genug sogar störend. So ist Sexualität für viele Menschen ein Erfahrungsbereich tiefer Einsamkeit. In ihrer Erzählung *Kaschmir* schildert Doris Dörrie einen Geschlechtsakt ohne Kontakt. Vielleicht können wir das Phänomen des Kontakts besser von seinem Fehlen her erfassen. Was fehlt, wenn man das Gefühl hat, aneinander vorbeizureden? Was fehlt oft bei kalten Büfetts, Podiumsdiskussionen, Vernissagen und anderen Gelegenheiten inszenierter Begegnung?

Vier Merkmale des Kontakts treten hervor, wenn man solchen Fragen nachgeht. Echtheit: Jeder zeigt sich dem anderen ohne manipulative Absicht. Aufmerksamkeit: Jeder ist konzentriert. Respekt: Jeder sieht die Eigenart des anderen und erkennt sie an. Gegenseitigkeit: Jeder merkt, dass Echtheit, Aufmerksamkeit und Respekt auf Gegenseitigkeit beruhen.

Was sich bei einem Kontakt ereignet, folgt idealerweise keinem eingespielten Drehbuch. Es sind Hier-und-Jetzt-Ereignisse mit einem hohen Anteil an Überraschungen. Thema und Kontext der Begegnung sind frei; es kann sich um ein Gespräch über Apfelstrudelrezepte handeln, um einen alltagsphilosophischen Dialog, um eine Lebensbeichte während einer nächtlichen Autofahrt.

In den beiden nächsten Abschnitten verlagert sich der Schwerpunkt vom Subjektiven zum Außersubjektiven. Ich, Du und Beziehung sind Gegenstandsbereiche, die an lebende Menschen gebunden sind; bei den Gegenstandsbereichen, um die es nun geht – Artefakte und Gegebenes – besteht diese Bindung nicht. Welche Paradigmen sind angebracht?

Artefakte. Konstruktion oder Werk

Eine oft erzählte Anekdote berichtet von einem schmutzigen Lappen, den eine Putzkolonne auf einem Sockel im Ausstellungsraum eines Museums liegen gelassen hatte. Am nächsten Tag blieben die Menschen davor stehen, betrachteten den Lappen von allen Seiten, suchten ihn vergeblich im Ausstellungskatalog und interpretierten ihn trotzdem als Kunstwerk.

Lassen wir zunächst die Hauptabsicht dieser Anekdote, sich über die Kunstlosigkeit der Gegenwartskunst zu mokieren, beiseite. Sie mag nur gut erfunden sein, aber sie ist absolut glaubwürdig. Sie veranschaulicht das seinsgerichtete Paradigma des *Werks*, um das es im folgenden geht. Das könnensgerichtete Gegenparadigma dazu ist das der *Konstruktion*: der Lappen als Lappen. Beide Paradigmen beziehen sich auf den Gegenstandsbereich der Artefakte. Als Artefakt bezeichne ich alles, was Spuren menschlicher Einwirkung trägt, vom Faustkeil bis zum Putzeimer. Gibt es dann überhaupt noch etwas, was kein Artefakt wäre? Selbst der Himmel ist oft von Kondensstreifen durchzogen. Aber Kondensstreifen sind noch keine Artefakte. Was dabei fehlt, ist die Absicht. Artefakte sind angestrebte Ergebnisse des Handelns, nicht bloß Nebenwirkungen. Flugzeuge sind Artefakte, Kondensstreifen nicht. Putzlappen, Gemälde, Kompositionen, Softwareprodukte, Gebäude sind Artefakte; Müllhalden, Verkehrsstaus, Epidemien oder Straßenlärm nicht.

Betrachten wir aus Gründen der Dialektik zunächst den könnensgerichteten Umgang mit Artefakten, auf den hier der Begriff der Konstruktion verweisen soll. Was heißt es, einen Putzlappen als Konstruktion zu sehen? Man betrachtet ihn (sofern er nicht auf einen Sockel gehoben wird) als objektiv gegeben und fragt nicht nach der Art und Weise, wie man ihn erlebt; die einzige Bedeutung, die er für einen haben kann, ist die des Nutzens für den Zweck der Reinigung; er ist ein Wegwerfprodukt und wird entsorgt, wenn er seinen Zweck nicht mehr erfüllt; seine Feinstruktur und Materialzusammensetzung sind durch die Idee bestimmt, physikalische und chemische Gesetzmäßigkeiten auszunutzen. Artefakte, die diesem Paradigma folgen, sind allgegenwärtig. Selbst Architektur und Design ordneten sich zu Beginn des zwanzigsten Jahrhunderts bedingungslos dem Paradigma der Sachbezogenheit unter. Das Credo lautete: form follows function, ornament is crime. Nachhaltig und flächendeckend hat dieses Credo die Artefakte geprägt, mit denen wir nun täglich umzugehen haben. Es formte Stadtlandschaften, Automodelle, Computer, Kücheneinrichtungen und Sportartikel.

Nirgendwo freilich wird der Überdruss an der Einseitigkeit könnensgerichteten Denkens so deutlich wie in diesem Zusammenhang. Ein seinsgerichteter Umgang mit Artefakten drängt mit Kraft an die Oberfläche: Touristen lieben verwinkelte Gassen, Baudenkmäler und lokale Attraktionen; Rotwein mit dem (meist künstlich zugesetzten) Geschmack von alten Eichenholzfässern wird plötzlich zur Massenware; historisierende Wohnungseinrichtungen (Landhausstil, Kolonialstil, Orientlook) haben Konjunktur; stilecht renovierte Altbauwohnungen werden zu begehrten Luxusobjekten; das Anprangern »seelenloser Glas- und Betonfassaden« moderner Großstrukturen ist fester rhetorischer Bestandteil von Zeitungsberichten; zögernd beginnen Autokonzerne, die Sehnsucht der Kunden nach Zierat, Spielereien und erlesenen Materialien zur Kenntnis zu nehmen; Bauernrezepte und Großmutters Kochbuch müssen für die Lebensmittelwerbung herhalten.

Dass solche Einsprengsel des seinsgerichteten Werkparadigmas oft auf Halbheiten und Illusionen beruhen, zeigt etwa der Mythos von der Großmutter als Hohepriesterin der Tradition, der mit den wirklichen Großmüttern von heute nicht das geringste zu tun hat und der auch gerne all das unterschlägt, was Großmutter nicht wusste, nicht konnte, nicht durfte. Auch die Symbolisierung von Handwerklichkeit und Regionaltreue, etwa in der Figur des gemütlichen französischen Weingutbesitzers im Werbespot, der prüfend ein Glas Rotwein gegen das Licht hält, oder die vor Temperament berstende italienische Familie, die in Werbefilmen für Pizza, Urlaub oder Joghurtsorten ihren Dienst tut, hat wenig mit der Wirklichkeit zu tun. Dass dies die meisten nicht kümmert, ist aufschlussreich. Gerade in der Illusionsbereitschaft wider besseres Wissen zeigt sich ein ästhetischer Überdruss, dem jedes Mittel recht ist, um dem könnensgerichteten Paradigma der Konstruktion immer wieder in kleinen Fluchten zu entkommen.

Der neue Common sense gibt das Paradigma der Konstruktion nicht auf, aber er stellt ihm ein reflektiertes und angeeignetes Paradigma des seinsgerichteten Umgangs mit Artefakten zur Seite, das Paradigma des Werks. Folgt auf die Entzauberung der Welt, um Max Webers Formulierung aufzugreifen, nun also die Wiederverzauberung? Weiterführend an dieser Frage ist der dialektische Ansatz: die Suche nach Unterschieden und Gegensätzen im Verhältnis zum vorherrschenden Denkmuster. Von Zauber freilich muss dabei nicht die Rede sein. Die Aneignung eines zweiten, seinsgerichteten Paradigmas ist nichts weiter als eine Horizonterweiterung, mit der man der Welt gegenübertritt.

Das seinsgerichtete Paradigma verhält sich komplementär zu den Prinzipien der Sachbezogenheit. Der Vorstellung des objektiv Gegebenen steht die Vorstellung des subjektiv Bedeutsamen gegenüber, dem Gesichtspunkt des Nutzens derjenige der Zweckdistanz, der Haltung der Bearbeitung die Haltung des Respekts, dem Interesse an Regelmäßigkeiten das Interesse an Eigenart.

Subjektive Bedeutsamkeit: Das eingangs erzählte Beispiel des zum Kunstwerk geadelten Putzlappens zeigt, dass man schlechthin jedes Objekt unter dem Gesichtspunkt betrachten kann, was es jenseits des Nutzens für einen bedeutet. Was geschieht, wenn Museumsbesucher sich in den Anblick eines Putzlappens auf einem Sockel versenken? Vielen geht es in dieser Situation darum, dem Kunstwerk etwas zu entnehmen, es zu enträtseln, den Schlüssel zu seiner Bedeutung zu finden. Was bei dieser Selbsteinschätzung unter den Tisch fällt, ist die Eigenaktivität des Betrachters. Im wesentlichen und manchmal ausschließlich ist er es, der dem Kunstwerk seine Bedeutung gibt, und nicht umgekehrt. Das *offene Kunstwerk*, so der Titel einer kunsttheoretischen Abhandlung von Umberto Eco, verlangt nach seiner Vollendung im Auge des Betrachters. Was dann endgültig entsteht, ist dessen Privatsache und in vielen Fällen nur noch schwer mitteilbar.

Kunstwerke sind freilich ein Spezialfall; hier geht es um Werke ganz allgemein. Die Verantwortung des einzelnen für die Entstehung subjektiver Bedeutsamkeit ist im allgemeinen schwerer auszufüllen als im Fall des Kunstwerks, bei dem man massive Deutungsunterstützung bekommt: Erstens wird das Kunstwerk in einen Rahmen gestellt (oder auf einen Sockel gelegt, um an die Anekdote anzuknüpfen), der es eindeutig als Kunstwerk definiert und eine Deutungsbereitschaft in Gang setzt, die sonst ruhen würde. Zweitens hat jeder Kunstkonsument Zugang zu einer Vielzahl von Deutungshilfen; es gibt Bücher, Führungen, Feuilletonartikel, ausleihbare Kassettenrekorder mit Erläuterungen an der Museumskasse, TV-Kulturmagazine. Beide Formen der Deutungsunterstützung entfallen jedoch bei allen übrigen Artefakten. Es sind so viele, dass man den Wald vor lauter Bäumen nicht mehr sehen kann.

Das Problem, subjektiv etwas mit Artefakten anzufangen, sie also als Werke zu sehen, beginnt mit der Auswahl. Niemand nimmt einem die Arbeit ab, den Rahmen subjektiver Bedeutsamkeit aufzubauen; man muss es schon selbst tun. Aber ist dies wirklich ein Problem? Kann man nicht ganz gut leben, ohne in bestimmte Artefakte Bedeutungen hineinzulegen? Ganz gut gewiss, aber man bleibt unter seinen Möglichkeiten. Denn, um es merkantil auszudrücken: die Begegnung mit Werken bereichert, zwar unsichtbar und innerlich, aber durchaus in einem empirisch nachvollziehbaren Sinn. Wo vorher nichts war, ist nun etwas: Bilder, Gedanken, Emotionen, Erinnerungen; Phantasie, Gestaltungswillen, Eigenart. Wem dies noch nicht genügt, der möge sich vergegenwärtigen, dass sich diese Form der Bereicherung durchaus messbar niederschlägt: psychosomatisch, hirnphysiologisch, kognitiv, kommunikativ. Man stirbt nicht, wenn die Begegnung mit Werken fehlt, aber man lebt intensiver, wenn man sie hat.

Was kunstvolles Sehen der Welt bedeutet, zeigt sich am klarsten im Umgang mit dem scheinbar Banalen. Ein Beispiel dafür enthält der Film *American Beauty* von Sam Mendes. In einer Szene dieses Films wird

Schönheit durch ein Videotape vorgeführt, auf dem der Flug einer Plastiktüte im Wind festgehalten ist. Ein anderes Beispiel finden wir in dem Film *Smoke* von Wayne Wang. Jeden Morgen fotografiert der Inhaber eines Tabakladens den Platz vor seinem Geschäft zur selben Zeit. Im Lauf der Jahre füllen sich viele Alben. Ein Freund durchblättert sie, zunächst ratlos, bis ihm plötzlich ein Licht aufgeht. Was diese Bilder darstellen, ist gerade *nicht* immer dasselbe, sondern die Einzigartigkeit des Augenblicks, denn wenn man genau hinsieht, hat jedes Foto seine Besonderheiten: Wetter, Lichtverhältnisse, Passanten, Konstellationen parkender Autos. Die Vollendung des Kunstwerks im Auge des Betrachters beginnt mit der Kunst des Sehens.

Ein wesentliches Element der Begegnung mit Werken ist die Spürbarkeit des Menschlichen; hierin liegt der Hauptunterschied zur seinsgerichteten Begegnung mit Natur, der sich der nächste Abschnitt zuwendet. Werke erzählen Geschichten, oder besser: Man erzählt sich selbst Geschichten zu Werken. »Eine durch Schritte nicht tief ausgehöhlte Treppenstufe ist, von sich selber aus gesehen, nur etwas öde zusammengefügtes Hölzernes«, schrieb Franz Kafka. Bei Gegenständen des täglichen Gebrauchs findet man seine eigene Biographie in diesen Geschichten wieder, etwa in oft getragenen Kleidungsstücken oder einem alten Taschenmesser, das man immer auf Reisen dabeihat. Gelegentlich wurde dieses Motiv bei der Vermarktung von Jeans, Lederjacken und Schuhen aufgegriffen. Marken wie Coca Cola, Marlboro, Harley Davidson, Volkswagen, Mercedes sind tief im kollektiven Bewusstsein verankert, weil sie es verstanden haben, Geschichten zu ihren Produkten zu erfinden und einen Mythos aufzubauen. Diese Form der Werbung ähnelt der Kunstszene: Beide, Kunstszene und Werbung, erzeugen Deutungsangebote für Werke.

Zweckdistanz: Bei einem Werk geht es darum, es subjektiv bedeutsam zu machen. Dies gelingt um so besser, je mehr man das Werk davon entlastet, auch noch für andere Zwecke dienlich zu sein. Es genügt, an einer historischen Fassade eine Werbetafel anzubringen, um den Aufbau subjektiver Bedeutsamkeit empfindlich zu stören. Manche Artefakte sind so ausschließlich für einen Zweck bestimmt, dass es fast unmöglich ist, jene Zweckdistanz zu erreichen, die man braucht, um dem Werk seinsgerichtet zu begegnen. Wer es schafft, einem Telefonbuch, einer Dose Schmieröl oder einer Plastiktüte subjektive Bedeutung abzugewinnen, ist ein Künstler der Wahrnehmung. Doch selbst radikal zweckorientierte Werke werden für jedermann als subjektiv bedeutsame Werke zugänglich, wenn sie, wie der Lappen auf dem Sockel, in einen Rahmen der Zweckdistanz gestellt werden. Berühmte Beispiele finden sich bei Andy Warhol. Sein Werk bestand oft nur darin, eine Konstruktion zum Kunstwerk zu erklären, etwa eine Dose Tomatensuppe oder eine Tüte Popcorn. Ein anderes Beispiel sind Industriedenkmäler, Museumsdörfer, Sammlungen von ausgemusterten und technisch überholten Objekten der Alltagskultur. Hundertjährige Dampfturbinen, Oldtimer, ramponierte Wirtshaustische wurden in den achtziger und neunziger Jahren, als sie längst aus ihrer ursprünglichen Zweckbestimmung entfernt waren, zu Gegenständen staunender Betrachtung. Es ist nicht auszuschließen, dass auch heutige Telefonbücher einmal so gesehen werden – spätestens dann, wenn es gar keine Telefonbücher mehr gibt.

Bei anderen Artefakten wartet man erst gar nicht ab, bis sich im Lauf der Zeit allmählich mehr und mehr Zweckdistanz einstellt; man will sie gleich. Man sperrt Innenstädte für den Verkehr, stellt Gebäude unter Denkmalschutz, renaturiert Flussläufe. Eine wiederhergestellte alte Stadtlandschaft sperrt sich gegen viele Erfordernisse moderner Nutzung; sie ist nicht allen Zwecken entrückt, aber deutlich dazu auf Distanz gegangen. Im Rückbau des Flussbetts taucht die ursprüngliche Natur als Werk wieder auf, das eine zweckmäßige Konstruktion verdrängt hat. Zweckdistanz schafft Platz für eine seinsgerichtete Wahrnehmung von Artefakten.

Aber widersprechen diese Thesen nicht dem häufigen Phänomen ästhetischer Begeisterung für das Technische und Brauchbare? Feuerzeuge, Schreibtischlampen, Türklinken, Elektrogeräte scheinen gerade durch ihre Zweckmäßigkeit schön. Dabei ist freilich nicht zu übersehen, dass sich die Eleganz des Schlichten, der auffallend sorgfältigen Verarbeitung und der soliden Werkstoffe keineswegs nur aus dem Diktat der Zwecke ergibt. Schlichte Eleganz ist vielmehr eine von vielen funktional gleichwertigen Formalternativen und verkörpert eine offensichtlich nicht nur zweckbestimmte Wahl. Wo dieses Element fehlt, gerät kaum jemand in seinsgerichtete Faszination. Typische Beispiele chronischer ästhetischer Vernachlässigung sind etwa Klimaanlagen, Funkantennen, Satellitenschüsseln oder solarbetriebene Warmwasserspeicher, die auf vielen Gebäuden thronen und alles architektonische Bemühen um Zweckdistanz entwerten. Auch Innenräume unterliegen permanentem ästhetischen Störfeuer: Elektrokabel, Lichtschalter, Steckdosen, Rolladenstrippen und Rolläden selbst, die nie etwas anderes sein sollten als zweckmäßig.

Es kann aber auch sein, dass Zweckdistanz allein durch den Betrachter hergestellt wird. Der amerikanische Maler Edward Hopper verdankt die Popularität, die er posthum in den letzten Jahrzehnten erlangte, dem Umstand, dass er in vielen seiner Bilder zeigt, wie man die Welt der Technik statt mit den Augen eines Ingenieurs mit den Augen eines Künstlers sehen kann. Dies findet eine Parallele in der Liebe zu Gegenständen des täglichen Gebrauchs, etwa ein abgewetztes Brotmesser, ein alter Kühlschrank oder ein paar ausgetretene Wanderschuhe – Gegenstände, die mehr und mehr von den Spuren des Gebrauchs gezeichnet sind und an die man sich gewöhnt hat. Gerade ihre alltägliche, ausschließlich zweckbestimmte Benutzung verschafft ihnen eine immer größere Zweckdistanz, denn sie werden zu Bestandteilen der eigenen Lebensgeschichte, zu Werken. Sie werden heiliggesprochen und bleiben lange Zeit vom steigerungslogischen Tausch gegen einen mehrkönnenden Gegenstand verschont.

Respekt: Von den ehemals umfangreichen Anlagen des Zisterzienserklosters von Heilsbronn ist nur noch das Münster erhalten. Alles übrige fiel im neunzehnten Jahrhundert den Bauern der Umgebung zum Opfer. Sie betrachteten die verlassenen Gebäude des Klosters als Steinbruch. Allmählich verwandelten sich die alten Bauwerke in neue – Bauernkaten, Scheunen, Ställe. Auch davon ist heute, nach vielen Abbrüchen, Umbauten, Überputzungen und Modernisierungen nichts mehr zu erkennen. Das verschwundene Kloster von Heilsbronn teilt sein Schicksal mit vielen anderen historischen Bauten, die vor der Besinnung auf den Wert des Historischen in der zweiten Hälfte des zwanzigsten Jahrhunderts nicht als Werke betrachtet wurden, sondern als Material oder als Hindernis. So wurde die Altstadt von Bamberg nur deshalb nicht in den fünfziger Jahren durch autogerechte Schneisen zerstört, weil ein einzelner zähen und listenreichen Widerstand leistete. Inzwischen wurde sie zum Weltkulturerbe erklärt. Schlechter erging es der Ruinenlandschaft des Forum Romanum im Herzen Roms, die Mussolini mit einer breiten Straße für faschistische Massenereignisse zudeckte. Schlimmer als Mussolini wüteten allerdings bereits die Maler, Stukkateure und Architekten des Barock in Italien; sie überdeckten zahlreiche romanische und gotische Bauwerke bis zur Unkenntlichkeit mit den ästhetischen Mustern ihres Zeitalters.

Es ist soziologisch aufschlussreich, dass man heute versucht, unter den Schichten der Barockisierung wieder die älteren Werke hervorzuholen, was freilich nur möglich ist, wenn man die darüberliegende Schicht von

Werken zerstört. Zum Ausdruck kommt hier eine Haltung des Respekts vor Werken, die sich am Alter orientiert. Im Konfliktfall setzt sich das Frühere durch. Dass sich diese Haltung um so klarer herausbildete, je weiter das Steigerungsspiel voranschritt, wirkt wie ein seinsgerichteter Reflex auf den Triumph der könnensgerichteten Handlungslogik. Denn diese propagiert das genaue Gegenteil, eine Haltung der Bearbeitung, die alles umpflügt, transformiert, vermischt, auflöst, kombiniert. Aus dem Blickwinkel der Steigerungslogik erscheinen alle Artefakte als bloße Konstruktionen in größtmöglicher Distanz zum künstlerisch vorgeprägten Begriff des Werks. Sie sind nichts weiter als ein Durchgangsstadium materieller oder informatorischer Art, deren Zukunft die Entsorgung oder das Vergessen ist. Bezeichnend für diese Haltung ist das allmähliche Hervortreten einer neuen Komponente der Produktqualität: Recyclebarkeit. Schon bei der Planung von Innovationen fasst die Produktentwicklung die vollständige, keinerlei Spuren hinterlassende Auflösung der noch gar nicht existierenden Konstruktion ins Auge.

Im künstlerischen Werkbegriff findet das Gegenteil zum steigerungslogischen Begriff der Konstruktion seine vollkommenste Ausprägung. Über Jahrhunderte hinweg war dieser Begriff ein Mantra, durch dessen Wiederholung die Kultur des Westens das Paradigma des Werks kollektiv einstudierte. Bei Kunstwerken steigert sich das Respektieren des Werks zur Demut, zur Verehrung, zur Apotheose. Keineswegs führt jedoch die Idealisierung des Kunstwerks dazu, dass der ideelle Gehalt von der materiellen Struktur losgelöst und zum alleinigen Gegenstand des Interesses gemacht würde. Gerade im Zeitalter seiner massenhaften Reproduzierbarkeit erfährt die Aura des Originals eine enorme Wertsteigerung. Am deutlichsten zeigt sich dies im dramatischen Preisverfall, den ein Kunstwerk dann erleidet, wenn es sich als Fälschung herausstellt. Sofern Kunst materiellen Charakter hat, gilt die Einheit von Geist und Materie in selbem Maß für das Kunstwerk wie für den Menschen. Es mag sein, dass nach einem Kunstraub immer noch genügend perfekte Reproduktionen vorhanden sind, die an die Stelle des Kunstwerks treten könnten. Die Haltung des Respekts benötigt jedoch die Vorstellung von Singularität; sie verfällt augenblicklich, wenn sich herausstellt, dass das scheinbar Singuläre austauschbar ist. Daraus erklärt sich die sonst absurd scheinende Bindung des Werkbegriffs an ein Konglomerat von chemischen Substanzen. Es müssen *diese* Moleküle sein; geht die besondere Materie verloren, die der Meister bearbeitet hat, ist fast alles verloren und nur noch eine Erinnerung. Es ist klar, was geschehen würde, wenn man Besucher mit der Verheißung von Originalen in ein Museum lockte, um ihnen nach einiger Zeit zu eröffnen, dass es sich um Reproduktionen handle: Dieselben Menschen, die eben noch von den Werken begeistert waren, würden von einem Augenblick auf den anderen wütend das Museum verlassen.

Bei Kunstwerken ohne materielles Substrat – Kompositionen und Texte – spielt die Idee des Originals eine nicht minder wichtige Rolle. Sie verwirklicht sich hier in der Sorgfalt, die der Definition der vom Komponisten oder Autor als letztgültig autorisierten Fassung zugewandt wird. Nachdem das neunzehnte Jahrhundert mit Nachbesserungen an Originalkompositionen nicht zimperlich gewesen war (Zusatzangaben zu Tempo und Dynamik, Fermaten, Phrasierungen, Gefühlsvorschläge für Interpreten), folgt die Aufführungspraxis seit dem zwanzigsten Jahrhundert einem Trend zurück zur Urschrift. Gleiches gilt für literarische Werke. Da hier das Original oft nicht definierbar ist, wurden textkritische Ausgaben ediert, die es dem Leser überlassen, sich für eine bestimmte Version zu entscheiden. Die textkritische Ausgabe ist der kleinstmögliche Raum, von dem sicher ist, dass sich das Original in ihm versteckt, auch wenn es für immer unauffindbar bleibt.

Die gegenwartsdiagnostische Bedeutung dieser kunstsoziologischen Überlegungen liegt nun darin, dass im Begriff des Kunstwerks ein Paradigma ausgebildet und kollektiv eingeübt wurde, dessen Reichweite inzwischen weit über die Kunstszene hinausgeht. Es handelt sich um eine seinsgerichtete Antithese zum könnensgerichteten Denken, die sich seit längerem im Alltagsleben ausbreitet, zwar in Abschwächungen und Verkleidungen, aber unverkennbar als leidenschaftlich eingenommene Gegenposition. Scheinbar nicht zusammenhängende Phänomene zeigen sich so gesehen im selben Licht: Starkult, Briefmarkensammlungen, der Markt für Oldtimer, alte Möbel und nachgebaute alte Möbel, die andauernde Beliebtheit von Flohmärkten, die Massenbegeisterung für alles Historische (auch bei denjenigen, die keine kulturgeschichtlichen Kenntnisse haben), der Trend zum Rotwein (ein Produkt, in dem sich in besonderem Maß materielle Singularität mit lokalen Traditionen verbindet), die Scheu, ausgediente Gegenstände wegzuwerfen, die nun Keller, Speicher und Garagen füllen wie nie zuvor.

Hier gerät der könnensgerichtete Habitus des Austauschs und der Entsorgung in Konflikt mit dem seinsgerichteten Habitus des Aufhebens,

Konservierens, Respektierens. Diejenige soziale Institution, die diesen Konflikt heilen soll, ist die Entrümpelung. Sie konstruiert einen Rahmen, der es erlaubt, Konstruktionen, die man zunächst als Werke respektierte, in einem Kraftakt zum Plunder umzudefinieren. Der Trennungsschmerz und das Schuldgefühl beim Übergang von Respekt zu Missachtung wird durch die Institution der Entrümpelung gebündelt und auf wenige Termine konzentriert, denen die ausgemusterten Konstruktionen in einer Art semantischer Abklingphase in dunklen Ecken entgegenharren, bis die Seinsverbundenheit mit ihnen schwach genug geworden ist, um sich von ihnen zu trennen. Manches davon taucht auf Flohmärkten wieder auf und gerät damit in einen neuen Rahmen respektvoller Singularisierung. Im Extremfall könnte es jemandem passieren, dass er alte Möbel, die ihm lange genug im Weg waren, zur Entrümpelung auf die Straße stellt. Einen Monat später sieht er diese Möbel hübsch restauriert in einem Secondhandladen stehen und kauft sie zurück. Aus dem könnensgerichteten Blick auf Konstruktionen ist der seinsgerichtete Blick auf Werke geworden.

Der neue Common sense läuft auf eine breite Umgestaltung von Konsumgütern hinaus. Was in der Kultivierung von Kleinserien, Handarbeit und Unikaten bereits anklingt, nimmt allgemeinere Formen an: die Betrachtung von Konsumgütern als Werke. Sie gewinnen diesen Charakter auf unterschiedliche Weise: Das Produkt wird, den Wünschen des Kunden entsprechend, individualisiert (vorweggenommen zum Beispiel durch die immer wichtiger werdenden Extras in der Konsumgeschichte des Automobils); das Produkt wird mit Geschichten über seine Entstehung und über den Hersteller ausgestattet; es wird nicht mehr als Wegwerfprodukt angeboten, das man schon in Erwartung der nächsten Modellinnovation kauft, sondern als ein besonders haltbares und immer wieder reparierbares Produkt, herausgehoben aus kurzlebigen Moden des Geschmacks, gefertigt aus wertbeständigem Material, geeignet als Lebensbegleiter und Erbstück. Der Markt für diese Produkte wächst, aber er ist noch kaum entfaltet.

Eigengesetzlichkeit: Im Paradigma der Konstruktion sind Gegenstände durch universelle Gesetzmäßigkeiten bestimmt. Ihre Besonderheiten verschwinden in allgemeinen Gesetzesaussagen, Gebrauchsanweisungen und Konstruktionsplänen. Ohne dieses intelligente Ignorieren des Besonderen wäre das Steigerungsspiel nicht über die Anfänge hinausgekommen. Aber das Besondere existiert. Das Paradigma des Werks lässt sich ebenfalls als intelligentes Ignorieren auffassen, nur sind es diesmal die universellen Gesetzmäßigkeiten, die ausgeblendet werden. Interessant ist das, was eine gegebene Konstruktion von anderen unterscheidet, und zwar möglichst von *allen* anderen. Wiederum ist es der künstlerische Werkbegriff, der hier Pate steht. Die im neunzehnten und zwanzigsten Jahrhundert gereifte Tradition ausführlicher Kommentierung, Besprechung, Interpretation von Kunstwerken stellt nur zu einem kleinen Teil auf Typisierung und kulturgeschichtliche Einordnung ab, zu einem großen Teil auf das Herausarbeiten singulärer Strukturelemente. Das Außergewöhnliche ist in der Kunsttradition der als selbstverständlich vorausgesetzte Normalfall: die zum erstenmal gewagte Farbgebung, die ungewöhnliche Verwendung eines Werkstoffs, die atemberaubende Folge von Modulationen. Ein unerschöpfliches Reservoir markanter Singularität ist in der Idee der Melodie enthalten, die sich in der europäischen Musikgeschichte nur zögernd durchsetzte; noch Heinrich Schütz äußerte sich eher abfällig darüber und stigmatisierte sie als einfältige musikalische Haltung von Hinterwäldlern. Ihre höchste Kultivierung fand die Suche nach Einzigartigkeit in der Romantik. »Schläft ein Lied in allen Dingen / die da träumen fort und fort / und sie fangen an zu singen / triffst du nur das Zauberwort.« Dem entsprechen die Melodiegeprägtheit der romantischen Musik und die im Vergleich zu vorhergehenden Epochen besonders weitgehende Unverwechselbarkeit der Komponisten.

Durch das gesamte zwanzigste Jahrhundert zieht sich eine kulturkritische Attitüde der Verachtung aller Konstruktionen, die massenhaft, genormt, standardisiert sind. Zum Teil erklärt sich diese Haltung als Reminiszenz an die Distinktionsgebärden bürgerlicher Bildungsarroganz. Zwar ist spätestens in den neunziger Jahren der intellektuelle Führungsanspruch der Kulturkritik verlorengegangen; die Öffentlichkeit emanzipierte sich von denjenigen, die ihr angeblich zur Emanzipation verhelfen wollten. Man geht unbefangener mit dem Massenhaften um. Nun aber zeigt sich eine zweite, tieferliegende, seinsgerichtete Schicht der Distanz zum Genormten. Man fühlt sich befremdet von der vollständigen Unterwerfung der Artefakte unter universelle Regelmäßigkeiten. Beim Genormten erscheinen Besonderheiten als Unwert; sie fallen unter den Begriff des Produktionsausschusses.

Wie kommt es dann, dass Briefmarken- und Münzsammler Höchstpreise für Fehldrucke und Fehlstanzungen zahlen? Es scheint sich um ein exotisches Phänomen zu handeln, doch stoßen wir hier auf die im Steigerungsspiel zu kurz gekommene zweite Seite von Menschen, die sich in der Explosion des Könnens nach dem Sein sehnen. Können und Sein sind parallele Denkwelten, die nach einem neuen Gleichgewicht suchen. Das Interesse an Unverwechselbarkeit, Unregelmäßigkeit, Abweichung, Individualisierung bringt die seinsgerichtete Perspektive des Werks in immer größerem Umfang im Alltagsleben zur Geltung.

Natur. Materie oder Erscheinung

Die Leidenschaft, mit der sich Goethe naturkundlichen Studien hingab, stand seiner Passion als Naturlyriker nicht nach. Sein Problem war nur, dass er trotz respektvoll vorgetragener Argumente naturwissenschaftlicher Experten seiner Zeit, mit denen er in Briefwechsel stand, nicht im Traum daran dachte, Wissenschaft und Lyrik zu trennen. Seine Farbenlehre, seine anatomischen Untersuchungen und seine Streifzüge durch die Botanik waren durch und durch geprägt von poetischen Bildern – Streit von Licht und Finsternis, Urpflanze, Urform, Einheit von allem, Gott-Natur. Seine dichterische Grundauffassung des Gegenstandsbereichs färbte auf Goethes Selbstbild als erkennendes Subjekt ab. Experimentelle Forschung galt ihm als Hokuspokus, Naturwissenschaftler waren ihm bloß Männer des Teilens und Trennens. Sein Credo war die Intuition, die Vision und die Willkür des Genies, das seine Autorität aus göttlicher Inspiration bezieht. Sein Zeitgenosse Johann Christoph Lichtenberg, ein bedeutender Naturwissenschaftler, konnte die Dinge besser auseinanderhalten. Er bewunderte Goethe als Dichter, nahm ihn jedoch nicht in das von ihm herausgegebene Handbuch der Physik auf, worüber Goethe mehr erbittert war als über jede Nichtbeachtung seiner Gedichte.

Dieses Beispiel führt verschiedene Formen des Umgangs mit Paradigmen vor Augen. Goethe war Monist, Lichtenberg dagegen Pluralist. Solche Paradigmenflexibilität ist ein zentrales Anliegen des neuen Common sense. Was den Gegenstandsbereich Natur betrifft, werden aber nach wie vor verschiedene Paradigmen gegeneinander in Stellung gebracht, als ob nur eines davon richtig sein könnte. Es geht jedoch nicht um Entweder-Oder, sondern um Sowohl-Als-auch. Könnensgerichtete und seinsgerichtete Paradigmen der Natur stehen nicht im Widerspruch zueinander, sie dienen lediglich verschiedenen Anliegen.

Bei allgemeiner Betrachtung erscheint uns die Natur als das, was die Menschen vorfinden, ein Medium, dem sie ihren Lebensraum abgewinnen müssen. Bei dieser Auffassung schwingt eine Trennung zwischen Mensch und Natur mit, die schon die eigentliche Botschaft darstellt. Die Frage, wie wir Natur *denken*, ist zielführender als die Frage, was Natur *ist*. Wir denken sie als etwas von uns Verschiedenes; wir tun so, als ob wir ihr gegenüberstünden, obwohl wir doch genau wissen, dass wir ein Teil von ihr sind. Zunächst einmal gilt es, diese fundamentale Operation nachzuvollziehen, denn sie erst bildet den Rahmen, in dem naturbezogene Paradigmen aller Art beheimatet sind.

Es gehört zum Wesen des Menschen, zwischen sich und der Natur zu trennen. Immer wieder wurde dies als eine Art Erbsünde kritisiert: Der Mensch gehöre selbst zur Natur, es widerspreche der Wirklichkeit, wenn er sich als etwas anderes sehe. Aber der Einwand geht an der Sache vorbei; er verwechselt ein kognitives mit einem biologischen Phänomen. Anthropologisch entscheidend ist das Denkmodell »Hier bin Ich und dort ist Es« – eine fundamentale geistige Operation der Vergegenständlichung, die sich zuerst vor allem auf Natur als ein feindliches Gegenüber richtete.

Erst durch diese Operation entsteht der Gegenstandsbereich, jedenfalls im kognitiven Sinn, seine physische Genese steht auf einem anderen Blatt. Zu einem wesentlichen Teil liegt der Ursprung dieser Fähigkeit zur Vergegenständlichung in der anatomischen Besonderheit der menschlichen Hand. Sie ermöglicht es, etwas »aufzugreifen«, »aufzufassen«, zu »behandeln« und dabei eine Distanz zwischen Subjekt und Objekt herzustellen. Sie begegnet uns sogar in dem Argument, der Mensch sei doch Teil der Natur. Jeder, der dies sagt, objektiviert sich selbst – eine kognitive Routineoperation, Ausgangspunkt aller Reflexion.

Am Anfang war Natur – bevor man dies feststellen kann, muss man Natur erst einmal kognitiv als Gegenstandsbereich aufgebaut haben. Aus der Sicht des Denkens war am Anfang nicht die Natur, sondern der Denkende, der sich von ihr löst. Doch mit diesem ersten Schritt ist es nicht getan. Das grundlegende Denkmodell ist noch unterbestimmt. Um etwas mit der Natur anzufangen und sich im Handeln auf sie zu beziehen, muss das Denken konkreter werden. Wie viele unabhängig voneinander entstandene animistische Religionen zeigen, gibt es dazu eine immer wiederkehrende Idee: die Projektion der Innenlebens auf Naturphänomene. Kaum waren die Menschen auf Distanz zur Natur gegangen, bevölkerten sie diese mit anthropomorphen Gestalten – Ahnen, Geistern, Idolen, Göttern, Fabelwesen. Sie erklärten sich Naturphänomene analog zum menschlichen Handeln: Ein Gewitter drückte Wut aus; der Vogelflug enthielt metaphysische Mitteilungen; Krankheiten waren Strafen.

Allerdings ist es eine Übertreibung, in jedes frühgeschichtliche Artefakt eine magische Bedeutung hineinzuinterpretieren. Die Gleichförmigkeit, mit der Archäologen ihre Fundstücke in einen rituellen Zusammenhang stellen, hat weniger mit dem beschränkten Denkhorizont der Menschen der Frühgeschichte zu tun als mit der Fixiertheit ihrer modernen Deuter. Der amerikanische Evolutionsbiologe und Anthropologe Jared Diamond hat sich intensiv mit gegenwärtig lebenden Völkern auf steinzeitlicher Entwicklungsstufe beschäftigt. Was ihn als Naturwissenschaftler besonders frappierte, war nicht die mythische, sondern die rationale Komponente im Denken der von ihm beobachteten Menschen. Wie Lévi-Strauss zuvor in Brasilien, so machte er auf Papua-Neuguinea die Erfahrung einer modern wirkenden Denkweise in bezug auf Naturphänomene. Neben dem mythisch-anthropomorphen Paradigma existiert ein rationales, das von Neugier, empirischem Erkenntnisstreben und Zweckdenken bestimmt ist. Nicht nur solche Beobachtungen, sondern auch die Raffinesse frühgeschichtlicher Werkzeuge und Kunstfertigkeiten (bis hin zur Trepanation, erstmalig bereits vor zwölftausend Jahren nachgewiesen) ermutigen zu der Annahme, dass es im magischen Denken von Anfang an Einschlüsse von Modernität gegeben hat.

In der Auseinandersetzung mit der Natur bildeten die Menschen schon früh jenes Paradigma heraus, das zum Kernparadigma des Steigerungsspiels werden sollte – das Paradigma der Sachbezogenheit. Die Moderne erhob dieses Paradigma zum Metaparadigma. Die Natur war insofern einer der Lehrmeister der Moderne. Sie wurde zur *Materie*. Das Paradigma der Materie betrachtet die Natur als Rohstoff kognitiver Aneignung und lebenspraktischer Indienstnahme.

Die Erforschung der Natur als Materie zielt auf mathematisch beschreibbare universelle Gesetzmäßigkeiten ab. Sie geht experimentell vor und lässt sich durch Messungen belehren. Zum Paradigma der Materie gehört die Vorstellung einer Fortschrittsgeschichte des Wissens. Immer mehr Rätsel scheinen endgültig gelöst, immer weiter schreitet das Wissen voran. Doch genau deshalb entstehen auch neue Fragen. Nachdem am Ende des neunzehnten Jahrhunderts die Physik bereits als weitgehend vollendet gegolten hatte, machten die Naturwissenschaftler am Anfang des zwanzigsten Jahrhunderts eine Erfahrung, die der Wissenschaftsphilosoph Nicholas Rescher als *Fragendynamik* bezeichnet: Je mehr man weiß, desto mehr Fragen drängen nach. Um so aktiver arbeitet sich das Paradigma der Materie im einundzwanzigsten Jahrhundert weiter voran. Es stürzt sich unterschiedslos auf alles, ob es sich um Werkstoffe, kosmische Phänomene, Teilchenphysik, Klimaerscheinungen, Gene, Leben oder das menschliche Gehirn handelt. Mehr denn je regiert das Paradigma der Materie.

Was die Erforschung der Materie vorantreibt, ist jedoch nicht nur die Neugier, sondern auch die Erwartung eines Nutzens. In der Doppelbedeutung des Ausdrucks »materialistisch« wird die Verbindung von Erkenntnisstreben und Zweckdenken offenkundig. Dieses Wort bezeichnet erstens ein Weltbild, das jedes Phänomen auf materielle Kernphänomene reduziert und mit seinen Erklärungsansätzen ausschließlich im Bereich dieser Phänomene bleibt; zweitens ein Denken, das auf nichts anderes aus ist als auf den Nutzen, den man aus dem Wissen über die Materie ziehen kann.

Das Paradigma der Materie wird oft mit Modernität schlechthin gleichgesetzt. Deswegen liegt zunächst der Gedanke nahe, andere Paradigmen der Natur kulturgeschichtlich vor dem der Materie anzusiedeln. Sie wirken wie Rousseaus Imperativ *Zurück zur Natur* – als Wegweiser einer Retrobewegung. Dadurch entstehen Konnotationen, die eine unbefangene Auseinandersetzung mit nichtmaterialistischen Paradigmen stören: Nostalgie auf der einen und Spott auf der anderen Seite. Diese Konnotationen sind historisch unangebracht, denn das Paradigma der Materie reicht mindestens ebensoweit zurück wie sein Gegenstück, mit dem ich mich im folgenden beschäftigen möchte. Im übrigen gilt: Das Alter von Ideen erlaubt kein Urteil über ihre Modernität.

Wenn im Immobilienteil der Zeitung Häuser in »unverbaubarer Lage« angeboten werden, blitzt das seinsbezogene Gegenparadigma zu dem der Materie auf. Ein solches Angebot sichert den freien Blick auf Natur als *Erscheinung* zu. Wälder, Wolken, Wellen – was bedeuten uns Naturerscheinungen? Woran appelliert die Tourismusbranche, wenn sie mit unberührter Natur wirbt? Was brachte Gerard Manley Hopkins, einen englischen Lyriker des neunzehnten Jahrhunderts, dazu, in seinem Tagebuch wieder und wieder Sonnenuntergänge in allen Details zu beschreiben?

Die Sehnsucht nach der Natur als Zufluchtsort jenseits der Sphäre des Sozialen ist ein Motiv, das in der deutschen Romantik ständig anklingt, etwa in Mörikes »Lass o Welt, o lass mich sein …« Aber das Motiv ist allgegenwärtig. Natur als Vorstellung von einem diesseitigen Jenseits begegnet uns schon in der chinesischen Lyrik aus vorchristlicher Zeit, in der griechischen und römischen Antike, und sie setzt sich gegenwärtig in den Motiven der Ökologiebewegung fort.

Die Suche nach der Natur als einem irdischen Jenseits beginnt, sobald es ein Diesseits in der Form eines urbanen, vom unmittelbaren Naturkontakt abgekoppelten »künstlichen« Bereichs sozialen Handelns gibt. In Naturvölkern ohne die Differenzerfahrung des Unnatürlichen fehlt die Grundlage einer solchen Sehnsucht nach der Natur. Kern des Paradigmas der Erscheinung sind Absichtslosigkeit und Vollendetheit. Es ist als Gegenteil der urbanen, modernen Lebensform konstruiert.

In der Begegnung mit Naturerscheinungen fühlt sich das Selbst von der Anstrengung der Rationalität entlastet. Naturerscheinungen vermitteln die Erfahrung des Voranschreitens von Zeit ohne Handlung. Die Naturlyrik beobachtet Vorgänge, die von selbst geschehen, etwa das Wachstum, den Wechsel der Jahreszeiten, das Treiben der Wolken, den Lauf der Sonne. Nichts ist statisch, alles ist im Werden, Fließen, Kreisen begriffen. Dabei wecken Selbstläufigkeit und Ruhe der Natur die Nostalgie der Menschen, die in der Unruhe der sozialen Sphäre leben. Wir erleben die Natur als Abwesenheit von Absichten, Plänen, Verträgen, Kompromissen, Tauschgeschäften. Was uns an ihr beruhigt, ist der Eindruck der Nichtintentionalität. Umgekehrt empfinden wir die Natur als gestört, wenn sie durch Zeichen des Handelns überlagert wird, etwa Hochspannungsleitungen, Siedlungen, Müll. Die Idee des Rückbaus konterkariert die Störungshandlung durch eine weitere Handlung, die in der Tilgung der Spuren besteht, so dass hinterher alles so erscheint, als ob nichts gewesen wäre.

Was Naturerscheinungen für uns bedeuten, tritt besonders klar zu Tage, wenn sie von Artefakten überdeckt werden und sich das Erleben vom Jenseits der Natur zum Diesseits der sozialen Sphäre verlagert. Vollziehen wir dies in Form eines fiktiven kultursoziologischen Spaziergangs nach. Wir beginnen in einem abgelegenen Waldstück, mitten im Dickicht. Eine Weile stehen wir ganz ruhig und blicken durch die Zweige nach oben. Gegen den grauen Himmel wirkt das Geäst fast schwarz. Hin und wieder bewegen sich die Blätter, dann wird es wieder still. Nun drehen wir uns um und machen uns auf den Weg. Wir gehen schnurgerade mitten durch den Wald, Hügel auf und Hügel ab, durch Gebüsch und Hochwaldabschnitte, über Bäche und Zäune hinweg. Während der ersten Kilometer ist nur das Knacken der Zweige zu hören, das Rascheln der Füße im Laub, das Ein- und Ausatmen. Dann liegt auf einmal ein leises neuartiges Geräusch in der Luft, ein kaum hörbares, weit entferntes, unausgesetztes Rauschen. Es ist die nahegelegene Autobahn.

Dieser Moment ist aufschlussreich. Bei dem Rauschen könnte es sich um die weit entfernte Meeresbrandung handeln, um aufkommenden Wind, um einen Wasserfall. Wenn wir das Rauschen so interpretieren, gehört es für uns zur Natur und fügt sich unabhängig von seiner Lautstärke harmonisch in den Gesamteindruck ein. Wenn jedoch die Interpretation umschlägt, weil wir merken, dass es sich um das erste Anzeichen der Autobahn handelt, empfinden wir das Geräusch plötzlich als Störung, obwohl sich akustisch nichts verändert hat. Die Sphäre der gestalteten, ausgenutzten und agitierten Zeit überlagert mit einemmal die Sphäre der ruhigen, unwillkürlich fließenden Zeit.

Mit jedem Kilometer wird nun das Rauschen lauter. Allmählich geht es in ein gleichmäßiges Dröhnen über. Beim Weitergehen löst sich die Einheitlichkeit des Geräusches langsam in an- und abschwellende Einzelgeräusche vor einem konstanten Hintergrundbrausen auf. Auch dieses zerfällt nach und nach in deutlich unterscheidbare akustische Komponenten – Rollgeräusche von Lastwagen, aufheulende Motorräder, vorbeibrausende Personenwagen, ein ständiges Nachdrängen neuer Laute, die rasch anschwellen, tiefer und eindringlicher werden, um nach einem flüchtigen Höhepunkt abzusinken, überdeckt von den nächsten, aus der Ferne hervorquellenden Geräuschen.

Nun sehen wir zwischen den Bäumen den Autobahndamm, schnurgerade markiert durch die Leitplanke, darüber rasch dahingleitende Umrisse von Fahrzeugen. Ganz in der Nähe der Autobahn sind die Geräusche hart, hell und betäubend; sie pulsieren im Rhythmus der heranschießenden und entschwindenden Autos. Wir gehen ein Stück neben der Leitplanke entlang, gegen Lärm und Fahrtwind ankämpfend wie Strandwanderer beim Sturm, und blicken den Autobahndamm hinunter, der gleichmäßig gesprenkelt ist von halbverwitterten Tempotaschentüchern, Zigarettenschachteln, Blechdosen und Plastiktüten.

Was berührt uns in diesem Ambiente so ganz anders, verglichen mit der Ausgangssituation? Wir sind wieder in der Welt der Rationalität angekommen: Ziele, Mittel und Reflexionsbedarf in einer Situation ewiger Unvollkommenheit. Zu Beginn des Spaziergangs erschien das Leben dagegen als Strom, absichtslos und vollendet. Wenn die Naturbegegnung gelingt, empfindet sich das Selbst als Teil dieses Stroms.

Dem Gedanken der Vollendetheit der Natur benachbart ist die Deutung der Natur als Werk einer höheren Instanz, deren Kreativität und Meisterschaft die der Menschen übertrifft. An die Stelle der Bewunderung der Schöpfung ist bei vielen das Staunen über die Selbstorganisation des Universums und über die Erfindungskraft der Evolution getreten. In der Beiläufigkeit vieler Naturbeobachtungen wird diese Gedankenverbindung zwischen der Erscheinung und dem Übermenschlichen zwar nicht ständig explizit, aber sie ist vorhanden. Paradigmen sind implizite Voreinstellungen von Denken, Erleben und Handeln, die gerade dann wirksam sind, wenn man nicht darauf achtet, etwa beim Blick aus dem Autofenster auf einen Baum.

Was Max Weber mit seinem berühmten Wort von der Entzauberung der Welt gemeint hat, wird erfahrbar, wenn man nach Jahren einen Spaziergang an einer besonders schönen Stelle wiederholen möchte, dort aber einen inzwischen errichteten Erlebnispark vorfindet. Unter einer riesigen Kuppel wird Natur unter der Regie von Menschen neu inszeniert. Gegen Eintritt gelangt man in ein durchaus angenehmes, aber konstruiertes Naturambiente, denkbar weit entfernt vom Paradigma der Naturerscheinung. Von Absichtslosigkeit, Vollendetheit und der Spürbarkeit des Übermenschlichen kann keine Rede sein; man hat es mit einem für den Konsum hergerichteten Raum zu tun und empfindet dies in jeder Sekunde.

Darin die Vollendung des Wegs der Moderne zu sehen scheint zunächst naheliegend. Der nächste Schritt der Moderne führt jedoch aus dem Erlebnispark wieder hinaus ins Freie. Die Menschen machen sich auf die Suche nach der Natur als rationalitätsfreier Zone. In gewisser Weise erinnert der Erlebnispark an den Monismus Goethes, bloß anders herum gedacht. An die Stelle des Erhabenen tritt die Herrschaft menschlichen Willens. Die inszenierte Naturerscheinung ist der Versuch, das Fremde der Natur zu vermenschlichen – sie ist eine Fortsetzung ihrer Entzauberung. Der nächste Schritt der Moderne geht jedoch in die Gegenrichtung. Die Egozentrizität der modernen Suche nach der besten aller Welten erzeugt den Wunsch nach Selbstvergessenheit in Begegnungen. Und Naturerscheinungen kommen diesem Wunsch mehr als alle anderen Paradigmen des Seins entgegen. Darin kann man eine Gegentendenz zur Entzauberung sehen, allerdings nicht in Form einer Re-Mystifikation, sondern – durchaus modern – in Form einer Besinnung darauf, was man eigentlich will. In einem fortgeschrittenen Stadium der Naturaneignung meldet sich der Wunsch, jene Trennung zwischen Subjekt und Objekt aufzuheben, mit der diese Naturaneignung in den frühen Tagen der Menschheit begonnen hat.

Begegnung und Idyll

Im Lauf der vorangegangenen Abschnitte gewann das Paradigma der Begegnung immer deutlichere Konturen. Logisch steht es auf gleicher Ebene wie das Paradigma der Sachbezogenheit. In beiden Fällen handelt es sich um eine übergeordnete Sichtweise. Sie entscheidet darüber, wie man etwas betrachtet, sie strukturiert das Bild vor, das man sich von etwas macht, um welchen Gegenstandsbereich es sich auch handeln mag.

Wenn man nur die beiden Paradigmenfamilien auf sich wirken lässt, macht man eine aufschlussreiche Erfahrung. Sie wecken jeweils typische Wünsche, Gefühle, Hoffnungen, Sehnsüchte und Vermeidungstendenzen. Hinzu kommt, dass man sofort ein bestimmtes logisches Verhältnis von Sache und Begegnung annimmt. Beide intuitiven Reaktionen sind jedoch irreführend.

Beginnen wir mit einer nochmaligen Gegenüberstellung: Fähigkeit, Kunde, Gesellschaft, Konstruktion und Materie auf der Seite des Paradigmas der Sachbezogenheit; Selbst, Gegenüber, Gemeinschaft, Werk und Erscheinung auf der Seite des Paradigmas der Begegnung. Was kommt einem dabei als erstes in den Sinn? Die meisten fühlen sich zu Begegnungen stärker hingezogen als zu Sachen; und sie sehen beides im Widerspruch zueinander.

Diese Kombination von Bevorzugung und Polarisierung kann man im Alltagsleben auf Schritt und Tritt beobachten. Besonders aufschlussreich ist die Werbung, denn hier geht es darum, Kunden emotional zu bewegen. Eindeutig überwiegen hier Codes und Bilder, die das Paradigma der Begegnung ansprechen. Selbst Banken und Versicherungen stellen sich als Partner dar, für die »der Mensch« im Mittelpunkt steht. Produkte wie Einfamilienhäuser, Autos und Spaghettisoßen werden als gemeinschaftsstiftende Artikel vermarktet. Kühe auf grünen Wiesen, Meeresbrandung, Schlösser in Herbstwäldern und klare Gebirgsbäche scheinen unverzichtbar, um Schokolade, Parfüm, Duschgel oder eingeschweißten Leberkäse an den Mann zu bringen. Marken versuchen, Kult zu werden und nicht bloß eine Konstruktion zu sein, sondern ein Mythos, ein Kunstwerk, ein Lebensfreund. Kein Ferienort versäumt es, mit »unberührter« Natur zu werben. Und überall findet sich das Signal, dass es dem Anbieter auf die Einzigartigkeit des Konsumenten ankomme, auf sein Selbst.

Die Werbung ist allerdings nur eine besonders auffällige Form der Idyllisierung des Seins. Zu den stilleren Formen gehören Tagträume, Alltagsgespräche und das unersättliche Interesse am Privatleben Prominenter. Am verborgensten aber ist das Selbstverständliche. Überall begegnen uns fraglos akzeptierte Urteilsschemata: für die Natur und gegen die Technik, für das Individuelle und gegen das Genormte, für Gefühlsgemeinschaften und gegen zweckrational geregelte Sozialbeziehungen. Aus all dem entsteht ein Resonanzraum der Beschwörung seinsgerichteter Glücksvorstellungen inmitten des Steigerungsspiels.

Die Wurzeln dieses Phänomens lassen sich zurückverfolgen bis Rousseau. Wie ein Reflex auf die faktische Überwältigung durch das könnensgerichtete Denken zieht sich die Idyllisierung des Seins durch die letzten zweihundertfünfzig Jahre; sie lebt etwa in der Romantik auf, in der Rezeptionsgeschichte von Henry Thoreaus *Walden*, in der Wandervogelbewegung, in der Hippiekultur, im Psychoboom der siebziger Jahre oder in den Fundamentalpositionen der Ökologiebewegung.

Da das Seinwollen zum Menschen schlechthin gehört, wäre es sehr erstaunlich, wenn es sich nicht in einer durch das Könnenwollen dominierten Epoche immer wieder in Gegenutopien zu Wort gemeldet hätte. Das Könnenwollen gehört jedoch ebenfalls zum Menschen. Parteinahme für das eine und gegen das andere Prinzip kommt deshalb immer einer Parteinahme gegen das Menschliche gleich. Wenn sich in diesem Zusammenhang überhaupt ein Wertstandpunkt geltend machen lässt, dann nur der einer Ablehnung von wirklichkeitsferner Einseitigkeit. Genau dies wird in der Dialektik von Können und Sein aber ständig zum Problem. Einerseits kommt es zur Kritik der Seinsdistanz des könnensgerichteten Denkens. Andererseits artikuliert sich auch eine Kritik des seinsgerichteten Denkens. Dabei laufen zwei völlig getrennte Traditionen nebeneinander her: erstens der Angriff auf das Idyll und zweitens die Kritik der Könnensdistanz.

Wie die Entlarvung der Naivität des Fortschrittsbegriffs fast schon zur rhetorischen Floskel wurde, so auch die Ironisierung des Idylls. Ihre Ursprünge reichen zurück bis in die frühe Zeit des Steigerungsspiels. Das Wort »Kitsch« entstand in der zweiten Hälfte des 19. Jahrhunderts zunächst in Münchner Kunsthändlerkreisen. Dass es sich so schnell verbreitete und seither nicht mehr aus der deutschen Umgangssprache wegzudenken ist, hängt mit der Ablehnung von seinsbezogenen Glücksvorstellungen zusammen, die Begegnungen nur auf das Angenehme reduzierten.

Das Belächeln des Idylls war schon immer eine Sache der Gebildeten und Intellektuellen. Ihre Verachtung der Schönfärberei und ihre Herablassung gegenüber den Kleinbürgern verfestigten sich – in Deutschland wie kaum anderswo auf der Welt – zu einem kulturhistorisch außerordentlich stabilen Motivkomplex der Distinktion von allem Spießigen. Bis auf den heutigen Tag prägt diese Haltung die Hochkulturszene. Freilich wurde dabei eine Einseitigkeit durch eine andere ersetzt: Der Fixierung auf das Idyll steht das Dogma des Desasters gegenüber. Zwanghaftigkeit changiert zwischen Gebot und Verbot der heilen Welt. Auf diese Weise wechselte die Darstellung des Schönen und Guten von der Kunst in die Werbung, und der Diskurs darüber von den Intellektuellen in die Fernsehshows.

Zusätzlich zur Frontlinie, die zwischen dem Idyll und seiner Verachtung verläuft, hat sich ein Konflikt zwischen Können und Sein aufgebaut. Die Opposition des Seins gegen das Können äußert sich etwa als Arroganz von Feingeistern und Künstlern gegenüber ihren Sponsoren, die das Können zwar ausnutzen, aber nicht als gleichwertig ansehen. Die Frontstellung ist nicht die von Denkern gegen Denker, sondern von Denkern gegen Macher. Dem Angriff auf die Entzauberung der Welt durch die einen korrespondiert die Etikettierung der anderen als Spinner. Lange Zeit waren es die Macher, die am längeren Hebel saßen – sie setzten sich routiniert über Einwände hinweg und realisierten ihre Projekte. So wurden sie seit den siebziger Jahren zum Böse-Buben-Personal des deutschen Regietheaters, leicht zu erkennen an Nadelstreifenanzügen, Aktenkoffern und dem ständigen Blick auf die Uhr.

Idylliker und Antiidylliker des Seins konnten schon deswegen nicht in gleicher Weise zu Sündenböcken werden, weil sie verhältnismäßig wenig bewirkten. Je mehr das Sein jedoch unvermeidlich zum Thema wird, nicht etwa auf Grund von Appellen, sondern wegen der Logik der objektiven Lebensumstände vieler Menschen im fortgeschrittenen Steigerungsspiel, desto wahrscheinlicher kommt das Ende der Schonzeit. Das seinsgerichtete Denken muss sich der Kritik stellen.

Diese Kritik beginnt mit einer logischen Klärung. In Debatten, die sich um das Verhältnis von Können und Sein drehen (wobei es nicht auf diese Ausdrücke, sondern auf den Inhalt ankommt), wird regelmäßig ein Antagonismus unterstellt. Können und Sein erscheinen als entgegengesetzte Pole *einer* Dimension. Je mehr man sich dem einen Pol annähert, desto größer wird angeblich die Distanz zum anderen; man könne sich nicht für beides zugleich entscheiden. Dieses antagonistische Modell überträgt die Polarität der Diskussionsteilnehmer auf den Gegenstandsbereich. Aber ist diese Übertragung angemessen? Wie wir gesehen haben, gehört beides im selben Maß zur menschlichen Existenz und steht in einem Verweisungszusammenhang. Für das logische Verhältnis der Begriffe ist daraus der Schluss zu ziehen, dass es angemessen ist, von *zwei* Dimensionen auszugehen, zwischen denen nicht notwendig ein Widerspruch angelegt ist.

Die praktische Konsequenz dieser geänderten Sicht liegt auf der Hand: Es kommt darauf an, Können und Sein zu integrieren. Dies konkretisiert sich in allen weiter oben durchgearbeiteten Gegenstandsbereichen. Was man vom Leben hat, hängt in jedem Gegenstandsbereich von beiden Dimensionen ab. Unsere Ziele lassen sich als Rechteck sehen, dessen Fläche das Produkt von Können und Sein ist. Geometrisch gesprochen ist das eindimensionale Leben nur ein Strich; viele Menschen treibt es zur Verzweiflung. Es war in der Vergangenheit wichtig, sich dies für die Vereinseitigung des Könnens klarzumachen; in Zukunft wird es zunehmend darauf ankommen, auch die Vereinseitigung des Seins als Problem zu erkennen.

Die Kritik der Idylle ist damit jedoch noch nicht am Ende. Als gänzlich anderer Gesichtspunkt kommt die Verharmlosung des Seins dazu. Die Borniertheit der antispießigen Attitüde übertreibt ein durchaus richtiges Argument. Wie in der Geschichte des Könnens, die sich im Steigerungsspiel entfaltete, erst dann die geistige Reife einer realistischen Wahrnehmung erreicht war, als Fortschritt und Risiko als zwei Seiten einer Medaille begriffen wurden, so ist auch das seinsgerichtete Denken erst dann zu Ende entwickelt, wenn es seine Fixierung auf Glücksempfindungen aufgibt und sich für das Beklemmende, Schwierige, Unheilvolle öffnet. Es ist klar, dass Seinwollen immer auf das Positive hofft; in der Idyllisierung des Seins gerät freilich in Vergessenheit, dass Seinwollen gleichwohl immer auch mit dem Negativen rechnen muss. Seinwollen strebt nach gelingender Begegnung, doch das Gelingen immer mit Glückserlebnissen gleichzusetzen wäre naiv und wirklichkeitsverneinend. Bei Licht besehen, birgt das Sein mehr Risiken, Abgründe und traumatische Erlebnisse als das Können. Begegnungen geraten leicht zu Konflikten, Krisen, Katastrophen.

Ich: Eine *Fähigkeit* nicht zu haben ist leichter zu verkraften als die Widersprüchlichkeit, Sprunghaftigkeit, Ungewissheit, Amoralität und Unkommunizierbarkeit des *Selbst*.

Du: Ein *Kunde* mag schwierig sein, aber man kann die Beziehung sachlich halten und es mit sich selbst ausmachen, ob man der Sache gerecht wurde oder nicht. Ein *Gegenüber* kann einen in seiner Unsachlichkeit, Desinteressiertheit, Ablehnungshaltung oder auch nur Launenhaftigkeit und Unzugänglichkeit zur Verzweiflung bringen.

Beziehung: In einer *Gesellschaft* im Sinn von Tönnies gibt es feste Regeln, und viele halten sich auch daran. So können sich die Mitglieder einer Gesellschaft einigermaßen sicher und geborgen fühlen. Wenn es dagegen um *Gemeinschaft* geht, hilft Regelung nichts; man ist für das Gelingen auf den oder die anderen angewiesen und hat im Fall des Scheiterns nur die Wahl zwischen Ausharren im Unglück oder Trennung.

Artefakte: *Konstruktionen* können Mängel aufweisen, die sich beheben lassen; *Werke*, die man als hässlich, nichtssagend, geistlos oder langweilig erlebt, lassen sich dagegen nicht einfach reparieren, und man kann sie auch nicht immer umgehen, wenn man die Welt der Artefakte seinsgerichtet betrachtet. Wer sich nicht über sie ärgert, ist ein Weiser.

Gegebenes: *Materie* konfrontiert einen zwar mit Rätseln oder Widerstand, wenn man sie bestimmten Zwecken dienlich machen möchte, aber dafür steht ein ganzes Arsenal weiterführender Methoden bereit; *Natur* hat dagegen auch unberechenbare, bedrohliche und grausame Aspekte. Wer nur die idyllische Natur sieht, begegnet ihr nicht wirklich.

Hinsichtlich der Gefühle, die man zu erwarten hat, sind Begegnungen ambivalent. In der Idyllisierung von Begegnungen wird alles Negative wegdefiniert; zurück bleibt ein infantiler Glücksbegriff, verbunden mit uneingestandener Angst vor dem Sein. Ein gereifter Glücksbegriff akzeptiert die Ambivalenz; er lokalisiert das Glück in der Begegnung als solcher, nicht in dem Rausch, den sie vielleicht in einem auslöst.

Die Begriffe »infantil« und »reif« sind hier nicht moralisch gemeint. Sie gehören aber zum Programm prognostischen Verstehens, geleitet vom Suchbegriff des Common sense. Die meisten Menschen werden wohl nach gründlicher Überlegung das Reife für sinnvoller halten als das Infantile. Auch sind die Begriffe wichtig im Rahmen einer Theorie kollektiven Lernens, von der im letzten Kapitel die Rede sein wird.

Der Mann, der die Inseln liebte – mit dieser Erzählung von D. H. Lawrence lässt sich das Paradigma der Begegnung ex negativo veranschaulichen. In dieser Geschichte wird ein Mann geschildert, dessen größter Wunsch es ist, eine Insel zu besitzen. Mit fünfunddreißig pachtet er eine schöne Insel, die er sich im Lauf des folgenden Jahres als idyllische Enklave einrichtet. Umgeben von zufriedenem Personal, glaubt er sich nun dem Paradies auf Erden nahe. Bald stellt sich aber heraus, dass er seine kleine Welt nicht von Schwierigkeiten freihalten kann. »Es sollte keine ungetrübte Freude, nicht einmal Ruhe und Frieden mehr geben. Einer brach sich ein Bein, ein anderer erlitt einen Rheumaanfall und konnte nicht arbeiten. Die Schweine wurden von einer Krankheit befallen; der Sturm warf die Jacht auf ein Riff. Der Maurer konnte den Diener nicht leiden und verbot seiner Tochter, weiter im Herrenhaus Dienst zu tun. Selbst die Luft schien von Unheil geladen: Die Insel wurde böse.« Nach fünf Jahren wechselt der Mann auf eine viel kleinere Insel, die er nur noch mit einer Wirtschafterin und deren Tochter bewohnt. Nun hat sich seine Welt wesentlich vereinfacht, doch entwickelt sich, fast gegen seinen Willen, eine sexuelle Beziehung zur Tochter der Wirtschafterin. Alles wird wieder unendlich schwierig, vor allem als das Mädchen auch noch ein Kind erwartet. Der Mann fühlt sich verfolgt von einer Liebe, die er nicht erwidern kann, und die Verantwortung für das Kind empfindet er als niederdrückend. Schließlich flieht er, aller Schwierigkeiten überdrüssig, auf eine dritte Insel, nachdem er der Mutter des Kindes den größten Teil seines Vermögens übereignet hat.

Die dritte Insel ragt nur wenig aus dem Wasser. Es gibt keine Bäume, nicht einmal Sträucher, und die einzigen Lebewesen sind ein paar Schafe. Hier lässt der Mann sich eine notdürftige Unterkunft bauen. Als einzige Gesellschaft bringt er eine Katze mit. Seine letzte Verbindung zur Außenwelt sind zwei Fischer, die gelegentlich Post für ihn haben. Er öffnet die Briefe nicht mehr, er lässt die Schafe fortschaffen, weil er sich vor ihnen ekelt, und seine Katze verschwindet. Seine Beziehung zur Welt wird immer schwächer. Schließlich beginnt es zu schneien; die kleine Insel verschwindet unter den Schneemassen. »Einmal stand er auf, gleich einem Gespenst seiner selbst, und stieg auf einen der weißen Hügel seiner unkenntlichen Insel. Die Sonne schien heiß. ›Es ist Sommer‹, sagte er zu sich, ›die Zeit des Laubes‹. Gefühllos starrte er über das Weiß seiner verfremdeten Insel und über die Wüste des Meeres. Er redete sich ein, den Schimmer eines Segels zu gewahren. Dabei wusste er, dass er sich dies nur einbildete, dass auf diesem öden Meer nie mehr ein Segel auftauchen würde.«

Die Flucht von der ersten Insel zur zweiten und dritten lässt sich als Flucht vor Begegnungen deuten. Sie führt nicht zum Idyll, sondern zur existentiellen Reduktion, zum Nichtsein, zu Vorformen des Todes. Eine andere dieser Vorformen ist das Dahinleben, das durch Planlosigkeit, Abwarten und reaktives Handeln gekennzeichnet ist.

Der Dahinlebende lässt sich in dieses oder jenes hineinziehen, reagiert und verharrt dann wieder so lange ohne Bewegung, bis der nächste Anlass zum Handeln auf ihn zukommt. In den Zwischenphasen nähert er sich dem Nichts an, der Bewusstlosigkeit, dem traumlosen Schlaf; er nutzt die Zeit nicht, er ignoriert sie oder vertreibt sie sich. Für ihn kommen und gehen die Gelegenheiten zum Handeln ohne eigenes Zutun; der Dahinlebende verschafft sie sich nicht selbst wie jemand, der nach Begegnungen sucht.

Dass er überhaupt lebt, lässt sich für die Zwischenzeiten nur insofern behaupten, als er physisch funktioniert und psychisch auf Reaktion geschaltet ist für den Fall, dass ein Ereignis zu den von ihm gespeicherten Codes passt. Ein solches Ereignis kann auf physische Ursachen zurückgehen. Hunger und Durst sind Anlässe winziger Handlungsepisoden, in denen, mitten in der Schwärze zeitlosen Dahinlebens, auf einmal Aktivität aufblitzt: Aufstehen, Gang in die Küche, Kühlschrank aufmachen, Fertigpizza herausholen, zubereiten, essen, wieder hinsetzen, abwarten. Andere handlungsauslösende Ereignisse sind ein Geschenk der Umwelt: Jemand sagt etwas zum Dahinlebenden, das Telefon klingelt, die Zeitung kommt, ihm wird etwas angeboten, ein Konsumgut, eine Reise, eine Dienstleistung. Zentral für die Versorgung mit Ereignissen ist das Fernsehen.

Der Dahinlebende ist ein Parasit der Anfänge; er springt hier und da auf, klinkt sich ein, lässt sich in Bewegung setzen, ohne selbst die Initiative zu ergreifen. Manchmal gewinnt man den Eindruck, er sei ein kreativer, aus sich selbst heraus bewegter Handelnder. Es kann sein, dass andere ihn in längere Dramen verstricken; dass man ihn in die Enge treibt und provoziert; dass er außer sich gerät und auf einmal überlegt: Was ist jetzt zu tun? Es kann ihm beispielsweise passieren, dass er von seinem Lebenspartner verlassen wird; dass jemand ihn bedroht und nicht so sein lässt, wie er ist. Aber er bleibt in der Hauptsache ein Veranlasster. In die Selbständigkeit getrieben, fühlt er sich nicht wie ein Wanderer am Morgen, sondern wie ein bettlägeriger Hypochonder, der feststellt, dass seine Toilette verstopft ist.

Seinsgerichtetes Handeln

Teil und Ganzes. Systematische Vorbemerkung

In den vorangegangenen Abschnitten habe ich mich mit Paradigmen beschäftigt, in den folgenden geht es um die Frage, welche Handlungsmuster diesen Paradigmen entsprechen. Beide Themenbereiche gehören zum Programm des Verstehens. Die Untersuchung von Paradigmen gehört zum semantischen Verstehen, die Untersuchung von Handlungsmustern gehört zum handlungslogischen Verstehen.

Die logische Beziehung von Paradigma und Handlungsmuster ist die von Teil und Ganzem. Mein Vorgehen ähnelt dem Studium einer Sprache, das sich zunächst auf einzelne Wörter richtet, dann auf ganze Sätze. Beides lässt sich nicht vollständig voneinander trennen. Wortbedeutungen werden durch Verwendungsweisen in Sätzen klarer; umgekehrt sind Sätze nur verständlich, wenn man die Wortbedeutungen kennt. Semantik und Handlungslogik verweisen zu sehr aufeinander, als dass man sie streng getrennt voneinander abhandeln könnte. Wie beim Erlernen einer Sprache ist es aber auch beim Verstehen von Handlungen sinnvoll, verschiedene Schwerpunkte – Teil und Ganzes – zu setzen. Zunächst lag der Schwerpunkt auf herausgelösten Teilen, auf den Paradigmen von Ich, Du, Beziehung, Artefakten und Natur. Nun verlagert er sich auf das Ganze: Welche Handlungsmuster sind wahrscheinlich, wenn sich Menschen an diesen Paradigmen orientieren?

Was ein Handlungsmuster ist, scheint auf den ersten Blick einfach: wiederholtes Tun. Aber was heißt schon Wiederholung? Wenn man genauer nachdenkt, stellt man verblüfft fest, dass es keine perfekte Wiederholung von Handeln geben kann, und selbst wenn die Handlungsepisoden identisch scheinen, etwa beim Training eines Hochspringers, zeigt doch die Feinanalyse, dass kein einziger Ablauf ein identisches Duplikat eines vorhergehenden Ablaufs ist. Denkbar sind nur Ähnlichkeiten; allein darauf kann man sich beziehen, wenn man von einem Muster redet. Damit stehen wir schon vor der nächsten Komplikation: Was heißt ähnlich? Bei den Trainingsepisoden des Hochspringers ist der Fall klar; es fällt uns nicht schwer, ein Ablaufschema zu identifizieren, dem sich die einzelnen Episoden zuordnen lassen. Wie aber steht es mit den drei folgenden Episoden? A hält B die Tür auf; A schickt B Weihnachtsgrüße; A entschuldigt sich bei B dafür, dass er einige Minuten zu spät gekommen ist. Der äußere Ablauf ist jeweils ein vollkommen anderer, trotzdem empfinden wir die drei Episoden als ähnlich. Das Ähnlichkeitsurteil kommt nun allerdings durch den Rückgriff auf das Unsichtbare zustande – auf den dahinterliegenden Sinn, den man in der Kurzformel »Höflichkeit« zusammenfassen kann.

Der soziologische Begriff des Handlungsmusters bezieht sich ausschließlich auf die innere Ähnlichkeit von Episoden, auf ihre Sinnverwandtschaft. Manchem mag dies als ein Fischen im Trüben erscheinen, kryptisch und ohne solide empirische Grundlage. Allerdings verhält es sich so, dass unser gesamtes Zusammenleben, ob mit oder ohne Soziologie, zwingend auf Ähnlichkeitsurteile der Sinnverwandtschaft angewiesen ist. Und das Erstaunliche ist: Es funktioniert bestens. Selbst ein Kind kann Höflichkeit lernen. Dabei kommt es auf Abstraktion, Interpretation und Sinnverstehen an, bei Soziologen wie bei Kindern.

Aber wie weit soll die Abstraktion gehen? Für die folgenden Abschnitte habe ich ein hohes Abstraktionsniveau gewählt. Es geht um allgemeine Aspekte von Handlungsmustern, unabhängig von der Situation, unabhängig sogar vom Bereich des Handelns. Die einzige Festlegung besteht in der Annahme, dass der Handelnde ein seinsgerichtetes Paradigma (Ich, Du, Beziehung, Artefakte, Natur) zugrunde legt. Die folgende Übersicht präsentiert die zentralen Begriffe der nächsten Abschnitte.

Könnens- und seinsgerichtete Handlungsmuster

Aspekte von Handlungsmustern	Könnensgerichtete Muster	Seinsgerichtete Muster
Vergleichen	Mehr	Anders
Planen	Steigerung	Annäherung, Expedition
Wahrnehmen	Abstraktion	Konkretisierung
Reflektieren	Methode	Erfahrung

Vergleichen. Mehr oder anders

Wer ein gutes, nützliches, preiswertes Auto kaufen möchte, geht ganz anders vor als jemand, der auf ein schönes Auto aus ist. Es ist hier unwichtig, was genau die potentiellen Autokäufer unter ihren Maßstäben verstehen; worauf es ankommt, ist ihr Handlungsmuster. Stellen wir uns die beiden als reine Typen vor. Worin unterscheiden sie sich? Der eine betrachtet das Auto könnensgerichtet; sein übergeordnetes Paradigma ist das der Sachbezogenheit. Der andere betrachtet das Auto seinsgerichtet; sein übergeordnetes Paradigma ist das der Begegnung. Der eine sieht das Auto als Konstruktion, der andere als Werk. Ein Paradigma hat immer auch normativen Charakter; es legt die Bedürfnisse fest, auf die es in bezug auf das Auto ankommt. Der erste Käufer denkt an Energieeffizienz, geringe Reparaturanfälligkeit, Sicherheit und Fahreigenschaften; der zweite denkt an Design, Mythos, Sound, Fahrgefühl.

So eingestellt, suchen sie nun nach ganz verschiedenen Informationen über das Auto. Um zu einer Entscheidung zu gelangen und die Handlungsepisode durch einen Kauf abzuschließen, gehen sie in einer ganz bestimmten Weise mit der Information um: Sie vergleichen. Die logische Struktur des Vergleichs ist beim könnensgerichteten Handeln anders als beim seinsgerichteten. Könnensgerichtete Vergleiche sind strikt vertikal organisiert, seinsgerichtete haben dagegen im wesentlichen horizontalen Charakter. Der könnensgerichtete Käufer studiert Ranglisten, in denen jedes Modell seinen exakt definierten Platz hat. Für den seinsgerichteten Käufer gibt es keine solchen Ranglisten, weil ästhetische, emotionale und semantische Gesichtspunkte (da sie an subjektive Sinnwelten gebunden sind) gar nicht mitteilbar und in verbindliche Messverfahren übersetzbar sind. Schönheitsquotienten, Mythosrankings, Fahrgefühlskalen sind unsinnig. Folgerichtig appellieren die Anbieter mit Plakatwerbung und Fernsehspots an das Innenleben der Konsumenten.

Der seinsgerichtete Autokäufer verfährt nach dem Muster eines personenbezogenen Schönheitswettbewerbs, bei dem er die Kandidatinnen nebeneinander antreten lässt, um schließlich diejenige auszuwählen, die ihm am besten gefällt. Sein Autokauf ist mit Laufarbeit und Probefahrten verbunden, weil nichts den unmittelbaren Eindruck ersetzen kann. Der könnensgerichtete Käufer dagegen kann sich seine Informationen aus dem Internet holen, Testberichte lesen und die Datenblätter der Hersteller studieren.

Der könnensgerichtete Autokäufer ist ein wichtiger Akteur im Steigerungsspiel. Seine Vergleichsoperationen haben während des gesamten zwanzigsten Jahrhunderts dazu beigetragen, dass das Auto zu dem wurde, was es heute ist: Ein prinzipiell nie abgeschlossenes, immer noch weiter verbesserungsfähiges Produkt, das nie seinen Endzustand erreicht.

Im Gegensatz dazu stehen solche Vergleichsoperationen, die auf einen jetzt schon erreichbaren Zustand gerichtet sind. Es fällt leicht, Beispiele zu finden, etwa Reisen, Kartenspielen, eine Therapie machen, eine Ausstellung besuchen, sich modisch kleiden, einen Film drehen, ein Buch schreiben, Malen, Komponieren, Musizieren, eine Maschine reparieren, Lesen, Kochen, einen Kranken pflegen.

Diese Kraut-und-Rüben-Zusammenstellung hat System. Je heterogener sie ist, desto leichter fällt es, zu verallgemeinern. Zunächst: Fallen die Beispiele nicht vielleicht doch unter den Begriff des Steigerungsspiels? Gewiss, man kann versuchen, aus allem ein Steigerungsspiel zu machen, aber die angeführten Handlungskontexte sind dafür denkbar ungeeignet. Man kann trotzdem so tun als ob und sich über das Versagen der Steigerungslogik hinwegtäuschen. Sinnvoll scheint den Menschen aber letztlich etwas anderes, wenn sie ihrem Common sense folgen.

Das andere im Vergleich zum Steigerungsspiel besteht in der *Abgeschlossenheit der Wertidee*. Greifen wir ein beliebiges Beispiel aus der obigen Reihe heraus, das Kochen. Gerade wenn man den Ehrgeiz hat, gut zu kochen, ist man häufig unzufrieden und möchte es besser machen. Zwar lässt sich die Annäherung an die Wertidee einer perfekten Lammkeule als Vorgang der Steigerung begreifen, doch gehorcht dieser Vorgang keiner Steigerungslogik mit offener Wertskala. Man probiert herum, verändert die Methode, dosiert die Zutaten von Mal zu Mal unterschiedlich, schlägt in verschiedenen Kochbüchern nach, ohne dass jedoch ein Vorgang ewigen Voranschreitens einsetzen würde. In kleinen und immer kleineren Schritten nähert man sich dem Ideal. Entscheidend ist, dass der Steigerungspfad von Anfang an als *endlich* vorgestellt wird. Man kann ans Ziel gelangen. Ein solches Wertbewusstsein unterscheidet sich fundamental vom Wertbewusstsein der Steigerungslogik; es ist auf Ankunft ausgerichtet, während die Steigerungslogik auf das Vorankommen abzielt.

Dies geht so weit, dass viele Akteure einer regelrechten Ankunftsphobie unterliegen, einer Angst vor dem Ende eines Steigerungspfads. In einem Aufsatz aus den fünfziger Jahren sieht Bertrand Russel das baldige Ende der Physik voraus, zu Unrecht, wie wir inzwischen wissen. Aber hat er sich vielleicht nur in der Zeitspanne geirrt? Seine Annahme ist weder beweisbar noch widerlegbar. Genau deshalb ist sie aber auch nachdenkenswert. Wie soll ein Naturwissenschaftler mit der Tatsache endlicher Forschungspfade umgehen? Dem Nachdenken darüber steht die Entrüstung im Weg, die allein die Fragestellung auslöst. An der Empörung von Wissensproduzenten, mit denen man über die Endlichkeit des Erforschbaren diskutieren möchte, lässt sich das Wertbewusstsein von Steigerungsspielern studieren. Die Vorstellung der ewigen Fortsetzbarkeit wird zum Feind der Vorstellung eines erreichbaren Endzustandes. Auf der einen Seite der Front steht die Wertidee des bloßen Vorankommens, auf der anderen der Vorrang des Ziels vor dem Weg: Möglichkeitserweiterung steht gegen das Auskosten gegebener Möglichkeiten; Mehrkönnen steht gegen das Sein. Doch dieser Gegensatz ist eingebildet; die historische Lernaufgabe besteht in der Integration beider Denkweisen.

Mit einer philosophisch zunächst irritierenden Formulierung kann man sagen: Im seinsgerichteten Handeln geht es um das Wesen der Dinge. Ob es sich um ein Kochprojekt oder ein Bauprojekt handelt; ob man psychotherapeutisch zu sich selbst unterwegs ist oder als Reisender zu Landschaften, Städten, Kulturen; ob man Karten spielt oder Klavier: Es geht um die Ankunft des Subjekts an einem idealen Ort. Es ist allerdings – und damit ist der Einwand metaphysischer Beliebigkeit erledigt – der Ankommende selbst, der den Dingen ihr Wesen einhaucht. Im nachmetaphysischen Zeitalter ist der Glaube daran verschwunden, dass es ewige Ideen (der idealen Lammkeule, der Liebe, der Kunst, der Interpretation von Beethoven-Sonaten) gebe. Man begreift Wertideen als eigene Ideen und versucht, sich ihnen anzunähern. Steigerungslogische Wertideen lassen sich mit der Kategorie *Mehr* kennzeichnen, seinsgerichtete Wertideen mit der Kategorie *Anders*.

Mehr heißt: schnellere Verkehrsmittel, höhere Energieausnutzung, rationellere Fertigungsmethoden, wirksamere Medikamente, ertragreichere Getreidesorten, höhere Bruttoinlandsprodukte. Allen Wertvergleichen liegen Hierarchien zugrunde. Das Wertvollere ist immer das Gesteigerte, dessen Überbietung erwartet wird, so dass jeder neue Wert bereits unter dem Vorbehalt seiner baldigen Entwertung steht.

Anders heißt: Es gibt die romantische und die historische Bach-Interpretation; es gibt verschiedene Arten, Fisch zuzubereiten; es gibt viele Spielarten der Sexualität; es gibt immer andere Reisewege und Reiseziele; es gibt mehr interessante Menschen, als man kennenlernen kann;

es gibt mehr Kunstwerke, als man betrachten kann. In der Denkwelt des Seins überwiegt die Es-gibt-Perspektive, in der alles nebeneinander steht. Nur in wenigen Lebensfeldern gibt es bloß eines, das man wollen könnte; so haben wir etwa nur eine Idealvorstellung von Gesundheit. Überwiegend aber gibt es vieles, ohne dass sich, wie im Denksystem der Steigerungslogik, sagen ließe, was denn nun das beste wäre.

Was man selbst will, lässt sich im seinsgerichteten Denken nur durch eine persönliche Entscheidung gegenüber all dem anderen auszeichnen, das es außerdem auch noch gibt. Im Vergleich zum Steigerungsdenken, dessen Logik einem von Anfang an alle Bewertungsprobleme abnimmt, wird einem im seinsorientierten Denken höhere normative Anstrengung abverlangt. Nur kraft eigener Entscheidungen treten Wertideen aus dem Getümmel dessen, was es gibt hervor, und nur mit Entschiedenheit kann man sich ihnen annähern. Seinsorientiertes Handeln verwirklicht sich in Projekten, für die nichts anderes spricht als der Umstand, dass man sich für sie entschieden hat. Das Scheitern solcher Projekte hat die Form des Zappens, des ständigen Partnerwechsels, der Zuflucht bei Animateuren und Ausflugsprogrammen am Urlaubsort.

Planen. *Steigerung oder Annäherung und Expedition*

Wesentliche Eigenschaften von Handlungsmustern kämen gar nicht erst zum Vorschein, würde man nur einzelne Handlungsepisoden untersuchen. Fast alles, was wir tun, ist nur ein Glied in einer Kette von Episoden. Was in einem gegebenen Moment geschieht, ist entscheidend geprägt durch die vorwegnehmende Vorstellung der gesamten Episodenkette, der wir unser Handeln in diesem Moment zurechnen. Die Vorstellung vom Gesamtverlauf wirkt musterprägend. Dies untersuche ich im folgenden an drei Beispielen, die sich dafür eignen, die Andersartigkeit könnensgerichteter und seinsgerichteter Verlaufsmuster herauszuarbeiten.

Ein Gentechniker, ein angehender Pianist und ein Playboy haben eines gemeinsam: Alle drei widmen sich vor allem der Vergrößerung des Möglichkeitsraums. Inwiefern? Beim Gentechniker liegt die Antwort auf der Hand. Er ist unterwegs zur Erzeugung neuer Lebensformen, die irgendjemand als nützlich betrachten könnte. Wenn ihm dies gelingt, erweitert sich der objektive Möglichkeitsraum genauso, wie er sich durch die Erfindung der Uhr, des Elektroherds oder des Internets erweitert hat. Beim Pianisten scheint es schon schwieriger, sein Handeln als Möglichkeitserweiterung zu deuten. Aber was tut er, wenn er jeden Tag sechs Stunden Klavier übt? Nehmen wir an, sein Ziel wäre die Beherrschung des berüchtigten Klavierkonzerts in a-Moll von Edvard Grieg, um es in einem Konzert zur Aufführung zu bringen. Das Üben hat vor allem den Zweck, den persönlichen Möglichkeitsraum pianistischen Könnens so weit auszudehnen, dass das Ziel einer perfekten Interpretation des Klavierkonzerts in Sicht kommt. Bleibt der Playboy. Was hat seine Jagd auf Frauen mit der Kategorie des Möglichkeitsraums zu tun? Auch hier ist die Antwort einfach, wenn wir uns nur zu der ungewohnten Sichtweise entschließen, ein Rendezvous mit dem Begriff des Möglichkeitsraums in Zusammenhang zu bringen. In der Metaphorik zur Beschreibung erotischer Annäherung kommt dies deutlich genug zum Ausdruck; so ist etwa von Jagen, Angeln, Widerstandbrechen, Erobern die Rede. Die Einwilligung des Objekts der Begierde ist nicht ohne weiteres zu haben, erst einmal ist Verführungsarbeit zu leisten. Wenn sie zum Erfolg führt, eröffnet sich ein erotischer Möglichkeitsraum.

Wir können uns Gentechniker, Pianist und Playboy auch in Personalunion vorstellen – ein musisch veranlagter Naturwissenschaftler, der die Frauen liebt. Je nachdem, was er gerade tut, orientiert er sich an einer anderen Handlungslogik. Als Gentechniker richtet er sich an der Steigerungslogik aus, als Pianist an der Logik der Annäherung, als Frauenheld an der Logik der Expedition. Die Steigerungslogik wurde bereits ausführlich dargestellt; sie dient hier nur als Kontrastmittel für dialektisches Denken. Worauf es ankommt, sind Annäherung und Expedition als Alternativen dazu. Was ist darunter zu verstehen?

Wer sich an der Steigerungslogik orientiert, stellt sich jedes erreichte Ergebnis nur als Zwischenergebnis zu etwas noch Besserem vor. Der Gentechniker macht sich daran, Formen des Lebens in die Welt zu setzen, die entsprechend definierten Skalen des Nutzens »besser« sind – Pflanzen, Mikroorganismen, Insekten, Fische, Säugetiere, vielleicht auch Menschen.

Der Pianist dagegen handelt nach einer Logik der Annäherung. Er will sich verbessern, aber er lebt in der Vorstellung, dass die Wertskala, auf der er sich bewegt, oben abgeschlossen ist. Er strebt nach einem Ideal, das er vielleicht nie erreicht; würde ihm dies aber gelingen, so ließe es sich nicht mehr steigern. Gerade musikalisch-interpretatorische Annäherungslogiken setzen oft ein zu hohes Niveau fest. Die meisten finden ihre Obergrenze weit unterhalb der Perfektion. Über den Punkt aber, dem sie sich anzunähern trachten, wollen und können sie nicht hinausdenken.

Handeln Menschen nach einer Annäherungslogik, so gleichen sie Bergsteigern, die immer wieder versuchen, einen schwer zu erklimmenden Berg zu besteigen, manche mehr, manche weniger erfolgreich. Handeln sie dagegen nach einer Steigerungslogik, so müssen wir sie uns an einer Steilwand vorstellen, die niemals endet. Jeder müht sich ein Stück nach oben, bis er nicht mehr kann und durch einen anderen abgelöst wird, der den ewigen Weg nach oben fortsetzt. Nach der Annäherungslogik ist es denkbar, dass einzelne den Gipfel erreichen, nach der Steigerungslogik ist der Begriff des Gipfels dagegen nicht definiert. Deshalb verbindet sich die Annäherungslogik auch mit einer anderen Zeitvorstellung. Es gibt einen erstrebten oberen Punkt, an dem man sich noch nicht befindet. Annäherungsprojekte sind begrenzt, die für sie aufgewendete Zeit auch. Der Dirigent arbeitet mit dem Orchester an einer Interpretation einer Mahler-Symphonie, bis er zufrieden ist; der Autor feilt an seinem Manuskript, bis der Lektor es ihm wegnimmt; jemand probiert stundenlang vor dem Spiegel verschiedene Kombinationen seiner Garderobe durch, bis er endlich zufrieden ist; man macht eine Psychotherapie, bis man das Gefühl hat, ein Problem allmählich in den Griff zu bekommen; man lernt einander kennen, stellt sich aufeinander ein, macht gemeinsame Erfahrungen, bis die Partnerschaft jene Substanz gewonnen hat, auf die man aus war; das Auto wird instandgesetzt, bis es wieder einwandfrei funktioniert; man lernt kochen in der Absicht, allmählich perfekt zu werden. All diese Beispiele enthalten kleine Steigerungsgeschichten. Auch im Wertbewusstsein der Seinsorientierung gibt es die Kategorie des Mehr, allerdings eingebettet in den Rahmen einer endlichen Verlaufsvorstellung.

Wie steht es nun um die Handlungslogik der Expedition, an der sich der Playboy orientiert? Hier bietet sich eher die Analogie der Fläche als die von Höhenunterschieden an. Der Expeditionsreisende ist umgeben von unbekanntem Gelände. Seine Leitvorstellung ist weder als unendlicher Aufwärtspfad beschreibbar noch als Gipfel, sie hat vielmehr das Aussehen einer Hoffnung auf Überraschungen. Was den Playboy an immer wieder anderen Frauen reizt, ist das Unvermutete, dessen Wert am Anfang der Expedition noch gar nicht beschreibbar ist. Darin unterscheidet sich die Expeditionslogik sowohl von der Steigerungslogik als auch von der Annäherungslogik. Oft erscheinen verschiedene Richtungen zunächst gleich viel wert; man kann nie genau wissen, was kommt, aber man hofft, dass etwas Faszinierendes oder Wertvolles geschehen wird. Aus der Perspektive des Playboys sind viele Frauen gleich begehrenswert. Die Faszination geht gerade von der Unkenntnis der begehrten Möglichkeiten aus, während sie sich bei Steigerung oder Annäherung aus einer konkreten Vorstellung vom bisher noch Unerreichten speist.

Typisch für den Expeditionsreisenden ist ebenfalls eine abgeschlossene Verlaufsvorstellung, zyklisch gegliedert in Richtungswahl, Aufbruch, Erkundung, Einsammeln unverhoffter Funde, Rückkehr. Der Sinn der Expedition erschöpft sich mit ihrer Durchführung. Weil der Expeditionsreisende immer wieder in andere Gebiete aufbricht, ist ihm fixes Wissen nur hinderlich. Abgesehen von allgemein verwendbaren Verhaltensstrategien (im Fall des Playboys wäre das die Verführungskunst), ist man bei Expeditionen gerade dann am besten orientiert, wenn man nicht vororientiert ist, sondern das Gelände in seiner Beschaffenheit erst vor Ort sondiert. Die Kompetenz des Expeditionsreisenden liegt in der schnellen Anpassung an das Unvorhersehbare und Einzigartige. Der Playboy wird um so mehr Erfolg haben, je besser er sich darauf versteht, bei jeder Frau ganz neu hinzusehen, statt nach einem starren Lehrbuch des Herzensbrechers vorzugehen.

Annäherung und Expedition unterscheiden sich von Steigerung durch die Vorstellung der Endlichkeit des Weges und durch die Personengebundenheit der Projekte. Jeder versucht für sich, seinen Wertideen so nahe wie möglich zu kommen, und das innerhalb von Zeithorizonten, die in ein Menschenleben hineinpassen. Zu einem gigantischen, Jahrhunderte überspannenden Spiel, dessen Ergebnisse sich von den Personen ablösen und auf dem Markt tauschen lassen, können sich seinsgerichtete Annäherungs- und Expeditionsprojekte nicht verketten.

Annäherung und Expedition verkörpern eine besondere Vorstellung von Wandel. Im Steigerungsspiel bleibt die Richtung des Wandels immer dieselbe: Von der Morsetelegraphie zur Datenautobahn, vom Bergwerk zum Bürohochhaus – trotz aller Veränderung kann man sich bequem auf das Steigerungsspiel einstellen; in philosophischer Hinsicht gibt es keinen Wandel. Ganz anders liegen die Dinge in seinsgerichteten Projekten. Hier hat Wandel den Charakter von Variation, Metamorphose, Konversion, Improvisation. Wer jedes Jahr ans Meer fährt, immer in das gleiche Hotel, wird es je nach Wetter, Jahreszeit und eigener Stimmung doch immer wieder anders erleben. Es ändert sich durchaus etwas, aber die vielen einzelnen Begegnungen lassen sich nicht als steigerungslogische Fortschrittsidee formulieren; man kann nur sagen: Es ist immer derselbe Ort, aber jedesmal anders. Ähnliches gilt auch für kollektive Wandlungen:

Trends, Moden, avantgardistische Strömungen, Mainstream, Zeitgeist, Stil, Design, Kunst, Muster der Körperästhetik. Bei den Handlungslogiken von Annäherung und Expedition werden persönlicher und kollektiver Wandel zu einem ständigen Hin und Her, ohne epochenübergreifende Zielperspektive, zugänglich für Gewöhnung nur insofern, als man sich an nichts gewöhnen kann.

Wahrnehmen. Abstraktion oder Konkretisierung

»Individuum est ineffabile« – das Subjektive ist nicht mit allgemeinen Kategorien zu fassen. Ob der Satz zutrifft, ist eine Frage der Perspektive. Man kann das Subjektive ganz allgemein betrachten und mit standardisierten Kategorien erfassen. Man kann zwischen Männern und Frauen unterscheiden, zwischen Angehörigen verschiedener Religionen oder Ethnien, zwischen jung und alt, zwischen mehr oder weniger Gebildeten, und man kann daraus bestimmte Standardkonsequenzen ziehen oder Erwartungen, Gebote, Verbote, Rechte, Pflichten daran knüpfen. Der Weg des Steigerungsspiels war zunächst der einer der Standardisierung des Menschen. Am Anfang stand die Massenproduktion, der Massenkonsum, die Suche nach allgemeinen Gesetzmäßigkeiten, das Ignorieren von Besonderheiten.

Im Steigerungsspiel neigen die Akteure dazu, die Welt abstrakt zu sehen. Sich auf die Einzigartigkeit der Dinge einzulassen, würde das Spiel unterbrechen. Für einen Naturwissenschaftler etwa zählt letztlich, ob ein Experiment seine Ausgangshypothesen bestätigt oder widerlegt, ob er also in seinem Forschungsprogramm weitergekommen ist, nicht aber die Stimmung, in der er sich dabei befunden hat, die Arbeitsatmosphäre im Team, das Experiment in all seinen Facetten, die gesellschaftlichen Folgen seiner Entdeckung. Sein Wirklichkeitsbezug hat Durchgangscharakter; er betrachtet das Neue unter dem Gesichtspunkt des Zuwachses im Verhältnis zum alten Wissensstand und unter dem Gesichtspunkt des Defizits im Verhältnis zum kommenden.

Auch die marktwirtschaftliche Organisation des Steigerungsspiels legt Abstraktion nahe. Vor allem Georg Simmel hat diesen Aspekt in seiner *Philosophie des Geldes* herausgearbeitet. Jeder Gegenstand, der auf dem Markt angeboten wird, erfährt durch die Zuschreibung eines Preises die größtmögliche Abstraktion – sein Geldwert bringt nur noch das bloße Wertverhältnis zu allen anderen auf dem Markt angebotenen Gegenständen zum Ausdruck. Alles wird auf diese Weise zur Ware, auch die Tätigkeit von Menschen.

Schließlich bedingt auch die steigerungslogische Verwendung von Wissen eine abstrakte Weltsicht. Das Steigerungsspiel bildet die Wirklichkeit durch Modelle zusammenhängender Variablen ab. Steigerungen erscheinen dabei als Wirkungen, die Auslöser von Steigerungen als Ursachen. Auf diese Weise wird die Wirklichkeit auf die Ausprägung einzelner Variablen reduziert. Variablenmodelle machen den Aufbau von Wenn-dann-Wissen möglich, in dessen Wenn-Komponente die Steigerungsmittel enthalten sind: Wenn man den Produktionsprozess in Teilschritte zerlegt (Ursache), erhöht man die Produktivität (Wirkung). Wenn man Talkshows, Spielfilme, Persönlichkeiten, Sportereignisse zu einem zugkräftigen Programm zusammenmixt (Ursache), erzielt man eine hohe Zuschauerquote und damit hohe Werbeeinnahmen (Wirkung). Man konzentriert sich auf Aspekte der Wirklichkeit, die man in gesetzesartiger Beziehung zueinander sieht. Wissenswert ist in diesem Fall nur das, was dem Grundmodell halbwegs invarianter Zusammenhänge entspricht.

Denkt man dagegen seinsgerichtet, so werden Paradigmen wichtig, in denen das *Konkrete* eine entscheidende Rolle spielt. Worin unterscheidet sich das Denken eines Herstellers von Fertiggerichten von dem eines Hobbykochs? Welchen geistigen Umstellungen muss ein Mann gewachsen sein, der an der Börse arbeitet, aber auf dem Weg hin und zurück in der U-Bahn einen Roman schreibt, wie Tom Wolfe, der Autor von *Fegefeuer der Eitelkeiten*? Welches Weltbild ist der Prostitution angemessen und welches der Liebe? Wie muss ein Programmdirektor im werbefinanzierten Fernsehen denken und wie der Regisseur eines von derselben Anstalt gesendeten Films?

Bei einer seinsgerichteten Sichtweise kehren sich die Perspektiven radikal um. Stellen wir uns Tom Wolfe auf dem Weg von der Börse nach Hause vor, in der U-Bahn an seinem Romanmanuskript arbeitend. Noch vor einer Stunde war er gezwungen, die Wirklichkeit so abstrakt wie nur möglich zu sehen. Es ging ihm um Steigerung pur, eingeschätzt anhand der Parameter, die im Weltmodell eines Börsianers zu einem Variablenzusammenhang verbunden sind. Längst haben Programmierer diese Weltmodelle in Simulationssoftware übersetzt. An der Börse musste Tom Wolfe so denken wie alle anderen Broker auch – in Wertrelationen, ausgedrückt in Dollar, ohne dass die einzelnen Personen, Gebäude und Maschinen, die durch Aktien repräsentiert werden, in seinem Bewusstsein überhaupt aufgetaucht wären. Beim Romanschreiben in der U-Bahn dagegen geht es ihm um das genaue Gegenteil: um die Konkretisierung von Menschen, Schauplätzen, Milieus und Handlungsketten in all ihrer Einzigartigkeit.

Im seinsgerichteten Denken taucht man in die Gegenwart ein, um sie möglichst vielschichtig zu erfassen. Dem Hersteller von Fertiggerichten geht es um Geld und Marktanteile; sein Bezug zum Essen ist denkbar abstrakt. Ganz anders der Hobbykoch: Er würde sich für ein Essen schämen, das wie ein Fertiggericht schmeckt, und seine Gäste würden schnell ausbleiben. Er kommt seinem Ziel, dem guten Essen, um so näher, je differenzierter er seine Situation wahrnimmt und bearbeitet – er achtet auf den Ursprung der Zutaten, ihre Frische, ihr Mischungsverhältnis, ihre Zubereitung, einen stilvoll gedeckten Tisch, die passende Weinsorte und eine interessierte Tischgesellschaft – alles zusammen ein komplexes, unwiederholbares Ereignis, das auf der Abstraktionsstufe des Steigerungsspiels nicht wahrnehmbar wäre.

Gewiss sind auch der Hobbykoch, der Schriftsteller, der Playboy, der Pianist oder der Reisende an Invarianzen interessiert. Aber sie denken seinsgerichtet und verwenden Invarianzwissen anders. Es geht ihnen um Annäherung und Expedition, nicht um Steigerung. Sie sind offen für Einzigartigkeit. Für das Kochen, das Erzählen, die Liebe, das Musizieren oder das Reisen gilt eine hohe Empfänglichkeit für Situationsspezifika.

Abstraktion heißt: einen gemeinsamen Nenner suchen, allgemeine Kategorien bilden, das Singuläre zuordnen. Abstraktion macht Arbeit, aber Konkretisierung macht noch viel mehr Arbeit. Denn sie verlangt, dass man einer Sache möglichst nahe kommt und sich Zeit nimmt, sie unter möglichst vielen Aspekten zu erfassen. Nun ist es aber ein philosophischer Gemeinplatz, dass sich jeder Gegenstand unter unendlich vielen Aspekten betrachten lässt. Die Konsequenz ist, dass die explorative Arbeit der Konkretisierung prinzipiell unabschließbar bleibt.

Man spürt diese Konsequenz ganz handfest, wenn man, um auf ein weiter oben eingeführtes Beispiel zurückzukommen, als seinsgerichteter Autokäufer das Auto sucht, das einem am besten gefällt. Für den könnensgerichteten Konsumenten genügen das Internet, die Datenblätter der Hersteller, die Testberichte in Autozeitschriften, während der seinsgerichtete Konsument nicht darum herumkommt, einzelne Autos auszuprobieren. Das unbefriedigende Gefühl, das sich nach einer Probefahrt einstellt, hat damit zu tun, dass man mit dem Ausprobieren eigentlich nie am Ende ist. Meister der Konkretisierung treiben dies so weit, dass sie jedesmal von vorne anfangen. Sie erheben es zum Prinzip, systematisch unvorbereitet zu sein, kultivieren die Kunst des Vergessens, betrachten Abstraktion, Typisierung, Fixierung und schematisches Denken als pathologische Form des Lernens.

Die Arbeit am Konkreten betrifft die ganze Paradigmenfamilie der Begegnung, ob wir es nun mit uns selbst, einem anderen, einem Werk oder der Natur zu tun haben. Thematisiert man sich als Selbst, begreift man sich nicht als Konstellation von Variablen, sondern als einzigartigen Prozess mit immer wieder anderen Übergangszuständen, auf die man sich immer wieder neu einstellen muss. Thematisiert man den anderen (etwa in der Rolle des Lehrers oder Sozialarbeiters), so stellt man sich auf dessen Besonderheiten ein. Es mag einige allgemeine Regeln geben, die man anwenden kann; die wichtigste Fähigkeit jedoch, die man braucht, wenn man sich auf andere Menschen bezieht, ist hermeneutisches Training: eine möglichst genaue Wahrnehmung des anderen; die Übersetzung der Wahrnehmung in ein Handeln, das nur diesem einen Menschen in der gegebenen Situation angemessen ist; ständige kritische Selbstbeobachtung bei diesem Tun. »Der Lehrer muss Schüler sein«, wie es Kierkegaard formulierte.

Die Unbrauchbarkeit von standardisiertem Rezeptwissen gilt auch für Gemeinschaften – hier kommt zur Besonderheit des anderen auch noch die eigene Besonderheit hinzu und die singuläre Geschichte, die man gemeinsam erlebt. Ob man sich darauf einlässt, ist eine Frage der Entscheidung, denn alle Gegenstandsbereiche enthalten sowohl abstrahierbare wie einzigartige Bestandteile. Untersuchen wir etwa einen flüchtigen Grußwechsel zwischen zwei Angestellten, die sich im Korridor eines Firmengebäudes begegnen. Das »Hallo« mit Lächeln und kurzem Blickkontakt gehört zum eingeschliffenen Grußritual. Selten aber ist ein Gruß *nur* Ritual – wir können uns unwiederholbare Begleiterscheinungen vorstellen, etwa Überraschung, Verachtung, Ironie, versteckte Anspielungen, Erotik oder Gereiztheit. Solche Bedeutungsfacetten haben gemeinsam, dass sie an die beteiligten Personen, an den Zeitpunkt und den Ort der Begegnung gebunden sind.

Auch bei der Beschäftigung mit Artefakten kann das Konkrete und Besondere im Vordergrund stehen. Ein Mann kauft sich ein Auto als Sache, als Konstruktion, optimiert nach den Regeln des Steigerungsspiels. Nachdem er jedoch ein paar Jahre damit gefahren ist, kann er sich nicht dazu entschließen, ein neues zu kaufen. Ohne es genau zu merken, ist er in bezug auf das Auto allmählich zum Paradigma des Werks übergegangen, das eng mit seiner Person verbunden ist. Er räumt jetzt den Besonderheiten des Autos den ersten Rang ein; dessen Wert leitet sich nun aus der konkret mit ihm erlebten Geschichte ab.

Reflektieren. Methode oder Erfahrung und Improvisation

Man kann impulsiv handeln oder vorher reflektieren. Typisch, ja konstitutiv für die Moderne ist letzteres. Selbstbeobachtung, Selbstinterpretation und Selbstkontrolle wurden von Anfang an systematisch ausgebaut und verankert – in der Wissenschaft, in Berufen wie der Unternehmensberatung oder der Psychotherapie, in den Medien, im Alltagsleben und in den privat bleibenden Gewohnheiten des Denkens.

Reflexionen: dieses Wort meint hier nicht, wie in der essayistischen Literatur, niedergeschriebene Gedanken aller Art, es meint Gedanken, die sich auf das eigene Handeln beziehen. Typisch für steigerungslogische Reflexionen sind Methoden. Auf den ersten Blick haben ein Marktforscher, ein Schiffsbauingenieur, ein Werkstoffwissenschaftler, ein Unternehmensberater, die Teilnehmer eines Trainee-Programmes, ein Gentechnologe und eine sparsame Hausfrau wenig gemeinsam. Doch in einer Hinsicht ähneln sie sich: Sie handeln methodisch und reflexiv.

Der Gentechnologe macht ein naturwissenschaftliches Experiment und reflektiert dann dessen Ergebnisse. Doch was macht die Hausfrau? Sie ist hier keineswegs als skurrile Randfigur gemeint, sondern als Hauptperson. Im Alltagsleben bewegt sie sich auf einer ganzen Reihe von Fortschrittspfaden gleichzeitig vorwärts: bessere Haushaltsgeräte, neuartige Lebensmittel, neue Möbel. Auch sie hat ihre Methoden. Sie informiert sich über neue Produkte, stellt Vergleiche an, kauft und wirft weg.

Doch damit endet ihre Gemeinsamkeit mit dem Genforscher oder dem Schiffsbauingenieur. Es mag zwar sein, dass ihr Alltag erfüllt ist von steigerungslogischen Reflexionen: Brauche ich dies, brauche ich jenes? Ist dieses besser oder das? Bringt eine neue Nähmaschine wirklich mehr als die alte? Doch sobald sie sich ein neues Kleid nähen möchte, ändert sich ihre Gangart. Sie will einem Ideal nahekommen und ihre Sache möglichst gut machen, aber besser als gut ist beim Kleidernähen nicht gefragt.

In diesem Beispiel besteht die Form der Reflexivität in der Anwendung von *Erfahrungswissen*. Wie lässt sich Erfahrungswissen gegen Methode abgrenzen? Erfordern Methoden nicht auch Erfahrung? Und sind Erfahrungen ohne methodische Fundierung nicht sinnlos? Mein Beispiel dazu wäre fast schon die Idee zu einem Kinofilm: Der erfahrene Pilot eines Flugzeuges tritt in Konflikt zum technisch versierten Copiloten, der zwar noch grün hinter den Ohren ist, aber den Bordcomputer virtuos beherrscht. Wer von beiden behält bei einem drohenden Flugzeugabsturz die Nerven und entwickelt die besseren Ideen, um den Absturz zu verhindern? Sicher kommt es ganz auf den Plot an, aber wenn ich als Passagier dabei wäre, würde ich der Erfahrung mehr vertrauen als der technikgestützten, methodischen Perfektion.

Erfahrungswissen unterscheidet sich von Methoden in dreierlei Hinsicht: Erstens entfällt der Zwang, ständig besser zu werden. Vielleicht misslingt das erste Kleid, aber nach einiger Zeit weiß die Hausfrau, wie es geht und wird nun immer wieder auf die gleiche Weise vorgehen, weil sie gute Erfahrungen damit gemacht hat. Erfahrungswissen ist meist auf eine anfängliche Lehrzeit beschränkt. Meisterschaft besteht hier nicht in der ständigen Verbesserung der Methode, sondern im souveränen Umgang damit. Je mehr man bereits kann, desto weniger neigt man zum Herumprobieren und desto mehr zum Anwenden.

Zweitens braucht Erfahrungswissen ein größeres situationsspezifisches Wissensrepertoire. Die methodische Grundidee des Steigerungsspiels besteht ja gerade in der Loslösung vom Einzelfall. Methoden sollen in möglichst vielen Situationen anwendbar sein. Für Annäherung dagegen braucht man ganz unterschiedliche Ansätze, je nachdem, was man gerade will. Zwar greift man immer wieder auf das zurück, was sich einmal bewährt hat, doch muss man viel Verschiedenes wissen, weil jedes seinsgerichtete Projekt seine eigene Herangehensweise erfordert. Wer nicht ständig dasselbe essen will, muss viele Rezepte beherrschen und insofern mehr Verschiedenes wissen als ein Naturwissenschaftler, der jahrelang nur an der gentechnischen Verbesserung von Kartoffeln arbeitet. Wer ein altes Auto repariert, muss mehr Verschiedenes wissen als ein Ingenieur, der sein Berufsleben lang damit beschäftigt ist, den Luftwiderstand von Autos im Windkanal zu vermindern. Je größer der seinsgerichtete Anteil im Alltagsleben der Menschen wird, desto vielfältiger werden die Projekte und desto größer der benötigte Vorrat an Erfahrungswissen.

Drittens: Methoden sind nicht auf Überraschungen eingestellt; die Qualität von Erfahrungswissen erweist sich dagegen erst im Umgang mit dem Unerwarteten. Was nützen einem Schriftsteller übertragbare, aber starre Vorgehensweisen, wenn er nach konkreten und originellen Formulierungen sucht? Was bringt es, eisern an den Zutaten eines Kochrezepts festzuhalten, wenn einige davon nicht im Kühlschrank stehen und der Supermarkt schon geschlossen hat? Jetzt muss man aus dem, was da ist, das Beste machen. Handeln in seinsgerichteten Projekten kultiviert eine Reflexionsform, die im Steigerungsspiel sozusagen nur inoffiziell angewendet wird, nach außen hin aber bestenfalls als Notnagel, schlimmstenfalls als Regelverletzung gilt: das Improvisationstalent. Der Handelnde erfindet spontan etwas, das nur einem einzigen Projekt wirklich angemessen ist und das er vielleicht nie mehr für etwas anderes brauchen kann. Er kann die Situation nicht aus seinem normalen Wissensvorrat bewältigen und auch für spätere Situationen nichts mitnehmen, abgesehen von einer zunehmenden Geschmeidigkeit im Umgang mit freiem Experimentieren, spontanen Erfindungen, selbstbewusstem Verwirklichen des Unerprobten.

Erfahrungswissen und Improvisationstalent entsprechen oft nicht den Regeln, wenn es aber um Annäherung oder Expedition geht, sind sie dem starren methodischen Vorgehen überlegen. Im Idealfall ergänzen sich die drei Formen der Reflexion. Das Spannungsverhältnis zwischen ihnen bestimmt die Dramaturgie vieler Filmepen, etwa die der 1966 gestarteten Science-fiction-Serien *Raumschiff Enterprise* und *Raumpatrouille Orion*, deren Kapitäne Kirk und McLaine mit Erfahrungswissen und Improvisationstalent ihre Crew und die Schiffe immer wieder aus der Bredouille bringen.

Soziologie des Seins

Worum es geht

Mehrfach lässt Isaak B. Singer in seinen Erzählungen Bemerkungen fallen, in denen die Soziologie als modisches Geschwätz, aufgeblasenes Getue und Pseudowissenschaft bezeichnet wird. In der Abschätzigkeit Singers spiegeln sich wahrscheinlich Erfahrungen wider, die er als ernsthafter und kritischer junger Mann in den Warschauer Intellektuellencafés der zwanziger Jahre machte.

Inzwischen hat sich die Nähe von Soziologie und Gerede als zeitlos erwiesen. Darin kann man auch etwas Gutes sehen, denn in der Unabweisbarkeit soziologischer Reflexion, mag sie klar sein oder vernebelt, liegt ein Hinweis darauf, dass es etwas gibt, worüber sich zu reden lohnt. Warum die dauernde Gefahr besteht, in Gerede abzugleiten, wird an einigen Alltagsbegriffen klar, die gleichzeitig Gegenstand der Soziologie sind, etwa Gemeinschaft, Familie, Unternehmenskultur, Beziehung. Was diese Begriffe bezeichnen, hat flüchtigen Charakter; es äußert sich als ein Geschehen zwischen Menschen, dessen Substanz man durch Erinnerung, Verdichtung und Abstraktion erfasst. Dies tun wir ständig, ohne uns Rechenschaft darüber abzulegen. Eine Aussage über das Betriebsklima am Arbeitsplatz etwa setzt gedankliche Operationen voraus, wie sie auch Soziologen vornehmen. Zwar spricht viel dafür, daraus eine Wissenschaft zu machen, doch verführt die Ungreifbarkeit des Gegenstandsbereichs immer wieder zu intellektuellen Luftnummern. Die geistige Herausforderung freilich bleibt; einmal explizit geworden, ist sie nicht mehr loszuwerden. Ironischerweise artikuliert sich Soziologie auch in den Texten ihrer Verächter. Isaak B. Singers Roman *Satan in Goraij* als Beschreibung einer Massenhysterie und auch sein übriges Werk wären ohne seinen uneingestandenen soziologischen Blick nicht denkbar.

Die Grundfrage der Soziologie des Seins ist einfach. Wie schlägt sich seinsgerichtetes Handeln im zwischenmenschlichen Geschehen nieder? In seiner Kurzgeschichte *Der Streit* erzählt Harold Brodkey von zwei Freunden, die nach ihrem Abschluss in Harvard eine Europareise unternehmen. Für die Strapazen des Könnens wollen sie sich mit einem Projekt des Seins belohnen. Aber genau dies wird zum Problem. Die Spannungen beginnen schon bei der Überfahrt und gipfeln in einer Schlägerei nach einer Radtour durch Frankreich, gefolgt von Beschämung und Depressionen. In der Welt des Könnens, in Harvard, wäre derlei nicht passiert. Wie schwierig es ist, gemeinsam eine schöne Zeit zu haben und wie leicht daraus eine schreckliche Zeit wird, darüber weiß fast jeder etwas zu erzählen. Am besten, man tut es mit jenem Humor, den Brodkey an den Tag legt.

Wenn es um das Sein geht, nehmen soziale Beziehungen einen anderen Verlauf, als wenn es um das Können geht. Es kann sein, dass A und B wunderbar zusammenarbeiten, aber nicht wissen, was sie in der Kantine miteinander reden sollen. Es kann sein, dass C und D dicke Freunde sind, aber ihre Zusammenarbeit ist eine Katastrophe. Diesen Unterschied analytisch anzugehen ist die Absicht der folgenden Überlegungen.

Die Soziologie des Seins ist keine Alternative zur Soziologie des Könnens; sie ist eine gleichrangige Betrachtungsweise. Es hängt mit der unterscheidenden, zuspitzenden, typisierenden Argumentation zusammen, auf die Soziologie angewiesen ist, und nicht mit der Sache selbst, dass man den Eindruck gewinnt, zwischen den beiden Betrachtungsweisen bestehe eine unüberwindliche Kluft. Aber das stimmt nicht. Wie das wirkliche Leben zweidimensional ist, so auch die Soziologie.

Aus analytischen Gründen ist es allerdings oft zweckmäßig, sich Reinformen vorzustellen, wo in der Wirklichkeit Mischungsverhältnisse vorliegen. Was wäre, wenn es den Menschen entweder *nur* auf das Können oder *nur* auf das Sein ankäme? Mit solchen Gedankenexperimenten, die Max Weber als die *idealtypische Methode* in die Soziologie eingeführt hat, lässt sich herausarbeiten, wie sich bestimmte Ideen tendenziell auf das Zusammenleben der Menschen auswirken. Der bei dieser Methode immer wieder entstehende Eindruck unüberbrückbarer Gegensätze ist nichts weiter als eine Art optischer Täuschung.

Klassische Begriffspaare der Soziologie suggerieren Ausschließlichkeit, wo Gleichzeitigkeit herrscht. Gemeinschaft und Gesellschaft (Ferdinand Tönnies), mechanische und organische Solidarität (Emile Durkheim), Zweckrationalität und Wertrationalität (Max Weber), System und Lebenswelt (Jürgen Habermas) – in all diesen Dichotomien lässt sich der Unterschied von Können und Sein aufspüren. Und überall steht die These im Hintergrund, dass sich die Sozialwelt immer stärker auf das Können ausrichte. Habermas hat dies auf die einprägsame Formel von der *Kolonialisierung der Lebenswelt* gebracht. Die Soziologie des neunzehnten und zwanzigsten Jahrhunderts spiegelt die zunehmende Dominanz des Steigerungsspiels wider. Das einundzwanzigste Jahrhundert fordert uns dazu auf, die ins Hintertreffen geratene Soziologie des Seins wieder stärker zum Zug kommen zu lassen.

Was bedeutet dies? Mögliche Konturen einer Soziologie des Seins möchte ich im folgenden herausarbeiten, orientiert an drei Schwerpunkten: Ordnung, Macht und Wandel. Es handelt sich dabei um grundlegende soziale Phänomene, die immer und überall auftreten und ohne die man sich das Zusammenleben von Menschen gar nicht vorstellen kann. Im Einzelfall konkretisieren sich Ordnung, Macht und Wandel jedoch immer wieder anders. Wenn man die Besonderheit einer Epoche im Vergleich zu anderen Epochen herausarbeiten will, führen einen diese drei Schwerpunkte zum Kern der Dinge.

Ordnung. Funktionszusammenhang oder Enklave

Der Turmbau zu Babel veranschaulicht das Problem der Ordnung ex negativo. Die Menschen scheitern bei dem Versuch, eine gemeinsame Leistung auf die Beine zu stellen, weil sie sich nicht mehr verständigen können und nicht mehr wissen, was die anderen wohl im nächsten Moment tun könnten. Sie haben ihr soziales Grundkapital verloren, zwei Ressourcen, ohne die nichts läuft: Verständigung und Berechenbarkeit. Nur wenn Menschen darüber verfügen, können sie längerfristig etwas miteinander anfangen. Verständigung und Berechenbarkeit sind die tragenden Säulen der Ordnung. Meine Frage lautet nun: Welche Gestalt nehmen sie unter der Regie des Seins an, welche unter der Regie des Könnens?

Den könnensgerichteten Typus der Ordnung bezeichne ich im folgenden als *Funktionszusammenhang*, den seinsgerichteten als *Enklave*. Ich beschreibe die beiden Typen zunächst konkret und gehe dann zu allgemeinen, zusammenfassenden Formeln über.

Solange der Turmbau zu Babel noch voranschritt, verkörperte er eine Ordnung des Könnens. Man musste alles planen, Ziegel brennen, Steine behauen und transportieren, Maurerarbeiten ausführen, die Arbeiter verköstigen – je länger man darüber nachdenkt, desto mehr Teilfunktionen fallen einem ein, die zu koordinieren und auf den übergeordneten Zweck des Turmbaus zu beziehen waren. Weil dieser Zweck eindeutig definiert war und allen vor Augen stand, konnte ein komplexer Funktionszusammenhang entstehen, eine vielschichtige Hierarchie von Oberzielen und Unterzielen, die auf den übergeordneten Zweck des Turmbaus gerichtet waren. Bis in die letzten Kapillaren des verästelten Ziel-Mittel-Systems hinein wurde alles Handeln mit instrumentellem Sinn versorgt, der dem übergeordneten Zweck entströmte.

In der Darstellung von Breughel sieht man den Turm unvollendet; vielleicht liegt es an diesem berühmten Bild, dass das Gleichnis umgedichtet wurde. Der Turmbau zu Babel wurde zum Symbol eines Projekts, das wegen Verständigungsschwierigkeiten scheiterte. Dies wäre aber im fortgeschrittenen Projektstadium soziologisch gesehen merkwürdig gewesen, denn alle mussten längst aufeinander eingespielt sein; die Zeichensprache hätte zur Verständigung genügt, und die Berechenbarkeit wäre erhalten geblieben.

Und tatsächlich steht in der Bibel nichts von einem Scheitern des Projekts. Das Bauwerk – »ein Turm, der bis an den Himmel reichte« – wurde durchaus vollendet. Danach sollte es immer so weitergehen, sollten immer neue Projekte in Angriff genommen werden. Aber Gott sah den Turm und sprach: »Siehe, sie sind ein Volk und sprechen alle eine Sprache. Das ist erst der Anfang ihres Tuns. Fortan wird für sie nichts mehr unausführbar sein, was immer sie zu tun ersinnen. Wohlan, wir wollen hinabsteigen und dort ihre Sprache verwirren, dass keiner mehr den anderen versteht.«

Im Steigerungsspiel wurde diese Verwirrung partiell überwunden. In der hochentwickelten Ordnung des Könnens scheint sich allmählich zu bewahrheiten, was Gott in diesem Gleichnis befürchtete: Nichts mehr ist unausführbar. Die komplexeste Leistung ist dabei die Ordnung selbst: der globale Funktionszusammenhang, der einem sich ständig weiterverzweigenden Baum gleicht. Möglich wird diese Ordnung durch die integrierende Idee des Könnens und die daraus ableitbaren eindeutigen Definitionen von Erfolg und Misserfolg. Sie sind das Fundament, auf dem die Ordnung des Könnens errichtet ist. Zu dieser Ordnung gehören das bereits dargestellte Paradigma der Sachbezogenheit und alle könnensgerichteten Handlungsmuster.

Wie aber steht es mit der Ordnung des Seins? Mit dem Begriff des Funktionszusammenhangs allein kommen wir ihr keinen Schritt näher. Trotzdem enthält das Gleichnis vom Turmbau zu Babel einen Hinweis darauf. Bevor die Menschen dieses Projekt in Angriff nahmen, mussten sie sich darauf einigen. Als jedoch die Sprachverwirrung über sie hereingebrochen war, scheiterten alle weiteren Projekte schon im Vorstadium. Die Ordnung des Könnens ließ sich nicht mehr aufrechterhalten, weil man sich nicht mehr über neue Ziele verständigen konnte. Die Verständigung und der Diskurs über Ziele sind jedoch von ganz anderer Art; sie sind seinsgerichtet, denn es geht letztlich darum, welchen Gebrauch man von der Welt als Möglichkeitsraum überhaupt machen will. Was nun dies anbelangt, so scheint die babylonische Sprachverwirrung immer noch nachzuwirken.

Dies ist nicht umsonst so. Aus der Sicht der Ordnung ist das Sein ein Problem, weil es, wie ich in den Abschnitten über Paradigmen und Handlungsmuster gezeigt habe, auf das Besondere abzielt, während sich Verständigung und Berechenbarkeit, die Stützen der Ordnung, um so besser aufbauen lassen, je abstrakter es zugeht. Das seinsgerichtete Leitparadigma der Begegnung öffnet den Blick für die Vielgestaltigkeit von Selbst, Gegenüber, Gemeinschaft, Werk und Natur. Man macht sich auf den Weg zum Erfassen des Singulären, im Grunde ein Weg ohne Ende. Sich über Begegnungen zu verständigen und ihren Verlauf vorwegzunehmen, ist aufwendig, zeitraubend und immer nur teilweise von Erfolg gekrönt. Es geht um so besser, je mehr die Menschen dabei auf eine gemeinsame Lerngeschichte zurückgreifen können. Hierin liegt die Funktion des Kennenlernens in Beziehungen. In einer hochmobilen Gesellschaft sind die Gemeinsamkeiten der Lerngeschichten verschiedener Menschen gering geworden. Ein Mann und eine Frau, die sich erst später im Leben kennenlernen, müssen Gemeinsamkeit erst langwierig aufbauen; sie hören dort auf, wo ein Paar anfängt, das aus einer sich über Kindheit und Jugend erstreckenden Freundschaft in nachbarschaftlicher Nähe hervorgegangen ist.

In der Moderne wird das Sein mehr und mehr zum Ordnungsproblem, und das in zweierlei Hinsicht. Erstens haben die Menschen Schwierigkeiten, seinsgerichtete Projekte überhaupt zu entfalten und sich auf Begegnungen einzulassen. Zweitens sind diese Projekte kaum anschlussfähig. Für Außenstehende sind sie oft irritierend, unverständlich, langweilig, störend. Das Ordnungsproblem des Seins in der Moderne hat also einen Außenaspekt und einen Innenaspekt. Seine Lösung besteht darin, Klarheit über die Grenze zwischen Außen und Innen herzustellen. Wenigstens darüber kann man sich verständigen. Und wenigstens eines lässt sich vorhersehen: die drastische Verminderung der Vorhersehbarkeit beim Überschreiten der Grenze.

Die Sozialform, in der sich diese Ordnungsidee des Seins verwirklicht, ist die *Enklave*. Im politischen Sprachgebrauch bezeichnet dieses Wort eine Art Insel innerhalb eines Hoheitsgebiets. Auf dieser Insel gelten andere Regeln; deshalb muss völlige Klarheit über den Grenzverlauf herrschen. Die Insel ist, um auf die lateinische Urbedeutung von »Enklave« anzuspielen, wie mit dem Schlüssel eingeschlossen. Diese vorgeprägte Bedeutung übertrage ich hier auf den Zusammenhang der sozialen Ordnung. Enklaven sind abgegrenzte Bereiche eigener Ordnung im umgebenden Ordnungsgebiet des Funktionszusammenhangs.

Während sich der Funktionszusammenhang verdichtet und ausdehnt, entstehen in ihm immer mehr Enklaven. Ein Beispiel, bei dem dies besonders klar hervortritt, ist das Verhältnis zwischen dem Straßenverkehr einerseits und dem Auto als dazugehöriger Enklave andererseits. Dieses Beispiel möchte ich nun ausführlich darstellen und dabei auf beide Seiten eingehen, auf außen und innen. Danach möchte ich einen Blick auf weitere Beispiele werfen.

Wenn man die Autobahn nicht einfach befährt, sondern besucht wie eine Sehenswürdigkeit, hat man den Eindruck eines Riesenwesens, das blind seinen biologischen Gesetzmäßigkeiten folgt. Die Autobahn scheint zu leben, sie pulsiert, röhrt, stößt Gase aus, verschmutzt die Böschungen mit ihrem Auswurf. Sie nimmt jeden, der sich, von der Auffahrtpiste kommend, in den fließenden Verkehr einordnet, sofort mit Haut und Haar in ihren Blutgefäßen auf und macht ihn zu einem Teil ihrer selbst, bis sie ihn bei der Abfahrt wieder aus sich entlässt – die Benutzung der Autobahn erscheint als marginaler osmotischer Prozess eines vitalen Megaorganismus. Für eine Weile speist der Autobahnbenutzer einen winzigen Beitrag an Substanz und Energie in den dröhnenden, vibrierenden Großkörper ein und wird zum Objekt eines unausgesetzten gigantischen Stoffwechsels.

Zum Eigenleben der Autobahn gehören die täglichen Stoßzeiten, die Reisewellen zu Ferienbeginn und Ferienende, die Stockungen und Lösungen, die Unfälle, auf die sich Polizei, Notarzt und Abschleppdienst wie die Helferzellen eines Immunsystems stürzen, um alles Fremde, Bedrohliche, Abgestorbene so schnell wie möglich zu beseitigen.

An all diesem Eigenleben kann ein Verkehrsteilnehmer selbst dann nichts ändern, wenn er es wollte. Auch die gegen den Strom schwimmenden Geisterfahrer werden schnell assimiliert. Der Autobahnorganismus ist auf jede Störung eingerichtet und macht jede Regung einer Verselbständigung einzelner Verkehrsteilnehmer in kurzer Frist zu einem Bestandteil seiner Lebensvollzüge. Pannendienste, Unfallabwicklungen, Umleitungen, Abtransporte von Verletzten und Toten, Leitplankenreparaturen, Ölspurbeseitigungen erwecken den Eindruck physiologischer Mechanismen.

Die Unterwerfung unter die unausweichliche Macht eines kollektiven Geschehens beginnt mit dem Schließen der Autotüren. Körper, Gesicht, Gestik und Kleidung gehen als Ausdrucksmedien verloren; der einzelne wird auf ein rollendes, stromlinienförmiges Metallgehäuse reduziert und ist von anderen Menschen nur noch nach Baujahr, Fahrzeugtyp und Farbe unterscheidbar. Von nun an befindet er sich in der richtigen Form, um von der Autobahn inkorporiert zu werden und seinen minimalen Beitrag zur Belebung des Ganzen zu leisten.

Autos können nicht diskutieren, sich zusammenrotten, Revolutionen anzetteln und sich emanzipieren, sie können nur vorwärts und rückwärts, langsam und schnell fahren, gebunden an Verkehrswege, reduziert auf einen geringfügigen Zeichenvorrat: Blinker rechts und links, Hupe, Licht-hupe, Warnblinkanlage, Bremslichter.

Undeutlich sieht man hinter den Scheiben Akte ohnmächtiger Rebel-lion gegen die kommunikative Verarmung. Beleidigende Zeichen, das Dro-hen mit der Faust, das unhörbar bleibende Brüllen und Fluchen, die durch Lichtreflexe und Tempo unscharf gemachte, weitgehend auf sich selbst verwiesen bleibende Mimik der Aggression – all diese Dramatik, die un-serem Alltagsleben sonst fremd ist, kann nur in der Camera silens des Autos entstehen, wo sich kommunikative Energien ohne Hoffnung auf Dialog aufstauen und entladen.

Was auch immer der Mensch hinter dem Steuer denken und fühlen mag, das Auto kann bloß fahren und seine von der Straßenverkehrsord-nung zugelassenen Zeichen geben. Nirgendwo wirken Menschen befremd-licher als neben der Autobahn, wenn sie nach einer Panne zur nächsten Notrufsäule gehen. Plötzlich autolos, erscheinen sie in aller Unregelmäßig-keit und Eigenart in einer genormten, durch und durch fabrizierten Um-gebung wie Schimären. Im ersten Moment ist die typische Reaktion des Beobachters Befremdung. Warum? Weil es sich nicht um Autos handelt, sondern um Menschen – nicht anschlussfähig.

Als Fahrer dagegen braucht sich der vom Auto ummantelte Mensch um seine Anschlussfähigkeit nicht zu sorgen – er *ist* angeschlossen. Er bewegt sich in einem Apparat, der präzise auf eine Reihe einfacher Re-geln abgestimmt ist und nur noch minimaler Handgriffe bedarf, um in den Gesamtablauf eingefügt zu werden. Zwar gibt es die Option des Regel-verstoßes, doch ist es auf die Dauer wesentlich anstrengender, gegen die Regeln zu verstoßen, als sich daran zu halten. Um sich gegen den sanften Sog im Strom der Regelkonformität zu behaupten, braucht man emotio-nale Hochspannung – Ungeduld, Wut, verletzten Stolz, Risikolust. Doch selbst das Drängeln Stoßstange an Stoßstange bei hoher Geschwindigkeit gehört zum Lebensrhythmus des Autobahnorganismus; eine Geschwin-digkeitsüberschreitung wird durch Radarüberwachung und Strafen ihres anarchistischen Charakters beraubt und dem kollektiven Spiel Autobahn anverwandelt.

Welche Übertretungen wie zu ahnden sind, ist genau festgelegt. Das Regelwerk erfasst alle Arten von Verstößen. Das System reduziert jeden denkbaren Fall von Individualität und Abweichung auf die allgemeinen Kategorien der Ordnungswidrigkeit, des Bußgeldkatalogs und des Straf-rechts.

In der Schwerkraft des Funktionszusammenhangs unterliegen die Auto-bahnbenutzer zudem einer unausgesetzten Drohung von Tod und Zer-störung. Dadurch wird die Autobahn vollends zum gesellschaftlichen Ort vorauseilenden Gehorsams. So kann nicht nur zu schnelles, sondern auch zu langsames Fahren das Leben kosten. Wenn man auch nur ein einziges Mal vergisst, in den Seitenspiegel zu schauen, kann alles aus sein. Minimale Handbewegungen am Steuer entscheiden über Leben und Tod. Jederzeit kann eine Vollbremsung notwendig werden, bei der es auf Sekundenbruch-teile ankommt. Wie in früheren Zeiten dem gemeinen Volk durch öffent-liche Hinrichtungen die Gefährlichkeit der Abweichung vorgeführt wurde, so werden Autofahrer belehrt durch Blaulicht, Totalschäden, Massen-karambolagen und Notarztwagen, in deren erleuchteten Fenstern man beim Vorbeifahren eine erhobene Hand mit einem Infusionsgerät sieht.

Aus dem Blickwinkel des kultursoziologischen Fußgängers stellt sich die Autobahn als überindividuelle Einheit dar, für die der einzelne Mensch eine ähnlich geringe Bedeutung hat wie eine einzelne Zelle für den Kör-per. Beim Überfliegen der Autobahn in einigen hundert Metern Höhe verstärkt sich dieser Eindruck zellenhafter Einpassung von Menschen in ein lebendiges Supersystem. In total parallelisierter Bewegung zirkulieren die Fahrzeuge im Kreislauf des Gesamtkomplexes mit gleichmäßig flie-ßender Geschwindigkeit, als wären sie durch eine unsichtbare Substanz miteinander verbunden.

Den Eindruck des Verschwindens in einem überindividuellen Medium teilt freilich ganz und gar nicht, wer die Autobahn *benutzt*. So einge-schränkt der Eindruck ist, den der Autofahrer vom Eigenleben des Super-systems erhält, zu dessen Bestandteil er vorübergehend wird, so wenig bemerkt der die Autobahn überfliegende Beobachter etwas vom Innen-leben der »Zellen«. Im Auto aber durchlebt man oft geradezu eine Phase gesteigerter Selbsterfahrung. Selten wird das Innenleben in solchem Maße äußerlich manifest wie beim Autofahren, denn die Beziehung zwischen Mensch und Umwelt wird in ein physikalisches Setting übersetzt. Man empfindet die Außenseite des Autos als Außenseite des Selbst. Es ist, als habe sich eine zweite Haut gebildet, die nicht so eng anliegt wie die erste, so dass man sich, von ihr umschlossen und geschützt, in ihr bewegen kann. Man betätigt Hebel, wechselt die Hände am Steuer ab, tritt Pedale, steckt sich eine Zigarette an, kramt beim Fahren im Handschuhfach, legt den rechten Arm auf die Lehne des Beifahrersitzes. Bei all diesen Bewe-gungen ist der Körper nicht unmittelbar mit der Außenwelt in Kontakt, da er von einem spielraumgebenden Zweitkörper umschlossen bleibt. Im Auto wird das Ich in sich selbst gegenständlich. Die Innenausstattung wird zum Medium einer Selbstreflexion, die nicht wie sonst in den dunklen, grenzenlosen Tiefen des Bewusstseins entsteht und zerfällt, sondern sich im Verhältnis von Körper und Karosserie veräußerlicht und dennoch innerlich bleibt.

Aus dieser intensivierten, mühelosen Selbsterfahrung erklärt sich ein Gutteil der Faszination des Autofahrens. Das Besondere dabei – im Vergleich zu anderen Formen der Selbsterfahrung, etwa in Therapiegruppen, im Kino, auf dem Luxusliner – ist die Absichtslosigkeit. Mehr als sonstwo begegnet das Ich sich selbst im Auto, ohne sich erwartet und gesucht zu haben, denn der Hauptzweck der Autofahrt ist meist nicht das Fahrerlebnis, sondern die Bewegung von A nach B aus welchen Gründen auch immer. Das Fahrerlebnis gilt nur als Begleiterscheinung. Es wird weder aufwendig geplant noch nachträglich erzählt, verklärt, im Gedächtnis fixiert. Das Autofahren erscheint so als Gegenstück des Liebesabenteuers – während dieses oft durch ein Übermaß an Aufmerksamkeit, Anstrengung und Sinnbefrachtung zerstört wird, entfaltet sich die Ästhetik des Autofahrens in aller Beiläufigkeit um so freier und zuverlässiger, aus demselben Grund freilich auch fast erinnerungslos, was das Autofahren in die Nähe der Träume rückt, die man schon am Morgen wieder vergessen hat.

Würde man nicht fahren, sondern bloß stundenlang alleine im stillstehenden Auto sitzen, so wäre dies allerdings bloß eine Qual, denn es entfiele die leichte Ablenkung des Bewusstseins von sich selbst. Das überwältigende soziale Lebewesen Autobahn, dem der einzelne machtlos und unterwürfig gegenübertritt, reduziert auf die wenigen Optionen, die das Auto erlaubt, entlastet das Subjekt gleich auf zweifache Weise: Es lässt ihm kaum Spielräume, und es stellt ihm ununterbrochen leicht lösbare Aufgaben, bei Todesdrohung für den Fall auch nur sekundenlanger Unachtsamkeit. In einem Zustand leichter, aber absolut zwingender Beanspruchung gehalten, bleibt dem Bewusstsein ein weites Hinterland; während an der Grenzlinie zur Autobahnwirklichkeit Dienst nach Vorschrift läuft, fangen die innerpsychischen Gestalten an zu leben wie Geister, die sich immer dann regen, wenn man nicht hinschaut. So entspricht der Individualitätsvernichtung im Außenverhältnis des Autofahrers eine Individualitätssteigerung im Innenraum. Sich selbst überlassen, kommt er in die Nähe des Meditierens. Sein Geist beginnt zu spielen.

Immer mehr wurde der Innenraum des Autos im Laufe der Produktgeschichte diesem Umstand angepasst. Autoradio, CD-Spieler, Mobiltelefon, Klimaanlage, Navigationssystem, Internetanschluss und andere Extras sind als Bereicherung des Innenlebens im Fahrgastraum gedacht. Die Extras multiplizieren die Möglichkeiten des spielenden Bewusstseins. Beim Autofahren verlagert sich die Außenseite des Ich von der Haut auf die Karosserie; an der Innenseite dieser Außenseite findet man die Extras vor, ein Menü von Möglichkeiten zur Interaktion mit sich selbst.

Die Produktgeschichte des Autos lässt sich als Geschichte der Enklavenbildung lesen, in der die seinsgerichtete Interpretation des Autos als abgegrenzter Innenraum immer klarer herausgearbeitet wurde. Noch heute setzt sich dieser Prozess von Modellgeneration zu Modellgeneration weiter fort. Das Auto ist jedoch nur eines von vielen Beispielen für ein Phänomen, das auch Ferieninseln, Stammkneipen, abgelegene Berghütten, verkehrsberuhigte Innenstädte, Museen, Kirchen, Naturparks oder Meditationswochenenden im Kloster auf einen Nenner bringt. Als die amerikanische Trendforscherin Faith Popcorn Ende der achtziger Jahre den Begriff des *Cocooning* in die Debatte warf, hatte sie lediglich die Transformation der Wohnung zur Enklave im Sinn. Doch der Trend ist umfassend. Telefon und Internet stehen zur Bildung virtueller Enklaven zur Verfügung, die ohne Bindung an den Raum extensiv genutzt werden. Paare, Cliquen, kleine Milieus interpretieren sich als Enklaven und achten sorgsam auf die Unversehrtheit ihrer Außengrenze. Von immer größerer Bedeutung sind auch Zeitenklaven, nicht nur in der alten Form des Urlaubs und des Wochenendes, sondern in neueren und extensiveren Formen der Auszeit, des Sabbaticals, des verzögerten Berufseinstiegs, des vorgezogenen Ruhestands, der durch Teilzeitarbeit gewonnenen Freiräume.

Blickt man in der Sozialgeschichte zurück, so stößt man schnell auf Gebilde, die ebenfalls enklavenartigen Charakter haben. Gehören nicht auch Kleingartenkolonien in diese Kategorie? Waren die Dörfer und Nachbarschaften im vormobilen Zeitalter nicht Enklaven par excellence? Solche vergleichenden Rückblicke sind erhellend, denn im Kontrast wird deutlich, was die Besonderheiten gegenwärtiger Enklaven ausmacht: Sie sind vielgestaltiger als in früheren Zeiten; sie wachsen nicht im Lauf der Zeit wie ein Dorf oder eine Nachbarschaft, sondern werden absichtsvoll als Enklaven konstruiert; man muss sich nicht mit den Gegebenheiten arrangieren, sondern ist aus freien Stücken dort; man kommt leicht hinein, vor allem aber auch leicht wieder heraus; die Grenzen der Enklaven sind scharf gezogen und dennoch durchlässig.

Kleingartenkolonien gibt es immer noch, aber die Fluktuation der Mitglieder hat zugenommen, und ihr Nachfolgemodell ist die Chatgroup. Nicht mit Enklaven im hier gemeinten Sinn zu verwechseln sind zweckgebundene Vereine von der freiwilligen Feuerwehr über die Bürgerinitiative bis zur Selbsthilfegruppe. Es ist nicht auszuschließen, dass sich aus ihnen eine Enklave entwickelt, aber am Anfang steht hier das Können im Vordergrund und nicht das Sein. Wenn der Zweck entfällt, löst sich die Vereinigung normalerweise wieder auf; der Hauptzweck von Enklaven ist dagegen die Konstitution eines Raums der Zweckfreiheit.

Gewiss ist die Idee der Enklave älter als die Moderne. Einer ihrer Ursprünge ist die stoische Lehre vom Ich als Burg, der nichts auf der Welt etwas anhaben kann. In ganz anderer Gestalt begegnet uns die Idee der Enklave immer wieder in der Idyllisierung der Natur und in der Romantisierung der Liebe. Aber das stoische Ich ist defensiv und wappnet sich mit Gleichgültigkeit, während das Ich in der modernen Enklave Faszination sucht und die Defensive nicht braucht, weil Enklaven zum integrierten Teil der sozialen Ordnung geworden sind. Und sowohl das Naturidyll wie die romantische Liebe sind außergewöhnlich, Enklaven hingegen sind normal und stehen immer zur Verfügung.

Allgemein gilt: Die Enklave ist die soziale Form der Wiedergewinnung seinsgerichteten Handelns im ständig feinmaschigeren und zugleich globaleren Funktionszusammenhang. Die Grenze dient dazu, objektive Bedingungen des umgebenden Funktionszusammenhangs ins Gegenteil zu verkehren: in Überschaubarkeit, Ruhe, Ungestörtsein, Zeitüberfluss.

Mit der Ausbreitung der Enklave verbindet sich allerdings oft ihre Verklärung. Die Angst vor der Überwältigung durch den totalen Funktionszusammenhang gebiert den Traum vom totalen Rückzug in die Enklave. Darin liegt ein Kategorienfehler. Können und Sein werden als einander ausschließende Gegensätze missverstanden, doch sie verweisen aufeinander.

Kenner soziologischer Theorien haben es längst gemerkt: In der Gegenüberstellung von Funktionszusammenhang und Enklave spiegelt sich das Denken von Emile Durkheim wider, seine Unterscheidung zwischen der arbeitsteiligen, funktionsdifferenzierten und »organisch« zusammenhängenden Gesellschaft einerseits und Sozialgebilden, die aus abgegrenzten

»Segmenten« bestehen, andererseits. Durkheim hat diese Unterscheidung sozialhistorisch gemeint. Hundert Jahre nach ihm stellt sich heraus, dass das Prinzip der Segmentierung zurückkehrt, aber in geänderter Form. Nun handelt es sich nicht mehr um Sippen, Nachbarschaften, Gemeinden, Zünfte, Stände, sondern um aus freien Stücken gebildete Enklaven, die sich im Leben des einzelnen vielfältig überlagern und ständiger Verhandlungsgegenstand sind. Die beiden Sozialformen – Funktionszusammenhang und Enklave – stehen nicht etwa in einem Verhältnis wechselseitiger Verdrängung, vielmehr bedingen sie sich gegenseitig.

In den Segmenten Durkheims hatten die Menschen typischerweise eine gemeinsame Lerngeschichte, die lange genug andauerte, um die Ordnung des Seins, also darauf bezogene Verständigung und Vorhersehbarkeit, nicht zum Problem werden zu lassen. In lokalen Lebenszusammenhängen verflochten sich Können und Sein zu einem Gewebe; im modernen Alltagsleben trennt sich beides mehr und mehr. Dennoch ist die Enklave aus mehreren Gründen auf den Funktionszusammenhang angewiesen.

Erstens sind Enklaven Möglichkeitsräume, die nur zur Verfügung stehen, wenn man sie produziert und am Leben erhält. Bei einer Konstruktion wie dem Auto ist dies selbstverständlich, aber auch andere Enklaven hängen von Bereitstellungsleistungen des Steigerungsspiels ab. Das Sein braucht das Können.

Ebenso wichtig ist zweitens die Anerkennung der Grenze. Dass Menschen wechselseitig Grenzen respektieren, ist ein zwischenmenschliches Geschehen. Grenzen sind soziale Konstruktionen, die aus geregeltem, berechenbarem und einklagbarem Verhalten hervorgehen. Wie die Produktion von Enklaven, so gehört auch der Respekt von Grenzen ursprünglich zum Bereich könnensgerichteten sozialen Handelns, die etwa in den vielbelächelten Benimmregeln ihren Ausdruck finden. Grenzen sind gesellschaftliche Leistungen, deren Wert auch für Projekte des Seins jedem schlagartig klar wird, der zum Opfer einer Grenzverletzung wird. Jemand bricht in die Wohnung ein; man muss im Urlaub arbeiten; man hat einen Ort der Stille aufgesucht, aber in der Nähe lässt jemand ein Radio spielen; jemand setzt sich neben einen, während man telefoniert; man fährt im Zug und will ein Buch lesen, aber ein Mitreisender versucht mehrfach, ein Gespräch anzufangen; man will einen einsamen Strandspaziergang machen, aber ein aufdringlicher Händler will eine billige Armbanduhr verkaufen. Solche Beispiele zeigen den gesellschaftlichen Charakter von Grenzen – gesellschaftlich insofern, als Regeln in das Handeln aller einfließen, deren Zweck die Ermöglichung von Enklaven ist. Allmählich werden die Konturen eines allgemeinen Tauschhandels erkennbar: Grenze gegen Grenze.

Drittens ist ein weiteres Problem zu regeln: das Verhältnis der Enklaven zueinander. Man denkt hier vielleicht zunächst nur an die schwerwiegenden und oft tödlichen Konflikte zwischen Ethnien oder religiösen Gruppierungen. Doch schnell erkennt man einen darüber hinausweisenden Regelungsbedarf: zwischen Autofahrern und Fußgängern; zwischen Touristen und Naturschützern; zwischen Biergartenbesuchern und Anwohnern; zwischen den Mietern eines Hauses und einem Paar, das sich ständig streitet; zwischen einer Mutter, die auf gesunde Ernährung achtet, und einer Tochter, die am liebsten Hamburger isst. Enklaven sind nach innen hin gedacht, aber sie befinden sich in der Nachbarschaft anderer Enklaven, wodurch ein Außenverhältnis entsteht. Dieses Außenverhältnis lässt sich nur gesellschaftlich regeln, orientiert am könnensgerichteten Denken.

Viertens ist vom eigentlichen Zweck der Enklave zu sprechen, von ihrem Innenleben. Hier verwenden die Menschen viel Material, das sie von außen mitbringen oder hereinlassen: Symbole, Wahrnehmungsschemata, Medieninhalte, Möbel, Muster der Naturwahrnehmung, Deutungsroutinen bei Werken. Der Funktionszusammenhang erzeugt, was Menschen im Inneren der Enklave brauchen oder zu brauchen glauben.

Der Funktionszusammenhang ermöglicht Enklaven. Aber in einem gewissen Sinn gilt auch die Umkehrung: Die Enklaven ermöglichen den Funktionszusammenhang, weil sie ihn vor Überkomplexität schützen. Sie grenzen das Ordnungsproblem des Seins auf einen überschaubaren Zusammenhang ein, wo es lösbar werden kann. Wenigstens hier, im Inneren der Enklave, lässt sich in bezug auf das Sein Verständigung und Vorhersehbarkeit herstellen.

Macht. Möglichkeitskontrolle oder Beeinflussung

A bedroht B mit einer Schusswaffe und nötigt ihm seinen Willen auf. Plötzlich geschieht etwas Unvorhergesehenes. B hat die Gelegenheit, A die Waffe zu entreißen. Nun wendet sich das Blatt; es ist B, der jetzt die Macht hat. Dieses Beispiel ist eine Illustration des Machtbegriffs von Max Weber: Macht als die Chance, den eigenen Willen auch gegen den Willen anderer durchzusetzen

Wenn wir das Wort »Macht« hören, denken wir vor allem an Zwang, Unterdrückung und Gewalt: Macht von Despoten, die ganze Völker in den Ruin treiben; Macht der Reichen über die Armen; Macht von Kriminalität, Terror und Korruption über gesetzestreue Bürger; Macht von Minderheiten über Mehrheiten und umgekehrt; Macht als Recht des Stärkeren, der den Schwächeren an die Wand drückt; als Drohung, die gar nicht mehr ausgesprochen zu werden braucht, um wirksam zu sein; als Daumenschraube, die in der Schublade liegenbleiben kann, weil der Gehorsam des Opfers vorauseilt.

In seinen Studien über Phänomene der Macht geht Heinrich Popitz darüber hinaus. Er unterscheidet die Macht, jemanden im physischen Sinn zu verletzen; die Macht, jemand zu belohnen und zu bestrafen; schließlich Macht durch Artefakte – sie beeinflussen das Handeln, indem man sie benutzt, etwa die Eisenbahn im neunzehnten, Atomkraft im zwanzigsten und Biotechnologie im einundzwanzigsten Jahrhundert. Alle drei Formen (Verletzungsmacht, Belohnungs-Bestrafungs-Macht, Artefaktmacht) haben gemeinsam, dass es sich um Eingriffe in die Möglichkeitsräume bestimmter Menschen handelt. (Eine vierte von Popitz untersuchte Form der Macht wird weiter unten hervortreten.)

Neben diesen auffälligen und spürbaren Erscheinungsformen der Macht gibt es jedoch auch solche, die unsichtbar bleiben, wenn man den Blick nicht eigens darauf einstellt. Es kommt auf beide Spielarten an, auf die unübersehbaren und die versteckten, wenn es darum geht, die Geschichte der Macht in der Gegenwart weiterzuschreiben. Ein Beispiel, das sich dazu eignet, beide Spielarten zu veranschaulichen, ist die Figur von Oscar Wilde. 1895 wegen Homosexualität angeklagt, wurde er vom viktorianischen England geradezu ausgelöscht. Die Macht, die den Willen der Konvention gegen seinen Willen durchsetzte, entfaltete sich im Gefängnis; Wilde beschrieb sie in der *Ballade vom Zuchthause zu Reading*. Er starb, gesundheitlich und wirtschaftlich ruiniert, zwei Jahre nach seiner Haftentlassung. Hundert Jahre danach trat ein posthumes Alter ego Oscar Wildes auf, der Autor und Schauspieler Stephen Fry. Ein Zeitalter später handelte er unter ganz anderen Bedingungen. Er spielte Oscar Wildes Spiel im Film, auf der Bühne und in exzentrischen öffentlichen Auftritten noch einmal nach, diesmal aber als Gewinner. Im Horizont der Gegenwart gewinnt der Nachfolger eines vormals Machtlosen selbst Macht. Er ist es nun, der ein bestimmtes Ich-Design zum gefeierten öffentlichen Ereignis macht, kampflos, zwanglos, denn die Machtverhältnisse haben sich geändert. Es kommt nun wesentlich mehr darauf an, dass man Ideen hat und andere dafür zu interessieren versteht. Unter den gegenwärtigen Bedingungen hätte Oscar Wilde gute Karten. Brillanz, Frivolität, Extravaganz, Lässigkeit und Dandytum mischten sich in der Person Stephen Frys in den neunziger Jahren zu einer Figur, von der ein Bann ausging.

Oscar Wilde und Stephen Fry symbolisieren eine Umschichtung der Machtverhältnisse: Macht durch Zwang tritt zurück, Macht durch Erfindung wächst. Gewiss gelten für das Showbusiness besondere Bedingungen, die Zunahme der Unerzwungenheit von Macht aber ist ein allgemeineres Phänomen. Moderne Macht unterwirft nicht mehr; sie legt Selbstunterwerfung nahe. Freiwilligkeit bedeutet nicht das Verschwinden, sondern lediglich eine andere Form der Macht.

Ich nehme dieses Beispiel zunächst zum Anlass einiger systematischer Überlegungen. Ordnungen, um die es im vorhergehenden Abschnitt ging, regeln manches und lassen vieles offen. Wenn man jemandem Macht zuspricht, so meint man damit, dass er Einfluss darauf nehmen kann, was geschieht, ob es dem anderen passt oder nicht. Wie kann es zu einer solchen Asymmetrie kommen? Diese Frage führt direkt zu den beiden Grundformen des Wollens, die ich in den Mittelpunkt meiner Überlegungen gestellt habe, das Können und das Sein. Man kann Macht über das Können ausüben, indem man Möglichkeiten gibt oder nimmt, oft auch nur dadurch, dass man Möglichkeiten verspricht oder ihren Entzug androht. Und man kann Macht über das Sein eines anderen ausüben, indem man ihn selbst verändert, seine Weltsicht, Wünsche, Hoffnungen und Ängste – sein Innenleben. Die Geschichte von Oskar Wilde ist die einer Unterwerfung durch Reduktion seines Möglichkeitsraumes auf eine Gefängniszelle; die Geschichte von Stephen Fry ist die eines Machtgewinns durch Faszination.

Die Soziologie des Seins interessiert sich nun für zwei Fragen. Erstens: In welcher Machtbeziehung stehen Können und Sein? Und zweitens: Wie entfaltet sich Macht in den Enklaven des Seins? Beide Fragen möchte ich im folgenden aufgreifen.

Zunächst: Wie stellt sich die Beziehung zwischen Können und Sein unter dem Aspekt der Macht dar? Für einen langen Zeitraum lässt sich die Geschichte des Steigerungsspiels als Geschichte der Macht des Könnens über das Bedürfnis des Seins beschreiben. Dabei kamen alle oben genannten Machtmittel der Möglichkeitskontrolle (durch Verletzung, Belohnung und Bestrafung, Artefakte) zum Einsatz. Noch heute spielt physische Gewalt (»Verletzungsmacht« bei Popitz) eine Rolle, um das Steigerungsspiel voranzutreiben. Die Hinrichtung von Ken Saro Wiwa im Jahre 1995 durch die nigerianische Regierung hatte allein den Zweck, den wichtigsten Fürsprecher der einheimischen Ogoni mundtot zu machen, die durch die Erdölförderung des Shell-Konzerns ihrer natürlichen Lebensgrundlagen beraubt wurden. Der Fall erlangte Publizität, weil Ken Saro Wiwa 1994 den alternativen Friedensnobelpreis erhalten hatte und für den Friedensnobelpreis 1996 nominiert war. Fast täglich wird über ähnliche Ereignisse mit weniger prominenten Opfern überall auf der Welt in der Zeitung berichtet.

Eine weitere Ursache für die Zunahme der Dominanz des Könnens waren von Anfang an Belohnungen, vom Gewähren des bloßen Existenzminimums bis hin zu Weihnachtsgeld, Urlaubsgeld, Gehaltserhöhungen, Firmenbeteiligungen, Betriebsrenten und Gratifikationen aller Art. Mehr und mehr Menschen verdienten sich die Möglichkeiten des Seins in der Welt des Könnens. Seinen Gipfel erreichte der Übergriff des Könnens auf das Sein in Europa bereits im neunzehnten Jahrhundert in der vollständigen Zeit-Enteignung der Fabrikarbeiter.

Noch heute herrschen in vielen Ländern, in denen die Industrialisierung erst am Anfang steht, ähnliche Bedingungen. Groß ist jedoch die Zahl der Menschen, die nicht einmal dies haben. Bei ihnen äußert sich die Macht des weltweiten Steigerungsspiels nicht als unmittelbare Ausbeutung, sondern als Ausgrenzung, etwa durch Handelshemmnisse, Subventionspolitik und Rohstoffdumping. Nur zögernd setzt sich in der Politik die Erkenntnis durch, dass dies die Kernidee des Steigerungsspiels pervertiert. Einer Änderung dieser Verhältnisse stehen jedoch immer auch lokale Machteliten entgegen.

In einem Teil der Welt geht es immer mehr um das Können in seiner einfachsten Form; der Möglichkeitsraum für das Sein schrumpft. In den am weitesten industrialisierten Ländern dagegen erweitert sich der Horizont des Seins seit langem. Die Statistiken zur Ausdehnung der frei verfügbaren Zeit im Lauf des späten neunzehnten und des zwanzigsten Jahrhunderts sprechen eine klare Sprache: Im Nullsummenspiel um Lebenszeit gewann das Sein kontinuierlich an Boden. Auf subtile Weise wird das gewonnene Terrain aber wieder vom Können besetzt. Es übernimmt erneut die Regie über das Sein, diesmal jedoch in Form von Artefakten, die Möglichkeiten schaffen und schon dadurch Macht über das Sein gewinnen. Viele Konsumgüter sind so zu interpretieren. Weil jeder auf solche

Möglichkeiten des Seins freiwillig zugreift, lässt sich kaum noch erkennen, dass sie ein Machtmittel des Könnens sind.

An ausgiebiger Beschreibung und kritischer Reflexion dieser Übergriffe von Artefakten auf die Sphäre des Seins hat es nicht gefehlt. Das Vokabular und der theoretische Kontext variierten, doch der ablehnende Unterton blieb gleich. Ob nun »Konsumterror«, »geheime Verführer« oder »Volksverdummung« angeprangert wurden: Gerade weil sich Autoren, Begriffe und Kernthesen unterschieden, prägte sich das Grundmotiv der Sehnsucht nach Sein als gemeinsamer Nenner um so nachhaltiger ein. Es wurde zum Alltagsgefühl und taucht nun in Verkleidungen auf, die es fast unkenntlich machen: als schlechtes Gewissen beim Einkaufen, als Kampf um Fernseherlaubnisse zwischen Eltern und Kindern, als Abscheu der Touristen vor anderen Touristen, als Kritikfloskel von der »Spaßgesellschaft«.

Die Popularität dieser Gegenwartsdiagnose einer zwanglosen Überwältigung durch Artefakte ist jedoch paradoxerweise ein Indiz, ja sogar eine der Ursachen für eine Entwicklung, die diese Diagnose immer falscher erscheinen lässt. Die Kritik der Spaßgesellschaft ist verspätet. Sie gehört bereits in ein Umfeld, in dem sich das Machtverhältnis zwischen Können und Sein erneut verändert. Konkret wird diese Veränderung im rasanten Vordringen des Ordnungsprinzips der Enklave. Enklaven sind ein Landgewinn des Seins. An ihren Grenzen bleibt das könnensgerichtete Denken stehen.

Damit taucht die zweite der oben eingeführten Fragen auf. Wie ist Macht innerhalb der Enklaven des Seins zu beschreiben? Diese Frage hat einen eingeschränkten Gegenstandsbereich. Sie erhebt sich da, wo sich das Sein in Gemeinschaften entwickelt.

Ein Mann und eine Frau leben seit längerer Zeit zusammen. Schon zu Beginn hat sich herausgestellt, dass die Frau in allen Fragen entschiedener Stellung bezieht als der Mann. Ob es darum geht, wie man das Wohnzimmer einrichtet, wohin man in Urlaub fährt, mit wem man sich am Wochenende trifft, was man einem Bekannten zum Geburtstag schenkt, meist hat sie bald eine klare Vorstellung, während ihm nichts einfällt. Oft sucht sie ihm sogar die Kleider aus, weil er nicht weiß, was er anziehen soll. Bald ist es beiden in Fleisch und Blut übergegangen, dass sie es ist, die den Kurs bestimmt; ihr Wille setzt sich durch, während es auf seinen schon deswegen nicht ankommt, weil er meist gar keinen ausprägt. Vermutlich ist dem Mann gar nicht klar, dass seine Frau das Regiment führt.

Dies ändert sich schlagartig an dem Tag, an dem ihn seine Frau verlässt, weil sie einem charismatischen Exzentriker verfallen ist. Nun muss der Mann das leisten, was ihm seine Frau immer abgenommen hatte: die Arbeit der Ausprägung eines eigenen Willens. Die Frau dagegen hat ihn gerade deswegen verlassen, weil sie endlich einmal von dieser Willensarbeit entlastet sein wollte. Anfänglich genießt sie es, in ihrer neuen Beziehung ständig vor vollendete Tatsachen gestellt zu werden.

Wenn der eine einen Willen hat, der andere jedoch nicht, so setzt sich der vorhandene Wille wie von allein durch. Dem Willenlosen ist seine Unterwerfung meist gar nicht bewusst; er wird zum Willensschmarotzer, der ständig die Gestaltungskraft des anderen einfordert: »Was sollen wir jetzt machen?«. Die Ausprägung eines Willens hat unter diesen Umständen den Charakter einer sozialen Dienstleistung, weil sie anderen die Mühen der Willensarbeit erspart. Im Gegensatz zum Machtbegriff von Weber verhält es sich bei dieser Form der Macht so, dass sie nicht etwa Widerstand zu überwinden hat, sondern eine Nachfrage befriedigt. Popitz spricht hier von autoritativer Macht. Einfluss entfaltet sich jenseits von Zwang und Nachgeben. An die Stelle von Befehl und Gehorsam tritt die Hingabe.

Eine Paarbeziehung ist die kleinste denkbare Gemeinschaft; am anderen Extrem befinden sich Gemeinschaften, die so groß sind, dass keiner mehr als einen Bruchteil der Gemeinschaft kennen kann. Beim Vergleich dieser Extreme wird schnell deutlich, dass die potentielle Gefährlichkeit der Gemeinschaft mit ihrer Größe wächst. In kleinen und kleinsten Gemeinschaften hat man verschiedene Mittel zur Verfügung, um sich zu behaupten. Erstens kann man ein Machtgleichgewicht herstellen, indem man das eigene Innenleben zur Geltung bringt. Man lauscht etwa nicht immer nur den Urteilen des anderen nach, sondern bringt auch sein eigenes ein. Zweitens besteht die Möglichkeit zum Diskurs. Man kann Fragen stellen. Drittens kann man zum letzten Mittel greifen und die Beziehung abbrechen.

Je größer die Gemeinschaft wird, desto unzugänglicher werden diese einfachen Mittel der Gegenwehr. Totalitäre Systeme, fundamentalistische Organisationen und Sekten profitieren von der Faszinationskraft des Seins in der Gemeinschaft, von der Beflügelung der Menschen durch Glücks- und Zugehörigkeitsgefühle, von Inszenierungen der Erlösung. Wegen der Größe der Gemeinschaft ist das Innenleben der einzelnen ohne Chance auf gleichgewichtige Artikulation; Diskurse, sofern sie nicht gewaltsam unterdrückt werden, stören das Glück der vielen anderen; ein Austritt aus der Gemeinschaft bedeutet Emigration, Treuebruch, Verrat, und er ist meist lebensgefährlich.

Die Asymmetrie zwischen Ideenschöpfer und Ideenkonsument ähnelt der Machtausübung durch Bereitstellung von Artefakten. Allerdings handelt es sich um immaterielle Artefakte, die der eine in die Welt setzt und der andere in sein Innenleben übernimmt: Pläne, Deutungen, Phantasien, Wünsche, Ängste, Entscheidungen. In der Welt des Könnens lässt sich Macht objektiv erfassen und öffentlich zum Thema machen. Man kann über den Missbrauch der Macht reden; man kann sie Kontrollen unterwerfen und gegen Machtungleichheit kämpfen. Man kann sich darauf einigen, bestimmte Formen der Macht zu legitimieren und sie damit in anerkannte Herrschaft zu überführen. Wenn sich Menschen jedoch seinsgerichtet begegnen, herrscht zunächst Anarchie. Alles ist denkbar zwischen Machtgleichgewicht und totaler Selbstauslieferung. Seinsgerichtete Gefolgschaft gerät viel leichter in die Nähe der Unterwerfung als könnensgerichtete. Sie ist nicht mit der Androhung verbunden, Ansprüche auch gegen den Willen des Anderen durchzusetzen, vielmehr ist sie mit dessen Willen identisch.

Die Machtasymmetrie in großen Gemeinschaften ist jedoch nur unvollkommen beschrieben, wenn man sie in der Formel zusammenfasst, dass wenige das Sein der Massen bestimmen, die sich jubelnd unterwerfen. Eine zweite Einseitigkeit liegt darin, dass große Gemeinschaften von den wenigen, die sie dominieren, immer auch instrumentalisiert werden. Die vielen suchen das Sein, die wenigen benutzen die kollektive Dynamik dieser Suche für ein angestrebtes Können, das oft das Aussehen von Ausplünderung, Krieg oder Genozid hat.

Eine dritte Machtasymmetrie besteht darin, dass die wenigen ausnahmslos zu Mitteln der Möglichkeitskontrolle greifen, um die Illusion der Gemeinschaft aufrechtzuerhalten. Sie *regeln* die Gemeinschaft, was – mit den Augen des Common sense betrachtet – ein Widerspruch in sich ist. Sie zwingen die Heranwachsenden in Jugendorganisationen; sie verbieten Westfernsehen; sie verbieten das Internet; sie verbannen Frauen aus dem öffentlichen Leben; sie machen die Teilnahme an Massenveranstaltungen verbindlich. Diese Massenveranstaltungen werden von Artefakten dominiert, die sich der Teilnehmer bemächtigen: Marschkolonnen, Versammlungsplätze, über die Menge donnernde Flugzeuggeschwader, riesige Bildnisse, Skulpturen und Monumentalbauten, fertige Deutungen des Ereignisses. Und schließlich unterliegen die vielen einer ständigen Drohung von physischer Gewalt: Gehirnwäsche, Folter, Gulag, Hinrichtung. So kehren in großen Gemeinschaften die drei Machtmittel wieder, die ich eingangs der Welt des Könnens zugeordnet habe: Verletzungsmacht, Belohnungs-Bestrafungs-Macht und Artefaktmacht als Formen der Möglichkeitskontrolle. Die Gemeinschaft wird schizophren, das Können unterwandert das Sein.

Wandel. Vertikal oder horizontal

Jeder weiß, was geschieht, wenn man gleichzeitig zwei Steine in einen See wirft, die in einiger Entfernung voneinander auftreffen. Ausgehend von den beiden Einschlagpunkten breiten sich Wellen in Form nach außen wandernder konzentrischer Kreise aus. Das Erstaunliche ist: Die beiden Wellenbewegungen behindern einander in keiner Weise. Das durch die Überkreuzung der Wellenkreise entstehende Phänomen bezeichnen Physiker als Interferenzmuster. So ähnlich kann man sich in einer ersten Annäherung das Verhältnis der beiden Typen von Wandel vorstellen, um das es im folgenden geht. Die Interferenzmuster könnensgerichteten und seinsgerichteten Wandels sind allgegenwärtig. Kleider und Schuhe beispielsweise sind in ihrer Produktgeschichte sowohl durch technische und chemische Innovationen geprägt als auch durch die Mode. Was hat das eine mit dem anderen zu tun? Fast nichts. Solche Überschneidungen von Bewegungsformen darzustellen, die jeweils eigenen Regeln gehorchen, ist das Ziel der folgenden Überlegungen.

Nicht aller Wandel weist Regelmäßigkeiten auf. Wenn Terroristen mit entführten Passagierflugzeugen Wolkenkratzer zum Einsturz bringen, so ähnelt dies, um zu dem eingangs gebrauchten Bild zurückzukehren, dem Aufkommen eines Sturms, der das Interferenzmuster zerstört. Die Untersuchung regelmäßigen sozialen Wandels ist gewissermaßen Schönwettersoziologie. Sie zielt auf die Schnittstelle zwischen Vergangenheit und Zukunft einer Kultur. Regelmäßiger Wandel schlägt sich anders im kollektiven Gedächtnis nieder als unvorhergesehene Schicksalsschläge. Während man hofft, dass sich Schicksalsschläge möglichst nicht wiederholen, projiziert man die erprobten Muster des Wandels als Erwartungen in die Zukunft und setzt sie genau aus diesem Grund weiter fort. Es entstehen Ordnungen der Transformation: Erfahrene Regelmäßigkeiten des Wandels werden in kollektive Suchbewegungen übersetzt.

Dass diese Übersetzung weitgehend vorsprachlichen und impliziten Charakter hat, merkt man an der Schwierigkeit, genauer anzugeben, was es eigentlich bedeutet, wenn von Regelmäßigkeiten des Wandels die Rede ist. Stellen wir uns ein Schiff in voller Fahrt vor, dessen Steuerruder leicht nach links eingeschlagen ist. Solange sich dies nicht ändert, wird das Schiff ununterbrochen im Kreis fahren. Stellen wir uns ein anderes Schiff vor, das mit Hilfe von Navigationsgeräten Kurs auf einen bestimmten Punkt hält. Auch in diesem Fall macht die Vorhersage keine Schwierigkeiten; das Schiff wird den angesteuerten Punkt erreichen. Die Vorhersage des Kurses der Schiffe beruht auf den beobachteten Regelmäßigkeiten ihrer Bewegung.

Was heißt Regelmäßigkeit? Beginnen wir ex negativo, mit der Vorstellung einer *erratischen* Bewegung. Versinnbildlichen lässt sie sich durch ein Schiff, dessen Steuerruder mit einem Zufallsgenerator verbunden ist. Über die Bewegungen des Schiffs lässt sich unter diesen Umständen nur eines sagen – dass der Kurs keine Regelmäßigkeiten aufweist. Eine erratische Bewegung ist nichts als ein unsystematisches, zielloses Hin und Her. Trotzdem nützt uns diese Vorstellung. Wir brauchen sie erstens als Kontrastfolie, um Verlaufsmuster zu beschreiben. Zweitens kann es sein, dass sich das Modell erratischer Bewegungen zur Beschreibung der sozialen Wirklichkeit eignet, sofern sie wirre, ungeordnete Züge aufweist.

Ob eine Bewegung erratisch oder systematisch ist, lässt sich allerdings oft nicht leicht erkennen. Vielleicht folgt ein Schiff, dessen Kurs zunächst erratisch wirkt, doch einem wohldefinierten System. Beispielsweise könnte es sein, dass es nacheinander bestimmte Fangplätze ansteuert. Erst wenn man erfährt, dass es um einen Fischzug geht, und erst wenn man in das Wissen der Besatzung über das Verhalten der Fische eingeweiht ist, versteht man plötzlich die scheinbar erratischen Bewegungen.

Als Beobachter kulturellen Wandels befinden wir uns oft in der Lage eines Spions, der einen Stapel mit Zahlenkolonnen gestohlen hat. Auf den ersten Blick wirken die Reihen mit Ziffern zufällig, aber die Vermutung liegt nahe, dass die ungeordnet erscheinenden Zahlenreihen doch einer exakten Ordnung gehorchen. Nicht einmal dann kann diese Hypothese als widerlegt gelten, wenn man trotz angestrengter Dechiffrierarbeit keinen Schlüssel findet, um die Zahlen zu dekodieren. Die Aussage »Dies ist eine erratische Bewegung« lässt sich nie endgültig absichern, da sich ihr immer die Vermutung entgegenhalten lässt, dass es doch ein Verlaufsmuster geben könnte, es sei bloß noch nicht entdeckt. Mehr Sicherheit kann man dagegen für die Aussage »Diese Bewegung weist Regelmäßigkeiten auf« beanspruchen – ähnlich dem Spion, der endlich doch noch herausgefunden hat, wie er die versteckte Nachricht aus den Zahlenkolonnen herausholen kann.

Bei den Zahlenkolonnen, mit denen man es bei der Beobachtung kulturellen Wandels zu tun hat, kann es sich um Prozesse oder Gestalten handeln. *Prozesse* sind kontinuierliche Veränderungen, beispielsweise das Ansteigen der Lebenserwartung, die Veränderung des durchschnittlichen Haushaltseinkommens, die allmähliche Veränderung der sozialen Zusammensetzung eines Wohngebietes. Mit *Gestalt* ist dagegen eine als Ganzheit wahrgenommene Konstellation gemeint, etwa eine Nation, eine Maschine, eine Fotografie oder eine Melodie. Sie alle sind Gestalten in dem von der Gestaltpsychologie bereits vor mehr als einem Jahrhundert eingeführten Sinn. Was diese Gestalten ausmacht – etwa Menschen, Bauteile, Bildpunkte oder Töne –, wird in unserer Wahrnehmung zu einem Ganzen, das mehr ist als die Summe seiner Teile. Deswegen haben Gestalten die für den sozialen Wandel wichtige Eigenschaft der Transponierbarkeit: Das Ganze ist variierbar, kann also in eine andere Tonart, in eine andere Graustufe, in ein anderes Modell, in eine neue Ära übertragen werden, ohne seinen Charakter zu verlieren. Ein wichtiger Typ von Gestalten sind Ereignisse. Das Besondere daran ist, dass sie auf einen Zeitpunkt oder einen kurzen Zeitraum begrenzt sind; Beispiele sind etwa eine Automobilmesse, ein Umweltgipfel, die Verabschiedung eines Gesetzes.

Wie erkennt man nun Regelmäßigkeiten des Wandels? Bei Prozessen ist dies einfacher als bei Gestaltfolgen. Prozesse lassen sich als Kurven über der Zeitachse darstellen; ihre Regelmäßigkeiten zeigen sich im Kurvenverlauf. Bei Gestaltfolgen muss man viel höheren interpretativen Aufwand treiben. Wenn man sich etwa vornimmt, die Geschichte der Weltausstellungen seit Mitte des neunzehnten Jahrhunderts auf übergreifende Regelmäßigkeiten hin zu untersuchen, so bleibt einem nichts anderes übrig, als die ganze Serie der Ereignisse Schritt für Schritt durchzugehen, die Einzelereignisse zu beschreiben, jedes Ereignis mit dem jeweils vorhergehenden zu vergleichen und schließlich zu fragen, ob sich in der Gesamtheit dieser Vergleiche ein wiederkehrendes Unterschiedsmuster findet.

In der Wissenschaftsgeschichte gewann die prozessorientierte Beschreibung immer mehr an Boden, gestützt auf Zeitreihen der quantitativen empirischen Sozialforschung, auf volkswirtschaftliche Gesamtrechnung,

Datenbanken, Informationstechnologie und wachsendes Know-how der mathematischen Beschreibung von Prozessen. Ohne den Sinn von Prozessbeschreibungen in Frage zu stellen, möchte ich mich hier jedoch ausschließlich auf die gestaltorientierte Beschreibung sozialen Wandels konzentrieren.

Die Ausführlichkeit der bisherigen Überlegungen hängt mit einer Schwierigkeit zusammen, auf die ich im letzten Kapitel noch ausführlich eingehen werde: die Verstecktheit zeitbezogenen Denkens im Alltagsbewusstsein. So komplex die stillschweigenden Denkoperationen sind, die einer so einfach scheinenden Aussage vorausgehen wie etwa der, dass heute auf ganz andere Weise Fußball gespielt werde als früher, so groß ist die Sprachlosigkeit, wenn es darum geht, den begrifflichen Rahmen darzustellen, der eine solche Aussage erst ermöglicht.

Wie unterscheiden sich Gestaltfolgen des Seins von denen des Könnens? Was das Können betrifft, so genügt es an dieser Stelle, die ausführliche Untersuchung könnensgerichteten Wandels in den vorhergehenden Kapiteln noch einmal so auf den Punkt zu bringen, dass im Kontrast dazu die Eigenart seinsgerichteten Wandels möglichst klar zu erkennen ist.

Das Wesentliche bei könnensgerichteten Verlaufsmustern ist ihre Interpretierbarkeit im Sinn von mehr oder weniger, höher oder niedriger, fortschrittlich oder veraltet. Die meisten Pfade haben die Form einer Treppe, bei der sich, wie weiter vorne dargestellt, Plateauphasen und Steigerungssprünge abwechseln. Bei manchen Treppen sind die Stufen eher tief angelegt, bei anderen gehen sie fast unmerklich ineinander über. Baureihen von Automodellen, die Entwicklung von Fertigungsverfahren oder die Mondlandung gehören zu Treppen mit großen Stufen; die Veränderungen der Lebensbedingungen eines seit fünfzig Jahren zusammenlebenden Paares bilden dagegen eine Treppe mit zahlreichen kurzen, in geringem Abstand aufeinanderfolgenden Stufen. Die vielen Treppen des Könnens lassen sich als ein nach oben führender Korridor beschreiben, der im Steigerungsspiel immer breiter und steiler wurde. Sein Ursprung lässt sich jedoch bis zum Anfang der Geschichte zurückverfolgen.

Das Könnenwollen ist der Menschheit in die Wiege gelegt. Wer einen Hamburger kauft, folgt derselben Herausforderung wie ein steinzeitlicher Jäger, wenn auch die Leichtigkeit des Vorgangs seine Unerlässlichkeit kaum noch spüren lässt. Die Fast-food-Theke liegt auf demselben kollektiven Steigerungspfad wie die steinzeitliche Jagdwaffe. Im Alltagsleben finden wir diese weit in die Vergangenheit zurückreichenden Pfade überall. Das heute durch den Computer ermöglichte Informationsmanagement beginnt mit geritzten Felszeichnungen, mündlicher Überlieferung und der Weitergabe von Kulturtechniken. Krankenversicherung, Kliniken, Medizintechnik und Pharmazie sind Stationen auf dem Steigerungspfad Gesundheit; ihre Vorläufer sind Gesundbeter, Pflanzenheilkundige und Steinzeitchirurgen. Die ewige Frage, wie man jemandem eine Nachricht übermittelt, der sich außer Rufweite befindet, führte von Rauchzeichen, aufgeschichteten Steinen und ähnlichen Signalen zum Mobiltelefon. Die ewige Frage, wie man möglichst schnell und bequem von Punkt A zu einem entfernten Punkt B gelangen kann, führte von den Anfängen der Schiffahrt und der Domestikation von Huftieren zu Eisenbahn, Auto und Jumbojet. Wohnen, Bekleidung, Unterhaltung, Geselligkeit, Verteidigung und Angriff sind weitere Beispiele für früh begonnene und immer noch aktuelle Bahnen der kollektiven Bewegung auf ein Ziel hin. Einer der wichtigsten Steigerungspfade überhaupt wird durch die Produktion definiert. Etwas herzustellen, ist eine menschliche Uridee. Bei der enormen Beschleunigung der Produktion in der Sozialwelt der Steigerung handelt es sich lediglich um die Radikalisierung einer alten und unverlierbaren Herausforderung.

Alle weit in der Zeit zurückreichenden Steigungspfade weisen auf die überindividuelle, lineare Eigendynamik von Ideen hin. Viele Erfindungen wurden mehrfach und unabhängig voneinander gemacht. Oft genügte die bloße Kernidee, um eine Erfindung zu reproduzieren, ohne den genauen Bauplan zu kennen. Erfindungen sind auch regelmäßig Ausgangspunkte langer Ketten von Verbesserungen und Zusatzerfindungen, die sich »wie von selbst« ergeben und harmonisch ineinanderfügen; im Lauf der Zeit wird das in der Ausgangsidee steckende Nutzenpotential immer umfassender ausgearbeitet. Dieser Eindruck einer nach oben gerichteten Linearität ergibt sich daraus, dass Ziele des Könnens die Definition einer vertikalen Ordnung erlauben. Die umfassende Vertikalisierung von Denken und Wahrnehmung im Verhältnis zur Zeit schlägt sich in der Geschichte der Steigerung insgesamt nieder. Für Steigerungen aller Art kommen nur solche Ziele in Betracht, die sich für eine Topologie von oben und unten, von mehr und weniger, von besser und schlechter eignen. Fortschritt bedeutet in diesem Denkschema immer nur eines: Das Neue kann mehr als das Alte – schneller fahren, länger funktionstüchtig bleiben, mehr Information speichern, schärfere Bilder machen, mehr produzieren, weniger Energie verbrauchen, mehr empirische Daten integrieren.

Wie steht es nun im Gegensatz dazu mit dem Wandel der Formen des Seins? Eines von vielen Beispielen ist die Geschichte der Musik. Soviel bekannt ist, entsteht Musik überall, wo Menschen zusammenleben. Über Jahrtausende entspricht die globale Musikkultur dem Durkheimschen Modell raumgebundener Segmente. Noch heute, im Zeitalter der globalen Vermischung der Musik, findet ein Weltreisender unscharfe Grenzen vor, Spuren einer folkloristischen Verinselung ethnisch gebundener Musiktraditionen. So verschieden sich afrikanische, türkische, indische oder chinesische Musik auch anhört, die weitgehende Traditionsgebundenheit der rhythmischen, harmonischen und melodischen Formen ist ein übergreifendes Merkmal. Ein Sonderfall ist die abendländische Musikkultur mit ihrer einzigartigen Dynamik.

Es ist nun aufschlussreich, beide Phänomene, die Verschiedenheit von Musikkulturen einerseits und die Dynamik der abendländischen Musikkultur andererseits, mit dem Treppenmodell zu konfrontieren, das sich so gut zur Beschreibung der Geschichte des Könnens eignet. Wer meinen sollte, eine Rangfolge ethnischer Musikkulturen zu erkennen oder die Musikgeschichte Europas mit dem Bild eines nach oben führenden Steigerungspfades erfassen zu können, wird wenig Zuspruch und viel Ablehnung ernten. Jeder Versuch, sich mit ähnlicher Verbindlichkeit auf eine Hierarchie zu einigen, wie man dies in Technik, Wirtschaft, Wissenschaft und in den praktischen Fragen des Alltagslebens problemlos tun kann, ist in der Musik zum Scheitern verurteilt. Jede ethnische Gruppe wird eine andere Hierarchie bilden, mit der eigenen Musik an der Spitze, der die übrigen Kulturen folgen, geordnet nach dem Grad ihrer Verwandtschaft zum ersten Platz. Und was den Sonderfall der abendländischen Musik betrifft, so hat sich die Vorstellung einer musikalischen Fortschrittsgeschichte um so mehr aufgelöst, je weiter die Musikgeschichte voranschritt. Es gab zwar immer wieder Erweiterungen des musikalischen Möglichkeitsraums, aber sie sind anders zu beurteilen als Innovationsschübe in Naturwissenschaft und Technik.

So erwies sich die Idee des mehrchörigen Madrigals, die im sechzehnten Jahrhundert in Italien aufkam, als eine Art musikalischer Kreativitätsgenerator, von dem jeder profitierte, der sich die Idee aneignete, etwa der junge Heinrich Schütz, nachdem er Schüler von Giovanni Gabrieli in Venedig geworden war. Ein anderer Meilenstein war die Ablösung der reinen Stimmung durch die temperierte Stimmung im achtzehnten Jahrhundert. Erst dadurch wurden jene Modulationen möglich, die die abendländische Musik von Bach bis zur Spätromantik auszeichnen, eine Entwicklung, die schließlich ihre Grenze in der Zwölftonmusik fand. All diese Möglichkeitserweiterungen jedoch verlaufen in ihrer Gesamtheit nicht linear nach oben; jede Analogie zum aufsteigenden Korridor des könnensgerichteten Wandels wäre verfehlt. So wandten sich die Bach-Söhne entschieden von der extensiven Chromatik und Kontrapunktik ihres Vaters ab und propagierten einfachere und eingängigere Kompositionen. Bei Wagner, Bruckner und Mahler ist dies längst wieder Geschichte. Diese Komponisten treiben Modulationen fast bis zur Auflösung der Tonalität. Und das Prinzip der Doppelchörigkeit, das Bach noch hundert Jahre nach Schütz in seinen Motetten weiterleben ließ, spielt in den bedeutenden A-capella-Werken des zwanzigsten Jahrhunderts keine Rolle mehr. Ein Mainstream ist nicht auszumachen; neben völlig freien Kompositionen stehen solche, die, wie Werke von Hugo Distler oder Helmut Duffe, wieder an Stilelemente der Gregorianik anknüpfen.

Nimmt man nun noch das ganze Kaleidoskop der Musik jenseits der sogenannten E-Musik hinzu, etwa Jazz, Blues, Folk, Country, Soul, Rock, Rap, House sowie diverse Abwandlungen davon, und untersucht man auch noch die Geschichte all dieser verschiedenen Richtungen, dann ist man endgültig von der Idee geheilt, hier nach Rangfolgen und Fortschrittspfaden zu suchen. Herrscht also das reine Chaos? Die Bilder, die ich eingangs gebraucht habe, zeigen, dass Chaos-Diagnosen immer unter dem Vorbehalt stehen, vorschnell zu sein. Ein scheinbar ziellos im Zickzack fahrendes Schiff kann durchaus einem Kurs folgen; eine sinnlos wirkende Zahlenreihe kann sich als Botschaft erweisen, wenn man den Code gefunden hat.

Die Musik scheint unübersichtlich genug, doch ist sie nur ein kleiner Ausschnitt aus der Gesamtheit von Formen, die Menschen auf der Suche nach gewolltem Sein hervorbringen: Mode, Bilder, Texte, Sportarten, Selbstinszenierung, Design, Architektur, Lebensziele. Manches davon entsteht in Enklaven und bleibt in diesen eingeschlossen, aber das meiste entsteht woanders als dort, wo man ihm das erstemal begegnet. Es strömt von außen in das Leben hinein und wird in die Gegenstandsbereiche der Begegnung – Selbst, Gegenüber, Gemeinschaft, Werk, Natur – integriert. Und nur in diesem Zusammenhang taucht die Frage nach sozialem Wandel auf.

Zwischen den Menschen kursieren Angebote des Seins. Was jemand mit einem Lied von Tom Waits anfängt, ist Privatsache, doch könnte diese Privatsache nie entstehen, wenn das Lied nicht in einem völlig davon abgetrennten Zusammenhang entstanden wäre. Dennoch ist es an das private Sein anschlussfähig und trifft bei vielen einen Nerv. Vielleicht hat man etwas darüber gelesen, oder jemand hat einem davon erzählt, oder man ist von alleine darauf gestoßen und fühlte sich angesprochen. Wie auch immer man dem Lied begegnet, es wirkt so, als ob der weit von den persönlichen Belangen entfernt lebende Tom Waits es ganz speziell für diese Belange geschrieben hätte.

Die Vorgeschichte dieser Situation ist eine soziale Vorgeschichte. Und das Lied von Tom Waits ist eine Gestalt in einer sozial vermittelten Gestaltfolge. Gibt es Regelmäßigkeiten dieser Gestaltfolge? Wie, wenn nicht mit Begriffen, die eine vertikale Ordnung dieser Folge unterstellen, lassen sich diese Regelmäßigkeiten beschreiben? Vergegenwärtigt man sich gleichzeitig viele verschiedene Gestaltfolgen, etwa das Automobildesign, die Mode, die abendländische Musik, so verstärkt sich trotz der Unterschiedlichkeit dieser Gestalten der Eindruck, dass sie eine übergreifende Gemeinsamkeit aufweisen, und zwar sowohl von Gestalt zu Gestalt innerhalb einer Folge als auch über die inhaltlich weit auseinanderliegenden Gestaltfolgen hinweg. Das Gemeinsame lässt sich beschreiben als eine Kombination von Rekurs, Überschreitung und kollektiver Prägung. Dies möchte ich im folgenden erläutern.

Rekurs spielt auf den Umstand an, dass eine neue Gestalt fast immer auch bereits bekannte Elemente enthält. Zwar gibt es manchmal radikale Brüche, wie den von Gründerzeit-Ästhetik und Jugendstil zum Bauhaus, von der konkreten zur abstrakten Malerei, von der tonalen zur atonalen Musik, doch weisen solche Ausnahmen nur auf die Regel einer gewissen Verwandtschaft des Neuen mit dem Alten hin. Beispiele gibt es genug, und zu den extremsten zählt ausgerechnet die vom Bauhaus-Stil geprägte Architektur des zwanzigsten Jahrhunderts: Auf einen revolutionären Schritt folgte ein Zeitalter von Rekursen bis hin zum völligen Verschwinden innovativer Formen. Besonders ausgeprägt ist die Neigung zum Rekurs auch im Automobildesign, wo es darauf ankommt, das vom Publikum verbindlich erwartete neue Modell so zu entwerfen, dass man die als Gestalt bereits eingeführte Marke identifizieren kann. Auffällig ist diese Gestalttreue bei der Modellreihe von Porsche, aber auch ein Blick auf die Modellreihen von Audi, Mercedes oder VW zeigt ihre Allgegenwart.

Rekurse äußern sich als Zitat, Variation, Metamorphose, Rekombination und Abstraktion bereits eingeführter Elemente. Sie machen die neue Gestalt anschlussfähig an das Innenleben der Menschen, indem sie Gestaltverwandtschaft zwischen Alt und Neu herstellen. Gestalt bedeutet mehr als die akustische und optische Wahrnehmung. So gehört zur Gestalt eines Autos oft auch ein bestimmter Mythos, die Affinität zu einem Milieu oder zu einer Nation und nicht zuletzt das Markenlogo. In der Gestaltfolge von Hollywood-Filmen bestehen Rekurse im Wiederholen bestimmter narrativer Schemata (das Happy-End, die große Liebe, der Kampf zwischen Gut und Böse, der Außenseiter, der sich unter widrigsten Umständen durchkämpft und am Ende gewinnt). Politische Parteien rekurrieren auf ihre ehemaligen Größen wie auf Heilige, Konrad Adenauer und Ludwig Erhard auf der einen, Willy Brandt und Helmut Schmidt auf der anderen Seite.

Auf der anderen Seite steht die *Überschreitung*: der Regelverstoß, der Stilbruch, die Tabuverletzung, die Geschmacklosigkeit, die stilistische Überraschung, das nie Dagewesene. Alles scheint möglich, nichts vorhersehbar. Da Überschreitung aber nach dem deutlichen Unterschied zum Bisherigen sucht, ist sie wenigstens insofern eingeschränkt. Regelhaft ist Überschreitung auch deshalb, weil sie in gleichbleibender, normal gewordener Weise inszeniert wird: als revolutionär, ganz anders, völlig neu. Zum Standardrepertoire der Inszenierung von Überschreitung gehört die Distinktion vom Gewesenen, die Rhetorik der Distanzierung von der Konvention, vom Spießigen, Veralteten, Muffigen. Überschreitung ist *als solche* ein Imperativ in der Gestaltfolge von Produkten, Stilrichtungen, Werteinstellungen.

Die Ästhetik des Neuen *als Neuem an sich* tritt schon früh in der Geschichte zutage. Die Lust an der Überschreitung des vertrauten Horizonts und am Vordringen in unbekanntes Terrain ist älter als das Steigerungsspiel. Neugier ist ein Motiv, das der Rationalität des Steigerungsspiels noch vorgeschaltet ist. Im Bereich des Könnens wurde dieses Motiv in die institutionalisierte Verschiebung der Grenzen des Möglichkeitsraums, in Könnensüberschreitung übersetzt. Im Bereich des Seins wurde es zum Habitus fortgesetzter Gestaltüberschreitung.

Sobald eine neue Gestalt da ist, beginnt die *kollektive Prägung* der neuen Gestalt. Die Menschen sind bestrebt, sich das Neue vertraut zu machen. Aus Avantgarde wird Mainstream. Die Prägung einer neuen Gestalt ist ein öffentlicher Vorgang. Gestalten sind subjektive Konstruktionen, die eine intersubjektive Entstehungs- und Veränderungsgeschichte haben. Wie ein solcher Lernvorgang aussieht, kann jeder leicht nachvollziehen, der ein ihm unbekanntes Musikstück zum erstenmal hört, etwa Free Jazz oder eine Komposition der zeitgenössischen E-Musik. Zunächst hat man nur den Eindruck eines bloßen Klangsalats. Je öfter man jedoch diese Musik hört, desto mehr fügen sich die Bruchstücke zu einem Ganzen; die Gestalt ist geprägt. Ein weiteres Stück desselben Komponisten kann man bereits schneller auffassen, weil es auf formale Prinzipien rekurriert, die man bereits in der ersten Komposition kennengelernt hat. Das Beispiel zeigt auch, dass das Neue manchmal einen Widerstand überwinden muss. Man kann sich nicht allem öffnen; es ist zuviel, und es macht Arbeit. Entweder man wehrt es ab, oder man gibt sich einen Ruck.

Abwehr oder Öffnung: Der Umgang mit neuen Gestalten folgt verschiedenen Mustern, je nachdem, ob das Können oder das Sein im Vordergrund steht. Geht es um Könnenssteigerung, so ist das Verhältnis zwischen Innovationsanbietern und Innovationskonsumenten durch Beweisführung und Skepsis bestimmt. Die Anbieter versuchen, die Konsumenten vom tatsächlichen Vorliegen der zugesicherten Eigenschaften zu überzeugen. Sie beschreiben objektive Eigenschaften der neuen Gestalt, zitieren die Stiftung Warentest oder Testberichte diverser Autozeitschriften. Dagegen liegt es für die Konsumenten nahe, nicht allzu leichtgläubig zu sein und das Vorliegen der zugesicherten Eigenschaften kritisch zu prüfen. Es ist rational, alles zu tun, um die Behauptungen der Anbieter zu widerlegen. Scheitert man damit, ist man am Ziel – man weiß, dass man sich auf die Zusicherungen verlassen kann.

Die Aneignung neuer Gestalten auf den Pfaden des Seins kommt ganz anders zustande. Man hat keine Testverfahren zur Verfügung. In Hollywood wurde ein Ausspruch des Drehbuchautors William Goldman zum geflügelten Wort, der das, was man im Showbusiness über den zukünftigen Erfolg von Filmen wissen kann, auf den Punkt bringt: »Nobody knows anything.« Man kann Benzinverbrauch, Beschleunigung und Korrosionsbeständigkeit messen und beim Konsumenten damit Pluspunkte erzielen, aber die ästhetische und emotionale Qualität eines Autos entwickelt sich erst nach dem Kauf. Das einzige »Messinstrument« für diese Qualität sind die Fahrer selbst. Man kann die Anzahl der Nacktszenen, die Kunstfertigkeit der Special effects oder die Spannungshöhepunkte in einem Film beschreiben und aufzählen, aber wie die Zuschauer darauf reagieren werden, weiß man erst, wenn der Film in die Kinos gekommen ist.

Vor diesem Problem steht aber auch der Zuschauer selbst. Er kauft die Katze im Sack. Der könnensgerichtete Konsument ist vernünftig, wenn er misstrauisch ist. Der seinsgerichtete Konsument ist vernünftig, wenn er vertraut. Typische Beispiele für seinsgerichtete Konsumgüter sind Mode und Kosmetik. Der Spaß, den diese Produkte uns machen sollen, setzt voraus, dass wir uns positiv darauf einlassen. Ob die neue Designerhose auch gut verarbeitet ist oder die teure Feuchtigkeitscreme auch wirklich die Hautalterung eindämmt, ist sekundär. Der könnensorientierte Konsument ist kritisch, der seinsorientierte gläubig. Der könnensorientierte Konsument ist schön dumm, wenn er Suggestionen erliegt; der seinsorientierte Konsument ist schön dumm, wenn er Suggestionen nicht auch noch autosuggestiv verstärkt.

Es ist die gänzlich andere Logik des kollektiven Voranschreitens auf seinsgerichteten Pfaden, die eine vertikale Ordnung der Gestaltfolgen verhindert. Ein einzelner mag seine momentanen Präferenzen und Ablehnungen in eine Hierarchie bringen; kollektiv gesehen ist eine solche Hierarchisierung jedoch nicht möglich. Definiert ist lediglich eine horizontale Ordnung, ein Nebeneinander ohne Rangunterschiede. Welche Gestalten überhaupt in diese Galerie gelangen, hängt vom unkalkulierbaren Ergebnis kollektiver Prägungen ab – manches tritt deutlich hervor, anderes bleibt blass und verschwindet wieder. Das Neue fasziniert zwar, es ist aber nicht nachweislich besser. Es ist nicht in gleicher Weise privilegiert wie das Neue im Bereich des Könnens, aber es ist aus demselben Grund auch geschützt vor dem Veralten. Auf den Pfaden des Könnens wird das Neue ständig entwertet. Auf den Pfaden des Seins bleibt es wertbeständig für diejenigen, die ihm Wert beimessen. Vertikalität führt zu einer Haltung des Entsorgens, Horizontalität zu einer Haltung des Sammelns und Konservierens. Steigerung verursacht Müllprobleme, Sein verursacht Platznot.

Der neue Common sense. Eine Zusammenfassung

In gewissem Sinn ist Common sense immer neu, liegt sein Prinzip doch darin, sich nach bestem Wissen und Gewissen auf das Hier und Jetzt einzustellen, mit all den Überraschungen, die es immer wieder bereithält. Es gibt Zeiten, in denen das Ungewohnte nur sporadisch auftritt. Unter solchen Umständen kann man sich problemlos den alltäglich gewordenen Routinen anvertrauen, die aus einem gemeinschaftlichen Herumprobieren mit Handlungsmustern hervorgehen. Es ist nicht sicher, aber möglich und wahrscheinlich, dass Menschen Lösungen finden, die gut für sie sind, vorausgesetzt, sie können alle mitreden. Im Begriff des Common sense steckt anthropologischer Optimismus. Wer ihn ernst nimmt, traut den Menschen zu, immer wieder wenigstens das Dümmste zu vermeiden: das, was ihnen am meisten schadet, hoffentlich sogar mehr als das. In dem Begriff steckt jedoch auch anthropologische Skepsis; er ist ein Abwehrbegriff gegen Versuche der intellektuellen, ideologischen, politischen oder religiösen Bevormundung, die zu den ständigen Begleiterscheinungen menschlichen Zusammenlebens gehören. Der Begriff rechnet mit dem Irrtum, aber auch mit der Fähigkeit, irgendwann den Irrtum zu erkennen und es – im eigenen Interesse – besser zu machen.

Beschäftigt man sich mit kommenden Zeiten und erwartet man Ungewohntes, dann ist Common sense auch ein Suchbegriff. Daran habe ich mich in diesem Kapitel orientiert. Das Ungewohnte wird in der Unabweisbarkeit liegen, mit der sich das Thema des Aufenthalts in einem gegebenen Möglichkeitsraum neben dem Thema der Erweiterung des Möglichkeitsraums im Leben der Menschen stellt. Auf diese zwei Themenkomplexe verweist die Gegenüberstellung von Können und Sein, die ich immer wieder herangezogen habe, um meine Überlegungen dialektisch zu entwickeln. Alltagsroutinen, die bereits existieren, sind aus zurückliegenden praktischen Diskursen hervorgegangen; um dagegen eine Vorstellung von zukünftigen Alltagsroutinen aufzubauen, muss man die praktischen Diskurse der Zukunft gewissermaßen selbst führen, mit einem hypothetischen Gesprächspartner, den man sich in einer zukünftigen Situation vorstellt. Diese Methode nannte ich prognostisches Verstehen. Denkbar als Gegenüber eines solchen Gesprächs sind viele Menschentypen; der wichtigste davon (jedenfalls der, auf den hier meine Wahl gefallen ist) ist ein Mensch, der seine fünf Sinne beisammen hat und sich am Common sense orientiert. Was dabei herauskommt, ist eine Art imaginäres Interviewprotokoll und steht, wie alles, was den Common sense für sich in Anspruch nimmt, zur Diskussion.

Die Frage, die ich im vorhergehenden Abschnitt gestellt habe, weist jedoch über den einzelnen hinaus. In der Soziologie des Seins ging es darum, die Umrisse einer Sozialwelt zu markieren, die nicht mehr vom Steigerungsspiel dominiert wird, in der vielmehr die Dimension des Seins ebenso stark hervortritt wie die Dimension des Könnens. Der analytische Weg zur Soziologie des Seins führt jedoch über den einzelnen. Deshalb habe ich mich in anderen Abschnitten des Kapitels zunächst mit der Aufgabe beschäftigt, den einzelnen zu verstehen, sowohl semantisch wie handlungslogisch. Der Versuch semantischen Verstehens konzentrierte sich auf seinsgerichtete Modelle des Alltagswissens (Paradigmen) für verschiedene Gegenstandsbereiche. Beim handlungslogischen Verstehen ging es um allgemeine Muster des Tuns, die diesen Paradigmen entsprechen. Erst im nächsten Schritt war es dann möglich, Grundlinien einer Soziologie des Seins zu entwickeln. Was geschieht *zwischen* Menschen, die so denken und handeln? Ich habe diese Frage in drei Teilaspekte aufgelöst, Ordnung, Macht, Wandel. Weder sind dies alle denkbaren Aspekte, noch habe ich wenigstens diese drei hier vollständig ausgelotet. Trotz des fragmentarischen Charakters meiner Überlegungen zeigen sich verschwommene Umrisse von seinsgerichteten Formen des Zusammenlebens. Die Konturen werden deutlicher, wenn man die Formen könnensgerichteten Zusammenlebens dagegenhält.

Auf der Seite des Könnens entfalten sich Verständigung und Berechenbarkeit, die Säulen der Ordnung als Funktionszusammenhang. Die Macht darüber, was innerhalb dieser Ordnung geschieht und wer davon profitiert, hat derjenige, der Möglichkeiten kontrollieren kann (Verletzungsmacht, Belohnungs-Bestrafungs-Macht, Artefaktmacht). Langfristig ergibt sich dabei ein linearer Verlauf des Wandels.

Das Ordnungsprinzip des Seins ist die in den Funktionszusammenhang eingebettete Enklave. Das spezifische Ordnungsproblem des Seins ist die unübersehbare Vielfalt, die sich dann ergibt, wenn es um Begegnungen geht. Singularität trifft auf Singularität. Das Ordnungsproblem der unendlichen Diversität lässt sich in kleinen Innenräumen mit geschützter Grenze lösen.

Die Enklave ist ein Element des Funktionszusammenhangs, das Innenleben der Enklave nicht. Anders als der Pfad des Könnens lässt sich der Pfad des Seins nicht als linearer Verlauf wahrnehmen. Er hat das Aussehen einer Serie von Gestalten, die wie Erscheinungen auf der Bühne des Bewusstseins auftauchen und eine Zeitlang im Scheinwerferlicht stehen, bis eine neue Gestalt auftaucht. Frühere Gestalten bleiben jedoch im Halbdunkel des kollektiven Gedächtnisses stehen. Elemente davon tauchen in neuen Gestalten auf. Der Gestaltwandel folgt dem Prinzip von Rekurs und Überschreitung; neue Gestalten werden in Episoden kollektiver Prägung fixiert.

Zukunft des Lernens

Als »chaotisch sich fortwälzenden Strom« bezeichnet Max Weber die Geschichte. Man reibt sich zunächst die Augen, wenn man auf diese Stelle stößt. Was ist Max Webers Lebenswerk anderes als ein Dementi dieser Vision – ein monumentaler Versuch, soziale Ordnung in der Geschichte zu beschreiben? Aber der Widerspruch löst sich nach kurzem Nachdenken auf: Chaos und Ordnung stehen in einer Wechselbeziehung.

Durch die gesamte Geschichte mit all ihren Zufällen, Katastrophen und Diskontinuitäten zieht sich die Spur der Ordnung. Sie ist die Antwort auf die existentiellen Herausforderungen, die die Menschen in steter Folge überraschen. Manchmal kommt das Chaos von außerhalb, als Naturkatastrophe, Krieg, Terror. Doch auch die Ordnung selbst kann Unordnung erzeugen. Dies gilt in besonderem Maß für die Ordnung normalen Wandels im Steigerungsspiel.

Dieser Wandel hat uns in ein Stadium transportiert, in dem, wie ausgeführt, ein Wandel des Wandels entsteht. Die Auseinandersetzung mit den Themen, die sich den Menschen nun stellen – Sein und Kultur – ist noch ganz am Anfang. Im Vergleich zu dem Niveau, das die Auseinandersetzung mit den Themen Können und Natur im Steigerungsspiel erreicht hat, ergibt sich der Eindruck eines großen Durcheinanders. Dass modernes Denken hier ende, ist eine weitverbreitete Auffassung. Meine These ist dagegen, dass es genau an dieser Stelle weitergeht, allerdings in ungewohnter Weise.

Ich untersuche im folgenden zunächst zwei Hindernisse neuen kollektiven Lernens, die gegenwärtig als Modernisierungsblockaden wirken: Gewissheit und Skepsis. Der Wandel kollektiven Lernens, um den es im Anschluss daran geht, ist nicht als Paradigmenwechsel, sondern als Paradigmenerweiterung zu verstehen. Seinsgerichtetes Denken ersetzt das könnensgerichtete nicht, es verbindet sich mit ihm.

Konkrete Resultate dieser Verbindung lassen sich gegenwärtig nur ahnen. Mit einer Serie von kurzen Thesen skizziere ich die Richtung des anstehenden Wandels. Ob er sich tatsächlich ereignen und die angedeutete Richtung nehmen wird, hängt allerdings von der Fähigkeit der Menschen zur kulturellen Selbstbeobachtung ab. Diese Lernanforderung ist die erste und wichtigste, sie entscheidet über alles andere. Deshalb gehe ich am Schluss des Buchs ausführlich darauf ein und komme damit auf seinen Anfang zurück – auf die unsichtbare Herausforderung, die im Thema Kultur liegt.

Suchbewegungen des 21. Jahrhunderts

Kollektives Lernen

In einer Schule für Taubstumme entdeckten Anthropologen die Existenz einer vollkommen eigenständigen Zeichensprache mit allem, was dazugehört, einschließlich einer komplexen Grammatik. Die Kinder hatten diese Sprache ohne jeden äußeren Einfluss entwickelt. Was sich sonst, aus dunklen Anfängen kommend, unsichtbar in scheinbar nebensächlichen Episoden des Alltagslebens voranarbeitet, tritt uns hier in seltener Prägnanz gegenüber: das Phänomen kollektiven Lernens. In einer spontan geschaffenen Gestalt, von den Kindern der Taubstummenschule ohne jeden anderen Anfang als den der gemeinsamen genetischen Veranlagung zum Sprechen und sozialen Handeln entwickelt, veranschaulicht dieses Beispiel alles, was für kollektives Lernen wesentlich ist: das gemeinsame Herausgefordertsein durch ein Defizit; der Aufbau eines von allen bewohnten Sinnkosmos, in dem das kollektive Lernen voranschreiten kann; der gemeinsam erzielte Erfolg. Es muss nicht, aber es kann so sein, dass kollektives Lernen zu Verbesserungen führt, die jedermann einleuchten.

Es gibt Bücher, die sich mit der Pathologie kollektiven Lernens beschäftigen. Andere erkunden die Grenzen kollektiven Lernens; einige bezweifeln seine Existenz. Ich orientiere mich dagegen an einer Tradition, die davon ausgeht, dass kollektives Lernen möglich ist und die sich für erfolgreiche Lernprozesse interessiert. Freilich ist diese Tradition heterogen; sie schließt solche Gegensätze wie Hegel und Marx einerseits und gegenwärtige Theorien lernender Organisationen und die Unternehmensberatung andererseits ein. Man kann deshalb eigentlich kaum noch von einer Tradition sprechen, sondern eher vom gemeinsamen Umkreisen einer anthropologischen Tatsache.

Kollektives Lernen bedeutet, dass sich die Wissensinhalte und Orientierungsformen einer Mehrzahl von Personen verändern. Es ist mehr als nur die Aggregation individuellen Lernens. Dadurch, dass viele Menschen in neuer Weise denken und handeln, werden neue Beziehungen zwischen ihnen möglich: alltägliche Handlungsmuster, soziale Grenzen, Rituale,

Glaubensinhalte, Wertvorstellungen. Die neuen Muster nehmen schnell objektiven Charakter an. Kaum ins Leben gerufen, stabilisieren sie sich durch ständige Wiederholungen und lösen sich von ihren Erfindern ab. Sie werden zur Struktur, die jeder, der damit in Berührung kommt, erst einmal zur Kenntnis nehmen muss und nicht gleich wieder verändern kann. Sie werden im kollektiven Gedächtnis verankert. Zwar sind sie nicht jedem Bewusstsein ständig verfügbar, gehen aber auch nicht verloren. So entwickelten sich in den neunziger Jahren neue Kommunikationsformen im Internet, die in vielfältiger Weise ins kollektive Gedächtnis eingeschrieben wurden: als Menü, als Software, als neue Terminologie, als spezielles Sozialverhalten von Internetnutzern, als Thema einer neuen Zeitschriftengeneration. Wer in der Gegenwart erstmalig mit dem Internet in Berührung kommt, muss all dies zur Kenntnis nehmen und akzeptieren, um anschlussfähig zu sein.

Die wesentlichen Unterschiede zwischen kollektivem und individuellem Lernen lassen sich in drei Punkten zusammenfassen: Erstens handelt es sich bei kollektiven Lernergebnissen um Inhalte, die von einer Mehrzahl von Menschen geteilt werden (beim individuellen Lernen ist dies möglich, aber nicht notwendig). Zweitens gehören zu diesen Inhalten zwischenmenschliche Handlungsmuster. Drittens haben die Inhalte des kollektiven Lernens aus der Sicht einzelner Menschen objektiven Charakter; wer sie noch nicht verfügbar hat, muss sie lernen, um mit der Welt um sich herum zurechtzukommen.

Gewissheit als Lernblockade

Welche Auswirkungen kollektives Lernen haben kann, zeigt sich am deutlichsten, wenn man es blockiert. In China beispielsweise wurde die technische Weiterentwicklung von Navigation und Schiffsbau verboten; im Jahr 1525 wurden die Behörden zudem angewiesen, alle hochseetüchtigen Fahrzeuge zu zerstören und ihre Eigentümer festzunehmen. Das Land verlor dadurch seine Bedeutung als führende Seefahrernation und versank in der Isolation. Der Islam verteufelte nach Jahrhunderten der Prosperität die Forschung und das spekulative Denken. So verlor er seinen bis dahin konkurrenzlosen Vorsprung in der Wissenschaft und entwickelte sich zu einer ausschließlich traditionsverhafteten Religion. In vielen mittelalterlichen Städten war auf Betreiben der Zünfte die Anwendung neuer Produktionsmethoden bei Strafe untersagt. Es war ein – in diesem Fall

vergeblicher – Versuch, die allmähliche Mechanisierung und Industrialisierung der Arbeit zu unterbinden. Im Nationalsozialismus riskierte man
Kopf und Kragen, wenn man Feindsender hörte, und in der DDR stand
der Empfang von Westfernsehen unter Strafandrohung. Die Zensur der
Medien sollte verhindern, dass sich die Menschen ihrer Lage bewusst
wurden und nach einer Veränderung strebten. Mit dem Versuch, den Zugang zu blockieren, setzten etwa die Regierungen von China oder des
Iran die Tradition der Verhinderung kollektiven Lernens selbst noch im
Zeitalter des Internets fort.

Die Lernblockaden der Gegenwart haben jedoch immer weniger die
Form von Verboten und der Androhung von Strafen für den Fall des Zu-
widerhandelns. Sie kommen unter Mitwirkung der Betroffenen zustande.
Auf subtile Weise vermischt sich die Unterscheidung zwischen ihrem
eigenen Willen und der sie umgebenden Szenerie vorstrukturierter Möglichkeiten. Lernblockaden äußern sich als Menü von Angeboten, als all-
gegenwärtige implizite Denkmuster, als ein Spiel, in das man ständig un-
gefragt hineingezogen wird.

Als Konsequenz des Steigerungsspiels sehen sich mehr und mehr
Menschen von allen Seiten gefragt: Was willst du? Eigene Branchen sind
entstanden, die sich mit nichts anderem als der Erforschung dieses Willens beschäftigen, um diesen Willen (oder was man dafür hält) umgehend
in Produkte umzusetzen. Andere Branchen erzeugen Bedürfnisse, päppeln
sie hoch, bis eine Nachfrage daraus wird, und festigen den Glauben an die
eigenen Wünsche, wenn er unsicher zu werden droht.

Die Kehrseite davon ist allerdings, dass kollektive Strukturen wie Wissenschaft, Technik, Medien, Tourismus, Politik und Unternehmen vom
Denken und Wollen sehr vieler einzelner abhängig geworden sind. Die
klassische Beschreibung der Wechselbeziehung zwischen dem Subjekt und
seinen Konstruktionen in der Abhandlung *Die soziale Konstruktion der
Wirklichkeit* der Soziologen Berger und Luckmann lädt, mehr als drei
Jahrzehnte nach ihrer Publikation, zu einer Fortsetzung ein. Das Kräfteverhältnis zwischen den beiden Polen ist historisch variabel. In soziologischen Studien zur Macht erscheint das Subjekt meist als Untertan der
Verhältnisse. Zu der Überlegung, dass es sich auch anders verhalten könne, hat die Soziologie ein widersprüchliches Verhältnis. Angetreten als
aufklärerische Disziplin, hat sich die Soziologie die Befreiung der Menschen auf die Fahnen geschrieben. Der Gedanke der Emanzipation ist ihre
Gründungsidee. Doch viele erinnern sich nur noch an diesen Gedanken,

ohne ihn theoretisch ernst zu nehmen. Fixiert auf die Vorstellung von der Überwältigung der vielen durch die wenigen und auf das Deutungsschema der Unterjochung aller durch ihre eigenen Konstruktionen, zieht die Soziologie die Souveränität des Individuums als gestaltende Kraft seiner Zeit höchstens am Rande in Erwägung. Auf eine Situation, in der dem Individuum Macht durch Wahlhandlungen geradezu aufgedrängt wird, ist die Soziologie theoretisch nur unzureichend vorbereitet. Dies ist umso eigenartiger, als die Menschen doch gerade von der Soziologie dazu angestiftet werden, souverän zu werden und Herrschaft über ihr Leben zu beanspruchen.

Das Paradigma des Menschen als Objekt der Verhältnisse wird der Gegenwart nicht mehr gerecht. Umstellt von Konzernen, manipuliert durch Werbung, indoktriniert durch Bildung, ausgespäht von Marktforschern, instrumentalisiert von den Gewinnern der Globalisierung: Wer würde diese Charakterisierung allen Ernstes auf sich sitzen lassen? Die Zuschreibung der Opferrolle wird als Aufklärung inszeniert, sie ist jedoch das genaue Gegenteil.

Unter der Bedingung weitgehender Selbstverantwortung hängt es von den Selbstbeschreibungen ab, die in einer Kultur kursieren, ob es zu kollektivem Lernen kommt und welche Qualität es hat. Eine Glaubensgemeinschaft in Naherwartung der Ankunft Gottes lebt und lernt anders als eine, die das Reich Gottes in weiter Ferne sieht. Eine Kultur, in der das Modell des freien Willens vorherrscht, nimmt eine andere Entwicklung als eine fatalistische.

Der Geschichtsentwurf des Westens besteht in der Vorstellung organisierter Möglichkeitserweiterung, gepaart mit dem Glauben an ihre unendliche Fortsetzbarkeit. Diese Vorstellung ist nicht irgendeine von vielen, sie ist *die* Hintergrundtheorie unserer Kultur. So tief ist sie im Bewusstsein der Menschen verankert, so sehr zur Selbstverständlichkeit geworden, dass die meisten Menschen sie nicht mehr wahrnehmen, geschweige denn daran zweifeln. Selbst einige Jahrzehnte der Ökologiedebatte haben die Herrschaft des Glaubens an die unendliche Zukunft organisierter Möglichkeitserweiterung nicht erschüttern können. Immer wieder spricht die gleiche Grundüberzeugung aus öffentlichen Äußerungen von Politikern; sie steckt als nicht beweispflichtige Ausgangsannahme in allen volkswirtschaftlichen Theorien; sie ermutigt zu Investitionen, lässt Kredite fließen, belebt die Börse; sie fokussiert die Marktwahrnehmung der Konsumenten auf die jeweils neusten, gesteigerten Modelle; sie pflanz-

te der Bildungspolitik ihre Ziele ein. Und sie institutionalisierte sich vielfältig: in der Wissenschaft, in Abteilungen für Forschung und Entwicklung, in der Marktforschung, in der Unternehmensberatung. Die tägliche
Erfahrung der Möglichkeitserweiterung wird in unausgesetzter Inno-
vationsrhetorik beschworen, ständig werden alte Zeiten totgesagt und
neue verkündet.

Doch gerade in der dauernden Erwartung des Neuen ist eine Form des
Konservatismus angelegt – Konservatismus des gewohnten Wandels.
Eine dynamisch scheinende, im Grunde aber statische Geschichtsauf-
fassung beherrscht das Denken. Die Fortsetzungsvermutung verkürzt
den Strom der Ereignisse auf die Erfahrung eines gleichförmigen Zustands. Wachstum, Entwicklung, Innovation, neue Produkte, naturwissenschaftlicher Fortschritt, Erhöhung des Lebensstandards – die Kultur
der Steigerung fixiert das Grundmuster normalen Wandels in ihren
Leitbegriffen.

Wirksamer als jedes Denkverbot riegeln alte Gewissheiten den Zugang
zu einem neuen Aufgabenbewusstsein ab. Sie beziehen ihre Kraft daraus,
dass sie sich in der Vergangenheit immer wieder bewährt haben. Selbst
aus kollektivem Lernen hervorgegangen, stabilisiert durch Erfolge nach
vielen Irrtümern, wird das eingeübte Denken unbelehrbar und taub für
die Botschaft, dass es unter geänderten Umständen plötzlich unzureichend
sein könnte. So kommt es in gesellschaftsgeschichtlichen und biographi-
schen Übergangsphasen zu Verwerfungen von Bewusstsein und Wirklichkeit, von Erkenntnis und Umsetzung, von Denken und Handeln. Kräfte,
die sonst in Einklang miteinander stehen, arbeiten gegenläufig, stoßen
zusammen und brechen sich so lange aneinander, bis die Spannung zurückgeht und eine neue Übereinstimmung von Wirklichkeitsmodell und
Wirklichkeit erreicht ist.

Die amerikanische Historikerin Barbara Tuchmann untersucht in ihrem
Buch *Die Torheit der Regierenden* mehrere Beispiele für das im Nach-
hinein unglaublich scheinende Beharrungsvermögen alten Denkens unter neuen Umständen. Konnte man die Lage gründlicher verkennen als
die Päpste der Renaissance, deren Ausschweifungen und Geldgier sie das
Grollen der Reformation überhören ließen? Wie war es möglich, dass
England im achtzehnten Jahrhundert partout nicht die Zeichen der Zeit
verstand und durch seine Arroganz die Unabhängigkeitserklärung der
amerikanischen Kolonien geradezu herbeizwang? Und konnte man auf
dümmere Weise in einen Krieg hineingeraten als die amerikanische Re-

gierung in den Vietnamkrieg in den sechziger Jahren, alle vorliegenden Informationen über seine Unführbarkeit ignorierend?

Was Tuchmann im Verhältnis von Regierenden und politischer Situation schildert, ist nur der Spezialfall eines allgemeineren Phänomens: der selbstgefälligen Ignoranz eines Bewusstseins, das sich in anderen Zeiten während vieler Wiederholungsschleifen allzuoft bewährt hatte, so oft, bis jeder Zweifel einschlief und nichts anderes mehr denkbar war. Die Torheit der Regierenden ist nur ein Beispiel für die Torheit von jedermann – für die Unbelehrbarkeit alten, tausendfach erfolgreichen Wissens durch noch so viele Fakten, die das erprobte Denken als überkommen erscheinen lassen, würde man sie zur Kenntnis nehmen. Der Börsenspekulant, der nach einer langdauernden Glückssträhne plötzlich alles verspielt; der Wissenschaftler, dem die Wirklichkeit so vollständig abhanden gekommen ist, dass ihm nicht einmal mehr sein Scheitern auffällt; der verlassene Partner, dem zu spät dämmert, dass er jahrelang die Toleranz des anderen überreizt hat: Sie alle sind das Opfer ihrer eigenen Lethargie und illusionären Erkenntnissicherheit, zu Fall gebracht von der notorischen Trägheit eingespielter Deutungsmuster.

Wenn eine Lernblockade katastrophale Folgen nach sich zieht, so hat dies immerhin auch einen Vorteil – man kann sie besser diagnostizieren. Vielleicht ist es nicht zu spät, und es besteht die Chance, dass der bittere Preis nicht umsonst entrichtet wurde. Doch welchen Preis hat die unzeitgemäße Gewissheit ungebremster Fortsetzung und andauernder kultureller Hegemonie des Steigerungsspiels? Er ist unspektakulär: entgangenes Glück, dunkel geahnte Absurdität, Verschwendung von Ressourcen, suboptimales Leben. Als bitter kann man diesen Preis nur empfinden, wenn man ihn sich klarmacht. Ohne besondere geistige Anstrengung nimmt man das Defizit nicht wahr. Aber warum sollte man sich dafür anstrengen? Auf den ersten Blick scheinen die Chancen dafür schlecht zu stehen. Doch es gibt eine Gegentendenz: Die Entgrenzung des Möglichkeitsraums provoziert genau jene Frage, die den Schaden verpasster Möglichkeiten spürbar macht: die Frage nach dem schönen, dem gelungenen Leben. Sie bewegt in der Kultur des Westens mehr Menschen als je zuvor.

Wenn Gewissheit das Problem ist, scheint Skepsis die Lösung zu sein. Bis zu einem gewissen Grad ist dies richtig; geht die Skepsis jedoch darüber hinaus, wird sie selbst zur Lernblockade. Während die Skepsis im könnensgerichteten Denken ihren festen Platz als bewegende Kraft der Steigerungslogik hat, geriet sie im seinsgerichteten Denken zum Bleigewicht. Im könnensgerichteten Denken äußert sich Skepsis als kritische Methode in der Wissenschaft, als kreative Zerstörung auf den Pfaden technischer Innovation, als prüfender Blick von Kunden beim Vergleich konkurrierender Angebote. All dies ist weiterführend. Im seinsgerichteten Denken dagegen äußert sich Skepsis gegenwärtig als Verweigerung von Zukunftsvertrauen und als Stillstand in Ratlosigkeit. Hier hat der Glaube an Fortschritte im Denken seine ursprüngliche Kraft eingebüßt. Man braucht nur ins Theater zu gehen, das Feuilleton zu lesen, mit Eltern über Erziehung zu reden, mit Lehrern über Bildung, mit Theologen über Religion, mit Philosophen über Wertbegründung, mit Soziologen über Aufklärung, oder unter Freunden eine kleine Umfrage zum Thema: »Was wird aus uns?« durchzuführen. Meist begegnet einem eine Mischung aus Verzagtheit und Skepsis, aus Zweifel am eigenen Denken und Zweifel am Denken anderer, aus Bescheidenheit und Hohn.

Doch das Thema lässt sich nicht abweisen. Die Frage lautet: Können Kollektive dazulernen? Was den Fortschritt des Könnens in Form naturwissenschaftlicher Erkenntnisse, bahnbrechender Erfindungen, neuer Technologien und rationalisierter Arbeitsabläufe betrifft, lässt sich dies nicht bezweifeln. Aber kann es auch einen Fortschritt des Seins geben? Man muss nicht einmal besonders kulturkritisch eingestellt sein, um ein erstes Urteil gleich bei der Hand zu haben: dass gerade das Gegenteil von Dazulernen ein weltweiter Trend sei – kollektive Verdummung, wechselseitiges Nichtverstehen, Ratlosigkeit und Intoleranz.

Dies ist leicht gesagt und beantwortet die Frage nicht. Um ihr überhaupt näherzukommen, muss man sich erst einmal von den Routinen gesellschaftskritischer Verdikte (alles geht kaputt, es ist fünf vor zwölf) und von der damit gekoppelten Nostalgie frei machen: Früher sei alles besser gewesen, man müsse zurück zu den Wurzeln, die Weisheit der Indianer zeige uns den Weg zum Paradies. Was an solchen im Bereich der Folklore angesiedelten Ansichten vor allem befremdet, ist das fehlende Gespür für Wandel und für die Einzigartigkeit jeder Zeit. Unser Maßstab kann nicht die romantische Phantasie vom glücklichen Wilden sein, der zum Lehrmeister der westlichen Zivilisation idealisiert wird. Die Richtung, die kollektive Lernprozesse nehmen müssen, ist vielmehr im Horizont der Gegenwart immer wieder neu zu bestimmen.

Desto mehr Skepsis, so scheint es, ist angebracht. Woran soll man sich halten? Etwa an das eigene Denkvermögen? Die Gegenfrage lautet: Woran denn sonst? Doch damit setzt man sich der Ironie aus. Viele Intellektuelle, vor allem in Europa und ganz besonders in Deutschland, werden beherrscht von der Angst, öffentlich der Fortschrittsgläubigkeit überführt zu werden. Dies erstaunt nicht. Das zwanzigste Jahrhundert gibt wenig Anlass zum Glauben an die Menschheit. Überzogene Großmachtträume führen zum Ersten Weltkrieg; die nationalsozialistische Episode endet als moralische und militärische Katastrophe; der real existierende Sozialismus entpuppt sich als Farce; die Folgen des weit fortgeschrittenen Steigerungsspiels mit den Risiken des Könnens und den Ungewissheiten des Seins scheinen unbeherrschbar.

Angesichts solcher Erfahrungen scheint nichts intelligenter als eine allgemeine Dummheitsvermutung. Dass Skepsis zur Tugend ausgerufen wird, ist begreiflich. Gerade in der Skepsis gegenüber der Möglichkeit kollektiven Lernens bezeugt sich freilich das Phänomen, dessen Existenz man bestreitet. Skepsis ist selbst eine Errungenschaft kollektiven Lernens, und geht man der Klage über die Dummheit der Menschen auf den Grund, stößt man überraschenderweise auf den eingewurzelten Glauben an ihre Lernfähigkeit. Dieser Glaube verbirgt sich noch hinter der schwärzesten Prognose. Denn der objektive Sinn jeder Kulturkritik, unabhängig von den persönlichen Motiven der Warner, besteht darin, Lernprozesse in Gang zu bringen oder zu beeinflussen. Objektiv ist dieser Sinn insofern, als er sich bereits aus der sozialen Logik der Argumentation ergibt. Etwas für schlecht zu halten und diese Meinung öffentlich zu äußern bedeutet immer auch Aufforderung zu etwas anderem.

Skepsis und Denken gehören zusammen. Absurd aber ist die Ansicht, der letzte Schritt des Denkens bestehe im Dementi seiner eigenen Möglichkeit. Wozu dann all die Wissenschaft, all die Bildung, all die Talkshows, all die Textfluten der Medienlandschaft; wozu all unser Kritisieren, Argumentieren, Diskutieren? Unfähig dazu, die logisch zwingende Konsequenz aus umfassendem Zweifel zu ziehen, nämlich das Denken einzustellen und den Mund zu halten, unterstellt selbst der radikalste Skeptiker doch immer wieder die Möglichkeit des Fortschritts, denn diese

Unterstellung liegt in der innersten Natur allen Denkens über das Denken. In jedem Stoßseufzer über die Dummheit, sei es die eigene oder die der anderen, glimmt ein Funken Hoffnung auf Verbesserung der kollektiven Intelligenz.

Alles Denken über das Denken, selbst das zweifelnde, ist nur dann sinnvoll, wenn man die Annahme riskiert, in Zukunft könne es so etwas wie eine allgemeine geistige Bewegung geben, und zwar nach oben – eine Formulierung, die freilich gegen ein Tabu des Zeitgeists des späten zwanzigsten Jahrhunderts verstößt. Die Vorstellung kultureller Verbesserung ist in abgeklärten intellektuellen Kreisen so tabu wie die Sexualität im viktorianischen Zeitalter. Die Denkhemmung spiegelt das philosophische Schamgefühl einer reflexiv nur halb gereiften Kultur wider, die zwar ihrer eigenen Fehlerhaftigkeit mehr und mehr auf die Spur gekommen ist, der jedoch der nächste Reifungsschritt noch bevorsteht: davon wegzukommen, Fortschrittshoffnungen als Obszönität zu begreifen. Gerade weil Skepsis zur Propädeutik des Intellektuellen gehört, ist es notwendig, die Unvermeidlichkeit der Annahme kollektiven Lernens hervorzuheben. Ein vernünftiger Mensch darf an nichts unbesehen glauben. Viele richten diese Maxime jedoch auch gegen die Vernunft selbst. Der logische Fehler besteht darin, dass sich die Skepsis gegen ihre eigene Grundlage wendet.

Um jenes Wesen, das man kollektives Lernen nennen könnte, überhaupt einmal vorzuführen, muss man ihm förmlich Platz schaffen und das Publikum bitten, sich mit Schmährufen erst einmal zurückzuhalten. Wo es darauf ankommt, im Alltagsleben, zeigen wir mehr erkenntnistheoretischen Optimismus. Man erwartet ja von einem Kfz-Mechaniker nicht etwa, dass er zunächst einmal kritisch die Möglichkeit der Reparatur schlechthin erörtert, bevor er das Auto repariert. Er handelt einfach auf der Grundlage eines pragmatischen, auf Lösungen bedachten Verhältnisses zur Wirklichkeit, ohne sich durch scharfsinnige Beweise der Unlösbarkeit zu blockieren. Ein Lehrer muss seinen Schülern Orientierung geben; wollte er sich ständig einreden, dass weder Orientierung überhaupt möglich sei noch gar ihre Weitergabe, wäre er dienstuntauglich. Ein Unternehmer kann nicht umhin, etwas zu riskieren, mag er sich noch so unsicher fühlen. Man erlässt Gesetze, baut Verkehrswege, richtet Institutionen ein, vergibt Subventionen; man zieht zusammen oder trennt sich, versichert sich oder auch nicht, kauft und wirft weg, tut seine Arbeit, bekommt Kinder – überall entstehen Folgen, überall wird man in Verantwortungen hineingezogen. Es bleibt einem nicht erspart, sich ein Bild von der Wirklichkeit zu machen und den Unterschied zwischen dem Wünschenswerten und dem Unerwünschten zu definieren. Um dies zu leisten, bedarf es einer gewissen philosophischen Unbefangenheit. Diese ist im Alltagsleben so selbstverständlich, dass man kein Wort darüber verliert, während sie in den Kulturwissenschaften, in der Kunst, im Feuilleton und im intellektuellen Diskurs als Zeichen von Rückständigkeit gilt.

Gewiss, wir werden mit einem allzu naiven Glauben an unsere Erkenntnisfähigkeit geboren. Der Verlust von Illusionen ist durchaus als Bildungsgewinn anzusehen und Selbstzweifel als kultureller Fortschritt. Man verspielt diese Errungenschaften jedoch wieder, wenn man sie zur Religion erhebt. Der Sinn aller Unsicherheit liegt im Gewinn größerer Sicherheit; alle Erkenntniskritik bleibt Gerede, wenn sie nicht letztlich doch dazu dient, Erkenntnis voranzutreiben. In dieses Abenteuer sind wir ohnehin geworfen, ob wir wollen oder nicht. Die Warner, die dazu den Kopf schütteln, ähneln den Mutlosen bei einem Marsch durch die Wüste. Sie weigern sich zu gehen und lassen sich von den anderen tragen. Während sie ständig zum Abbruch des Unternehmens auffordern, sind sie gleichzeitig mit von der Partie. Solange man lebt, ist man zum Glauben verurteilt – es gibt nicht nur die Ignoranz der allzu Gläubigen, sondern auch die Dummheit der Skeptiker. Die Pose der Pfiffigkeit, mit der sie dem Alltagsmenschen die Augen für seine eigene Blindheit öffnen, erinnert an Fernsehshows vom Typ *Vorsicht Kamera*. Die Szenen haben mit dem wirklichen Leben nichts zu tun.

Wie aber soll sich Denken jenseits der Skepsis sozial organisieren? Das Problem einer Fortschrittsgeschichte kollektiven Lernens liegt in der Vielzahl der Beteiligten. Was die einen als Fortschritt ansehen, kann den anderen unwichtig oder sogar schädlich scheinen. Lösen lässt sich dieses Problem nur durch Auseinandersetzungen. Wenn eine Theorie kollektiven Lernens ihre Urteilskriterien von den Subjekten ableiten will und nicht von metaphysischen Konstruktionen, bleibt nichts anderes übrig, als das Wagnis eines Urteils auf sich zu nehmen und Begriffe wie »besser« oder »schlechter« nicht nur für den Privatgebrauch zu konstruieren, sondern sich damit auf Lerninhalte zu beziehen.

Über den Fortschritt des Könnens lässt sich leicht reden, aber wie verständigt man sich über den Fortschritt des Seins? Faktisch findet eine solche Verständigung schon immer statt. Ein Beispiel ist der Bildungsbegriff, in dem sich Können und Sein mischen. Hinter der Auffassung, dass naturwissenschaftliche, mathematische, grammatikalische, fremdsprachliche, geschichtliche oder musikalische Kenntnisse Errungenschaften darstellten und lernwürdig seien, verbergen sich komplexe Vermutungen über das Zusammenleben der Menschen in der Welt, deren zentrale Kategorien allgemein akzeptierte Werte sind. Diskussionen darüber sind Diskussionen über die Brauchbarkeit von Orientierungsformen. Angesichts des philosophisch immer wieder als unlösbar bezeichneten Problems einer hieb- und stichfesten Begründung von Werten scheint es an ein Wunder zu grenzen, dass Bildungssysteme immer wieder von einem breiten Konsens getragen werden. Natürlich gibt es ständigen Streit über Bildungsziele. Die in unserem Zusammenhang wichtigere Botschaft ist jedoch der stille Konsens über die Hauptsache.

Ein anderes Beispiel ist die Idee der Psychotherapie. Auch diese beinhaltet die Vorstellung intersubjektiver Definierbarkeit von Lernerfolg. Psychische Störungen werden als Ergebnis pathologischen Lernens gesehen; der therapeutische Prozess gilt als expertengeleitetes Umlernen mit dem Ziel einer besseren, weniger gestörten Subjekt-Umwelt-Beziehung. Sosehr der Therapeut dabei dem Klienten auch seinen eigenen Willen lassen mag, setzt der therapeutische Erfolg doch immer eine Verständigung über das Lernziel voraus.

Das Denken in Kategorien von besser oder schlechter, von Fortschritt oder Rückschritt, von Entwicklung oder Desorganisation ist mit dem Begriff des Lernens in selbstverständlicher Weise verbunden und oft auch so mit der Wirklichkeit verknüpfbar, dass der Lernende mit anderen in einen Diskurs über seinen Lernerfolg eintreten kann.

Man kann nicht über Lernen reden, ohne gleichzeitig Fortschritt zu meinen. Weil nun in unserer Zeit nichts so in den Himmel gehoben wird wie das Lernen, ist die routinemäßig bekundete Fortschrittsskepsis nicht besonders ernst zu nehmen. Die Tiefensemantik kollektiven Lernens lässt die Verweigerung eines Fortschrittsdiskurses als modisches Lippenbekenntnis erscheinen. Folgenlos ist es freilich nicht, wenn über Fortschrittsvorstellungen bestenfalls geflüstert wird, denn es bleibt unklar, wohin kollektive Lernprozesse führen sollen. Deshalb ist es wichtig, explizite Fortschrittsdiskurse zu führen und sich intersubjektiv auf kollektive Lernziele zu einigen. Worin diese Lernziele bestehen, möchte ich in den folgenden Abschnitten deutlich machen.

Vierhundert Jahre nach dem Erscheinen von Francis Bacons programmatischer Schrift *Instauratio Magna* ist sein Traum von einer »großen Erneuerung« die normalste Sache der Welt. Was Anfang des siebzehnten Jahrhunderts die Zeitgenossen befremdete, steht Anfang des einundzwanzigsten Jahrhunderts jedem Kind vor Augen: eine auf ständige Möglichkeitserweiterung programmierte Sozialwelt, in der Naturwissenschaftler, Techniker und Geschäftsleute die Dinge voranbringen.

Vielleicht aber würde sich Bacon, käme er heute noch einmal zur Welt, für diesen Erfolg gar nicht mehr besonders interessieren, sondern eine zweite, ganz andere Instauratio Magna entwerfen, eine Erneuerung jenseits der gegenwärtigen Form der Erneuerung. Was die etablierte Ordnung der Transformation hervorbringt, ist Neues von altvertrauter Art, anschlussfähig an Erwartungen, die sich von Erinnerungen nähren und fest im kollektiven Bewusstsein verankert sind. Die »Revolutionen«, die auf Automobilsalons oder Computermessen inszeniert werden, sind Modernisierungsroutine. Erstaunlich wäre allein ihr Ausbleiben; dass sie stattfinden, ist normal.

Zu seiner Zeit ermaß Bacon als erster die ganze Tragweite des Wandels von der feudal-agrarischen zur kapitalistisch-industriellen Welt. Er schuf Begriffe, mit denen sich die Protagonisten dieses Wandels selbst beschreiben und besser verstehen konnten. Doch das Beharrungsvermögen des alten Denkens war damals wie heute beträchtlich. Es dauerte noch eine Generation, bis sich der *Baconismus* dann in Cromwells Zeit durchsetzen konnte.

Die heute spürbaren Veränderungen sind ähnlich fundamental und unbegriffen wie die Umwälzung zu Bacons Zeit, aber es ist schwierig, von dieser Einsicht zu profitieren. Dass sein Traum Wirklichkeit wurde, verdankt sich der Herrschaft klarer Erfolgskriterien. Mit Eifer ordneten sich die Menschen allem unter, was eindeutig war, verlässlich, messbar, unbestechlich. In der Euphorie über den materiellen Nutzen, den die Modernisierung abwarf, geriet der soziale Zusatznutzen fast in Vergessenheit. Dieser bestand darin, dass sich die Ordnung der Dinge auf die Ordnung zwischen den Menschen übertrug, wenn auch mit Fehlern, Verfälschungen und Brechungen. Kognitiver Erfolg (bei der Enträtselung des Objektiven und bei der Anwendung des neuen Wissens) wurde mit ökonomischem und sozialem Erfolg kurzgeschlossen. Die dadurch entfesselte

Dynamik der Möglichkeitserweiterung hat bis heute nicht mehr nachgelassen. Der Clou ist freilich: Je weiter die Nutzung des Objektiven – materiell und sozial – getrieben wird, desto weniger genügt sie noch.

Es wird unausweichlich, mit dem Subjektiven umzugehen. Was unsere Zeit mit der Epoche Bacons gemeinsam hat, ist die Spürbarkeit einer neuen Herausforderung. Auf diese sind moderne Menschen aber ebensowenig vorbereitet wie die vormodernen Menschen auf die Industrialisierung. Die Royalisten hatten die alte Feudalordnung im Kopf, die Humanisten die Antike. In einer Hinsicht unterscheidet sich unsere Zeit jedoch von der Epoche Bacons: Die Ungewissheit ist größer. Bei objektiven Phänomenen kann man hoffen, Ungewissheit immer stärker zurückzudrängen. Bei subjektiven Phänomenen muss man akzeptieren, dass die Schwierigkeiten des Verstehens größer und die Erfolge kleiner sind. Vielen gilt dies als Grund, sich gar nicht darum zu bemühen. Aber das Gegenteil ist richtig: Ungewissheit ist ein Grund für besondere geistige Anstrengungen.

Kollektives Lernen reagiert auf aktuelle Herausforderungen. Die Situation ändert sich, und die Menschen versuchen, sich damit zu arrangieren. Der gegenwärtige Übergang ähnelt dem vom Hausbau zum Wohnen. In der Phase des Hausbaus geht es um Werkstoffe, Statik, Beherrschung von Maschinen, Techniken. Dagegen geht es in der Phase des Wohnens um Ästhetik, wechselseitige Anerkennung von Rechten und Pflichten, Erfindung alltäglicher Rituale, Gestaltung gemeinsamen Alltagslebens. Dass man für den Hausbau ein bestimmtes Können braucht, ist allgemein bekannt. Weniger klar und verbreitet ist das Bewusstsein davon, dass auch das Zusammenwohnen ein Können verlangt, wenn auch ganz anderer Art, gewissermaßen ein Können des Seins. Zum Hausbau braucht man vor allem »Naturkönnen«, zum Wohnen »Kulturkönnen«. Mit dem Begriff der Natur meine ich dabei in Analogie zum Begriff der Naturwissenschaft die materiell gegebene Welt, deren Gesetzmäßigkeiten man sich zunutze macht. Die Sphäre der Kultur besteht aus Regelmäßigkeiten des Fühlens, Deutens, Denkens und sozialen Handelns.

Paradigmenverbindung, nicht Paradigmenwechsel

Weiter oben habe ich die Metapher des Übergangs vom Hausbau zum Wohnen gebraucht, um den Kurs kollektiven Lernens im einundzwanzigsten Jahrhundert zu bestimmen. Dieses Bild zielt auf das Hervortreten des Themas Kultur ab, von dem im ersten Kapitel die Rede war. Man darf den Vergleich allerdings nicht überstrapazieren. Beschränkt ist seine Brauchbarkeit vor allem deshalb, weil er nahelegt, dass die Aneignung neuen Denkens und Handelns mit der Abwendung vom bisherigen Denken und Handeln zusammenfalle. Dass sich neue Aufgaben stellen, ist jedoch nicht gleichbedeutend damit, dass die gewohnten Aufgaben beendet wären. Nicht ein Paradigmenwechsel ist gefragt, sondern eine Paradigmenverbindung. Es geht darum, seinsbezogenen Orientierungsformen denselben Rang einzuräumen wie könnensbezogenen, und nicht etwa, das eine durch das andere zu ersetzen.

Das zweidimensionale Denken ist schwierig für alle. Die Profis des Steigerungsspiels – Naturwissenschaftler, Techniker, Ökonomen, Entscheidungsträger aus Politik und Wirtschaft – müssen sich mit Denkmustern vertraut machen, die ihnen im Verhältnis zu dem, was sie beherrschen, so fremd scheinen, dass sie kaum einzusehen vermögen, inwiefern es sich dabei überhaupt um ernstzunehmendes Denken handeln soll. Auf der anderen Seite wird es nicht damit getan sein, sich in Zukunft überwiegend mit Kultur zu beschäftigen und das könnensgerichtete Denken als ein erledigtes Problem abzuhaken.

Der Übergang vom eindimensionalen zum zweidimensionalen Denken bedeutet eine wesentlich höhere kognitive Anforderung als der Wechsel von einer Dimension zur anderen unter Beibehaltung der Eindimensionalität. Schon der Widerstand gegen neue Denkformen ist groß genug, wenn die alten eine so lange und erfolgreiche Tradition haben. Erst recht ist es schwer, damit zurechtzukommen, dass kein Übertritt von einem Denksystem zum anderen ansteht, sondern das gleichzeitige Bewohnen zweier Denksysteme.

Die eindimensionale Orientierung auf das Können, zugespitzt im Steigerungsspiel, ist so lange kein Problem, wie es um die Erfüllung elementarer Grundbedürfnisse geht. Je größer der Möglichkeitsraum jedoch wird, desto unklarer wird der Zusammenhang zwischen Können und Sein. Der Sinn zusätzlichen Könnens wird immer fragwürdiger. Das Kernproblem des fortgeschrittenen Steigerungsspiels ist die Absurdität. Doch auch das Absurde hat seinen Sinn, wie ich in einem früheren Kapitel dargestellt habe. Er liegt im Orientiertsein als Wert an sich. Mitnichten ist dies allerdings der Sinn, den man im Auge hat, wenn man die Frage stellt, wozu etwas gut sein soll. In letzter Konsequenz verweisen Fragen dieses Typs immer auf das Sein.

Theoretisch gesehen kann sich das Problem der Eindimensionalität auch anders herum darstellen: als Vereinseitigung der Orientierung auf das Sein. Ein einzelner mag damit zurechtkommen, wenn er genug Geld hat und ein Lebenskünstler ist. Für ganze Kollektive ist dieser Weg jedoch undenkbar. Allmählich kommt ein neuer Konflikt in Sicht, dessen Gegenstand das Grundkapital des Seins ist, die Zeit. Denen, die Zeit für sich beanspruchen, stehen die gegenüber, die ihnen dies durch ihre Arbeit ermöglichen. Das Sein der einen beruht auf den Leistungen der anderen. Schlimmstenfalls geht die alte könnensgerichtete Eindimensionalität in eine neue seinsgerichtete über. Das Problem der Absurdität verwandelt sich in das Problem der Könnensvergessenheit: Alle beanspruchen für sich Zeit und Ressourcen für das schöne Leben, keiner will mehr dafür arbeiten. Wegen der Eigendynamik des Steigerungsspiels ist dieser Übergang zunächst noch unwahrscheinlich, doch wird sich der Konflikt im selben Maß zuspitzen, wie die kognitiven Ressourcen des Steigerungsspiels (wie dargestellt: Perfektionierbarkeit, Erweiterbarkeit, Entdeckbarkeit, Objektivierbarkeit) knapp werden und die soziale Dominanz des Steigerungsspiels zurückgeht.

Das zweidimensionale Denken, in dem Können und Sein gleichrangig nebeneinanderstehen und aufeinander bezogen sind, setzt einen kollektiven Lernprozess voraus. Er muss vor allem zu einem Niveau der Kulturaneignung führen, das dem im Steigerungsspiel erreichten Niveau der Naturaneignung entspricht. Dabei geht es um das Erkenntnisvermögen von jedermann. Sowenig man Techniker, Naturwissenschafter und Ökonom gleichzeitig sein muss, um sich in der hochentwickelten Welt des Könnens zu bewegen und die von ihr gebotenen Möglichkeiten zumindest soweit zu verstehen, dass man sich ihrer bedienen kann, sowenig muss jeder ein Kulturwissenschaftler werden, um im zweidimensionalen Leben anschlussfähig zu sein. Es geht um ein für jedermann erreichbares, aber nicht selbstverständliches, kollektiv erst noch zu lernendes Grundverständnis. Damit beschäftigen sich die folgenden Abschnitte.

Lernwege. Die Zentralperspektive von Zukunftsdiskursen

In unserem Handeln ähneln wir Menschen, die im Wasser von Stein zu Stein springen. Wir fassen Ziele ins Auge und tun die Schritte, die wir für geeignet halten, um weiterzukommen. Dies gilt im Kleinen wie im Großen, für die Zubereitung einer Tasse Kaffee oder die Fusion zweier Konzerne. Der Weg in die Zukunft hat in einem gegebenen Moment immer das Aussehen eines gerade geplanten nächsten Schritts.

Doch konkrete Ziele gehören fast immer in einen größeren Zusammenhang. Sie sind Zwischenstationen auf dem Weg zu übergeordneten Zielen, die sich im Nebel der fernen Zukunft verlieren. Konkrete Ziele öffnen den Raum der Zukunft, begrenzen ihn aber auch. Ein anvisiertes Projekt, gleichgültig welcher Größe, bildet eine Ganzheit, die man in ihrem Ablauf gestalten und kontrollieren kann. Danach wird es zwar mit dem nächsten Projekt weitergehen, erst einmal jedoch ist dieses an der Reihe. Konkrete Ziele erfordern projektförmiges Denken. Dieses Denken ist zur weiteren Zukunft hin abgeschlossen, damit man die nähere Zukunft besser überblicken kann.

Im folgenden ziele ich auf das Gegenteil ab. Es geht darum, die weitere Zukunft zu umkreisen, ohne den Blick durch ein konkretes Projekt in der näheren Zukunft zu blockieren. Es ist zwar üblich geworden, den Blick auf die Zukunft mit sogenannten Szenarios zu versuchen, doch diese Verfahrensweise ist unsinnig. »Die Welt in zwanzig Jahren« – solche Themen können nur eines zum Vorschein bringen: Die Phantasie und den Denkrahmen derjenigen, die sie bearbeiten. Das soziale Geschehen ist weitaus komplexer als das Wetter, aber schon der Zeithorizont des Wetterberichts ist auf einige Tage begrenzt. Es geschieht zuviel Unvorhersehbares; Zahl und Beziehung der Faktoren sind von unendlicher, niemals beherrschbarer Komplexität; vor allem aber handelt es sich bei den »Faktoren« des sozialen Geschehens um Menschen, die sich selbst beobachten, miteinander reden, nachdenken und zu Schlussfolgerungen gelangen, von denen nur eines sicher ist – dass sie schon nach kurzer Zeit jedem Szenario hohnsprechen.

Was also kann man tun, wenn man sich für die weitere Zukunft interessiert? Man kann über die zukünftige Richtung von Suchbewegungen nachdenken, über Wege gemeinsamen Lernens. Das Steigerungsspiel ist ein solcher Weg. Man konnte zwar nie vorhersagen, wie die Welt des Steigerungsspiels zwanzig Jahre später konkret aussehen würde, aber die Fortbewegung verlief immer in die gleiche Richtung der Möglichkeitserweiterung.

Neue und sinnvoll scheinende Lernwege: diese Einstellung des Blicks in die weitere Zukunft verspricht am meisten. Es geht darum, ein Gespür für Richtungen zu entwickeln, ohne sich auf Übergangszustände, Szenarien und konkrete Einzelprojekte zu fixieren. Die Konkretisierung dessen, was im Einzelfall zu tun ist, bleibt im wesentlichen Sache der Akteure in Privatleben, Bildungssystem, Wirtschaft, Technik, Wissenschaft, Politik und Medien. Sie selbst müssen sich Schritt für Schritt die Pfade ihres Handelns bahnen. Ihre niemals zu übertreffende Detailkenntnis der Situation verschafft ihnen einen Vorsprung, beschränkt sie aber auch. Wenn man ins Hier und Jetzt verstrickt ist und seine Aufmerksamkeit voll und ganz den Besonderheiten der Situation widmen muss, fehlt einem die Distanz, die man braucht, um sich Überblick zu verschaffen und sein Tun in bezug auf die zentralen Herausforderungen der Epoche zu beurteilen.

Der Aufbruch des 21. Jahrhunderts. Fünf Wege

Im folgenden möchte ich fünf Lernwege des einundzwanzigsten Jahrhunderts skizzieren. Mein Hauptanliegen ist die Verdichtung aller bisherigen Überlegungen zu einigen zentralen zukunftsbezogenen Thesen; diese haben deshalb teilweise auch den Charakter einer Zusammenfassung. Die fünf Lernwege schließen nicht etwa zeitlich aneinander an, vielmehr verlaufen sie nebeneinanderher. Es lässt sich auch keine Rangordnung zwischen ihnen erkennen; der Imperativ *first things first!* ist nicht anwendbar. Im Gegenteil: Es geht um alles gleichzeitig.

Ich vertrete die These, dass die Zeit reif ist für die Verbindung der beiden Denkwelten von Können und Sein. Das einundzwanzigste Jahrhundert ist die Epoche der kollektiven Aneignung des zweidimensionalen Lebens. Wenn man diese Perspektive einnimmt, kommen fünf Hauptwege kollektiven Lernens in Sicht.

Erstens: Aneignung des Seins. Auf die Richtung dieses Lernwegs bin ich im Kapitel über den neuen Common sense eingegangen. Seine Quintessenz lässt sich folgendermaßen zusammenfassen: Seinwollen ist eine Suche nach Begegnungen. Wie der Erfolg des Könnens, so hängt auch der des Seins von der Kultivierung des Denkens ab. Das Paradigma der Begegnung ist das seinsgerichtete Gegenstück zum könnensgerichteten Paradigma der Sachbezogenheit. In der Auseinandersetzung des Handelnden mit der Welt stellt es sich jeweils anders dar – als Selbst, Gegenüber, Gemeinschaft, Werk oder Erscheinung. Es führt zu ungewohnten Handlungsmustern – Ausrichtung auf »anders« neben Ausrichtung auf »mehr«; Annäherung und Expedition neben Steigerung; Konkretisierung neben Abstraktion; Orientierung an Erfahrungswissen und Improvisationstalent neben Orientierung an Methodenwissen. All dies verändert auch die Gesellschaft: Das Ordnungsprinzip der Enklave tritt neben das des Funktionszusammenhangs; Macht durch Beeinflussung neben Macht durch Möglichkeitskontrolle; horizontale Muster des Wandels, in denen sich Rekurs und Überschreitung verbinden, entstehen neben dem vertikalen Muster der Steigerung.

Zweitens: Fortsetzung des Steigerungsspiels. Im Detail bin ich auf diesen Lernweg im Kapitel über das Steigerungsspiel und über den Wandel des Wandels eingegangen. Für die Zukunft lässt sich aus diesen Überlegungen ableiten, dass die eindimensionale Fortsetzungsvermutung, die das Denken der Gegenwart noch weithin beherrscht, nicht haltbar ist. Das Steigerungsspiel büßt seine kulturelle Hegemonie ein und wird durch die Verknappung von Steigerungswissen gebremst. Dies bedeutet jedoch keineswegs, dass das Steigerungsspiel zu Ende wäre. Biowissenschaft, Umwelttechnik, Robotik, Raumfahrt, Nanotechnologie, Werkstoffwissenschaft, Informatik und andere Wissensgebiete werden sich weiterentwickeln; der Abstand großer Teile der Weltbevölkerung zum Lebensstandard und zur Lebenserwartung der früh industrialisierten Länder wird sich weiter verringern; Produkte und Dienstleistungen werden entstehen, die den Möglichkeitsraum der Konsumenten weiter erhöhen. Die seit langem verfestigte Eigendynamik dieses Lernwegs bleibt aktiv; es lässt sich keine Kraft erkennen, die ihr Einhalt gebieten würde – und es gibt auch keinen vernünftigen Grund dafür, dies zu versuchen.

Drittens: Kultivierung des Könnens der Ankunft. Von diesem Lernweg war bisher kaum die Rede. Seine Beschreibung weist zwar über den Rahmen dieser Untersuchung hinaus, sie schließt jedoch unmittelbar an die hier entwickelten Überlegungen an. Ich will wenigstens mit einigen Thesen darauf eingehen (wobei ich etwas ausführlicher als bei den anderen vier Lernwegen werden muss), weil das Tableau der Lernwege sonst eine Lücke aufwiese und deshalb geradezu irreführend wäre. Wichtig für das Verständnis ist der Begriff der Ankunft, auf den ich bereits im Kapitel über die unsichtbare Herausforderung eingegangen bin. Das zwanzigste Jahrhundert verstand Steigerung und Ankunft als Gegensatz; Steigerung galt dabei als der höhere Wert. Im einundzwanzigsten Jahrhundert kehrt sich das Wertgefälle um, und man sieht Steigerung und Ankunft als zwei voneinander unabhängige Dimensionen.

Ankunft hat einen seinsbezogenen und einen könnensbezogenen Aspekt. Unter dem Gesichtspunkt des Seins bedeutet Ankunft, den gegebenen Möglichkeitsraum für Begegnungen zu nutzen. Davon war bereits bei der Beschreibung des ersten Lernwegs die Rede. Unter dem Gesichtspunkt des Könnens bedeutet Ankunft, den gegebenen Möglichkeitsraum zu *erhalten* und seinen Gebrauch zu *beherrschen*. Je größer der Möglichkeitsraum wird, desto mehr Zeit und Energie müssen die Menschen aufwenden, um ihn noch zu überblicken, sich in seinem Gebrauch zu schulen und ihn zu erhalten. Je mehr man kann, desto größer ist die Gefahr des Möglichkeitsverfalls.

Drei Teilaufgaben sind zu bewältigen, um den Möglichkeitsraum zu *beherrschen*: Auffinden von Wissen und Produkten, Bedienen von Systemen, Kombinieren von Möglichkeiten. Das *Auffinden* von Wissen wurde durch das Internet wesentlich erleichtert. Suchmaschinen der Zukunft lösen vor allem zwei gegenwärtig noch unbewältigte Probleme: Redundanz und fehlende Qualitätsauswahl. Für das Auffinden von Produkten ist das Potential von Suchmaschinen begrenzt. Dies ist eine Aufgabe zukünftiger Suchagenturen. Zusätzlich zum Problem des Auffindens gibt es im entgrenzten Möglichkeitsraum ein rasch wachsendes Problem des *Bedienens* von Systemen. An die Stelle des Vergessens und des Austauschs gegen neue Systeme tritt in Zukunft der Aufbau eines kulturellen Gedächtnisses für Wartung, Reparatur, Betrieb und Risiken vorhandener Systeme. Daraus erwachsen eine ganz eigene Branche und eine Neubewertung von Erfahrungswissen. Die Aufgabe des *Kombinierens* ergibt sich daraus, dass der gegebene Möglichkeitsraum unendlich viele Kombinationen von Techniken und Wissenselementen erlaubt. Neue Artefakte kommen durch Auswahl aus einem Universum der Kombinationsmöglichkeiten zustande.

Das zwanzigste Jahrhundert war hinsichtlich dieser Auswahl unkritisch; es begrüßte das Neue grundsätzlich als Verbesserung. Dabei wurde vernachlässigt, dass die Menge der realisierten Möglichkeiten nur ein Bruchteil aus der Menge aller Möglichkeiten ist und dass dieser Bruchteil sinkt, wenn der Möglichkeitsraum größer wird. Das einundzwanzigste Jahrhundert stellt das Neue deshalb unter den Generalvorbehalt der suboptimalen Auswahl: Es könnte Besseres geben, das schon jetzt erreichbar ist. Um es zu finden, ist an zwei Stellen anzusetzen: bei der Produktentwicklung (interdisziplinäre Kombination von Wissen) und bei der Marktforschung. Diese war in der Vergangenheit anbieterzentriert. Sie ging von Vorgaben aus und testete vollendete Tatsachen. Die Marktforschung der Zukunft ist verbraucherzentriert. Sie besteht einerseits in langfristiger Beobachtung des tatsächlichen Gebrauchs von Produkten in Alltagssituationen; andererseits in Dialogen zwischen Verbrauchern und Produktentwicklern über mögliche Neuerungen. Die *Werbung* der Steigerung operiert mit Versprechungen, die Werbung der Ankunft mit Erfahrungen. Ihr wichtigstes Kommunikationsmedium sind Gespräche zwischen Verbrauchern. Ihre Kommunikationsformen sind Geheimtip, Mund-zu-Mund-Propaganda und Schneeballsystem.

Zusätzlich entsteht eine New Economy des *Erhaltens*. Ihr Produkt ist die Wiederherstellung, Konservierung und Pflege von Artefakten und Natur. Ihr Anliegen ist die Zukunft der Vergangenheit, ihre Handlungslogik die der Annäherung. Wie niemals zuvor sind im fortgeschrittenen Steigerungsspiel Produkte ständig vom Aussterben bedroht. Etwas wird nicht mehr hergestellt, Ersatzteile sind nicht mehr lieferbar, Zubehörfirmen gehen pleite. Immer mehr Menschen sind jedoch an längerfristiger Nutzung und an der Wiederbeschaffbarkeit von Produkten interessiert. Sie fragen zwar weiterhin Massenprodukte nach, jedoch gewinnen edle Materialien und maßgefertigte, auf Lebenszeit erworbene Produkte immer größere Bedeutung. Zum Können der Ankunft gehört auch eine besondere *Wissensdynamik*. Während in der Ökonomie der Steigerung eine Wissensdynamik der permanenten Revolution herrscht, ist die Ökonomie der Ankunft durch eine Wissensdynamik der allmählichen Annäherung an ein Optimum gekennzeichnet, kombiniert mit persönlichem Erfahrungswissen und Improvisationstalent. Dem entsprechen die Idee der Meisterschaft und das Berufsbild des Meisters. Lebenslanges Lernen bedeutete in der Vergangenheit hauptsächlich Umlernen und Vergessen. In Zukunft bedeutet es hauptsächlich Pflege und Verfeinerung des schon vorhandenen Wissens sowie Erweiterung um zusätzliche Wissensgebiete. Dabei kommt es weniger auf Zahlen, Daten, Fakten an als auf das Herstellen von Zusammenhängen. Es geht nicht um Kenntnisse an sich, sondern um ihre Vernetzung zu einem Gesamtbild. Eigenständiges, horizontüberschreitendes Denken und die Fähigkeit, seine Gedanken in Worte zu fassen und verständlich zu machen, werden immer wichtiger. Denkschulung, Sprach- und Aufmerksamkeitstraining, Konfliktbewältigung und Praxisbezug werden Hauptinhalte schulischer Bildung.

Viertens: Das Erlernen der Gleichzeitigkeit. Können und Sein, Steigerung und Ankunft – wir tendieren dazu, diese Dualismen des Denkens und Handelns als Gegensatzpaare aufzufassen. Darin liegt jedoch ein Kategorienfehler. Geometrisch lässt sich dieser durch den Unterschied von Eindimensionalität und Zweidimensionalität beschreiben. Bei der Vorstellung eines Gegensatzpaars nimmt man nur *eine* Dimension an. Die beiden Gegensätze sind zwei Pole; je mehr man sich auf einer Linie dem einen Pol nähert, desto mehr entfernt man sich vom anderen. Diese Abhängigkeit verschwindet im *zwei*dimensionalen Modell. Wo vorher nur eine Linie war, spannt das zweidimensionale Modell eine Fläche auf. Anwendung: Das Verhältnis der Menschen zum Können sagt noch nichts über ihr Verhältnis zum Sein aus; und wie sie zu Steigerung stehen, erlaubt keinen Rückschluss darauf, wie sie zu Ankunft stehen. Es kommt in Zukunft darauf an, sich über die ganze Fläche zu bewegen und je nach Situation unterschiedliche Distanzen miteinander zu kombinieren. Im tatsächlichen Handeln zeigt sich dies als Anforderung der Gleichzeitigkeit. Es geht darum, Muster des Denkens und Handelns in seinem Leben zu verbinden, die sich bisher auszuschließen schienen – scheinbar naheliegenderweise, denn »oder« ist einfacher als »und«. Schwierig beim Erlernen von Gleichzeitigkeit ist vor allem die psychische und soziale Integration widersprüchlich erscheinender Paradigmen, Handlungsmuster und Sozialformen, die in Diskursen immer wieder gegeneinander in Stellung gebracht werden. Es bietet sich das Bild von zwei Seelen an, die *noch nicht* in einer Brust wohnen, aber dort heimisch werden sollen.

Fünftens: Die Erschließung des Normalen. Alle vier bisher genannten Wege des Lernens setzen voraus, dass die Menschen in der Lage sind, Kultur zum Gegenstand des Denkens, Argumentierens und Handelns zu machen. Dies ist zwar schon längst und in immer größerem Umfang der Fall, doch die Moderne dieser Epoche der kollektiven Lerngeschichte muss erst noch beginnen. Was dies bedeutet, möchte ich in den folgenden Abschnitten verdeutlichen. Meine Leitthese ist, dass das wichtigste Bildungsdefizit der Zukunft im Gebiet der kulturellen Bildung liegt. Diese ist nicht mit musischer Bildung zu verwechseln. Sie besteht analog zur naturwissenschaftlichen Bildung in intellektuellen Fähigkeiten und im Verfügen über Begriffsnetze. Unter anderem gehören dazu der Blick für das Normale, zeitextensives Denken, episodenbezogenes Abstraktionsvermögen, Beherrschen von Grundregeln kulturbezogener Argumentation und doppelte Reflexivität.

Die Erschließung des Normalen

Kultur verstehen. Die Schlüsselkompetenz der Zukunft

Im Zeitalter der Werbung, der Gurus, des Fundamentalismus, der virtuellen Welten, der Tyrannei der Spontaneität und der Ignoranz des eigenen Tuns droht die Moderne zu versanden. Ein steigerungslogisch verengter Begriff von Modernität wurde zur Richtschnur. Typischerweise fragt man nicht »Was ist modern?«, sondern »Ist dies noch modern?«. Bei einem Autokauf etwa schien die Antwort auf die erste Frage lange Zeit so selbstverständlich, dass niemand mehr darauf kam, sie überhaupt noch zu stellen. Über das ganze zwanzigste Jahrhundert hinweg war völlig klar, was ein modernes von einem veralteten Auto unterschied. Interessant war nur noch die zweite Frage, die sich auf Innovationen innerhalb eines geltenden Modernitätsbegriffs richtet. Ein Zeithorizont von einigen Jahren genügte, um eine verbesserte Modellgeneration auf den Markt zu bringen und die vorhergehende als veraltet erscheinen zu lassen. Im einundzwanzigsten Jahrhundert wird diese Modernitätsgewissheit schwankend. Stattdessen meldet sich die längst vergessene Frage, was Modernität überhaupt ausmacht, im einundzwanzigsten Jahrhundert mit Macht zurück und bricht den heimlichen Modernitätskonsens auf, der der zweiten Frage zugrunde liegt.

Was ist zu einem gegebenen Zeitpunkt modern? Nach den hier vorgetragenen Überlegungen ist im einundzwanzigsten Jahrhundert unter »modern« etwas anderes zu verstehen als bisher. Auf der Höhe der Zeit wird derjenige sein, der Kultur verstehen und aus diesem Verständnis heraus handeln kann – im Privatleben, in einer wachsenden Anzahl von Berufen, in Forschung und Entwicklung, in Werbung und PR, bei der Unternehmensführung, in der Politik, im Medienalltag. Als modern wird gelten, wer die sprachlichen Fähigkeiten besitzt, über Kultur zu reflektieren. Als modern wird gelten, wer die Regeln beherrscht, denen Diskurse über Kultur folgen sollen.

Das neue Modernitätsverständnis schließt das alte, steigerungslogische nicht aus, es bildet vielmehr einen neuen Rahmen dafür. Dadurch wird die Steigerungslogik relativiert; sie steht unter einer kulturbezogenen Rechtfertigungserwartung. In der Karriere des Themas Kultur, von der bereits im ersten Kapitel die Rede war, hat sich die zukünftige Verbindung von Steigerungslogik und Kulturverstehen seit langem angekündigt. Im einzelnen sind es vier verschiedene Entwicklungen, die Kulturverstehen als Schlüsselkompetenz der Zukunft erscheinen lassen:

Die kulturelle Bedeutung von Steigerungen nimmt ab. Seit dem achtzehnten Jahrhundert haben technische Innovationsschübe die Kultur immer wieder umgepflügt. Kultur war reaktiv; immer wieder mussten die Menschen sie neu erfinden, um sich an die Erweiterungen des Möglichkeitsraums anzupassen. Die einzige kulturelle Form, die Bestand hatte, war die Steigerung selbst. In Zukunft aber geht das Ausmaß, in dem Steigerungen das Leben durcheinanderbringen, mehr und mehr zurück. Im Verhältnis zum ohnehin schon riesigen Möglichkeitsraum haben zusätzliche Möglichkeiten, mögen sie noch so revolutionär sein, eine immer geringere Bedeutung. Am Anfang hatte das Neue höheres Gewicht als das schon Vorhandene, inzwischen aber hat sich das Verhältnis umgedreht. Der Staub legt sich, Konturen von Normalität werden sichtbar. Mobilität, Individualisierung, Vernetzung, Globalisierung – diese Begriffe deuten auf langfristige Veränderungen der Alltagskultur hin, nicht auf kurzlebige Trends, die schon bald wieder durch etwas Neues abgelöst werden. Sie beschreiben Phänomene der Ankunft, die sich durch weitere Steigerungen nicht mehr ändern werden. Sie beschreiben gleichzeitig einen entgrenzten Möglichkeitsraum, in dem Kultur nicht mehr reaktiv ist, sondern agieren muss. An die Stelle von Anpassungsdiskursen treten Gestaltungsdiskurse.

Die Kultur des Seins verlangt mehr Nachdenken und Diskurs als die Kultur des Könnens. Kultur lässt sich unter dem Aspekt des Seins und unter dem des Könnens betrachten. Leichter zu erfassen ist die Kultur des Könnens. Man findet immer wieder objektive Bezugspunkte, um sie zu verstehen und sich darüber zu verständigen. Kooperation beispielsweise ist einfacher zu verwirklichen als Koexistenz; man kann leichter Rechnen lernen als Phantasie oder Stilsicherheit; eine Vernunftbeziehung ist weniger vom Scheitern bedroht als eine Liebesbeziehung; es ist einfacher, Farbe zu kaufen, als ein Bild zu malen. Im Vergleich zur Kultur des Könnens hat man es in der Kultur des Seins immer wieder mit anderen, singulären Phänomenen zu tun.

Aber auch die Kultur des Könnens wird in einem sehr weit entwickelten Möglichkeitsraum schwieriger, aus zwei ganz verschiedenen Gründen. Der eine davon betrifft das *Was*, der andere das *Wie* von Steigerungen:

Die Anschlussfähigkeit des Neuen geht zurück. In der Geschichte des Steigerungsspiels wurde es immer fraglicher, ob irgend jemand das Neue tatsächlich auch brauchen kann. Medieninhalte und neue Produkte der Gegenwart sind Zeugnisse impliziter Kulturtheorien der Anbieter: Sie stellen sich vor, was viele wollen könnten, und sie versuchen, dieses Wollen zu gestalten. Es bedarf umfangreicher und kostspieliger Kommunikationsfeldzüge, um neue Produkte überhaupt kulturell zu verankern. Je weniger man sich hinsichtlich der Anschlussfähigkeit des Neuen im Klaren ist, desto mehr braucht man die Fähigkeit, Kultur zu verstehen.

Kultur wird in immer stärkerem Maß zu einem Produktionsfaktor. Werkstoffe, Apparate, Energieformen, exakt definierte Handlungsabläufe, Techniken der Informationsverarbeitung waren bisher der wichtigste Produktionsfaktor für Steigerungen. Dies lässt nach, während der Anteil kultureller Produktionsfaktoren größer wird: Kommunikationsfähigkeit, Einfühlungsvermögen, Improvisationstalent, Wissenstransfer, undogmatisches Denken.

Was daraus folgt, ist ein immer intensiver geführter Diskurs über gewollte und ungewollte Kultur. Dieser setzt ein Grundverständnis darüber voraus, worum es überhaupt geht und nach welchen Regeln ein solcher Diskurs zu führen ist. Dass man ihn »einfach so« führen könne oder dass sich das, worauf sich die Menschen nach einem solchen Diskurs einigen würden, unter den Bedingungen des freien Marktes von allein ergebe – diese Auffassungen sind auf ihre Weise so rückständig wie der Glaube an Hexen und Kobolde zu Beginn der Moderne.

Das Niveau, auf dem gegenwärtig über Kultur geredet wird, bleibt hinter den Herausforderungen zurück. Welche das sind und wohin sich kollektives Lernen bewegen muss, ist Gegenstand der folgenden Überlegungen. Die Anfangsschwierigkeit besteht in der scheinbaren Unkompliziertheit des Themas. Wozu lernen, wenn man schon ganz viel kann? Die Illusion des Bescheidwissens verhinderte bisher, dass Kulturaneignung in ähnlicher Weise zu einer kollektiven Suchbewegung wurde wie Naturaneignung.

Was heißt *Kultur*? Gemeint ist das Normale: Wiederholungen und Muster im Handeln der Menschen. Auf den ersten Blick wirkt es ungewöhnlich, dazu »Kultur« zu sagen. Doch genau in dieser Bedeutung taucht das Wort oft in der Umgangssprache auf, wenn etwa von »Unternehmenskultur«, »Konsumkultur« oder »multikultureller Gesellschaft« die Rede ist. Im Hintergrund dieses Kulturbegriffs stehen seit langem eingeübte Betrachtungsweisen von Anthropologie und Soziologie, freilich mit Unterschieden von Autor zu Autor. Es entspricht zwar allgemeinem akademischem Brauch, sich damit akribisch zu beschäftigen, aber wozu eigentlich? Meine folgende Verwendung des Kulturbegriffs zielt auf die Hauptsache ab, auf den gemeinsamen Nenner aller Definitionen – auf das Normale.

Wie könnte ein moderner Umgang mit Kultur aussehen – eine Art des Denkens und Redens über Kultur, die der damit verbundenen Ungewissheit soviel Klarheit, Rationalität und Intersubjektivität abgewinnt wie möglich? Eine Art des Handelns, die nicht hinter den Einsichten zurückbleibt?

Intelligenz der Ankunft. Eine neue Herausforderung

Obwohl die Kritik von Intelligenztests einsetzte, kaum dass es sie gab, wurden sie schnell zu einem integralen Bestandteil der Kultur des Westens. Es war der französische Psychologe Alfred Binet, der die Idee des Intelligenztests am Anfang des zwanzigsten Jahrhunderts zum erstenmal praktisch umsetzte. Der deutsche Psychologe Wilhelm Stern verfeinerte das Verfahren durch die Ausarbeitung der normierten Größe des Intelligenzquotienten. Bald sprang die Methode auf Amerika über, wurde dort nochmals verfeinert, dann nach Europa reimportiert und konsolidierte sich diesseits und jenseits des Atlantiks als kultureller Standard. Der Satz des Psychologen Edwin G. Boring – *Intelligenz ist das, was der Intelligenztest misst* – soll auf die Unklarheit darüber hinweisen, was genau man unter jener Intelligenz eigentlich verstehen soll, die sich im IQ widerspiegelt. Borings Bonmot wurde zwar ständig zitiert, konnte den Triumph der standardisierten Intelligenzmessung jedoch nicht aufhalten. Er erklärt sich aus der Suggestion eines Begriffs, der den Menschen des zwanzigsten Jahrhunderts im Zentrum seiner Selbstwahrnehmung bestätigte. Der Intelligenzbegriff ist die testpsychologische Beglaubigung des Paradigmas der Fähigkeit, das ich im Kapitel über den Common sense erläutert habe.

Weil er theoretisch wenig fundiert war, führte der Intelligenztest zu einem einseitigen, durch die Perspektive des Steigerungsspiels voreingenommenen Blick auf die menschlichen Fähigkeiten. Der amerikanische Publizist Walter Lippmann prägte am Anfang des zwanzigsten Jahrhunderts ein Kritikmuster, das bis heute Bestand hat: Der Test sei unfair. Er zeichne aus, was sich auf dem Markt verkaufen lässt, und diskreditiere alle anderen Fähigkeiten. Dass am Ende des Jahrhunderts Daniel Golemans Buch *Emotionale Intelligenz* in kurzer Zeit weltweit zu einem der erfolg-

reichsten Bestseller in der Geschichte der Wissenschaftspublizistik überhaupt wurde, bedeutet nicht unbedingt, dass sich Lippmanns Argument
durchgesetzt hätte. In gewisser Hinsicht wird die Kritik sogar bestätigt.
In dem Buch kommt lediglich ein Kulturwandel zum Ausdruck, der auch
einen Wandel der für wünschenswert gehaltenen Fähigkeiten mit sich
bringt und damit einen anderen populärpsychologischen Intelligenzbegriff. Die Veränderung ist bezeichnend: Stehen in der traditionellen
Intelligenzmessung logisch-analytische und sprachliche Fähigkeiten im
Vordergrund, so geht es bei Goleman um Selbstwahrnehmung und Empathie. In diesem Wandel spiegelt sich die Verschiebung der Gewichte vom
Können zum Sein. Problematisch wäre es allerdings, wenn sich nun die
alte Einseitigkeit wieder einnisten würde, nur unter anderen Vorzeichen.
Erneut zeigt sich hier die Gefahr eines Kategorienfehlers – die Zweidimensionalität von Können und Sein als Bipolarität misszuverstehen, so
als könnte jemand, der nach Selbstwahrnehmung und Empathie strebt,
auf Logik und Abstraktionsvermögen verzichten.

Eine gelungene Synthese bietet seit den achtziger Jahren die Theorie
der *multiplen Intelligenzen* des Psychologen Howard Gardner. In seinem
Buch *Intelligenzen. Die Vielfalt des menschlichen Geistes* geht er zwar
auf deutliche Distanz zur standardisierten Intelligenzmessung. Dennoch
besteht er nachdrücklich auf der empirischen Bedeutung des Intelligenz-
begriffs. Er unterscheidet sieben Intelligenzen, darunter zwei, die für meine Überlegungen von besonderer Bedeutung sind: interpersonale und intrapersonale Intelligenz – die Fähigkeit zum Verstehen des anderen und
zur Selbsterkenntnis. Nichts anderes meint auch die emotionale Intelligenz bei Goleman. Was dem Beitrag Gardners das Gewicht einer wissenschaftlichen Pionierleistung verleiht, ist der Umstand, dass er den Intelligenzbegriff in einen anthropologischen Rahmen gestellt hat, dessen
empirische und theoretische Solidität gegenwärtig ohne Konkurrenz ist.
Jede der sieben Intelligenzen Gardners wurde anhand eines strengen Kri-
terienkataloges geprüft. Es sind biologische, logische, entwicklungspsy-
chologische und psychometrische Gesichtspunkte, unter denen er beurteilt, ob eine anthropologisch universelle Intelligenz vorliegt. So befreit
er den Intelligenzbegriff von der Gefahr kulturspezifischer Verzerrung
und Beliebigkeit – und ermöglicht gerade dadurch, kulturspezifische In-
telligenzprofile zu beschreiben.

An diesem Rahmen will ich mich im folgenden orientieren. Meine Absicht ist es, eine Vorstellung vom *Können des Seins* zu entwickeln. Auf

den ersten Blick mag diese Wendung verwirrend erscheinen, stört sie doch das Bedürfnis, die Inhalte von Begriffen trennscharf auseinanderzuhalten. Manchmal, so auch hier, ist es jedoch sinnvoll, eine Ausnahme zu machen.

Im Steigerungsspiel wurde das Können außengerichtet verstanden. Der Bezugsbereich des Könnenwollens war der objektiv gegebene Möglichkeitsraum, dessen Grenzen ständig verschoben wurden. Kollektives Lernen war darauf ausgerichtet, diese Art des Könnens zu erwerben. Nun jedoch kommt eine andere, seinsgerichtete Art des Könnens ins Blickfeld. Wie das Paradigma der Sachbezogenheit, so fordert auch das der Begegnung bestimmte Fähigkeiten. Es liegt auf der Hand, dass dabei die interpersonale und intrapersonale Intelligenz eine besondere Rolle spielen, also die beiden Fähigkeiten, andere und sich selbst zu verstehen. Ich möchte jedoch zeigen, dass dies nicht genügt. Es geht vielmehr um alle Intelligenzen, gerade auch um die logisch-mathematische und die sprachliche.

Gardner verbindet mit seiner Intelligenztheorie zwei anthropologische Thesen. Erstens betrachtet er die verschiedenen Intelligenzen in ihrer Gesamtheit als das, was den Menschen von anderen Lebewesen unterscheidet. Zweitens betrachtet er die spezifische Ausprägung der Intelligenzen bei einem Menschen, das persönliche Intelligenzprofil, als das, was die Einzigartigkeit dieses Menschen ausmacht. Dem lässt sich drittens hinzufügen: Je nach kulturellen und historischen Umständen wird das Intelligenzprofil verschieden herausgefordert.

Auch diese dritte These klingt in der Definition von Intelligenz bei Gardner an. Etwas sperrig, aber zielführend bestimmt er Intelligenz als *biopsychologisches Potential zur Verarbeitung von Informationen, das in einem kulturellen Umfeld aktiviert werden kann, um Probleme zu lösen oder geistige oder materielle Güter zu schaffen, die in einer Kultur hohe Wertschätzung genießen.* Die Frage, die ich im folgenden untersuche, schließt unmittelbar an diese Definition an: Wie wandelt sich das Intelligenzprofil, das unsere Kultur braucht?

Ordnung wird schwieriger

Wie lässt sich erreichen, dass nicht alle durcheinander reden und keiner den anderen versteht? In der Epoche der deutschen Klassik erreichte der Glaube an Intersubjektivität seine Hochblüte. Zum Schillerschen Ausruf »Seid umschlungen, Millionen« steht die heute verbreitete Skepsis in größtmöglicher Distanz. »Kein Mensch kennt den anderen, jeder ist allein« heißt es in einem Gedicht von Hermann Hesse. Das Leben als »Nebelwanderung«, der einzelne als »Steppenwolf« – in gegenwärtigen Varianten des Konstruktivismus und der Systemtheorie begegnet uns die Romantisierung der Einsamkeit in der Haltung wissenschaftlicher Aufklärung. Sie bezieht ihr Prestige aus dem Eindruck der Schonungslosigkeit und des Mutes, die Dinge so zu sehen, wie sie wirklich sind und wie es am liebsten niemand glauben möchte. Doch die Fragwürdigkeit dieser Pose des unerschrockenen Blicks in den Abgrund menschlicher Existenz offenbart sich bereits mit der bloßen Behauptung, Intersubjektivität sei unmöglich. Wer dieser Ansicht ist, wird bereits inkonsequent, wenn er sie bloß mitteilt. Schon durch das Aussprechen der Behauptung bekundet er, dass er Intersubjektivität sehr wohl für möglich hält.

Die Ordnung zusammenlebender Menschen besteht wesentlich in Verständigung und Vorhersehbarkeit. Beides hat Grenzen und ist fehleranfällig, aber die Menschen kommen damit zurecht. Dass es möglich ist, in ein Geschäft zu gehen und etwas zu kaufen, sich in einer fremden Stadt nach einer Straße zu erkundigen, jemanden mit einer witzigen Bemerkung zum Lachen zu bringen, beruht auf einer komplexen geistigen Leistung. Den Kern dessen, was sich kulturell abspielt, jenes Geflecht von Mustern, denen wir mit blinder Sicherheit in unserem Alltagsleben folgen, als wären es vorgebahnte Gleise, haben wir alle im Kopf. Gesellschaft beruht auf Informationsverdichtung, Typisierung, Abstraktion, flexibler Zuordnung neuer Situationen zu einem ausgeklügelten, in unserem Gedächtnis gespeicherten, ständig angepassten Kategoriensystem.

Vorhersehbarkeit ist nötig, damit es den Menschen möglich ist, Handlungsketten zu planen und aufeinanderbezogen zu handeln. Betrachten wir etwa das Beispiel des Straßenverkehrs in Deutschland. Ohne Regeln gäbe es keine Vorhersehbarkeit; der Verkehr in diesem dicht besiedelten und vollmotorisierten Land müsste zusammenbrechen. Andererseits sind viele Verkehrsstaus in Deutschland die Folge von Überregulierung. Das Gegenbeispiel ist eine Stadt wie Kairo, ein Agglomerat von mehr als sechzehn Millionen Menschen. Die Stadt vibriert vom Verkehr, doch Ampeln, Verkehrszeichen und selbst Polizisten werden ignoriert. Vorhersehbarkeit baut in Kairo im wesentlichen auf der einzigen Regel auf, dass man rechts zu fahren hat. Der Rest erledigt sich per Sichtkontakt und Hupzeichen an Ort und Stelle. Auch dies funktioniert, möglicherweise sogar besser, als wenn Kairo die deutsche Sicherheitskultur imitieren würde. So gibt es verschiedene Lösungen des allgegenwärtigen Problems, Ordnung durch die Konstruktion von Vorhersehbarkeit zu schaffen, im Straßenverkehr, im Wirtschaftsleben, in Großorganisationen, in der Politik, im Tourismus, im Verhältnis der vielen einzelnen zu Institutionen wie der Sozialversicherung, dem Bankwesen oder dem Finanzamt. Nach einer kurzen anarchischen Phase bestätigte sich dies auch im Internet mit dem raschen Wachstum von Festlegungen, die Vorhersehbarkeit schufen. Durch Festlegungen wurde der riesige Möglichkeitsraum des Internets zwar wieder eingeschränkt, aber auch erst erschlossen. Der Benutzer muss wissen: Wenn ich dieses tue, geschieht jenes.

Verständigung, um auf die zweite Dimension der Ordnung zu sprechen zu kommen, ist nicht nur ein sprachliches Problem. Einerseits können sich Menschen auf der ganzen Welt auch ohne eine gemeinsame Sprache zumindest eingeschränkt verständigen. Dies ist zum Beispiel der Fall, wenn man beim Verlassen eines Hotels von einem Angestellten stillschweigend einen Schirm in die Hand gedrückt bekommt, weil es draußen regnet. Auch jeder Beobachter könnte die Szene auf einen Blick erfassen: Der Angestellte registriert, dass der Gast keinen Schirm bei sich hat, geht davon aus, dass dieser nicht nass werden möchte, und handelt entsprechend.

Die Frage, wie es denn überhaupt zur Verständigung kommen kann, führt zunächst zu der Feststellung, dass diese immer nur eingeschränkt möglich ist, nicht nur in der beschriebenen Szene, sondern immer, also etwa auch bei einem Paar, das seit langem zusammenlebt, sich gut versteht und über ähnliche Weltmodelle, Paradigmen, Alltagstheorien, Begriffssysteme und Ziele verfügt. Jenes Gewebe aus Wahrnehmungen und Gefühlen, das uns ausmacht, ist bei jedem Menschen anders und in seiner Ganzheit weder vermittelbar noch vermittlungswürdig.

Durch viele Gespräche und wechselseitige Offenbarung kann man den Inhalt der Verständigung zwar immer weiter ausweiten, doch viele Zwecke erreichen wir auch bei eingeschränkter Verständigung. Gefragt ist die Kunst, Bedeutungsschnittmengen zwischen allen Beteiligten herzustellen, Bereiche der Gemeinsamkeit, die im Verhältnis zu den subjektiven Sinnkosmen winzig erscheinen mögen, aber dafür ausreichen, dass jeder in etwa das bekommt, was er will.

Stellen wir uns ein Experiment vor: Eine Gruppe von Testpersonen soll nichts weiter tun, als mit verbundenen Augen drei verschiedene Marmeladensorten zu klassifizieren. Nehmen wir an, es handle sich um Erdbeer-, Johannisbeer- und Aprikosenmarmelade. Wie viele Fehlurteile sind zu erwarten? Wohl keines, wenn wir die Annahme einführen, dass es sich bei den Testpersonen um erfahrene Angehörige der mitteleuropäischen Marmeladenkultur handelt.

Was soll an diesem Beispiel bemerkenswert sein? In einer vielzitierten Passage der *Recherche* schildert Marcel Proust die Assoziationen, die dem Protagonisten in den Sinn kommen, als er ein Stück Gebäck in den Tee taucht. Dabei steigt ihm ein Duft in die Nase, der ihm in seiner Kindheit wohlvertraut war. Nur er erlebt den Duft so und nicht anders, denn nur er verfügt über die zu dem Erlebnis passende Lebensgeschichte.

So gesehen erscheint das Ergebnis des Marmeladenversuchs weniger banal. Die Einzigartigkeit des Innenlebens ist nur die halbe Wahrheit. Zum Gesamtbild gehört ebenso, dass wir in der Lage sind, gemeinsame Bedeutungsräume aufzubauen und intersubjektiv nachvollziehbare Unterscheidungen zu treffen. Einerseits werden die Testpersonen die drei Marmeladensorten jeweils in besonderer Weise erleben, andererseits nehmen sie identische Klassifikationen vor.

Dass gemeinsame Bedeutungsräume nur einen Bruchteil der Farbigkeit und Differenziertheit des Innenlebens erreichen können, liegt auf der Hand. Armselig wirkt der Satz «Es handelt sich um Erdbeermarmelade» im Vergleich zur Schilderung einer persönlichen Geruchsempfindung bei Proust. Doch die grobschlächtigen gemeinsamen Deutungsmuster sind der Stoff, aus dem kollektives Lernen gemacht ist.

Welches Niveau von Verständigung und Vorhersehbarkeit man erreichen kann, hängt vom Thema ab. Wenn es um Naturgesetze geht, um Produktionsziffern, um Qualitätsmerkmale von Lastwagen oder um die Pünktlichkeit von Lieferungen, so lässt sich ein vergleichsweise hoher Grad von Intersubjektivität erreichen, weil übergeordnete, objektive Gesichtspunkte zur Verfügung stehen, unerbittlichen Lehrmeistern gleich, die durch Belohnung und Bestrafung für den Aufbau einer gemeinsamen Semantik sorgen. Die Erfolgsgeschichte der Moderne verdankt sich wesentlich dem Umstand, dass man sich im existentiellen Themenbereich der Mittel so gut verständigen kann. Ein der Landessprache unkundiger Tourist hat nur geringe Schwierigkeiten, dem einheimischen Tankwart klarzumachen, dass er volltanken will. Ordnung wird jedoch schwieriger, wenn es nicht, wie in diesem Beispiel, um das Können, sondern um das Sein geht.

Aus einem vom Steigerungsspiel noch unberührten Land kommt ein Besucher in eine westliche Großstadt. Sein Gastgeber geht mit ihm unter anderem auf eine Cocktailparty und in ein Drive-in-Restaurant. Er bemüht sich redlich, seinem Gast beides zu erklären. Welche Lektion wird leichter zu vermitteln sein? Das Drive-in-Restaurant wird dem Besucher auf den ersten Blick wahrscheinlich viel fremdartiger erscheinen als die Cocktailparty. Trotzdem wird er es schneller begreifen. Warum? Im Drive-in-Restaurant ist alles eindeutig auf zwei Hauptzwecke bezogen, die sich interkulturell ohne weiteres mitteilen lassen: das Essen und das Verdienen. Dass hier getauscht wird, lässt sich jedem einsichtig machen, egal woher er kommt. Auch die Begleitumstände des Tauschs lassen sich erklären, die Autos, die Speisekarte, die Bezahlung mit Kreditkarte, der küchentechnische Maschinenpark. Es handelt sich durchgängig um klar definierte Zwecke, denen effiziente Mittel zugeordnet sind. Für einen technisch nicht versierten Beobachter sind diese Mittel zwar zunächst Hexerei, ein didaktisch geschickter Erklärer könnte sie jedoch entmystifizieren und die Grundzüge ihrer Funktionsweise erklären. Er könnte das ganze Drive-in-Restaurant in viele einzelne, einsichtige und praktische Sinnzusammenhänge auflösen und für seinen Gast durchbuchstabieren. Und wenn es Wochen dauern würde, schließlich wäre es geschafft, der intersubjektive Raum wäre um den Begriff des Drive-in-Restaurants erweitert.

Bei der Cocktailparty stehen Menschen in Grüppchen herum, sie halten ein Glas in der Hand und reden miteinander, ab und zu gibt es auch Gelächter. Keiner scheint wirklich Hunger oder Durst zu haben, alle nippen nur an ihren Gläsern und das kalte Büfett bleibt fast unberührt. Die Fröhlichkeit ist gebremst, es handelt sich also nicht um ein wirkliches Fest, andererseits geht es auch nicht um irgendwelche klar definierten, ernsten Zwecke wie im Drive-in-Restaurant. Man redet nur zwanglos miteinander, ohne auf etwas Bestimmtes hinauszuwollen. Bald wird der Gastgeber merken, dass die Cocktailparty dem Fremden trotz aller Bemühungen weitgehend unverständlich bleibt. Nicht einmal das Gelächter ist ihm begreiflich zu machen. Weil der Fremde mitlachen will, bittet er den Kulturführer um eine genaue Übersetzung der offenbar erheiternden Gesprächspassagen. Doch was daran witzig sein könnte, bleibt dem Besucher verschlossen.

Einer der Gründe für das Scheitern der Bemühung, einem Kulturfremden das soziale Phänomen Cocktailparty zu erklären, liegt darin, dass die Mittel und Zwecke, um die es hier geht, nur in der Begrifflichkeit der Kultur zu beschreiben sind, die die Cocktailparty erfunden hat. Hinzu kommt, dass die Zwecke vielschichtig sind, implizit bleiben und vielfach verschleiert werden durch vorgeschützte andere Zwecke. Beispielsweise kommt es auf einer Cocktailparty häufig vor, dass man jemanden etwas fragt, ohne Interesse an der Antwort zu haben. Warum aber? Vielleicht, um einen guten Eindruck zu machen oder um den Gefragten durch das geheuchelte Interesse zu bestechen, damit er einem ebenfalls Aufmerksamkeit zuwende, von der man in einem ganz anderen Zusammenhang Gebrauch machen möchte. Es ereignen sich viele Szenen eines doppelten Spiels, das alle durchschauen und das doch alle zu verheimlichen trachten. Dieses Wissen in der Öffentlichkeit explizit zu machen hätte zur Folge, dass alle das Gewusste energisch abstreiten würden. Gleichzeitig wüsste jeder von jedem, dass er lügt.

Wie soll man ein so komplexes Geschehen jemandem erklären? Gerade in der Oszillation der Bedeutungsebenen und in der Widersprüchlichkeit der Maßstäbe hat es seinen Sinn. Durch seine »unstrukturierte Struktur« schafft die Cocktailparty Möglichkeiten des Spielens, der Selbstinszenierung, der nicht allzu riskanten Kontaktanbahnung, des sozialen Voyeurismus und des Amusements – aber nur für Insider der Kultur; am besten, man war von Anfang an dabei.

Das Drive-in-Restaurant ist eine Metapher für das Steigerungsspiel. Es erzeugt einen weltweit mitteilbaren Raum des Leichtverständlichen. Dass man Ingenieurswissenschaft, Betriebswirtschaft, Ernährungswissenschaft, Werkstoffwissenschaft und Architektur studiert haben müsste, um es restlos zu begreifen, tut nichts zur Sache, es kommt darauf an, dass man es im wesentlichen begreift.

Auf den ersten Blick scheint es eigenartig: Mehr und mehr Menschen auf der ganzen Welt durchlaufen immer längere Lernprozesse, um sich optimal in das Steigerungsspiel einzubringen, doch jeder versteht das Wesentliche auf Anhieb. Umgekehrt durchläuft niemand eine Ausbildung, um an Ritualen wie einer Cocktailparty mit Erfolg teilzunehmen, und jemand, der nicht in die jeweilige Kultur hineingeboren wurde, tut sich schwer, sie zu verstehen. Das Steigerungsspiel appelliert an das anthropologisch gegebene Grundwissen aller Menschen in denkbar offensichtlicher Weise. Die Cocktailparty tut dies nur versteckt. Jeder, der hingeht, hat lange »studiert«, um die wichtigsten Regeln zu können.

Je mehr sich Menschen auf das Sein hin orientieren, desto seltener ist jedoch die Voraussetzung der Einübung in komplexe Kommunikationsstrukturen gegeben. Was tun, wenn das Kapital der Ordnung, Verständigung und Vorhersehbarkeit, nicht naturwüchsig entsteht, spielend und ohne Absicht? Wie kann man zusammenleben, wenn man sich jenseits der intersubjektiv gut organisierbaren Sphäre des Könnens begegnet, fremd, sprachlos, wechselseitig unberechenbar? Diese Frage stellt sich in jeder denkbaren Größenordnung, von der Zweierbeziehung bis zur Weltgesellschaft. Welchen Sinn könnte diese Standardantwort der Moderne – die Aufforderung zur Rationalität – hier noch ergeben?

Vom Steigerungsspiel lernen. Objektivität und Reflexivität

Man kann aus der Vergangenheit der Moderne lernen und muss sich gleichzeitig hüten, sie einfach fortzuschreiben. Landläufige Erklärungen sehen die Moderne als Werk der großen Modernisierer. Entdecker, Erfinder, Wissenschaftler, Techniker, Politiker und Unternehmer, so die verbreitete Auffassung, hätten die Moderne durch innovative Großtaten immer wieder vorangebracht. Bestechend an dieser Auffassung scheint zunächst die Beweiskraft des Offensichtlichen. Ohne die Dampfmaschine hätte es keine industrielle Revolution gegeben; die Glühbirne verdanken wir Edison; Watson und Crick wurden durch ihre Entdeckungen zu den Gründervätern der Gentechnologie; und solche Fortschrittslokomotiven werden immer wieder für Steigerungen sorgen. Doch die Lokomotiventheorie der Moderne stellt sich schnell als wertlos heraus. Innovative Einzelpersönlichkeiten und kollektive Aha-Erlebnisse hat es immer und überall gegeben, aber nur einmal in der Geschichte entstand die Moderne.

Konstitutiv für die Ordnung der Transformation im Steigerungsspiel war Objektivierung: Projekte des Könnens brachten eine intersubjektive Sphäre von Verständigung und Vorhersehbarkeit zur Entfaltung. Richtig in Fahrt kam die Moderne jedoch erst dadurch, dass Objektivierung mit Reflexivität kombiniert wurde. Reflexivität bedeutet: Die Menschen handeln nicht einfach drauflos, sondern sie beobachten sich dabei routinemäßig unter dem Gesichtspunkt, wie sie es besser machen können. Alles steht ständig auf dem Prüfstand.

Zu ihrem Beginn thematisiert die Moderne die Welt als Natur. Im Kapitel über das Steigerungsspiel habe ich diese Form der Thematisierung als Paradigma der Sachbezogenheit beschrieben. Denksoziologisch gesehen ist an der Natur nichts so wichtig wie der Umstand, dass sie ein unerschöpfliches Reservoir von Objektivierungsmöglichkeiten bietet.

Wenn nun das Thema Kultur relativ zum Thema Natur ständig an Bedeutung gewinnt, sehen sich die Menschen in zunehmendem Maß Objektivierungsproblemen gegenüber. Wie soll man im Hinblick auf Kultur gemeinsam denken und handeln? Schon die Verständigung darüber, was kulturell überhaupt der Fall ist, scheitert in vielen Fällen an gegensätzlichen Interpretationen und an inkommensurablen Grundvorstellungen über den Gegenstandsbereich. Diese Unsicherheit überträgt sich auch auf den Bereich der Reflexivität: auf das Denken über das Denken. Wie soll man Argumente aufbauen? Welche Begründungen sind zulässig, welche nicht? Nach welcher Logik sind kulturbezogene Begriffe zu konstruieren und zu kritisieren?

Probleme dieser Art scheinen vielen eher abseitig und unwichtig. Aber die Kosten ihrer Vermeidung steigen in unserer Zeit rapide an. Erneut stellt sich die Aufgabe, Objektivierung und Reflexivität zu erlernen, wie am Beginn der Moderne in der Auseinandersetzung mit Natur, so bei ihrer Fortsetzung in der Auseinandersetzung mit Kultur. Aber wird es möglich sein, sich diese Prinzipien ein zweites Mal und mit geändertem theoretischen Bezug anzueignen? Mit einer simplen Übertragung, als wären Kultur und Natur identisch, ist es nicht getan. Die Gefahr, das kollektive Lernziel zu verfehlen, ergibt sich aus dem Umstand, dass wir so durch und durch von der Erfolgsgeschichte der Naturaneignung geprägt sind.

Zwei Ebenen

Die Lösung des Problems liegt in der Einführung einer zweiten Reflexionsebene. Wieder ist das Steigerungsspiel das Vorbild. Auch in bezug auf die Kultur kommt es darauf an, über Reflexivität zu reflektieren, und zwar so, dass Objektivierung aus ihr hervorgeht und nicht etwa durch sie verhindert wird. Selbstverliebte Nabelschau, Kultivierung persönlicher und kultureller Singularität, heiteres Einverständnis mit der angeblichen Beliebigkeit des Subjektiven galten im zwanzigsten Jahrhundert als Zeichen der Modernität; dem einundzwanzigsten Jahrhundert ist es vorbehalten, diese Form der Reflexivität als antimodern zu erkennen.

Den Schlüssel für diese Weiterentwicklung des Alltagsdenkens liefert die bisherige Geschichte der Moderne. Auf der ersten Ebene der Reflexivität ging es um die ständige Überprüfung des eigenen Tuns mit dem Ziel, es zu verbessern.

Auf der zweiten Ebene machte sich das Denken selbst zum Gegenstand des Denkens. Es stellte sich unter die Forderung, zweckdienlich zu sein, und schlug den Weg einer Selbstoptimierung ein, der zur methodologischen Erfindung des Experiments, zur Verfeinerung von Messverfahren, zu wechselseitiger Überprüfung von Argumenten und zu kognitiver Kontrolle führte. Das volle Potential der Moderne entfaltete sich erst, als zur einfachen, objektgerichteten Reflexivität eine zweite hinzukam, deren Thema die Qualität der ersteren war.

Wandel des Denkens über das Denken

Was geschieht mit dieser doppelten Reflexivität, wenn sich das Denken von Natur zu Kultur, vom Können zum Sein, von Sachen zu Begegnungen verlagert? Doppelte Reflexivität ist nach wie vor denkbar, aber sie verlangt eine ganz andere Qualität des Denkens. Ich untersuche dies getrennt für die beiden Ebenen: erstens für das Denken, das sich unmittelbar auf das Sein bezieht, und zweitens für das Denken über dieses Denken.

Erstens: In welcher Weise unterscheidet sich das Nachdenken über das Sein vom Nachdenken über das Können? Stellen wir uns einen Mann und eine Frau vor, die mit vereinten Kräften eine Autopanne beheben. Bei der Weiterfahrt geraten sie in ein langes Gespräch über ihre Beziehung. Wie verändern sich von der Reparatur zum Beziehungsgespräch die Bedingungen des Denkens und Argumentierens? Das, worum es nun reflexiv geht, die Beziehung, können die beiden nicht mit derselben Konkretheit anschauen, anfassen, prüfen, auseinandernehmen, reparieren und wieder zusammenschrauben wie ein Auto. Viele Beziehungsdiskussionen kommen über den Streit darüber, was überhaupt der Fall ist, nicht hinaus. Sie dringen nicht zu der Frage vor, was die Gesprächspartner wollen und wie man die Beziehung ändern müsste, damit sie dies auch bekommen.

Der Erfolg eines Beziehungsgesprächs ist weit weniger eindeutig als die Reparatur eines defekten Autos. Er lässt sich nicht objektivieren, weil er an Empfindungen und Interpretationen gebunden ist; die Ansatzpunkte für ein »Reparaturhandeln« sind unklar; und wenn das Paar glaubt, solche Ansatzpunkte gefunden zu haben, beispielsweise indem beide sich vornehmen, sich in größerer Häufigkeit gegenseitig mit Beweisen ihrer Zuneigung zu bedenken, kann sich die Wirkung solcher Maßnahmen leicht als unzuverlässig erweisen. Vielleicht zerbricht die Beziehung schließlich genau deswegen, weil die vorsätzlichen Liebesbeteuerungen immer unglaubwürdiger werden.

Zweitens: Diese besonderen Schwierigkeiten lassen es als um so wichtiger erscheinen, das Muster doppelter Reflexivität auch dort aufzubauen, wo es, um im Bild zu bleiben, nicht um Autos, sondern um Beziehungen geht. Das Nachdenken über Psychisches und Kulturelles kann seinerseits zum Gegenstand gemeinsamen und intersubjektiv verbindlichen Nachdenkens werden, wie dies analog im naturwissenschaftlichen Denken der Fall ist. Kulturbetrachtung ist ebenso der methodischen Selbstreflexion zugänglich wie Naturbetrachtung. Allerdings gelten gänzlich andere Prinzipien. Wenn man zwischen den beiden Bereichen hin und her wechselt, muss man sich jedesmal erheblich umstellen.

Erkenntnistheorie des Alltagsverstands

Das Denken in zwei Reflexionsebenen ist eine Frage der Intelligenz; es fällt einem nicht ohne weiteres zu. Man braucht die Fähigkeit, eine metasprachliche Stellung sich selbst gegenüber einzunehmen, von der aus man sein eigenes Argumentieren beschreiben, begründen, beurteilen und korrigieren kann; man braucht das Wissen um den apriorischen, unausweichlich konstruktiven Charakter von Erkenntnis; man braucht das Wissen um die Entstehung aller Begriffe aus der selektiven Wahrnehmung der Wirklichkeit; man braucht das Vermögen, empirische, normative und logische Argumentation zu unterscheiden, und die Beherrschung der jeweiligen Argumentationsformen; man braucht die Fähigkeit, Sachfragen, Machtfragen und Emotionsfragen auseinanderzuhalten; man braucht die Kenntnis der Unvermeidlichkeit von Ungewissheit und Unschärfe.

Das klingt wie ein Lernzielkatalog der philosophischen Propädeutik – es geht aber um alltägliche Erkenntnisprobleme. Weil wir gar nicht anders können, als diese Erkenntnisprobleme ständig zu lösen, ob gut oder schlecht, spricht Karl Popper von der *Erkenntnistheorie des Alltagsverstands*. Er hat einiges daran zu kritisieren – aber warum sollte der Alltagsverstand nicht lernfähig sein?

Dass es nicht utopisch ist, dem Alltagsverstand erkenntnisbezogene Intelligenz zuzutrauen, zeigt etwa das Vordringen des Begriffs »Paradigma« in den allgemeinen Sprachgebrauch, das ich schon im Kapitel über das Steigerungsspiel kurz erwähnt habe. Seit dem Erscheinen von

Thomas S. Kuhns Klassiker *Die Struktur wissenschaftlicher Revolutionen* im Jahr 1962 ist mit diesem Begriff etwas Erstaunliches geschehen: Fernsehmoderatoren, Journalisten, Politiker, aber auch immer mehr Menschen, denen seine Herkunft völlig unbekannt ist, benutzen etwa den Ausdruck *Paradigmenwechsel*, ohne dass sie auf den Vorwurf akademischer Koketterie gefasst sein müssten. Ein sperriges Konstrukt der Wissenschaftstheorie, das dem Alltagsverstand zunächst zuwiderläuft, hat sich, in welcher Verwässerung und Verschwommenheit auch immer, in der Alltagssprache eingenistet. Karl Popper sprach noch vom Kübelmodell des Alltagsverstands, womit er die unter Philosophen längst verabschiedete Meinung ironisierte, die Wirklichkeit werde über die Sinnesorgane einfach in das Bewusstsein hineingeschüttet und sammle sich dort als Erkenntnis an. Zwar hatte Kant mit seinem Nachweis, dass Aprioris – Grundvorstellungen *vor* aller Erfahrung – die notwendige Bedingung von Erkenntnis überhaupt darstellten, das Kübelmodell schon widerlegt, trotzdem blieb dieser Fortschritt des Denkens lange Zeit auf Fachzirkel beschränkt. Dies hat sich geändert, denn Paradigmen sind Aprioris, wenn auch in einem weiter gefassten Sinn, als Kant dies ursprünglich gemeint hat. Es tut nichts zur Sache, dass viele, die heute über einen Paradigmenwechsel fast so selbstverständlich wie über einen Radwechsel sprechen, nie etwas von Kant, Popper und Kuhn gehört haben, und es kommt auch nicht darauf an, dass der Gebrauch des Worts allmählich inflationäre und gedankenlose Züge annimmt. Was zählt, ist das Aufblitzen eines Spurenelements komplexer philosophischer Einsicht im Alltagsleben.

Menschen unterscheiden sich im Entwicklungsgrad ihrer erkenntnisbezogenen Intelligenz. Die Erkenntnistheorie des Alltagsverstands, mit der jeder auf die Welt kommt, ist am untersten Punkt der Skala angesiedelt. Wie Karl Popper schreibt, starten wir alle mit dem Kübelmodell der Erkenntnis; wir sind zunächst nicht in der Lage, eine Beobachtungsposition uns selbst gegenüber einzunehmen; wir meinen, unsere Begriffe seien Bezeichnungen für unabhängig von uns gegebene Einheiten; und wir rühren empirische, normative und logische Aspekte, die argumentativ Welten auseinander liegen, erst einmal zu einem Eintopf zusammen. Diese Naivität zu überwinden setzt persönliches Lernen voraus, und sei es nur impliziter Art, indem man sich am Beispiel anderer orientiert. Doch von Jahrhundertgenies abgesehen, ist niemand dazu in der Lage, ganz aus sich heraus den Weg zur entwickelten erkenntnisbezogenen Intelligenz zu schaffen. Die wesentlichen Grundsätze hat die Philosophie längst erarbeitet. Sie zum Allgemeingut zu machen ist der nächste Schritt kollektiven Lernens, weil wir in einem neuen Gegenstandsbereich des Lernens angekommen sind.

Die erkenntnisbezogene Intelligenz, die das Sein verlangt, ist von anderer Art und schwerer zu erwerben als diejenige, die das Können verlangt. Aber es handelt sich um Intelligenz, um Fähigkeiten der Informationsverarbeitung, die Gardner nicht grundsätzlich von den Leistungen eines Rechners unterscheidet. Es geht also nicht bloß um Gefühl, Intuition, Unbewusstes, wie es in Diskursen über das Selbst oder die Beziehung immer noch als selbstverständlich gilt, sondern um gedankliche Operationen, die sich explizit machen lassen, die ein Urteil über richtig und falsch erlauben (wenn auch mit Grauzonen) und die man lernen kann. Die besondere Schwierigkeit im Vergleich zur Denkwelt des Könnens hat mit den Phänomenen zu tun, um die es hauptsächlich geht – Selbst, Gegenüber, Gemeinschaft und Gesellschaft. Das erkenntnistheoretische Hauptproblem besteht darin, sprachlich und gedanklich zum *Normalen* vorzudringen: zu einem Bereich, der aus Wiederholungen von Episoden besteht.

Das Normale

Worauf es bei der Erschließung des Normalen erkenntnistheoretisch ankommt, ist das Handeln als zeitextensives Phänomen. Im Vordergrund der Wahrnehmung steht meist nur der Moment des Handelns, den das Gegenwartsbewusstsein jeweils kurz erhellt, um ihn sofort im Dunkel zurückzulassen und den nächsten Moment ins Licht zu rücken. Ein Autofahrer erlebt seine Fahrt von A nach B als Serie von Momenten, von denen er hinterher vielleicht einige erzählen kann, vor allem die ungewöhnlichen, nicht aber die ganze Serie, obwohl er jeden Augenblick bei klarem Bewusstsein war. Vielleicht erinnert er sich daran, dass ein Lastzug plötzlich nach links ausscherte, so dass er auf den Mittelstreifen ausweichen musste. An die vielen anderen Überholvorgänge, die diesem Zwischenfall vorausgingen, erinnert er sich jedoch nicht.

Das deutliche Hervortreten des Ungewöhnlichen ist ein Hinweis auf eine normalerweise gar nicht registrierte Mustererwartung, die das Handeln begleitet wie die Atmung oder der Herzschlag. Man erkennt Abweichungen, während das Eintreffen des Regelmäßigen uninteressant ist. Alles andere wäre auch unsinnig; wir haben meist Besseres zu tun, als uns ständig mit der Feststellung zu beschäftigen, dass genau das geschehe, was immer geschieht.

Wahrnehmungspsychologisch ergibt sich daraus jedoch, dass wir für das, was unser Leben im wesentlichen ausmacht, das Normale nämlich, viel weniger Aufmerksamkeit erübrigen als für das Außergewöhnliche. Das Beispiel des nach links ausscherenden Lastwagens zeigt zwar, wie lebenswichtig das Interesse am Außergewöhnlichen sein kann, doch wo bleibt das Normale?

Fährt man über die Autobahn, scheint es darauf nicht anzukommen. Hier wird besonders sinnfällig, dass das normale Geschehen sowohl durch kaum bewusste Mustererwartungen gesteuert wird als auch durch den Funktionszusammenhang. Das Entscheidende an der Autobahn ist ihr Verhältnis zur menschlichen Existenz. Es entspricht dem Verhältnis eines Kanalsystems zum Wasser, das es durchströmt. Bei der Autobahn wird die Kanalhaftigkeit sozialer Konstruktionen besonders sinnfällig. Nicht nur die Asphaltpisten, auch die Verkehrszeichen, die autobahnbezogenen Dienstleistungen, die Straßenverkehrsordnung und das Auto selbst gehören zum Kanalsystem dazu.

Mustererwartungen und Funktionszusammenhänge regulieren das Geschehen so weitgehend, dass es entbehrlich scheint, sich damit überhaupt zu beschäftigen. Doch erst wenn es gelingt, das Selbstverständliche zu erfassen, hat man den Zugang zum Normalen und damit zur Kultur gefunden. Statt mit Momenten beschäftigt man sich mit Verläufen, statt mit Punkten mit Linien.

Von topologischer zu zeitbezogener Wahrnehmung

Ein wesentliches Motiv des Tourismus ist die Sehnsucht nach Gegenwelten zur Moderne. Indem man die Natur sucht, Altertümer besichtigt, Folklore bucht, orientalische Opulenz auf sich wirken lässt, Eindrücke exotischer Ursprünglichkeit sammelt, folgt man dem Drehbuch einer zeitlich begrenzten Selbstdistanzierung und wird zum Voyeur im globalen Kabinett inszenierter Andersartigkeit. Moderner Tourismus lässt sich als Ausdrucksform eines allgemeinen Nachdenkens über die Moderne verstehen, als kritischer Reflex auf das, was man normalerweise tut. In der touristischen Zielwahl liegt auch ein Vermeiden.

Das, was wir als Touristen vermeiden wollen, schlägt sich in unserem Bewusstsein meist als *Topos* nieder: als Autobahn, Industriekomplex, Gewerbegebiet, Vorortsiedlung, Einkaufszentrum, Parkhaus oder als Labyrinth eines U-Bahn-Systems. Das Unbehagen in der Moderne artikuliert sich in der temporären Abwendung von ihren Konstruktionen.

Doch auch moderne Konstruktionen können – scheinbar paradox – zum touristischen Wallfahrtsort werden, wie etwa der Highway 66, die U-Bahn-Stationen von Moskau oder die zum Weltkulturerbe erhobene »Zeche Zollverein« in Gelsenkirchen. Die touristische Selbstkritik der Moderne bezieht sich im Grunde nicht auf statische Konstruktionen, sondern auf das normale Leben, das sich um sie herum kristallisiert. Symbolische Entnormalisierung hebt ausgewählte Konstruktionen aus der Zeit heraus und stattet sie mit der Aura von Werken aus.

Was aber heißt es, in die Gegenrichtung zu reisen: in die Normalität? Die Vorbereitung darauf beginnt mit dem Übergang von topologischer zu zeitbezogener Wahrnehmung. Sofern man überhaupt sagen kann, dass wir unserem Wesen nach etwas ganz Bestimmtes sind, so sind wir Handelnde, deren Unverwechselbarkeit erst durch Wiederholung entsteht. Wenn wir uns selbst und andere begreifen wollen, muss unsere Wahrnehmung zeitbezogen sein, oder sie geht an der Sache vorbei.

Was das bedeutet, lässt sich durch eine Analogie verdeutlichen. Ein Schmetterlingsexperte kann seinen Gegenstandsbereich in drei verschiedenen Zeithorizonten betrachten: anatomisch, physiologisch und evolutionsbiologisch. Bei der *anatomischen* Betrachtungsweise interessiert er sich nur für die reglosen Insekten unter der Glasplatte. Zeit ist hier zu einem unveränderlichen Zustand geronnen, stehengeblieben im Moment des Todes. Um Schmetterlinge *physiologisch* zu studieren, muss er lebende Schmetterlinge untersuchen. Sein Interesse richtet sich auf regelmäßige Abläufe wie Stoffwechsel, Atmung, Paarungsverhalten, Metamorphosen im Lebenszyklus. Mit einem noch weiteren Zeithorizont setzt bei der *evolutionsbiologischen* Betrachtungsweise an. Hier geht es ihm um die Gattungsgeschichte. Aus welchen Vorformen ist die gerade betrachtete Spezies im Lauf der Zeit entstanden? Er will eine Entwicklungslinie nachzeichnen.

Nicht Konstruktionen stehen im Mittelpunkt der Kulturwahrnehmung, sondern Prozesse; nicht Zustände, sondern Episodenketten; nicht anatomische Analogien, sondern physiologische und evolutionstheoretische Metaphern. Es geht in erster Linie um Geschichten und nur in zweiter Linie um Konstruktionen, auch wenn sich letztere, reglos wie ein Insekt unter einer Glasplatte, in den Vordergrund drängen und unsere Wahrnehmung besetzen. Regelmäßigkeiten des Handelns (gewissermaßen Physiologie und Evolution) sind im Vergleich dazu viel schwerer zu erfassen, gleichzeitig aber sind sie es, denen unser Augenmerk hauptsächlich gelten muss, wenn wir wissen wollen, wer wir selbst eigentlich sind.

Den zeitbezogenen Blick muss man einüben. Im Alltagsleben dominiert die anatomische Betrachtungsweise. Gesellschaftliche Phänomene werden als etwas Statisches angesehen: Dieses ist Familie X, Unternehmen Y, Nation Z. Die Unzugänglichkeit des Normalen hat mit der schwierigen Vorstellbarkeit von dynamischer Ordnung zu tun. Es fällt uns leicht, uns statische Ordnungen zu vergegenwärtigen: Symmetrien, rechtwinkelige Anordnungen, aufsteigende Reihen, sogar Gemälde, denn das Bild hält still, so dass wir in Ruhe seinen Aufbau studieren können. Das Normale begegnet uns erst im Lauf der Zeit. Allmählich kann man das Gemeinsame vieler Wiederholungen herausdestillieren: eine stabile Ordnung von Abläufen (etwa Sitten und Gebräuche, Muster der Zusammenarbeit, Wiederholungen der immer gleichen Konflikte).

Die Faszination des Ungewöhnlichen und der Reiz des Normalen

Dem Interesse am Normalen kommt immer wieder die Faszination durch das Exotische in die Quere. Die Schwierigkeit, Kultur zu erfassen, lässt sich gut am Beispiel des Unterschieds von Verliebtsein und Liebe studieren. Wenn man nach Gründen des Verliebtseins fragt, bekommt man meist Antworten, die nur wie das Ende eines Fadens wirken, dem man erst folgen müsste, um zur eigentlichen Quelle der Euphorie vorzustoßen. Erklärungen wie »Sie fasziniert mich einfach« oder »Er hat eine solche Ausstrahlung« sind in ihrer tautologischen Beschaffenheit nur die Verweigerung des Eingeständnisses, dass man die Frage nicht beantworten kann. Auch detaillierte Aufzählungen von Vorzügen führen nicht weiter. Die Beschreibung von Merkmalen oder auch ihr schamvolles Verschweigen, etwa dass der Mann, in den man sich verliebt, Geld hat oder die Frau einen idealen Busen, ist bereits Ausdruck des Verliebtseins selbst.

Marcel Proust schreibt dazu: »Unser Glaube, dass ein Wesen an einem unbekannten Leben teilhat, in das seine Liebe uns mit ihm hineintragen würde, ist unter allem, was die Liebe zu ihrem Entstehen braucht, das Bedeutungsvollste. Selbst Frauen, die behaupten, sie beurteilten einen Mann nur nach seinen körperlichen Vorzügen, sehen in dieser Schönheit den Ausdruck einer *besonderen* Art von Leben«.

Verliebtsein folgt einem allgemeineren Muster – das Muster des *Aufbruchs*, bei dem das Interesse am Ungewohnten das Interesse am Vertrauten verdrängt. Wahrnehmungspsychologisch ähnelt der Beginn einer Liebe dem Beginn einer Reise, eine Wesensverwandtschaft, die dafür sorgt, dass Paare oft gerade am Anfang ihrer Beziehung Reisepläne schmieden und entlegene Weltgegenden aufsuchen. Wie der frisch Verliebte blickt auch der Reisende vor allen Dingen *neugierig* auf die Welt; beide begeben sich auf die Suche nach Unterschieden zu dem, was sie schon kennen. Die Illusion, in eine andere, vom Bisherigen unterschiedene Welt eintauchen zu können, zählt zu den unwiderstehlichsten überhaupt, weil sie für einen glücklichen Moment das Unbehagen des Kompromisses aufhebt, der unweigerlich zum Vertrautsein dazugehört, und gleichzeitig dauerndes Überraschtsein in Aussicht stellt.

Es ist diese Lust am Ungewohnten, die den Unterschied zwischen langweilig und spannend definiert und die Auswahl dessen steuert, was man wahrnimmt. Diese Form der Neugier ist kulturüberschreitend: die Neugier auf das ganz andere Leben mit einem Menschen, auf ein fremdes Land, eine neue Stadt, eine andere Wohnung.

Der Reiz des Ungewohnten überdeckt den Reiz des Normalen, dessen Zauber meist erst dann wirkt, wenn es nicht mehr verfügbar und allgegenwärtig ist. Für das Normale braucht man eine ganz andere Art von Neugier. Während die gewöhnliche Form der Neugier im Sichverlieben zum Ausdruck kommt, entspricht die Neugier auf das Normale dem Erkenntnismuster der Liebe selbst. Die Negativanalogie dazu ist die von Wut und Ressentiment. Verliebtsein und Wut richten sich auf das, was einem am anderen aktuell und neu begegnet; Liebe und Ressentiment dagegen setzen sich mit dem auseinander, was man am anderen kennt.

Was aber kennt man am anderen? Was meinen wir, wenn wir sagen: »Er hat einen komplizierten Charakter«; »Sein wahres Gesicht zeigt er nur seinen engsten Bekannten«; »Ich mag sie genau so, wie sie ist«? Manche stellen sich die mit solchen Sätzen gemeinten Eigenschaften als etwas Ähnliches vor wie die Augenfarbe oder die Schuhgröße, tatsächlich aber geht es um Wiederholungen. Das, als was der andere uns erscheint, besteht in den über eine längere Zeit an ihm wahrgenommenen Wiederholungen, von denen wir annehmen, dass sie für ihn typisch sind. Ein Satz wie »Ich mag sie genau so, wie sie ist«, umschreibt eine ganze Serie solcher Wiederholungen, etwa: »Sie kommt am Morgen schwer in Fahrt; sie isst gerne Süßigkeiten; sie reagiert empfindlich, wenn man sie beim Arbeiten stört; sie ist gerne unter Leuten; sie wird schnell ungeduldig, wenn sie etwas erklären muss.« Jede einzelne dieser Charakterisierungen hebt einen Tatbestand hervor, der zeitlich ausgedehnt ist und sich nur bei einer zeitbezogenen Wahrnehmung überhaupt erfassen lässt.

Kulturbeobachtung beschäftigt sich wegen der zeitlichen Ausgedehntheit ihrer Gegenstände mit einem ähnlichen Objektbereich wie Liebe und Ressentiment, und sie teilt ihre kognitiven Schwierigkeiten. Man muss längere Zeiträume überblicken; man muss das Bezeichnende aus dem Strom der Ereignisse auswählen; man muss abstrahieren; man muss im selben Maß die Kunst des Erinnerns wie die des Vergessens beherrschen, um den allmählichen Veränderungen der beobachteten Kultur gerecht zu werden, mag es sich um die Kultur eines einzelnen Menschen oder um die von Millionen handeln.

Wer dazu aufgefordert wird, sich für das Normale zu interessieren, empfindet zunächst Widerwillen gegen den vermeintlichen Abschied von der Farbigkeit der Welt. Doch dann kann es sein, dass sich die Neugier umstellt. Zunächst muss man es förmlich lernen, das Normale faszinierend zu finden, doch dann ergreift einen der Reiz seiner Entdeckung mit Macht. Schließlich bewahrt einen nur die Selbstkontrolle davor, erneut zum Opfer einseitiger Wahrnehmung zu werden und die Welt nur noch auf Wiederholungen zu reduzieren. Der blinde Fleck bliebe bestehen; statt des Normalen würde man nun das Besondere nicht mehr sehen.

Auf der Suche nach der verlorenen Zeit heißt das Hauptwerk von Marcel Proust. Es lebt von der ausgedehnten Beschreibung des vergangenen Augenblicks. Alles verwandelt sich bei Proust in Einmaliges, selbst die wiederkehrenden Szenen des Gute-Nacht-Sagens oder die Besuche bei seiner Großmutter. Alles sind höchstpersönliche Reflexionen unvergleichlicher Erlebnisse. Die anhaltende Faszination Prousts besteht darin, dass er die Suche des modernen Subjekts nach sich selbst und nach Selbstüberschreitung exemplarisch vorführt: als Suche nach dem erlebten Moment, der in ausschweifenden Gedankenreisen und Assoziationsketten im einzigartigen Sinnkosmos des Subjekts heimisch gemacht wird.

Kulturwahrnehmung dagegen beginnt mit dem Entschluss, sich von jener Magie loszureißen, für die Proust nur ein herausragendes und prägendes Beispiel ist: von der Magie des singulären Selbst im einmaligen Augenblick. Die kulturbezogene Suche nach der verlorenen Zeit zielt auf das Gegenteil dessen ab, was Proust in seiner Suche nach der verlorenen

Zeit unternimmt. Nicht das Subjektive steht dabei im Vordergrund, sondern das Intersubjektive; nicht der Augenblick, sondern der Ablauf; nicht das Einmalige, sondern das Wiederholte. Zeit hat bei dieser Betrachtungsweise eine ganz andere Bedeutung. Statt eines dunklen Mediums, in dem alles zu verschwinden droht, erscheint sie als Bestandteil des Phänomens, um das es geht.

Wiederholte Episoden. Die Substanz von Kultur

Das Englische verfügt mit der Verlaufsform über ein grammatisches Fenster zur Zeit. Ob man sagt »Ich wartete« oder »I was waiting«, macht einen Unterschied in der Fokussierung der Wahrnehmung aus. Die deutsche Formulierung legt nahe, einen Zeitpunkt ins Auge zu fassen, während die englische dazu einlädt, sich das Verstreichen der Zeit während des Wartens vorzustellen. Die häufige Verwendung der Verlaufsform im Englischen macht einem nichtanglophonen Gesprächsteilnehmer erst richtig klar, wie sehr sich alles im Fluss befindet und um wie viel näher man an die Wirklichkeit herankommt, wenn man dies sprachlich ausdrücken kann.

In »I was waiting« steckt freilich mehr als nur der Hinweis auf das Verstreichen von Zeit. Gemeint ist vielmehr, dass der Zeitraum, über den berichtet wird, für das erzählende Ich eine besondere Bedeutung gehabt habe. Damit bringt der Erzähler implizit zum Ausdruck, dass es aus seiner Sicht einen Anfang und ein Ende'gab, Zeiträume vorher und nachher, in denen etwas anderes als das Warten für ihn wichtig war. Indem er erzählt, gliedert er den Zeitstrom in Episoden; er charakterisiert Zeitstrecken durch ihre jeweiligen Besonderheiten aus seiner Sicht. Eine Episode ist ein zeitlich ausgedehntes Geschehen, das aus der Sicht eines Beobachters durch eine Besonderheit gegen die Zeit vorher und nachher abgegrenzt ist.

Episoden sind die kleinste Einheit der Kulturbetrachtung, doch erst die Zusammenschau einer Mehrzahl von Episoden dringt zum Zentrum des Kulturellen vor. Vergleicht man mehrere Episoden miteinander, können sich Ähnlichkeiten herausstellen, Muster, Wiederholungen. Das Warten auf den Autobus wird kenntlich als Teil einer »Kultur des öffentlichen Nahverkehrs«, die genau darin besteht, dass über einen längeren Zeitraum immer wieder Ähnliches, Erwartbares geschieht. Nicht bereits die Episode, erst ihre Wiederholung ist der elementare Gegenstand der Kulturbeschreibung. Ohne zur Episodenebene hinabzusteigen, kann man diesen Gegenstand jedoch nicht erreichen. Hat man ihn erreicht, so kann man den nächsten Schritt gehen und Wiederholungen studieren.

Jede Sprache hält Begriffe zur Kennzeichnung von Wiederholungen bereit: Gewitter, Frühling, Mittagessen, Geburtstag, Unterricht oder Sozialpolitik sind heterogene Begriffe, und doch ist ihnen etwas gemeinsam: Sie bezeichnen zeitlich ausgedehnte Vorkommnisse, deren Wiederholungscharakter schon im Begriff angezeigt ist. Ein Gewitter kann nur aufgrund seiner Ähnlichkeit mit anderen Episoden als Gewitter gelten. Gleiches gilt für viele Grundbegriffe der Soziologie, etwa System, Struktur, Funktion, Rolle, Moderne, Institution, Rationalisierung, Interaktion, Typus und anderes. Die Soziologie ist die Wissenschaft von den Wiederholungen, die sich zwischen Menschen ereignen.

Stellen wir uns eine Reise ins Hochland von Papua-Neuguinea vor. Wenn wir die Reise im benachbarten Australien beginnen, so starten wir im Ambiente des Steigerungsspiels und landen kurz darauf in einer Kultur, die zum Teil bis heute noch nicht von der Moderne erfasst wurde. Doch vor die Aufgabe gestellt, eine der beiden zu beschreiben, tut man sich mit Papua-Neuguinea leichter als mit Australien. Berichte über Reisen in fremde Kulturen kreisen zwar um das Besondere, doch das Besondere besteht aus offensichtlichen Wiederholungen: Bekleidungsgewohnheiten, landestypische Behausungen und Ernährung, verbreitete Riten, übliche Haustiere, Gefühlsbekundungen, Verwandtschaftsbeziehungen. Weil die Eindrücke fremd sind, treten Wiederholungen deutlich hervor. Die gesteigerte kulturelle Sensibilität im ungewohnten Ambiente zeigt sich in Urlaubsfotos oder in der Reaktion auf die Inszenierung touristisch aufbereiteter Folklore.

Dieses hohe Maß an Wahrnehmungsbereitschaft für exotische Oberflächen steht uns jedoch nicht zur Verfügung, wenn wir selbst betroffen sind und sie gut brauchen könnten – im gewohnten Ambiente. Ist man an der eigenen Kultur interessiert, so muss man lernen, das Gewöhnliche so zu sehen, als ob es exotisch wäre. Man versucht, Ähnlichkeiten zwischen Episoden explizit zu machen, die man normalerweise auseinanderhalten muss, beispielsweise zwischen dem Kauf eines neuen Autos und dem Verfassen einer wissenschaftlichen Arbeit. Begriffe wie »Steigerungslogik« und »Steigerungsspiel«, mit denen man bei diesen zwei Beispielen arbeiten könnte, sind zu nichts anderem da, als die Wahrnehmung von Wiederholungen zu organisieren. Vor die Aufgabe gestellt, die kulturellen Unterschiede zwischen Australien und Papua-Neuguinea zu beschreiben, käme man mit diesen beiden Begriffen bereits ein Stück voran.

Zur Logik kulturbezogener Verallgemeinerung

»Dichte Beschreibung« nennt der amerikanische Kulturanthropologe Clifford Geertz das Aufzeichnen von Kulturbeobachtungen. Die wesentliche Leistung besteht jedoch nicht, wie man annehmen könnte, im minutiösen Sammeln von Details, sondern in der Abstraktion. Es handelt sich allerdings um eine ganz andere Form von Abstraktion, als sie für die Naturwissenschaft typisch ist.

Wenn jemand täglich zur selben Zeit auf demselben Weg in ein Büro geht, um dort eine stark schematisierte Tätigkeit auszuüben, und nach acht Stunden wieder nach Hause kommt, so würde dies ein Beobachter leicht als Muster erkennen, ohne sich dabei von täglich wechselnder Kleidung oder den Schwankungen des Wetters verwirren zu lassen. Wie aber verhält es sich mit einem Architekten, der teils zu Hause, teils im Büro, teils in Wohnungen oder auf Baustellen seiner Arbeit nachgeht, es immer wieder mit anderen Menschen und Projekten zu tun hat, und all dies ohne festen Zeitplan? Zwar wird ein Kenner des Alltagslebens der Gegenwart auch hier keine Schwierigkeit haben, das Muster »Beruf des Architekten« zu identifizieren, ein kulturfremder Beobachter jedoch wird sich keinen Reim darauf machen können.

Manche Polemik gegen Abstraktionen erinnert an Kinder, die ihre Launen am Babysitter auslassen, obwohl sie ihn ständig in Anspruch nehmen. Dabei ist solche Kritik selbst schon wieder abstrakt, denn die Floskeln, in die sie sich kleidet, lauten etwa, ein bestimmter Gedankengang sei zu abgehoben, man könne nicht alles verstandesmäßig erklären, die gerade zur Debatte stehende Erscheinung ließe sich rational nicht erfassen und so weiter.

Hier geraten zwei Dinge durcheinander: zum einen die berechtigte Kritik an schlechten Abstraktionen oder absurden Mustern; zum anderen die Kritik an Sprache und Denken überhaupt. Aus dem Unmut über schlechte Abstraktion heraus die Abschaffung der Abstraktion zu fordern, ähnelt der Trotzreaktion eines Kindes, das die Nahrungsaufnahme verweigert, weil es ihm nicht schmeckt, und das auf das Argument, man müsse doch essen, ein für allemal erklärt, es werde nie wieder essen.

Abstraktion ist unvermeidlich. Der schlichte Satz »In letzter Zeit bist du ganz anders als früher« transportiert einen so komplexen Inhalt, dass bei genauer Untersuchung schon die Grenzen unseres Erkenntnisvermögens in Sicht kommen. Hier werden auf höchstem Abstraktionsniveau zwei Mengen von Episoden (gegenwärtige und vergangene) miteinander verglichen, die schon für sich nur schwer unter einem gemeinsamen Nenner zusammenzufassen sind. Darüber hinaus aber behauptet der Satz auch noch, die jetzigen Episoden unterschieden sich von früheren in einer bestimmten Hinsicht. Doch wann beginnt jetzt? Wie oft muss der Unterschied auftreten, um bedeutsam zu sein? Deshalb wundert es uns nicht, wenn derjenige, der gesagt hat: »In letzter Zeit bist du ganz anders als früher«, erstaunt zurückgefragt wird: »Wie meinst du das?« Ebensowenig wundert uns die Antwort: »Ach, ich weiß nicht so recht …«

Was Kulturwahrnehmung von Naturwissenschaft unterscheidet, ist der Umstand, dass man nur verallgemeinern kann, wenn man einen *möglicherweise gemeinten Sinn* unterstellt. Wie kommen wir beispielsweise dazu, eine Episode als Geburtstagsfeier einzustufen? Um dieses Muster trotz seiner Vielgestaltigkeit identifizieren zu können, benötigen wir eine übergreifende Sinnunterstellung. Was lässt uns all die verschiedenen Episoden zwischen verschiedenen Personen, all das Händeschütteln, Umarmen, Korrespondieren und Telefonieren als etwas Ähnliches erkennen? Leicht identifizierbare Äußerlichkeiten wie etwa die Erwähnung des Datums oder der Austausch von Glückwunsch und Dank decken den Inhalt des wahrgenommenen Musters nicht ab. Jeder Kenner unserer Kultur weiß, dass es nicht so sehr auf die Details ankommt wie auf die dafür typischen allgemeinen *Absichten*: auf der einen Seite Aufmerksamkeit und Sympathie zu erweisen, auf der anderen Seite Dankbarkeit und Freude zu signalisieren. Erst das Ineinandergreifen beider Sinngehalte macht die Episode zu einem »richtigen« Geburtstag.

Nimmt man nun einzelne Situationen unter die Lupe, so zeigt sich allerdings, dass Reinformen selten sind. Es mag zum Beispiel sein, dass der Gratulierende das Überbringen seiner Glückwünsche nur als lästige Pflichtübung empfindet und der andere dies durchschaut. Widerwillig spielen beide trotzdem das Geburtstagsspiel, so dass sich ein Dritter, den beide hinterher ins Vertrauen ziehen, zu der Frage veranlasst sehen könnte: »Was wurde da *eigentlich* gespielt?«

Genau diese so naheliegende Frage nach dem Eigentlichen stört jedoch das Begreifen von Episoden, denn sie sind vielsinnig, oft sogar, wie im soeben konstruierten Beispiel, widersinnig, ohne dass es eine Möglichkeit gäbe, einer bestimmten Sinnebene höheren Wahrheitsgehalt zuzusprechen als allen anderen. Während jedoch die Rede vom Eigentlichen dem gewahrten Schein seine Aussagekraft abspricht, muss Kulturwahrnehmung gerade das offizielle Ritual in den Mittelpunkt stellen, denn dieses ist sogar dann die gemeinsame Verständigungsbasis und das Drehbuch der gesamten Szene, wenn die Beteiligten es als vorgetäuscht, aufgesetzt und unehrlich empfinden. Dass sie das Spiel nur spielen, *als ob* sie es ernst meinten, ändert nichts an der objektiven Gegebenheit des Spiels. Der Ablauf lässt sich als Darstellung eines der vielen Theaterstücke aus dem Repertoire einer Kulturgemeinschaft deuten, wobei es gleichgültig ist, dass es sich vielleicht nur um eine mittelmäßige Aufführung handelt, weil die Beteiligten schlecht spielen oder ihre Rollen durch kleine Abweichungen bewusst konterkarieren. Man versteht nichts, wenn man die übliche, aber »eigentlich« nicht passende Lesart der Szene als unwirklich abtut. Man könnte sogar sagen, dass Episoden wie die der widerwillig überbrachten Glückwünsche und der geheuchelten Freude nur dann als abweichend erkennbar sind, wenn man weiß, worin die Idee der Geburtstagsfeier besteht.

Jenseits des Maschinenmodells

Kann man die Wiederholung von Episoden mit Modellen erfassen? Wenn die Welt eine Maschine wäre, auf der auch wir Menschen als kleine Roboter unseren Platz hätten, so wäre dies zwar enttäuschend für unseren Wunsch nach Erhabenheit, würde aber unseren Wunsch nach Gewissheit befriedigen. Diese hätten wir zwar noch nicht, aber wir wüssten, wie wir sie uns holen könnten, nämlich durch die allmähliche Entschlüsselung aller geheimen Mechanismen unseres determinierten Innenlebens. Nun hat das Maschinenmodell der Welt zwar inzwischen selbst in der Physik nur noch eingeschränkte Bedeutung, nachdem es von der Kulturwissenschaft schon im neunzehnten Jahrhundert kritisiert worden war. Trotzdem lebt dieses Modell weiter. Es eignet sich als vereinfachende Sichtweise mit begrenztem Nutzen für viele Teilbereiche unserer Wirklichkeit, von der Mechanik bis zur Genetik und Informatik.

Selbst Menschen und Organisationen haben wegen der häufigen Gleichförmigkeit ihrer Reaktionen eine gewisse Ähnlichkeit mit Maschinen: Wenn ich jemanden, der sehr empfindlich ist, zu Unrecht kritisiere, wird er beleidigt sein; wenn bekannt ist, dass die Polizei eine Radar-falle aufgestellt hat, fahren alle vorschriftsmäßig.

Doch es gibt eine Wirklichkeit jenseits einfacher Regelmäßigkeiten. Dass viele diese Wirklichkeit aus dem Bezirk anerkannter Wissenschaft hin-ausdefinieren, macht den Eindruck einer Fluchtreaktion vor einer schwie-rigen Aufgabe. Die Verweigerung des Sehens kommt allerdings oft in der Pose methodologischer Glaubensbekenntnisse daher. Hinter der Ächtung derjenigen, die sich der Verunsicherung durch Komplexität stellen, ver-steckt sich die Angst vor eigener Verunsicherung.

Dass Mathematik der Königsweg zur Beschreibung bestimmter Aspek-te der Wirklichkeit ist (etwa in der Bevölkerungswissenschaft), ändert nichts daran, dass sinnbezogene Verallgemeinerungen bei wiederholten Episoden mit Mathematik nicht erreichbar sind. Jede Betrachtungsweise hat ihre Grenzen. Die Tendenz zur Überbewertung der Mathematik hat mehrere Gründe. Einer davon ist ihr Erfolg in der Naturwissenschaft. Ein zweiter ist ihre Eindeutigkeit. Ein dritter ist ihre Anerkennung als Sym-bol für Professionalität.

Das Streben nach Eindeutigkeit verführt. Deshalb finden wir das Ma-schinenmodell der Welt auch dort wieder, wo es scheitern muss. Es heißt dann oft: »Was will man denn sonst machen? Wir brauchen doch irgend-welche Anhaltspunkte.« Hier wird die Sehnsucht nach Erkenntnis zur Quelle einer Illusion, an der man wider besseres Wissen festhält. Wissen dieser Art beruht auf planvoller Ignoranz.

Nur zögernd, wenn überhaupt, erodiert das Monopol des Maschi-nenmodells. Mit Begriffen wie Chaos, Bifurkation, Evolution, lernendes System, Selbstbezüglichkeit, offene Zukunft, Entscheidung statt Deter-mination, Kultur statt Natur schreitet der Versuch voran, in die für das Maschinenmodell unerreichbaren Sphären der Wirklichkeit vorzudrin-gen und Formen der Ordnung einzufangen.

Je mehr auch nichtdeterministische Denkformen unter die Leute kom-men, desto mehr droht allerdings das Denken vom Regen in die Traufe zu geraten: vom Schematismus des Maschinenmodells zu einer umfassen-den Entschematisierung, die alles Gegenwärtige nur noch als vorbei-huschendes Phänomen erfassen kann. Wie der Barbier von Sevilla reagiert man nach allen Seiten hin auf kurzfristig auftauchende Anforderungen – Figaro hier, Figaro da –, ohne ein Wirklichkeitsbild zu entwerfen, das die vielen Ereignisse umfassend beschreibt. Man könnte dieses Verhältnis zur Wirklichkeit als *Episodismus* bezeichnen. Politik, Medienlandschaft, Werbung, Entwicklung neuer Produkte, nicht zuletzt unser aller Alltagsleben scheinen von galoppierendem Episodismus befallen. Wir schreien uns gegenseitig ständig neue Reizworte der Bedrohung zu, fallen wechselnden Problemmoden anheim, werden von einander jagenden Erregungstrends ergriffen. Der Kurs durch die Wirklichkeit gerät zur Geisterbahnfahrt. Nach jeder Kurve erschreckt uns ein neues Gespenst, bis das Erschrecken zum Amüsement wird.

Der Kompromiss zwischen Maschinenmodell und Episodismus nimmt in Kauf, dass sich die Sachverhalte, denen man sich als Kulturbeobachter annähert, ständig wieder entfernen. Während man noch dabei ist, ein kulturelles Phänomen besser zu beschreiben, zu erklären und zu verstehen, hat es sich schon in ein anderes transformiert. Nach einiger Zeit wird das Bemühen, gegebenes Wissen zu verbessern, zur Sozialarchäologie. Immer wieder stiehlt sich der Gegenstand aus dem Fokus der Betrachtung. Wenn man ihn wieder ins Visier nimmt, ist er nicht mehr der alte. Eigenschaften, für deren Erfassung man viel Mühe aufgewendet hat, sind verschwunden; neue Phänomene treten auf, denen gegenüber Kulturbeobachtung zunächst mit leeren Händen dasteht. Man gleicht einem Gärtner, der immer wieder neu aussät und die nachgewachsenen Pflanzen nach einiger Zeit als Unkraut entfernt.

Literaturhinweise

Die folgende Literaturauswahl soll den Hintergrund dieses Buchs deutlich machen. Jeder Text ist nur der Eingang zu einem Labyrinth weiterer Texte, die ihrerseits auch wieder Eingänge zu weiteren Netzen von Texten sind. Gegen das Gefühl der Unzulänglichkeit jeder denkbaren Literaturauswahl im Verhältnis zur Gesamtmasse einschlägiger Texte hilft die These der *theoretischen Sättigung* von Glaser und Strauss hinweg. Sie besagt, dass man die wesentlichen Inhalte eines Kommunikationszusammenhangs bereits mit einem Bruchteil des ihm zugehörenden Gesamtmaterials erfassen kann; je mehr Material man hinzufügt, desto geringer wird der zusätzliche Informationsnutzen. Theoretische Sättigung ist erreicht, wenn sich an den Hauptaussagen nichts mehr ändert. In diesem Sinn halte ich die folgende Auswahl für ausreichend.

Meine Kommentare zu den einzelnen Titeln sind keine auf Vollständigkeit angelegten Inhaltsangaben. Sie zielen vor allem darauf ab, eine Beziehung zu meinen Überlegungen herzustellen. Auf jeden Kommentar folgt ein Klammerausdruck. Er verweist auf diejenigen Kapitel und Abschnitte im vorangegangenen Text, für die der zitierte Titel besondere Bedeutung hat.

ARENDT, HANNAH: *Was ist Existenzphilosophie?*, Frankfurt a. M. 1990.
    Unübertroffen kurze, leicht verständliche und auf das Wesentliche konzentrierte Darstellung, geschrieben mit dem Sachverstand der Insiderin. Arendt überblickt die Entwicklung der Existenzphilosophie von Kierkegaard bis Camus wie eine Landschaft. *(Der Sinn des Absurden: Ein existenzphilosophischer Blick auf die Gegenwart* und *Zur Soziologie des Absurden)*

ARENDT, HANNAH: *Vita activa oder vom tätigen Leben*, München 1967.
    Das Thema dieses Buchs ist das, was Menschen aus ihrem Leben machen und wie sie darüber denken. Im Überblick über zweieinhalb Jahrtausende europäischer Geschichte stellt Hannah Arendt drei Formen heraus: die *vita activa* der griechischen Philosophie, die nach dem schönen und guten Leben strebt; den *homo faber* des Mittelalters, der schöne und nützliche Werke

herstellen möchte; und das *animal laborans* der Neuzeit, das in einem riesigen Funktionszusammenhang tätig ist. Für mich steht die vita activa als Formel für das seinsgerichtete Handeln; den homo faber interpretiere ich als Chiffre für ein könnensgerichtetes Handeln, das das Sein nicht aus dem Auge verliert (es ist in der Vorstellung des Werks enthalten, das der Handelnde nach der Logik der Annäherung herstellt); der Begriff des animal laborans ist eine Kennzeichnung des reinen könnensgerichteten Handelns nach der Logik der Steigerung in zunehmender Seinsvergessenheit. Hannah Arendts Kritik des animal laborans erinnert an die Sisyphosmetapher von Camus und an den Begriff des Absurden, aber auch an die Kritik der Umwandlung von Mitteln in Zwecke bei Weber oder Simmel: Wenn alles nur für etwas anderes dient, ist alles zweitrangig; eine Welt aber, die keine primären Werte enthält, kann auch keine sekundären enthalten (S.301). Das Buch ist eine Verbindung von Philosophie, Mentalitäts- und Alltagsgeschichte. *(Der Sinn des Absurden / Wandel des Wandels: Das zweidimensionale Leben / Der neue Common sense: Wie weiterdenken?)*

BASALLA, GEORGE: *The Evolution of Technology*, Cambridge 1988.
Was Basallas Untersuchung zur Technikgeschichte auszeichnet, ist zum einen der die ganze Menschheitsgeschichte umspannende Zeithorizont, zum anderen der Umstand, dass sein Thema nicht einzelne technische Konstruktionen sind, sondern lange Serien von Artefakten über Jahrhunderte hinweg – ihre Verlaufscharakteristika und Bestimmungsgründe. Konsequent macht Basalla *Pfade* zum Gegenstand von Beschreibung und Erklärung. Deutlich wird dabei unter anderem die Abhängigkeit dieser Pfade von der kulturellen Begünstigung von Kreativität und von anthropologisch gegebenen, im Lauf der Zeit aber immer mehr kulturell überformten Wünschen und Nutzendefinitionen. *(Das Steigerungsspiel / Wandel des Wandels)*

BECK, ULRICH: *Risikogesellschaft. Auf dem Weg in eine andere Moderne*, Frankfurt a. M. 1986.
Was immer gegen dieses Buch eingewandt worden sein mag: Es ist schon wegen der entschiedenen Inanspruchnahme der zeitdiagnostischen Perspektive durch einen Soziologen als Pionierleistung anzusehen. Man kann (wie Münch und andere) daran zweifeln, ob Beck wirklich eine Epochenschwelle der Moderne beschreibt, doch erscheint dies sekundär angesichts seiner soziologischen Aufklärungsleistung. Beck bringt wichtige Aspekte des gegenwärtigen Prozessstadiums des Steigerungsspiels auf den Begriff und erweitert nachhaltig das soziologische Wahrnehmungsvermögen der Öffentlichkeit. Viele seiner Deutungsmuster gelten noch heute. Die Rezeptionsgeschichte dieses Buchs ist ein Beispiel für die Zukunft des Lernens. *(Zukunft des Lernens)*

BELL, DANIEL: *Die kulturellen Widersprüche des Kapitalismus*, Frankfurt a. M., New York 1991.

Bells Diagnose macht das »Auseinanderfallen der Bereiche« und den Dualismus von Können (»techno-ökonomische Ordnung«) und Sein (»Kultur«) zum Thema. Er liefert Anregungen zu einer Soziologie des Seins. Schade ist allerdings, dass er Kultur weitgehend auf Kunst und Religion reduziert und dabei die Lebenskunst des Alltagslebens aus dem Blick verliert, auf die es unter der Perspektive des Seins ankommt. Kritisch sehe ich auch, dass er ein Auseinanderfallen von Können und Sein unterstellt, statt ihre Integration als kollektive Lernaufgabe im Zug der Fortsetzung der Moderne zu begreifen. *(Wandel des Wandels: Das zweidimensionale Leben / Der neue Common sense: Soziologie des Seins)*

BELL, DANIEL: *Die nachindustrielle Gesellschaft*, Frankfurt a. M. 1975.

Dies ist eine der Pionierarbeiten über den Weg des Steigerungsspiels in die Landschaft der Wissens- und Informationsgesellschaft. Gleichzeitig handelt es sich um eine Studie zur Themenkarriere von Kultur: »Während des größten Teils der Menschheitsgeschichte war die Wirklichkeit Natur …, heute ist unsere Wirklichkeit in erster Linie die soziale Welt.« *(Unsichtbare Herausforderung: Thema Kultur)*

BELLEBAUM, ALFRED: *Langeweile. Überdruss und Lebenssinn*, Opladen 1990.

In Streifzügen durch die Kulturgeschichte und durch die Sozialwelt der Gegenwart erkundet Bellebaum eine existentielle Grenzsituation besonderer Art: Ratlosigkeit, Panik und Verzweiflung eines auf Handeln angelegten Wesens ohne Handlungsidee. In dieser Situation wird das Absurde sinnvoll. *(Der Sinn des Absurden: Ein existenzphilosophischer Blick auf die Gegenwart)*

BERGER, PETER L. und THOMAS LUCKMANN: *Die gesellschaftliche Konstruktion der Wirklichkeit. Eine Theorie der Wissenssoziologie*, Frankfurt a. M. 1980.

Seit seinem Erscheinen 1966 ist dieses Buch verdientermaßen ein soziologischer Klassiker. Im Mittelpunkt der Darstellung steht die Art und Weise, wie Menschen die Welt sehen. Gemeinsam bauen sie Sinnkosmen auf und verändern sie in kollektiven Lernprozessen. Die Netze von Begriffen, Typen und Paradigmen, an denen sich Menschen gemeinsam orientieren, gehören zur Grundsubstanz gesellschaftlicher Phänomene; auf sie richtet sich soziologisches Verstehen. Was Menschen gemeinsam aufbauen, tritt ihnen als objektives Faktum gegenüber, dem sie sich nicht ohne weiteres entziehen können. Erst dadurch wird ein Phänomen von so machtvoller

Eigendynamik wie das Steigerungsspiel verständlich. *(Das Steigerungsspiel / Wandel des Wandels: Argumente für die Fortsetzungsvermutung / Der neue Common sense)*

BERNE, ERIC: *Spiele der Erwachsenen. Psychologie der menschlichen Beziehungen*, Reinbek 1967.

Bernes Phänomenologie des Spiels ist von exemplarischem Wert für den Begriff des Steigerungsspiels: Die zwischen zwei Menschen ablaufenden sozialen Episoden werden als einheitliches Geschehen aufgefasst, mit dem jeder einen bestimmten, bei abstrakter Betrachtungsweise gleichbleibenden Sinn verbindet. *(Das Steigerungsspiel: Ein Strom von Episoden)*

BERNECKER, WALTER: *Port Harcourt, 10. November 1995. Aufbruch und Elend in der Dritten Welt*, München 1997.

Die Verantwortung der reichen Nationen für globale Ungleichheit (Handelsbarrieren, Schuldenkrisen) beleuchtet dieses Buch ebenso wie lokale Ursachen (Desorganisation, Versagen der Institutionen, Korruption, Despotismus, Unterdrückung von Frauen, Unbildung, extreme Ungleichheit). Eine Reihe von Staaten fasst Bernecker (wie Castells) unter dem Begriff der »Vierten Welt« zusammen – gemeint sind Gesellschaften in Armut, Hunger, Krieg und Anarchie. Der Einkommensabstand zwischen den untersten und obersten zwanzig Prozent der Weltbevölkerung hat sich im Zuge der Globalisierung wesentlich erhöht. Alle derzeit diskutierten Gegenmaßnahmen, die Bernecker am Ende dieses Buchs zusammenstellt, haben einen steigerungslogischen Hintergrund. *(Das Steigerungsspiel: Kapitalismus. Exkurs über die Beschränktheit eines Leitbegriffs / Wandel des Wandels: Argumente für die Fortsetzungsvermutung / Zukunft des Lernens: Suchbewegungen des 21. Jahrhunderts)*

BORNSCHIER, VOLKER: *Westliche Gesellschaft im Wandel*, Frankfurt a. M. 1988.

Bornschiers Buch gehört zu einer soziologischen Tradition, die an die Theorie von Kondratieff (siehe Nefiodow) anknüpft. Er beschreibt die Geschichte des Steigerungsspiels als Sequenz von Steigerungssprüngen und Plateauphasen, in denen sich jeweils ein spezifisches Zusammenspiel von Basistechnologien, technologischen Stilen, Unternehmensformen, Politik, Kultur und Gesellschaft etabliert. *(Das Steigerungsspiel)*.

BOURDIEU, PIERRE: *Die feinen Unterschiede. Kritik der gesellschaftlichen Urteilskraft*, Frankfurt a. M. 1982.

Wie Veblen beschäftigt sich auch Bourdieu in dieser zum Klassiker gewordenen Studie damit, wie sich Menschen durch Konsum und Lebensstil zu unterscheiden trachten. In einer grandiosen Synthese von Theorie und Alltagsbeobachtung beschreibt er viel absurdes Theater. *(Der Sinn des Absurden: Wege des Nutzens. Das Beispiel des Konsums)*

BRAUDEL, FERNAND: *Sozialgeschichte des 15.-18. Jahrhunderts. Aufbruch zur Weltwirtschaft*, München 1986.
Für die Theorie des Steigerungsspiels und der Moderne sind die drei Bände Fernand Braudels wegen ihrer Verbindung von Langfristperspektive, historischer Detailbetrachtung und analytischem Blick von fundamentaler Bedeutung. Braudels Forschungsgegenstand sind nicht Ereignisse, sondern zahllose Verläufe, die er in einer Zusammenschau betrachtet: als Strom von Episoden. Von besonderer theoretischer Bedeutung sind Braudels Überlegungen zur langfristigen Entwicklung der Weltwirtschaft im ersten Kapitel sowie das letzte Kapitel zur industriellen Revolution. Einige Hauptaussagen: Steigerung ist eine universelle und zeitlose Tendenz von Gesellschaften; kollektive Steigerungspfade weisen drei verschiedene Rhythmen von Schüben und Plateauphasen auf (Konjunkturen, Kondratieffzyklen, säkulare Zyklen); das Steigerungsspiel ist nicht mit der Moderne gleichzusetzen; langfristig ist seine Verlangsamung zu erwarten; Kapitalismus ist ein Begriff von begrenzter Erklärungskraft; die Startphase des Steigerungsspiels liegt in der zweiten Hälfte des achtzehnten Jahrhunderts (siehe auch McKendrick et al., Landes, Jones und viele andere). Aufschlussreich ist der Vergleich der Situation Ende des achtzehnten Jahrhunderts mit »gescheiterten Revolutionen« in anderen Zeiten und Räumen (etwa das alexandrinische Ägypten). Wie Jones tendiert Braudel zu einer »Theorie der fehlenden Bedingungen«. Sein Material erlaubt den soziologischen Zusatz: Was fehlte, waren Bedingungen der kollektiven Spielbarkeit. *(Das Steigerungsspiel / Wandel des Wandels)*

BRAUDEL, FERNAND: *Sozialgeschichte des 15.-18. Jahrhunderts. Der Alltag*, München 1986.
Nirgendwo wird deutlicher als in dieser umfassenden und langfristigen Schilderung vergangener Lebensverhältnisse, wie unmittelbar sich die universelle Idee der Steigerung aus der täglichen Lebenserfahrung ergibt; wie stark sie schon lange vor dem Steigerungsspiel das Handeln beeinflusst hat; wie groß der Abstand zwischen heutigen und früheren Möglichkeitsräumen ist. *(Der Sinn des Absurden: Wege des Nutzens. Das Beispiel des Konsums / Das Steigerungsspiel)*

BRAUDEL, FERNAND: *Sozialgeschichte des 15.-18. Jahrhunderts. Der Handel*, München 1986.
Braudel untersucht hier die Entwicklung des Handels in den Jahrhunderten vor dem Steigerungsspiel als eine seiner notwendigen (wenn auch nicht

hinreichenden) Bedingungen. Zentral ist dabei die Ausbreitung gleicharti-
ger Tauschbeziehungen, soziologisch ausgedrückt: die Ausprägung steigerungslogischer Anschlussfähigkeit sehr vieler Akteure mit ansonsten gänzlich verschiedenen Eigenrationalitäten. *(Das Steigerungsspiel / Wandel des
Wandels)*

BRAUN, CHRISTOPH-FRIEDRICH VON: *Der Innovationskrieg. Ziele und
Grenzen der industriellen Forschung und Entwicklung,* München, Wien
1994.
Das Steigerungsspiel aus der Sicht eines Technologiemanagers, der soziologisch denkt: Zirkularstimulation der Akteure im Forschungs- und Entwick-
lungswettlauf zu immer größerer Beschleunigung. Ohne es so auszudrücken,
schreibt von Braun auch über die Verknappung von Steigerungswissen. *(Das
Steigerungsspiel / Wandel des Wandels: Verknappung von Steigerungswissen)*

BRAUN, INGO: *Technik-Spiralen. Vergleichende Studien zur Technik im Alltag,* Berlin 1993.
Den Kern dieser Untersuchung bilden drei Fallstudien, in denen Braun
den Steigerungspfaden von Geräten für den Alltagsgebrauch folgt (Waschmaschinen, Heizkostenverteiler, Zykluscomputer). Das Bestechende an dieser Studie ist ihr außergewöhnlicher Fokus: Er liegt nicht, wie bei vielen anderen Studien zur Technikgeschichte, auf dem Gerät allein, sondern auf dem
Zusammenspiel von Gerät und Benutzer. Hier wird der Begriff des Steigerungsspiels als Strom sozialer Episoden im Zeitablauf anschaulich. Was
Braun besonders herausarbeitet, ist ein durchgängig zu beobachtendes posi-
tives Feedback: Neue Technik führt zu neuen Handlungsformen, die ihrerseits neue Technik provozieren. Die Geräte werden immer kleiner, multi-
funktionaler, individualisierbarer, und die persönlichen Lebensstile werden
immer vielfältiger. Gleichzeitig werden Funktionen an umfassende Strukturen im Hintergrund der im Alltag eingesetzten Gerätetechnik abgegeben.
Ich möchte hinzufügen: Die Spiralen führen allmählich in ein technisch op-
timiertes Ambiente, in dem die Sachen in den Hintergrund treten und der
Benutzer sich schließlich selbst begegnet. *(Das Steigerungsspiel / Wandel
des Wandels: Argumente für die Fortsetzungsvermutung* und *Das zweidimensionale Leben)*

BURKE, PETER: *Papier und Marktgeschrei. Die Geburt der Wissensgesellschaft,* Berlin 2001.
Nicht die Wissensgesellschaft steht im Mittelpunkt dieses Buchs, sondern
der Weg dorthin seit der frühen Neuzeit. Immer wieder ging es auf diesem
Weg um Vernunft, um Sinn, um geistigen Fortschritt und um das Bewah-

ren kultureller Errungenschaften. Deshalb eignet sich Burkes Buch gut als Kontrastfolie für die Medienwirklichkeit der Gegenwart und ihren Zug ins Absurde. *(Der Sinn des Absurden: Wege der Zeichen. Das Beispiel der Medien)*

CAMUS, ALBERT: *Der Mythos von Sisyphos. Ein Versuch über das Absurde,* Düsseldorf 1956.
Der bis auf den heutigen Tag anhaltende Erfolg dieses bereits 1942 erschienenen Buchs mag damit zusammenhängen, dass das Gefühl des Absurden zu einer alltäglichen Form philosophischer Selbsterfahrung geworden ist. Ich schließe mich der Problemdiagnose von Camus an, halte seinen Lösungsvorschlag der Überwindung des Absurden durch verachtungsvolles Akzeptieren jedoch für untauglich. *(Der Sinn des Absurden: Ein existenzphilosophischer Blick auf die Gegenwart)*

CASTELLS, MANUEL: *The Information Age, Volume II: The Power of Identity,* Oxford 1997.
Castells untersucht die gegenwärtige Thematisierung von Kultur. Die Frage des Seins ist zu einer Frage der Massen geworden. *(Unsichtbare Herausforderung: Thema Kultur / Zukunft des Lernens)*

CASTELLS, MANUEL: *The Information Age, Volume III: End of Millennium,* Oxford 1998.
Im letzten Band seiner Trilogie beschreibt Castells den Rückzug des Steigerungsspiels aus den sozial verödenden Zonen der »Vierten Welt« einerseits und seine rasante Entwicklung in den Nationen des pazifischen Raums andererseits. Seine Gesamtsicht der Welt im einundzwanzigsten Jahrhundert ist die Vision einer Epoche der Kulturalisierung des Denkens. Macht äußert sich immer weniger materiell, vielmehr ist sie in kulturelle Codes eingeschrieben; die Machtkämpfe der Zukunft sind Kulturkämpfe. Castells entwirft ein Szenario, in dem sich Elemente der Fortsetzung des Steigerungsspiels mit Elementen der Ankunft kombinieren. *(Unsichtbare Herausforderung: Thema Kultur / Wandel des Wandels: Das zweidimensionale Leben / Der neue Common sense: Soziologie des Seins / Zukunft des Lernens)*

CLAESSENS, DIETER: *Das Konkrete und das Abstrakte,* Frankfurt a. M. 1980.
Die gesamte Menschheitsgeschichte, nicht erst die Moderne, rekonstruiert Claessens als Geschichte von Abstraktion und Objektivierung, die im »analytischen Mythos« der Gegenwart kulminiert. Am Schluss plädiert Claessens für die Rückbesinnung auf das sinnlich Erfahrbare, Konkrete, Singuläre. Ich interpretiere das Begriffspaar von Claessens als Paraphrase zu

dem von Können und Sein und zu den damit verbundenen übergeordneten Paradigmen von Sachbezogenheit und Begegnung. *(Wandel des Wandels / Der neue Common sense: Erweiterung der Weltsicht. Über den Wandel des Alltagswissens)*

CRARY, JONATHAN: *Aufmerksamkeit. Wahrnehmung und moderne Kultur,* Frankfurt a. M. 2002.

Diese kulturhistorische Studie beschreibt das Ende des neunzehnten Jahrhunderts als Zeit einer paradigmatischen Wende: Das Modell der Perspektivengebundenheit der Wahrnehmung trat an die Stelle des Modells einer »Selbstpräsenz der Welt für den Betrachter und ... der unmittelbaren und atemporalen Natur der Wahrnehmung«. Der Schlüsselbegriff von Crary –Aufmerksamkeit– betont die Eigenaktivität des Subjekts. Was Crary in der Auseinandersetzung mit Gemälden von Manet, Seurat und Cézanne zeigt, ist ein erster Schritt auf dem Weg eines kollektiven Lernprozesses, der Kurs auf das Paradigma der Begegnung nimmt. *(Der neue Common sense: Erweiterung der Weltsicht. Über den Wandel des Alltagswissens)*

DAHRENDORF, RALF: *Der moderne soziale Konflikt. Essay zur Politik der Freiheit,* Stuttgart 1992.

Beispielhaft in mehrerer Hinsicht: als Dokument freien soziologischen Denkens; als Suche nach Lösungen in einer Zeit, in welcher der Nachweis von Ausweglosigkeit Mode wurde; als Verbindung der Themen von Steigerung und Ankunft: Wie sollen wir uns in der wachstumsgeprägten Weltgesellschaft sozial arrangieren? *(Unsichtbare Herausforderung: Zukunftsdiskurs jenseits der Utopien* und *Thema Kultur / Zukunft des Lernens: Suchbewegungen des 21. Jahrhunderts)*

DANIEL, UTE: »Kultur und Gesellschaft. Überlegungen zum Gegenstandsbereich der Sozialgeschichte«, in: *Geschichte und Gesellschaft. Zeitschrift für Historische Sozialwissenschaft,* 19. Jahrgang, 1993, S. 69-99.

Der Kulturbegriff, den Daniel hier für den Gebrauch der Sozialhistoriker erarbeitet, ist auch für meine Untersuchung maßgeblich (siehe hierzu auch Geertz). Er orientiert sich an der Tradition der Ethnologie einerseits und am Denken von Max Weber und Georg Simmel andererseits: Kultur als Netzwerk von Bedeutungen, an denen sich die Menschen eines historisch begrenzten Kontextes immer wieder orientieren. Dieser Kulturbegriff stellt das Subjekt in den Mittelpunkt; Kultur verstehen heißt Menschen verstehen. *(Unsichtbare Herausforderung: Thema Kultur / Der neue Common sense: Wie weiterdenken? / Zukunft des Lernens: Die Erschließung des Normalen)*

DIAMOND, JARED: *Arm und Reich. Die Schicksale menschlicher Gemeinschaften*, Frankfurt a. M. 1997.
Ein Naturwissenschaftler schreibt über die Entwicklung von Kulturen seit Beginn der Sesshaftigkeit. Steigerung erscheint dabei als Grundmuster menschlichen Denkens und Handelns. Was das Buch für Kulturwissenschaftler wertvoll macht, ist Diamonds Theorie von Natur als Opportunitätsstruktur. Das objektiv gegebene ökologische Potential begründet Chancen und Blockaden der Steigerung. Dieses Verlaufsschema der Geschichte arbeitet Diamond im globalen Überblick über 13 000 Jahre heraus. Diamond erzählt die andere Hälfte der von David Landes dargestellten Geschichte. *(Wandel des Wandels: Argumente für die Fortsetzungsvermutung)*

DODDS, ERIC R.: *Der Fortschrittsgedanke in der Antike*, Zürich, München 1977.
Der Blick in eine andere Zeit ist aufschlussreich in mehrfacher Hinsicht: Erstens zeigt er die Universalität des Steigerungsdenkens. Zweitens wird die historische Einzigartigkeit des Steigerungsspiels der Gegenwart verständlich; das alte Griechenland überschritt wegen der endemisch bleibenden Verbreitung des Steigerungsdenkens nicht die »Schwelle«, von der David Landes spricht. Der Fortschrittsgedanke taucht immer wieder auf, aber es entsteht kein kontinuierlicher Spielzusammenhang vieler Akteure. Drittens reflektieren schon die Philosophen der Antike, etwa Platon, Lukrez und Seneca, die Spannung von Können und Sein; sie sehen es als Gefahr an, dass die Menschen den Erweiterungen des Möglichkeitsraums kulturell nicht gerecht werden könnten. *(Unsichtbare Herausforderung: Thema Kultur / Das Steigerungsspiel / Wandel des Wandels: Das zweidimensionale Leben)*

DÖRNER, DIETRICH: *Die Logik des Mißlingens. Strategisches Denken in komplexen Situationen*, Reinbek 1989.
Dörner untersucht Muster des Denkens. Wichtig für die Erweiterung des Denkrepertoires im Übergang zum zweidimensionalen Leben sind vor allem die Passagen über die Beschränktheit methodenfixierten Denkens (»Methodismus«) und über die Schwierigkeit zeitbezogenen Denkens. *(Der neue Common sense: Seinsgerichtetes Handeln / Zukunft des Lernens: Die Erschließung des Normalen)*

DURKHEIM, EMILE: *Über die Teilung der sozialen Arbeit*, Frankfurt a. M. 1992.
Einer der Klassiker zur soziologischen Theorie des Steigerungsspiels. Richtungsweisend bis heute ist Durkheims Blick auf den gesamten Spielzusammenhang als Phänomen eigener Art, das bis in die privatesten Aspekte des Lebens zurückwirkt. Zentrales Grundmuster ist für Durkheim

die Eigendynamik der Arbeitsteilung. Den Gegensatz von »organischer« und »mechanischer« Solidarität paraphrasiere ich als Komplementarität von Funktionszusammenhang und Enklave. *(Wandel des Wandels: Argumente für die Fortsetzungsvermutung / Der neue Common sense: Soziologie des Seins)*

ECO, UMBERTO: *Das offene Kunstwerk*, Frankfurt a. M. 1977.

Diese 1962 erstmals veröffentlichte Studie ist, wie Eco schreibt, eher kunstgeschichtlich als kunsttheoretisch zu verstehen. Sein Anliegen ist die Darstellung einer Rezeptionshaltung, die sich jedem Kunstwerk gegenüber einnehmen lässt, unabhängig von seiner objektiven Gestalt und von den Bedeutungen, die der Künstler ihm beigegeben haben mag (siehe hierzu auch Crary). Eco bringt damit eine kunstgeschichtliche Strömung auf den Begriff, die, wenn man sie zu Ende denkt, über das *Kunst*werk hinausgeht und Werke welcher Art auch immer meint. Diesen Gedanken habe ich im Abschnitt über Artefakte ausgeführt. *(Der neue Common sense: Erweiterung der Weltsicht. Über den Wandel des Alltagsbewusstseins)*

EDER, KLAUS: *Geschichte als Lernprozess? Zur Pathogenese politischer Modernität in Deutschland*, Frankfurt a. M. 1985.

Eders Theorie kollektiven Lernens überzeugt durch die normative Deutlichkeit seiner Grundbegriffe:»Das Kriterium für das Gelingen von Lernprozessen ist die Fähigkeit, sich selbst korrigieren zu können. Wo diese Fähigkeit eingeschränkt oder blockiert wird, haben wir es mit pathologischen Lernprozessen zu tun.« (S. 473) Beispielhaft scheint mir auch Eders Vorstellung von den mit der jeweiligen historischen Situation verbundenen »objektiven Möglichkeiten evolutionären Lernens«, die man nutzen oder verpassen kann. *(Unsichtbare Herausforderung: Thema Kultur / Zukunft des Lernens: Suchbewegungen des 21. Jahrhunderts)*

ESSER, HARTMUT: *Soziologie. Spezielle Grundlagen, Band 5: Institutionen*, Frankfurt a. M. 2000.

Im Kapitel *Soziale Drehbücher* entfaltet Esser die zeitextensive Betrachtungsweise sozialer Phänomene. Er erläutert ausführlich das Normale als Grundsubstanz der Kultur, wenn er sich auch anders ausdrückt. *(Zukunft des Lernens: Die Erschließung des Normalen)*

FRANCK, GEORG: *Ökonomie der Aufmerksamkeit*, München, Wien 1998.

Aufmerksamkeit ist ein heißbegehrtes, aber streng limitiertes Gut. Der Steigerungswettlauf von Medien und Werbung um Aufmerksamkeit ist eine Anstrengung, die im Absurden enden muss. Insofern ist Francks Beitrag eine Kritik könnensgerichteter Modernisierung. Aber sein Buch hat noch eine andere Seite. Aufmerksamkeit (auch nach innen gerichtet als Selbst-Auf-merksamkeit) ist die notwendige Bedingung für Begegnungen. Das Paradig-ma der Begegnung führt, soziologisch weitergedacht, zur Vorstellung einer Ökonomie des Naturaltauschs von Aufmerksamkeit, aber auch zu einem normativen Rahmen der Kritik ungleicher Tauschverhältnisse. Francks Buch ist wegen seiner originellen Überlegungen zu diesem Themenbereich einer der ganz wenigen Beiträge zur Soziologie des Seins. Bemerkenswerterweise entstand das Buch von Crary fast zur gleichen Zeit. *(Der neue Common sense: Erweiterung der Weltsicht. Über den Wandel des Alltagswissens* und *Soziologie des Seins)*

FRASER, W. HAMISH: *The Coming of the Mass Market, 1850-1914,* Ham-den, Connecticut 1981.
Detaillierte Fallstudie zu einem historischen Abschnitt des Steigerungs-spiels in Großbritannien. Fraser arbeitet vor allem die Rolle des Konsu-menten als Mitspieler heraus, der sich auf Steigerungspfaden alltäglicher Lebensbedürfnisse vorwärtsbewegt: Ernährung, Wohnen, Bekleidung, Luxus-gegenstände. Über einen Zeitraum von mehr als sechzig Jahren zeigt Fraser das Zusammenspiel von Konsumenten einerseits und Werbung und Pro-duktion andererseits. *(Das Steigerungsspiel)*

FREYER, HANS: *Theorie des gegenwärtigen Zeitalters,* Stuttgart 1956.
Freyers Buch gehört neben Arbeiten von Schelsky, Gehlen und Jaspers zur Reihe der hellsichtigen Zeitdiagnosen in der Mitte des zwanzigsten Jahr-hunderts, deren Tradition erst Beck mit seiner *Risikogesellschaft* wieder auf-nahm. In der Aufschwungphase des Wirtschaftswunders bringt Freyer jene Ordnung der Transformation auf den Begriff, die ich als *Steigerungsspiel* analysiere. Was er bereits seit fünf bis sechs Generationen am Werk sieht, ist nach wie vor virulent. Der Titel seines Buchs ist zugleich ein soziologi-sches Anliegen von zentraler Wichtigkeit, das immer wieder neu gegen die wissenschaftsgeschichtliche Tendenz zur Spezialisierung zu verteidigen ist. *(Das Steigerungsspiel / Wandel des Wandels)*

FROMM, ERICH: *Haben oder Sein,* München 1979.
Der Titel erinnert an die in den Mittelpunkt meiner Untersuchung ge-stellte Unterscheidung von Können und Sein. Es besteht eine gewisse Ähn-lichkeit der mit den Begriffen gemeinten Phänomene, aus einer Reihe von Gründen gehe ich jedoch einen gänzlich anderen Weg als Fromm. Einer der Gründe ist Fromms anthropologisch und soziologisch unhaltbare Kritik des Habens (Könnens) und seine Utopie einer neuen Eindimensionalität des Seins. Das Buch atmet den Geist der siebziger Jahre, in denen es enorme Ver-breitung fand. *(Wandel des Wandels: Das zweidimensionale Leben)*

GARDNER, HOWARD: *Intelligenzen. Die Vielfalt des menschlichen Geistes*, Stuttgart 1991.

Gardner präsentiert eine leicht lesbare Darstellung seiner langjährigen Forschungstätigkeit. Der Plural »Intelligenzen« hat insofern theoretische Bedeutung, als er auf mehrere Dimensionen des geistigen Potentials von Menschen verweist, die Gardner nach acht verschiedenen Kriterien als getrennt zu behandelnde Dispositionen bestimmt. In der bisherigen Geschichte der Moderne kam es auf die selektive Förderung derjenigen Intelligenzen an, die sich für das könnensgerichtete Handeln eignen; im Reservoir der Intelligenzen sind jedoch auch solche enthalten, die für das seinsgerichtete Handeln wichtig sind, vor allem interpersonale und intrapersonale Intelligenz. *(Zukunft des Lernens: Die Erschließung des Normalen)*

GEERTZ, CLIFFORD: *Dichte Beschreibung. Beiträge zum Verstehen kultureller Systeme*, Frankfurt a. M. 1983.

Ich erwähne dieses Buch zum einen wegen seines auch für mich maßgeblichen Kulturbegriffs, zum anderen wegen des Kapitels über den Common sense. »Der Kulturbegriff, den ich vertrete, ... ist wesentlich ein semiotischer. Ich meine mit Max Weber, dass der Mensch ein Wesen ist, das in selbstgesponnene Bedeutungsgewebe verstrickt ist, wobei ich Kultur als dieses Gewebe ansehe. Ihre Untersuchung ist daher keine experimentelle Wissenschaft, die nach Gesetzen sucht, sondern eine interpretierende, die nach Bedeutungen sucht.« (S. 9) Im Kapitel über *Common sense als kulturelles System* macht Geertz das, was Philosophen immer nur abstrakt beschreiben, zum Gegenstand einer durch ethnologische Erfahrung fundierten Phänomenologie. Der Common sense unterscheidet sich von Kultur zu Kultur, aber er kommt überall mit immer den gleichen allgemeinen Eigenschaften vor: Er gilt als vollkommen evident; er ist auf die Lebenspraxis ausgerichtet; er bezieht sich auf das Offensichtliche; er fügt sich nicht zu einem kohärenten System; er ist für jedermann verständlich. Doch Common sense ist kulturspezifisch; bewegt man sich in einer fremden Kultur, versteht man den dort geltenden Common sense nicht mehr. Geertz ist deshalb skeptisch in Bezug auf das Vertrauen, das der Pragmatismus dem Common sense entgegenbringt. Ich meine im Gegenteil, dass gerade die kulturelle Verschiedenartigkeit des Common sense auf kollektive Lernprozesse hinweist. Eine Modernisierung des Common sense – im Sinn seiner rationalen Reflexion – ist möglich, ja sie ist bereits in Gang. *(Der neue Common sense: Wie weiterdenken? / Zukunft des Lernens)*.

GIDDENS, ANTHONY: *Konsequenzen der Moderne*, Frankfurt a. M. 1995.

Diese Phänomenologie der Moderne ist in ihren zentralen Befunden nicht weit entfernt von den klassischen Diagnosen (vor allem von Tönnies, Durkheim, Weber und Simmel), die hundert oder mehr Jahre zurückliegen. Man kann dies als Zeichen für die außerordentliche Stabilität der im Steigerungsspiel angelegten Ordnung der Transformation interpretieren. Von der Kontinuität dieser Dynamik auch in Zukunft ist Giddens überzeugt; es bleibt nichts anderes übrig als der Versuch, das Beste daraus zu machen. *(Das Steigerungsspiel / Wandel des Wandels: Argumente für die Fortsetzungsvermutung)*

GIEDION, SIEGFRIED: *Die Herrschaft der Mechanisierung. Ein Beitrag zur anonymen Geschichte,* Hamburg 1994.
   Obwohl bereits 1948 zum erstenmal erschienen, ist diese Geschichte der Maschinen bis heute unübertroffen. Mit umfassender Detailkenntnis verfolgt Giedion technische Steigerungspfade durch die Jahrhunderte und reflektiert den damit einhergehenden Wandel der Mentalitäten. Was dabei immer klarer zutage tritt, ist das Paradigma der Sachbezogenheit (besonders eindrücklich etwa im Kapitel über die Mechanisierung des Todes) und die Rückwirkung der Maschinen auf menschliches Denken und Handeln. Was Popitz als *Artefaktmacht* bezeichnet, wird hier mit zahlreichen Beispielen veranschaulicht. *(Das Steigerungsspiel: Steigerungspfade, Plateauphasen, Steigerungssprünge* und *Wechselwirkung von Handlungsfeldern. Zwei Beispiele / Der neue Common sense: Soziologie des Seins)*

GLASS, BENTLEY: »Milestones and Rates of Growth in the Development of Biology«, in: *Quarterly Review of Biology,* March 1979, S. 31-53.
   Auf der Grundlage einer Untersuchung von Entdeckungen in der Biologie seit dem siebzehnten Jahrhundert kommt Glass zum Ergebnis der Verknappung von Steigerungswissen vom Typ der Entdeckbarkeit. Zwar hat sich der Fortschritt der Biologie beschleunigt, aber die Zahl der Biologen und die Kosten der Entdeckungen haben noch viel schneller zugenommen. Glass sieht die Biologie in rascher Annäherung an Wachstumsgrenzen. *(Wandel des Wandels: Verknappung von Steigerungswissen)*

GOLEMAN, DANIEL: *Emotionale Intelligenz,* München 1996.
   In Anlehnung an Gardner und andere subsumiert Goleman zwei Dimensionen der Intelligenz (interpersonale und intrapersonale Intelligenz) unter dem Begriff der emotionalen Intelligenz. Sein Verdienst liegt weniger in der systematischen wissenschaftlichen Arbeit (was dies betrifft, sei auf das Buch von Gardner verwiesen) als in der Anwendung des Begriffs auf eine Vielzahl von Beispielen. *(Zukunft des Lernens: Die Erschließung des Normalen)*

GREFE, CHRISTIANE, Mathias Greffrath und Harald Schumann: *attac. Was wollen die Globalisierungskritiker?,* Berlin 2002.
   Seit dem Buch von Martin und Schumann 1996 hat die Globalisierungs-

kritik den Charakter einer weltweiten sozialen Bewegung angenommen. Die oft gehörte Bezeichnung »Globalisierungsgegner« diffamiert die zentralen Anliegen durch die Suggestion, das Hauptziel sei naiverweise die Beendigung der Globalisierung. Auch die selbstgewählte Charakterisierung »Globalisierungskritiker« trägt dieses Risiko in sich. Es geht aber lediglich um eine *andere* Globalisierung. Das Hauptanliegen ist ein kollektiver steigerungslogischer Lernprozess, dessen Ausgangspunkt die Reflexion der Fehler der vergangenen Jahrzehnte ist: ein klassischer Fall von könnensgerichteter Modernisierung, klassisch auch in dem Sinn, dass es erneut gilt, eine bisher unbekannte Situation vernünftig zu bewältigen und dass es gerade Defizite sind, die das steigerungslogische Denken herausfordern. *(Das Steigerungsspiel: Kapitalismus. Exkurs über die Beschränktheit eines Leitbegriffs)*

GROH, RUTH und DIETER GROH: *Weltbild und Naturaneignung. Zur Kulturgeschichte der Natur*, Frankfurt a. M. 1996.

Können und Sein, Sache und Begegnung, Materie und Erscheinung – das Autorenpaar diskutiert diesen Dualismus vor dem Hintergrund umfassender ideengeschichtlicher Kenntnisse mit dem Philosophen Gerhard Ritter als maßgeblicher Bezugsinstanz. Von ihm stammt die These, dass erst durch die Trennung von Mensch und Natur ein rationaler Umgang mit ihr möglich wurde. Das Paradigma der Erscheinung zieht sich durch die Geschichte; es klingt bereits in der griechischen Philosophie an. Die Ursprünge seiner heutigen Prägung finden sich noch vor Rousseau in der englischen Philosophie des späten siebzehnten Jahrhunderts. Den subjektiven, ästhetischen Blick auf die Natur sehen Groh und Groh nicht als Kompensation moderner Rationalität, sondern als ihren Bestandteil. *(Wandel des Wandels: Das zweidimensionale Leben / Der neue Common sense: Erweiterung der Weltsicht. Über den Wandel des Alltagsbewusstseins)*

GRUHL, HERBERT: *Himmelfahrt ins Nichts. Der geplünderte Planet vor dem Ende*, München 1994.

Dieses Buch ist exemplarisch für eine Vielzahl ökopessimistischer Beiträge der Nach-Meadows-Ära. Einen Gegenbeweis zu Gruhls These vom »zwangsläufigen Ende« kann es zwar nicht geben, aber sie wäre überzeugender, wenn er sich mit Gegenargumenten auseinandersetzen würde. Was gänzlich fehlt, ist das Zuendedenken der Steigerungslogik bis zu ihrem Kernprinzip: Defizite sind Ressourcen. Deshalb empfehle ich, Gruhl und Meadows nur zu lesen, wenn das Buch von Hawken und Lovins daneben liegt. *(Wandel des Wandels: Argumente für die Fortsetzungsvermutung)*

HAWKEN, PAUL, AMORY LOVINS und HUNTER LOVINS: *Ökokapitalismus. Die industrielle Revolution des 21. Jahrhunderts*, Riemann Verlag o. O. 2000.

Im einzelnen mag es anders kommen, insgesamt aber ist der hier vorhergesagte Pfad des Steigerungsspiels im einundzwanzigsten Jahrhundert plausibel. Das Buch ist ein Lehrstück für die steigerungslogische Umdeutung von Defiziten in kognitive Ressourcen. *(Wandel des Wandels: Argumente für die Fortsetzungsvermutung)*

HEILBRONER, ROBERT: *Kapitalismus im 21. Jahrhundert*, München 1994.
Heilbroner teilt zwar nicht den »pessimistischen Konsens« nahezu aller Klassiker der Wirtschaftstheorie (S. 118 ff), aber auch er stimmt der übergreifenden These zu, dass sich der Kapitalismus gerade wegen seines Erfolgs und seiner Dynamik wandelt. Ersetzt man den Begriff des Kapitalismus durch den des Steigerungsspiels, entspricht seine Quintessenz der meinen: Zwar Fortsetzung, aber Verlangsamung und Verlust der kulturellen Hegemonie. *(Das Steigerungsspiel: Kapitalismus. Exkurs über die Beschränktheit eines Leitbegriffs / Wandel des Wandels: Das zweidimensionale Leben / Zukunft des Lernens: Suchbewegungen des 21. Jahrhunderts)*

HÖLSCHER, LUCIAN: *Die Entdeckung der Zukunft*, Frankfurt a. M. 1999.
Hölscher beschreibt Entstehung und Wandel des modernen Zukunftsbegriffs. Vieles blieb auf der Strecke, so der naive Fortschrittsbegriff des achtzehnten und neunzehnten Jahrhunderts und die großen Ideologien, nur die Kategorie der Zukunft selbst gehört untrennbar zum modernen Denken dazu. Zukunftsvorstellungen strukturieren den Erwartungshorizont einer Gesellschaft, zu deren innersten Prinzipien die permanente Fortbewegung zählt. Auch meine eigenen Überlegungen sind hier einzuordnen. *(Unsichtbare Herausforderung: Zukunftsdiskurs jenseits der Utopien / Der neue Common sense: Wie weiterdenken? / Zukunft des Lernens: Suchbewegungen des 21. Jahrhunderts)*

HORGAN, JOHN: *The End of Science. Facing the Limits of Knowledge in the Twilight of the Scientific Age*, Reading Mass. 1996.
Thema dieses Buchs ist abnehmende Entdeckbarkeit. Quer durch die Wissenschaften beschreibt Horgan Endpunkte kognitiver Entwicklungspfade. Seine daraus abgeleitete These eines Endes der Wissenschaft überhaupt ist theoretisch wenig reflektiert und ebenso spekulativ wie die Gegenbehauptung ihrer endlosen Fortsetzung. Die Kritik an Horgans Buch war schroff und nachdrücklich – kein Wunder, stellt er doch die Kernidentität der modernen Wissenschaft in Frage. Reduziert man Horgans Endzeitthese auf die These einer zunehmenden Verknappung von Steigerungswissen, verdient es jedoch nach wie vor Beachtung. *(Wandel des Wandels: Verknappung von Steigerungswissen)*

HORX, MATTHIAS: »Vor uns: Das High Touch Age«, in: Bertelsmann Stiftung (Hg), *Was kommt nach der Informationsgesellschaft?*, Gütersloh 2002.

Horx wirft einen Blick auf komplexe personenbezogene Dienstleistungen der Zukunft in Bereichen wie Gesundheit, Lernen, Beratung und Coaching, Sport, Haushalt, Systemdienstleistungen, Spiritualität, Umgang mit Werken. Zusatzthese: Diese Dienstleistungen führen in den Grenzbereich zwischen dem Paradigma des Kunden und dem des Gegenüber. *(Der neue Common sense: Erweiterung der Weltsicht. Über den Wandel des Alltagswissens)*

JAMES, HAROLD: *Rambouillet, 15. November 1975. Die Globalisierung der Wirtschaft*, München 1997.

Der unter dem Begriff »Globalisierung« zusammengefasste Wandel der letzten Jahrzehnte ist einerseits ein Zwischenergebnis des Steigerungsspiels. Andererseits ist er Ursache von Folgeproblemen, die fälschlicherweise zunächst als Entfesselung des Steigerungsspiels interpretiert wurden. Inzwischen, so das Fazit des Buchs, werden die Konturen eines kollektiven Lernprozesses sichtbar, der das Aussehen einer steigerungslogischen Reflexion der jüngsten Vergangenheit hat. Auch in vielen Regierungen und internationalen Organisationen gibt es »Globalisierungskritiker«. *(Das Steigerungsspiel:* Kapitalismus. Exkurs über die Beschränktheit eines Leitbegriffs)

JASPERS, KARL: *Philosophie, Bd. I-III*, Berlin 1956.

Auch wenn Jaspers diesen Begriff nicht verwendet: Er ist für mich der Philosoph des Paradigmas der Begegnung (als Gegenstück zum Paradigma der Sachbezogenheit). Jaspers expliziert Sein als einzigartige, einsame Erfahrung des Selbst in der Auseinandersetzung mit einer einzigartigen Situation im Hier und Jetzt. Die Hervorhebung von Grenzsituationen (Tod, Leid, Kampf, Scheitern, Erfahrung von Schuld) durch Jaspers legt nahe, dass Sein und Unglück zusammengehören. In dieser Hinsicht folge ich Jaspers nicht. Meine Auffassung ist, dass man jede Situation zur Grenzsituation machen kann, indem man sich auf eine bestimmte Weise mit ihr auseinandersetzt. *(Wandel des Wandels: Das zweidimensionale Leben / Der neue Common sense: Erweiterung der Weltsicht. Über den Wandel des Alltagswissens)*

JASPERS, KARL: *Die geistige Situation der Zeit*, Berlin, New York 1979.

Geschrieben im Jahr 1930, ist das Buch von Jaspers aktueller denn je. »Der Mensch ist nicht vollendbar; er muss, um überhaupt zu sein, sich in der Zeit verwandeln zu immer neuem Schicksal« (S. 183). Dieser Satz könnte das Motto meines Buchs sein. Und weiter konstatiert Jaspers über den Menschen, »dass er vor das Nichts geraten ist … Es ist heute, während die Möglichkeiten exzessiver Daseinserweiterung ins Unermessliche gestiegen sind, eine Enge fühlbar geworden, welche der existentiellen Möglichkeit den Atem zu rauben scheint.« Und weiter: »Wesentlicher als ferne Möglichkeiten … ist es jeweils zu wissen, *was ich eigentlich will* … Was aber Menschen eigentlich sind, das ist *nicht als Zweck geradezu zu wollen.* Denn Menschen sind, was sie sind … durch Freiheit des je einzelnen auf dem Grunde seines Sichgegebenseins.« (S. 188) Dies ist der philosophische Hintergrund, vor dem ich das Paradigma der Begegnung (als Form des Sichgegebenseins, um mit Jaspers zu sprechen) entwickelt habe. Auch die Spannung von Können und Sein tritt bei Jaspers prägnant in Erscheinung. Er kann sich allerdings nicht dazu entschließen, die Metaphysik gänzlich aus der Existenzphilosophie zu verabschieden – aber es ist nur ein letztes schwaches Aufglimmen (S. 151). *(Der Sinn des Absurden: Ein existenzphilosophischer Blick auf die Gegenwart / Wandel des Wandels: Das zweidimensionale Leben / Der neue Common sense)*

JONES, ERIC L.: *The European Miracle. Environments, Economies and Geopolitics in the History of Europe and Asia,* Cambridge 1987.
   Neben den Studien von Braudel und Landes zählt diese Arbeit zu den bedeutenden historischen Referenzuntersuchungen über die Vorgeschichte und den Beginn des Steigerungsspiels. Im Vergleich mit anderen Zonen des eurasischen Raums war Westeuropa nicht nur geographisch und ökologisch begünstigt (siehe hierzu auch Diamond). Entscheidend war, dass seit dem fünfzehnten Jahrhundert günstige kulturelle Bedingungen hinzukamen und sich allmählich kumulierten, bis es in der zweiten Hälfte des achtzehnten Jahrhunderts zum *take-off* des Steigerungsspiels kam. Unerlässlich war dabei das Vorhandensein einer großen Zahl konkurrierender, kooperierender und tauschbereiter Akteure. Ich lese diese Untersuchung als Report über den jahrhundertelangen Prozess der Herausbildung eines Arrangements kollektiver Spielbarkeit. *(Das Steigerungsspiel / Wandel des Wandels)*

JONES, ERIC L.: *Growth Recurring. Economic Change in World History,* Oxford 1988.
   Steigerung, so eine der Hauptthesen von Jones, ist menschheitsgeschichtlich universell. Meist äußert sie sich jedoch nur als »extensives Wachstum«. Erst Ende des achtzehnten Jahrhunderts organisiert sie sich zu »intensivem Wachstum« und verstetigt sich zu einer Ordnung der Transformation – sie wird zum Steigerungsspiel. Jones' Erklärung dieses Phänomens durch den »Wegfall von Hindernissen« ist soziologisch unbefriedigend. Der Wert der Untersuchung liegt im Nachweis der Universalität von Steigerungsdenken, im Begriff intensiven Wachstums als Synonym für den Begriff des Steigerungsspiels und in der Beschreibung von Blockaden, die seine Entfesselung

lange Zeit behinderten. *(Das Steigerungsspiel / Wandel des Wandels: Argumente für die Fortsetzungsvermutung)*

KAKU, MICHIO: *Zukunftsvisionen. Wie Wissenschaft und Technik des 21. Jahrhunderts unser Leben revolutionieren*, München 1998.

Kaku stimmt zwar Horgans These vom Ende der Wissenschaft im wesentlichen zu, doch gerade dies beflügelt ihn zu einer Art steigerungslogischem Höhenrausch. Die wirkliche Explosion des Möglichkeitsraums, so seine Botschaft, steht uns erst noch bevor. Er sieht uns auf dem Weg, »unsere Bestimmung zu erfüllen und ... das Universum zu unserer Domäne zu machen.« (S. 416) Dieses Buch ist ein Beispiel für die ins Ewige weisende eindimensionale Fortsetzungsvermutung ohne anthropologische und philosophische Selbstbesinnung – und ist auf hochintelligente Weise absurd: Es propagiert ein Können ohne Sein. *(Unsichtbare Herausforderung: Wohin bewegt sich die Moderne? / Wandel des Wandels: Das zweidimensionale Leben / Zukunft des Lernens: Suchbewegungen des 21. Jahrhunderts)*

KENNEDY, PAUL: *In Vorbereitung auf das 21. Jahrhundert*, Frankfurt a. M. 1993.

In seiner Haupttendenz ist dieses Buch die Auseinandersetzung mit zukünftigen (demographischen, ökologischen, globalisierungsbedingten) Gefährdungen des Steigerungsspiels. Obwohl sich zehn Jahre nach dem Erscheinen dieses Buchs manches ganz anders darstellt (beispielsweise erweist sich Kennedys Prognose für Japan und Deutschland inzwischen als zu günstig), ist an den langfristigen Herausforderungen nicht zu zweifeln. Es scheint mir allerdings wahrscheinlicher, dass sie Bedingungen der Fortsetzung des Steigerungsspiels und nicht etwa seines Endes sein werden. *(Das Steigerungsspiel: Kapitalismus. Exkurs über die Beschränktheit eines Leitbegriffs / Wandel des Wandels)*

KLEMS, WOLFGANG: *Die unbewältigte Moderne. Geschichte und Kontinuität der Technikkritik*, Frankfurt a. M. 1988.

Die Kritik des Steigerungsspiels ist so alt wie dieses selbst, und ihre Grundmuster bleiben über die Jahrhunderte hinweg gleich: Risikoscheu, Idyllisierung der Vergangenheit, Entzeitmetaphorik, Ignorieren von Eigendynamik, Schizophrenie zwischen Ablehnung einerseits und Konsum von Innovationen andererseits, Aufforderung zu neuer Eindimensionalität (von der könnenszentrierten Seinsvergessenheit zur seinszentrierten Könnensvergessenheit). Allein in der Darstellung der historischen Kontinuität der Denkfiguren liegt eine Kritik der Kritik, die befreiend wirkt, ohne naive Fortschrittsgläubigkeit zu suggerieren. *(Wandel des Wandels: Fortsetzung oder Ende? Ein Scheinkonflikt* und *Das zweidimensionale Leben)*

KOCH, CLAUS: *Ende der Natürlichkeit. Eine Streitschrift zu Biotechnik und Bio-Moral,* München 1994.

Dieses Buch ist ein unsentimentaler Versuch der Selbstaufklärung über einen neuen Handlungshorizont: Nachdenken über eine Technologie. Koch interpretiert den ins Haus stehenden Schub des Mehrkönnens weder euphorisch noch angstvoll, und er hält nichts von einer Ethik, die die fast schon vollendeten Tatsachen und die Eigendynamik des Steigerungsspiels ignoriert. Trotzdem hat er einen moralischen Standpunkt: die Frage jedes einzelnen an sich selbst, was er im gegebenen Möglichkeitsraum aus seinem Leben machen möchte. Dieses Buch ist nicht nur die Beschreibung eines kollektiven Steigerungspfads, sondern vor allem auch die Demonstration einer angemessenen, Können und Sein integrierenden Perspektive. *(Unsichtbare Herausforderung: Thema Kultur / Das Steigerungsspiel: Die Steigerungslogik / Wandel des Wandels: Das zweidimensionale Leben / Zukunft des Lernens)*

KÜSTER, HANSJÖRG: »Technik und Gesellschaft in frühen Kulturen der Menschheit«, in: Helmuth Albrecht und Charlotte Schönbeck (Hg), *Technik und Gesellschaft,* Düsseldorf 1993, S. 34-55.

Küster wirft einen Blick auf den Ursprung aller Steigerungspfade in den frühen Tagen der Menschheit. Am Anfang stand die denkende Auseinandersetzung mit der Natur, die Küster in einer ausführlichen Rekonstruktion des Sesshaftwerdens veranschaulicht. Der Steigerungsschub des Neolithikums gibt einen ersten Vorgeschmack auf positive Rückkoppelungen und wechselseitige Stimulation von Akteuren, die sich erst viel später im Steigerungsspiel voll entfalteten. In den ältesten Mythen finden sich auch bereits Spuren der Auseinandersetzung mit den Folgen der Technik – Vorformen der »reflexiven Modernisierung«, über deren Beginn Münch und Beck diskutieren. *(Wandel des Wandels)*

KUHN, THOMAS S.: *Die Struktur wissenschaftlicher Revolutionen,* Frankfurt a. M. 1967.

Dieses Buch führt das Paradigma des Paradigmas in die Modellierung der Wissenschaftsgeschichte ein: Der Wandel des Wissens ist kein kontinuierlicher Prozess, sondern ein schubweiser Gestaltwandel. Auch die Steigerungspfade der Wissenschaft machen Sprünge und erreichen Plateauphasen (in denen die »Normalwissenschaft« herrscht). Zwar kann sich Kuhn nicht zu einem Begriff wissenschaftlichen Fortschritts durchringen, aber der Nachwelt ist dies gleichgültig; sie versteht Paradigmenwechsel als kognitive Steigerung mit pragmatischem Mehrwert. Die Verbreitung der Rede vom »Paradigmenwechsel« in der Alltagssprache ist ein Zeichen für das implizite kollektive Erlernen einer komplexen erkenntnistheoretischen Denkfigur –

für doppelte Reflexivität. *(Das Steigerungsspiel: Steigerungspfade, Plateauphasen, Steigerungssprünge / Der neue Common sense: Erweiterung der Weltsicht. Über den Wandel des Alltagswissens / Zukunft des Lernens: Die Erschließung des Normalen)*

LANDES, DAVID: *Wohlstand und Armut der Nationen. Warum die einen reich und die anderen arm sind*, Berlin 1999.

In seiner Verbindung von historischer Detailgenauigkeit, globalem Überblick und dem auf die Ordnung der Transformation zentrierten Forschungsinteresse zählt dieses Buch für mich zu den wichtigsten Untersuchungen über die Geschichte des Steigerungsspiels einschließlich seiner Vorgeschichte. Einer der vielen Höhepunkte ist das 14. Kapitel: *Warum Europa? Warum damals?* Eine Schwelle, schreibt Landes, musste überschritten werden, damit sich die Ordnung der Transformation etablierte. Es war, so meine Interpretation seiner Darstellung, die Schwelle der Verfestigung eines *Spielzusammenhangs* und der *doppelten Reflexivität* (»Erfindung des Erfindens«). Wie Max Weber vertritt Landes die These der Kulturabhängigkeit der Entwicklung; sein Buch ist insofern das Gegenstück zu der Arbeit von Jared Diamond. *(Das Steigerungsspiel / Wandel des Wandels: Argumente für die Fortsetzungsvermutung / Zukunft des Lernens: Die Erschließung des Normalen)*

LÉVI-STRAUSS, CLAUDE: *Traurige Tropen*, Frankfurt a. M. 1978.

Ende der dreißiger Jahre verbrachte Claude Lévi-Strauss mehrere Jahre in Brasilien, um verschiedene Naturvölker bei ihren nomadischen Wanderungen zu begleiten und mit ihnen zusammenzuleben. In seinen lebendig und humorvoll geschriebenen Berichten wechselt er zwischen Anschauung und Reflexion: eine Zeitreise zu Kulturen die ohne jede Berührung zum Steigerungsspiel waren. Das Buch enthält viel Anschauungsmaterial zum zyklischen Leben und zum konkreten, verankerten Denken. *(Das Steigerungsspiel: Die Steigerungslogik / Wandel des Wandels: Argumente für die Fortsetzungsvermutung)*

LINDLEY, DAVID: *Das Ende der Physik. Vom Mythos der großen Vereinheitlichten Theorie*, Frankfurt a. M., Leipzig 1997.

Im Bewusstsein des Scheiterns von Endzeittheorien der Physik vor hundert Jahren stellt Lindley dennoch erneut eine solche Theorie zur Diskussion. Seine Argumentationsweise ist solider als die von Horgan, aber seine Hauptthese dieselbe: Die fundamentalen Wissensfortschritte, die sich experimentell kontrollieren und mathematisch darstellen lassen, liegen bereits hinter uns, der Pfad objektivierbarer Entdeckbarkeit ist weitgehend am Ende. Was bleibt, sind Forschungen innerhalb der geltenden Paradigmen, mathematische Ästhetisierung und der Glaube an einen Mythos. Es liegt in der Natur seiner Fragestellung, dass Lindleys Überlegungen keine zwingende Beweiskraft beanspruchen können. Sie erscheinen mir jedoch plausibler als die platte Gegenbehauptung, dass alles ewig so weitergehen werde wie in den letzten Jahrhunderten. *(Wandel des Wandels: Verknappung von Steigerungswissen)*

LUTTWAK, EDWARD: *Turbokapitalismus. Gewinner und Verlierer der Globalisierung*, Wien 1999.

Was Luttwak Turbokapitalismus nennt, ist praktizierter Neoliberalismus. Der Begriff bezeichnet den vollkommen deregulierten, entfesselten Markt ohne alle schützenden Barrieren. Die Tendenz dazu sieht Luttwak seit dem Ende der siebziger Jahre global auf dem Vormarsch. Seine Darstellung gründet auf weltweiter Faktenkenntnis, die er mit vielen Beispielen einbringt. Wesentlich ist seine Vorstellung von Können, Möglichkeitsraum und Steigerung: Sie orientiert sich nicht lediglich an gesamtvolkswirtschaftlichen Wachstumszahlen, sondern an den tatsächlichen Lebensverhältnissen der vielen. Dadurch gewinnt er einen durchaus steigerungslogisch begründeten, kritischen Blick auf das gemessene Wachstum. Mit Vorschlägen ist er zurückhaltend, aber sein Tenor ist klar: Regulierung kann steigerungslogisch sinnvoll sein, um zu vermeiden, was Luttwak als Konsequenz des Turbokapitalismus ansieht: »Die Volkswirtschaft dient nicht der Gesellschaft, sondern die Gesellschaft der Volkswirtschaft.« *(Das Steigerungsspiel / Zukunft des Lernens: Suchbewegungen des 21. Jahrhunderts)*

LUTZ, BURKART: *Der kurze Traum immerwährender Prosperität*, Frankfurt a. M., New York 1984.

Lutz behandelt ein spezielles Thema – den Rückgang der Wachstumsdynamik in Deutschland seit den fünfziger Jahren – mit begrifflichen und theoretischen Mitteln, die weit über den Spezialfall hinausweisen. Seine Metapher der »Landnahme« (hier: des traditionell-agrarischen Sektors durch den industriellen Sektor) enthält die Vorstellung der Verknappung von Steigerungswissen: Mit dem Erfolg der Landnahme ist das Steigerungswissen verbraucht. In dieselbe Richtung weisen seine Überlegungen zur Bedeutung »spielintegrierender Zielsysteme« für die Fortsetzung des Steigerungsspiels; hier klingt die Idee der Erweiterbarkeit als (immer schwieriger zu beschaffender) kognitiver Ressource der Steigerung an. Die Bedeutung, die Lutz (wie viele andere Autoren) materiellen Ressourcen zuweist, scheint mir dagegen übergewichtet angesichts der These, dass das Steigerungsspiel Defizite als kognitive Ressourcen seiner Fortsetzung interpretiert. *(Wandel des Wandels: Verknappung von Steigerungswissen)*

MADDISON, ANGUS: »Wirtschaftswachstum und Lebensstandard im 20. Jahrhundert«, in: Wolfgang Fischer (Hg), *Lebensstandard und Wirtschaftssysteme*, Frankfurt a. M. 1995.

Zusammenfassende Darstellung von quantitativen wirtschaftsgeschichtlichen Untersuchungen Maddisons bei zwanzig Ländern für den Zeitraum von 1820 bis 1992. Ähnlich wie Jones erklärt Maddison den Wachstumsvorsprung der westlichen Welt durch den Wegfall von Hindernissen. Positiv formuliert: Das Steigerungsspiel verdankt seinen Anfang der Freisetzung von Akteuren und der historisch einmaligen Verwirklichung seiner Spielbarkeit. Insgesamt zeigt sich ein Trend zur internationalen Konvergenz in der Spitzengruppe (Westeuropa, USA, Japan) einerseits und zur Stabilität langfristiger nationaler Unterschiede andererseits (die Spitzengruppe ist bereits seit sechs Jahrhunderten führend). Weltweit erscheint die Zeit von 1950 bis 1973 als »goldenes Zeitalter«, vor allem in Westeuropa, was Maddison analog zu Lutz vor allem durch »Nachholen« erklärt. Steigerungslogisch ausgedrückt: Hier gab es noch unverbrauchtes Steigerungswissen. *(Das Steigerungsspiel / Wandel des Wandels: Argumente für die Fortsetzungsvermutung)*

MADDISON, ANGUS: *Monitoring the World Economy 1820-1992*, Paris 1995.

Quantitative Studie mit 56 Nationen in sieben Gruppen. Die Tabelle auf S. 19 überblickt den Zeitraum seit dem Jahr 1500; sie dokumentiert die Expansion des Möglichkeitsraums in Form von Wachstumzahlen. Maddisons Erklärung des Wachstumsrückgangs seit 1973 zieht implizit die Verknappung von Steigerungswissen in Betracht. *(Das Steigerungsspiel / Wandel des Wandels: Argumente für die Fortsetzungsvermutung* und *Verknappung von Steigerungswissen)*

MARTIN, HANS-PETER und HARALD SCHUMANN: *Die Globalisierungsfalle*, Reinbek 1996.

Alle Kernaussagen, Argumente und Forderungen, die heute diskutiert werden, sind bereits in diesem Buch enthalten. Sein Titel suggeriert eine Gegnerschaft, die der Gesamtaussage nicht entspricht. Weil die Autoren nicht einfach eine »antikapitalistische« Haltung einnehmen, sind sie frei genug, um (wenn sie es auch nicht so nennen) über die Fortsetzung des Steigerungsspiels unter den durch die Globalisierung geänderten Bedingungen nachzudenken. Ihre Ultima ratio ist die instrumentelle Vernunft: die Absicherung und Steigerung des Handlungsspielraums und der Lebensbedingungen einer möglichst großen Zahl von Akteuren. *(Das Steigerungsspiel: Kapitalismus. Exkurs über die Beschränktheit eines Leitbegriffs)*

McKendrick, John Brewer und J. H. Plumb: *The Birth of a Consumer Society. The Commercialization of Eighteenth-century England*, London 1982.

Diese ins historische Detail gehende Arbeit gibt die Vorgeschichte jener Phase des Steigerungsspiels wieder, die Fraser darstellt. Was Fraser im Zeitabschnitt von 1850 bis 1914 beschreibt (einen gesamtgesellschaftlichen steigerungslogischen Spielzusammenhang), bildet sich bereits in der zweiten Hälfte des achtzehnten Jahrhunderts heraus. Die kollektive Prozesslogik ist bis heute unverändert. Wenn man sich vor Augen hält, wie lange das gelernte Mehr-Wollen bereits zur kulturellen Tradition des Westens gehört, wundert man sich nicht über seine Beständigkeit. *(Der Sinn des Absurden: Wege des Nutzens. Das Beispiel des Konsums / Das Steigerungsspiel)*

Meadows, Dennis: *Die Grenzen des Wachstums. Bericht des Club of Rome zur Lage der Menschheit*, Stuttgart 1972.

Sein Modell musste Meadows inzwischen revidieren, seine Aussage jedoch behält er bis heute bei: Das globale Steigerungsspiel funktioniert wie ein Auto, das stehen bleibt, wenn der Tank leer ist. Dieses Denkmuster prägte Jahrzehnte der Ökodiskussion. Aber das Steigerungsspiel ist ein kulturelles, kein materielles Phänomen. Es ist ein Prozess kollektiven Lernens, der die durch ihn verursachten Folgeschäden als Stimulus neuer Lernprozesse interpretiert. Implizit erkennt Meadows das Soziologiedefizit seines Denkens dadurch an, dass er es weltweit kommuniziert, denn darin bekundet sich eine Hoffnung auf Lernprozesse (die Meadows jedoch nicht zum Thema macht). Welche ökologischen Konsequenzen die von Beck und Münch gleichermaßen behauptete Reflexivität der Moderne hat, bleibt in der durch Meadows geprägten Diskussionstradition unberücksichtigt. Freilich: Wenn Probleme steigerungslogische Ressourcen sind, dann erscheint Panik geradezu als Fortschrittsimpuls. *(Wandel des Wandels: Argumente für die Fortsetzungsvermutung)*

Miegel, Meinhard: *Die deformierte Gesellschaft. Wie die Deutschen ihre Wirklichkeit verdrängen*, Berlin, München 2002.

Die Perspektive Miegels ähnelt der von Kennedy, Luttwak oder Thurow. Sein Thema ist die Gefahr einer Krise des Könnens. Was die anderen Autoren in bezug auf die globale Entwicklung untersuchen, betrachtet er in Bezug auf die Entwicklung Deutschlands. Demographische Krise, Blockaden des Arbeitsmarkts und Fehlsteuerungen des Sozialstaats, kombiniert mit illusionären Erwartungshaltungen eines großen Teils der Bevölkerung, drohen nicht nur zur Verlangsamung der Steigerung, sondern sogar zu einer Reduktion des Möglichkeitsraums zu führen. Miegels Analyse ist kenntnisreich und schonungslos. Sie gehört in die geistige Tradition des Steigerungsspiels: eine kritische Reflexion der gegenwärtigen Lage, orientiert an der instrumentellen Vernunft. Bücher wie dieses machen klar, dass nicht etwa ein Übergang von der Denkwelt des Könnens zu der des Seins ansteht, sondern die Herausbildung zweidimensionalen Denkens. *(Wandel des Wandels / Zukunft des Lernens: Suchbewegungen des 21. Jahrhunderts)*

MÜNCH, RICHARD: *Die Kultur der Moderne. Band 1: Ihre Grundlage und ihre Entwicklung in England und Amerika. Band 2: Ihre Entwicklung in Frankreich und Deutschland,* Frankfurt a. M. 1986.

In diesem monumentalen Werk verbindet Richard Münch die historische Rekonstruktion der Moderne, differenziert nach vier verschiedenen nationalen Entwicklungspfaden, mit einer interkulturellen und überzeitlich ansetzenden soziologischen Theorie, die in ihrer Grundstruktur vor allem von Talcott Parsons beeinflusst ist. Er identifiziert die Moderne, gleichviel, wo und wie sie im einzelnen voranschreitet, durch ihren kulturellen Code, bestehend aus den vier Elementen von Aktivismus, Rationalismus, Individualismus und Universalismus. Damit beschreibt er, von Max Weber herkommend, den normativen Hintergrund des Steigerungsspiels, während in meiner Untersuchung der Akzent auf der Logik des Spielgeschehens liegt. Entschieden bestreitet Münch die Wahrscheinlichkeit oder gar Notwendigkeit eines Endes der Moderne. Wer Schwierigkeiten mit den systemtheoretischen Abstraktionen Münchs hat, wird entschädigt durch die kenntnisreiche und Jahrhunderte überspannende Darstellung der kollektiven Steigerungspfade von vier Nationen. *(Das Steigerungsspiel / Wandel des Wandels)*

MÜNCH, RICHARD: »Die zweite Moderne: Realität oder Fiktion? Kritische Fragen an die Theorie der reflexiven Modernisierung«, in: *Kölner Zeitschrift für Soziologie und Sozialpsychologie,* Heft 3, 2002, S. 417-443.

Der Aufsatz ist ein Angriff auf Ulrich Becks These eines Epochenbruchs der Moderne, den dieser auf die veränderte Qualität von Entgrenzung, Risiko und Reflexivität zurückführt. Münchs Gegenthese: All dies hat es von Anfang an gegeben und gehört zur Kontinuität der Moderne. Sosehr ich Münch in dieser Hinsicht zustimme – problematisch scheint mir seine Kritik soziologischer Zeitdiagnosen, die nichts weiter seien als sich selbst bestätigende Theorien, warmgehalten im Durchlauferhitzer soziologisch inspirierter Medienkommunikation. So dumm sind die Menschen nicht, dass sie sich von Soziologen alles erzählen ließen. Eine Soziologie, die auf Zeitdiagnose verzichtet, verurteilt sich zur Irrelevanz (deshalb hat auch Münch zeitdiagnostische Arbeiten geschrieben). *(Unsichtbare Herausforderung: Wohin bewegt sich die Moderne? / Zukunft des Lernens: Die Erschließung des Normalen)*

Nefiodow, Leo A.: *Der sechste Kondratieff. Wege zur Produktivität und Vollbeschäftigung im Zeitalter der Information*, Sankt Augustin 1997.

Die Theorie der langen Wellen eignet sich für die zusammenfassende Beschreibung des Steigerungsspiels seit dem Ende des achtzehnten Jahrhunderts. Der Blick aufs Ganze offenbart einen Wechsel von Steigerungssprüngen und Plateauphasen. Nefiodow nutzt die Perspektive der Kondratieffzyklen für Überlegungen zur Fortsetzung des Steigerungsspiels im einundzwanzigsten Jahrhundert. Er prognostiziert eine Bedeutungszunahme des Themas Kultur. *(Unsichtbare Herausforderung: Thema Kultur / Das Steigerungsspiel / Zukunft des Lernens: Suchbewegungen des 21. Jahrhunderts)*

Negroponte, Nicholas: *Total digital. Die Welt zwischen 0 und 1 oder die Zukunft der Kommunikation*, München 1995.

In der kurzen Zeit seit dem Erscheinungsjahr dieses Buchs sind viele seiner technologischen Vorhersagen bereits banale Alltagswirklichkeit. Soziologisch ist der Text gerade im Rückblick interessant – als Beleg für die der Knappheit von Steigerungswissen korrespondierende Geschwindigkeit, mit der gegebenes Steigerungswissen (hier in Form definierter Perfektionierbarkeit) verbraucht wird. *(Der Sinn des Absurden: Wege der Zeichen. Das Beispiel der Medien / Wandel des Wandels: Verknappung von Steigerungswissen)*

Nerlich, Michael: *Abenteuer oder das verlorene Selbstverständnis der Moderne*, München 1997.

Die geistigen Wurzeln der Moderne liegen wesentlich weiter zurück als das allmähliche Einsetzen des Steigerungsspiels im achtzehnten Jahrhundert. Nerlich äußert historisch begründete Zweifel an der Verortung von Rationalität, Aufklärung, Risiko und Reflexivität in den vergangenen zwei Jahrhunderten oder gar erst zwei Jahrzehnten. Sein wichtigster Kronzeuge ist Chrétien de Troyes, der in der zweiten Hälfte des zwölften Jahrhunderts gelebt hat. »Im Begriff der aventure denkt der handelnde Mensch des zwölften bis dreizehnten Jahrhunderts seine Existenz zum erstenmal grundsätzlich vom Wagnis, vom Lebensexperiment aus, das sich auf Plan und Zufall gründet.« Diese (nach Nerlich bedrohte) Mentalität wurde im Steigerungsspiel hochgradig institutionalisiert. Sie ist neu herausgefordert im Paradigma der Begegnung, das die aventure zur Sache des Subjekts macht. *(Unsichtbare Herausforderung: Wohin bewegt sich die Moderne? / Das Steigerungsspiel: Normaler Wandel, geordnete Transformation / Wandel des Wandels: Verknappung von Steigerungswissen / Zukunft des Lernens: Suchbewegungen des 21. Jahrhunderts)*

NOZICK, PAUL: *Vom richtigen, guten und glücklichen Leben,* München 1991.
Ein zeitgenössischer Philosoph (er lebte bis 2001) denkt im Alter unge-
schminkt über Sexualität nach: Lesenswerte Reflexionen zum Paradigma
der Begegnung. *(Der neue Common sense: Erweiterung der Weltsicht. Über
den Wandel des Alltagswissens)*

PAEPKE, C. OWEN: *The evolution of progress,* New York 1993.
Das Ende des Steigerungsspiels, das Paepke diagnostiziert, ist in den Jahren nach dem Erscheinen seines Buchs erst einmal nicht eingetreten – im
Gegenteil erlebten die USA ein langanhaltendes Wachstum. Bemerkenswert
ist diese Abhandlung dennoch, weil Paepke seine Theorie des Endes nicht
wie üblich aus angreifbaren ökologischen Überlegungen ableitet, sondern
Argumente gebraucht, die implizit etwas mit der Verknappung von Steigerungswissen zu tun haben. Diese Passagen (S. 53-179) sind lesenswert; sie
liefern Beispiele für die Verknappung von Perfektionierbarkeit, Erweiterbarkeit und Entdeckbarkeit. Weil Paepke weder eine soziologische Theorie
des Steigerungsspiels noch seines Wandels erarbeitet, fällt er dem Endzeit-
Irrtum anheim. Dies ist um so erstaunlicher, als seine Prognose einer neuen,
angeblich ganz anderen Form des Fortschritts doch wieder nur das Aussehen
von Möglichkeitserweiterungen hat, deren steigerungslogische Vereinnah-
mung längst begonnen hat. Theorien der Ankunft und des kulturellen Lernens fehlen. *(Wandel des Wandels: Verknappung von Steigerungswissen*
und *Das zweidimensionale Leben)*

PAPE, HELMUT: *Der dramatische Reichtum der konkreten Welt,* Weilers-
wist 2002.
Der Pragmatismus lebt. Mehr als hundert Jahre Philosophiegeschichte
seit den Pionierarbeiten von Peirce und James haben seiner Überzeugungskraft nichts anhaben können. Dieses Standardwerk zeigt die Aktualität des
Pragmatismus auf, indem es ihn aus dem philosophiegeschichtlichen Überblick heraus rekonstruiert. Überraschend und überzeugend: die Verwandtschaft von Pragmatismus und Existenzphilosophie sowie von Pragmatismus
und Idealismus. Scheinbare Gegensätze lösen sich auf. *(Der neue Common
sense)*

POPPER, KARL: »Zwei Seiten des Alltagsverstandes. Ein Plädoyer für den
Realismus des Alltagsverstandes und gegen die Erkenntnistheorie des All-
tagsverstandes«, in: Karl Popper, *Objektive Erkenntnis. Ein evolutionärer
Entwurf,* Starnberg 1973, S. 46-131.
Popper untersucht die implizite Erkenntnistheorie des Common sense der
Kultur, der er angehört – ein seltenes, aber lohnendes Unterfangen in der
Philosophiegeschichte. Sein Ergebnis: Skeptische Philosophen können etwas

vom Alltagsverstand lernen, umgekehrt kann aber auch der Alltagsverstand von der Philosophie (in der kantianischen Tradition) etwas lernen: Es gibt keine Erkenntnis ohne Voreinstellungen (Aprioris, Theorien, Paradigmen). Popper verbindet seine Kritik zwar nicht explizit mit der Erwartung kollektiven Lernens, aber worin sollte sonst ihr Sinn bestehen? *(Der neue Common sense: Erweiterung der Weltsicht. Über den Wandel des Alltagswissens / Zukunft des Lernens)*

POPITZ, HEINRICH: *Phänomene der Macht,* Tübingen 1992.
Gelungene Klassifikationen verschiedener Machttypen im Kapitel *Das Konzept Macht,* die ich im Rahmen der Soziologie des Seins nutze. *(Der neue Common sense: Soziologie des Seins).*

POPITZ, HEINRICH: *Der Aufbruch zur Artifiziellen Gesellschaft,* Tübingen 1995.
Unübertroffene verdichtete Darstellung der Menschheitsgeschichte der Steigerung. Die Verdichtungsleistung von Popitz ergänzt in idealer Weise die Detaillierungsleistungen von Landes und Diamond. Die langen Zyklen Kondratieffs (siehe Nefiodow) erscheinen als kurz innerhalb der großen menschheitsgeschichtlichen Entwicklungsstufen, die Popitz unterscheidet: Steigerungssprünge und Plateauphasen, die erst bei maximaler Komprimierung sichtbar werden. Das Steigerungsspiel gehört zur bisher letzten Stufe. *(Das Steigerungsspiel / Wandel des Wandels)*

RADKAU, JOACHIM: *Natur und Macht. Eine Naturgeschichte der Umwelt,* München 2000.
Nicht erst die Gegenwart ist eine Zeit der ökologischen Krise. Über die ganze Geschichte hinweg, so belegt Radkau, war menschliche Existenz notwendig mit Naturveränderung verbunden. Immer und überall gab es Konflikte zwischen divergierenden Nutzungsansprüchen, gab es Krisen und Katastrophen, aber auch Problembewusstsein und die Suche nach Gleichgewicht. Schon weil neue Lösungen neue Probleme schaffen, ist die Geschichte der Umwelt unendlich. Die zweite Dimension des Umweltbezugs – Natur nicht als Möglichkeitsraum, sondern als Erscheinung – klingt in dieser Studie nur auf einigen Seiten an; verwiesen sei auf das Buch von Groh und Groh. *(Wandel des Wandels: Argumente für die Fortsetzungsvermutung / Der neue Common sense: Erweiterung der Weltsicht. Über den Wandel des Alltagswissens)*

RAMMERT, WERNER: »Technik und Alltagsleben – Sozialer Wandel durch Mechanisierung und technische Medien«, in: Helmuth Albrecht und Charlotte Schönbeck (Hg), *Technik und Gesellschaft,* Düsseldorf 1993, S. 266-292.

Der Aufsatz bietet eine Übersicht über die langfristigen Steigerungspfade von vielen in heutigen Haushalten anzutreffenden Geräten. Er zeigt an verschiedenen Beispielen (etwa Telefon und Glühbirne) die Bedeutung von Steigerungswissen: Innovationen werden erst marktfähig, wenn Nutzungsformen gefunden werden, was oft jahrelang dauert. Erst wenn eine Nutzenvision auftaucht, ist ein neuer Steigerungspfad mit einem begrenzten Vorrat an Perfektionierbarkeit eröffnet. Der Aufsatz beschreibt positive Rückkoppelungen der Steigerung. *(Das Steigerungsspiel / Wandel des Wandels)*

Rescher, Nicholas: *Scientific Progress*, Oxford 1978.
In dieser Arbeit bestreitet Rescher sowohl die These vom Ende der Wissenschaft als auch die Gegenthese ihres immer schnelleren Wachstums. Sein Befund ist der einer zwar unendlichen, aber sich verlangsamenden Fortschrittsgeschichte. Bei weitem die beste Abhandlung zu diesem Thema. *(Wandel des Wandels: Verknappung von Steigerungswissen)*

Rescher, Nicholas: *The Limits of Science*, Berkley, Los Angeles, London 1984.
Entgegen der Schlussfolgerung, die der Titel nahelegt, ist es die zentrale These von Rescher, dass die Naturwissenschaft eine potentiell unendliche Geschichte hat, nicht nur wegen der Unendlichkeit der Phänomene, die zu einem lohnenden Objekt naturwissenschaftlicher Analyse werden können, sondern vor allem auch wegen der unendlichen Vielzahl möglicher kognitiver Systematisierungen von Invarianzen, selbst wenn diese endlich sein sollten. Wissenschaftlichen Fortschritt definiert Rescher als Fortschritt der Naturbeherrschung. Was er *nicht* untersucht, ist die Beziehung der Wissenschaftsgeschichte einerseits zu menschlichen Bedürfnissen und zum Steigerungsspiel andererseits. Gibt es nicht einen endlichen, anthropologisch limitierten Beherrschungsbedarf und einen abnehmenden Grenznutzen neuer naturwissenschaftlicher Systematisierungen bestimmter Invarianzen im Hinblick auf das, was Menschen wollen? Wesentliche Thesen dazu enthält die zitierte andere Untersuchung von Rescher. *(Wandel des Wandels: Verknappung von Steigerungswissen)*

Rheinberger, Hans-Jörg: *Experimentalsysteme und epistemische Dinge. Eine Geschichte der Proteinsynthese im Reagenzglas*, Göttingen 2001.
Der Autor ist gleichzeitig Philosoph und Biologe. Dieser doppelten Qualifikation verdanken wir eine unvergleichliche Beschreibung der Fortbewegung der Naturwissenschaft auf dem Pfad der Entdeckbarkeit. Erkenntnisfortschritt wird in Form von technischen und methodischen Experimentalsystemen organisiert, die sich auf zunächst nur vermutbare epistemische Dinge (Invarianzen) richten. Vermutungen dieser Art bezeichne ich als Steigerungs-

wissen vom Typ der Entdeckbarkeit. Bestätigen sie sich, sind sie als kognitive Ressourcen der Steigerung verbraucht. (*Wandel des Wandels:* Verknappung von Steigerungswissen)

RÖTHLEIN, BRIGITTE: *Mare tranquillitatis. Die wissenschaftlich-technische Revolution,* München 1997.
Im zwanzigsten Jahrhundert war bereits Routine, was im neunzehnten Jahrhundert allmählich in Fahrt kam: das enge Zusammenspiel von Wissenschaft und Technik. Röthlein verfolgt sieben Felder einander hochschaukelnder Steigerungspfade paradigmatischer und technischer Art. *(Das Steigerungsspiel: Wechselwirkung von Handlungsfeldern. Zwei Beispiele / Wandel des Wandels: Verknappung von Steigerungswissen)*

SCHULZE, GERHARD: *Die Erlebnisgesellschaft. Kultursoziologie der Gegenwart,* Frankfurt a. M. 1992.
In diesem Buch interpretiere ich die bundesdeutsche Gesellschaft der späten achtziger Jahre als eine Formation, die sich auf das Sein hin orientiert, veranlasst durch den Wandel der objektiven Lebensumstände. Dabei sind die Menschen jedoch noch weitgehend an der Rationalität des Könnens orientiert (*Erlebnisrationalität*). Anders als Bourdieu sehe ich (in einer dominant könnensorientierten Sozialwelt entstandene) vertikale soziale Unterschiede und statusbestimmte Milieubildung zugunsten erlebnisorientierter Muster zurücktreten. Meine Diagnose ist eine Momentaufnahme des kollektiven Lernprozesses einer Gesellschaft vor dem Hintergrund allgemeiner theoretischer Überlegungen. *(Unsichtbare Herausforderung / Der neue Common sense / Zukunft des Lernens)*

SELZ, RÜDIGER: »Technik und Arbeitswelt«, in: Helmuth Albrecht und Charlotte Schönbeck (Hg), *Technik und Gesellschaft,* Düsseldorf 1993, S. 233-265.
Komprimierte Darstellung des Entwicklungspfads der Produktionstechnik in der zweiten Hälfte des zwanzigsten Jahrhunderts. *(Das Steigerungsspiel: Wechselwirkung von Handlungsfeldern. Zwei Beispiele)*

SENGHAAS, DIETER: »Seltene Erfolge, viele Fehlschläge und aufhaltsame Fortschritte. Reflexionen zu David Landes' opus magnum *Wohlstand und Armut der Nationen*«, in: *Leviathan,* Heft 1, 2000, S. 142-153.
Eine wichtige kritische Ergänzung zum zitierten Werk von David Landes: Im internationalen Wettbewerb versuchen seit dem achtzehnten Jahrhundert die siegreichen Nationen im Steigerungsspiel ein Gleichziehen der »Späteinsteiger« systematisch zu verhindern. Das von den Globalisierungsgegnern angegriffene Muster der Sabotage des Steigerungsspiels ist also

schon jahrhundertealt. Hinzuzufügen ist: Immer wieder, so auch heute, provozieren Entwicklungsrückstände steigerungslogische Gegenreaktionen. *(Das Steigerungsspiel: Kapitalismus. Exkurs über die Beschränktheit eines Leitbegriffs / Wandel des Wandels: Argumente für die Fortsetzungsvermutung)*

SIEGENTHALER, HANSJÖRG: »Arbeitsmarkt zwischen Gleichgewicht und Ungleichgewicht im Zeitalter modernen Wirtschaftswachstums,« in: Jürgen Kocka und Claus Offe (Hg), *Geschichte und Zukunft der Arbeit*, Frankfurt a. M. 1999.
Am Beispiel der gegenwärtigen Krise des Arbeitsmarkts warnt Siegenthaler vor der Verwechslung von Plateauphasen und Stockungen des Steigerungsspiels mit einer angeblichen Endzeit. In der Geschichte des Steigerungsspiels sind solche Phasen normal. Siegenthaler vermisst bei den Endzeittheoretikern Argumente dafür, dass gegenwärtige Stagnationsphasen anders zu bewerten seien als alle vorhergehenden. Dem stimme ich zu, allerdings taucht die Möglichkeit einer Verlangsamung durch Verknappung von Steigerungswissen bei Siegenthaler nicht auf. *(Das Steigerungsspiel: Steigerungspfade, Plateauphasen, Steigerungssprünge / Wandel des Wandels: Argumente für die Fortsetzungsvermutung)*

SIMMEL, GEORG: *Philosophie des Geldes*, Frankfurt a. M 1989.
Von reichem historischem und anthropologischem Wissen getragener klassischer Beitrag zur Spur der Abstraktion in der Geschichte und zur heimlichen Sinnverschiebung im Steigerungsspiel: Das Mittel, verkörpert im Geld, wird zum Zweck schlechthin. Es macht alles objektiv vergleichbar und ermöglicht – in der Sprache Luhmanns ausgedrückt – Anschlussfähigkeit von allem an alles. Ohne das Medium Geld gäbe es keinen globalen Spielzusammenhang. *(Der Sinn des Absurden: Ein existenzphilosophischer Blick auf die Gegenwart / Wandel des Wandels: Argumente für die Fortsetzungsvermutung)*

SIMMEL, GEORG: *Brücke und Tür. Essays des Philosophen zu Geschichte, Religion, Kunst und Gesellschaft*, Stuttgart 1957.
Der Abschnitt *Geschichte und Kultur* enthält Arbeiten über die zeitliche Ausgedehntheit kultureller Phänomene, über das Verstehen und über Kultur. Was Simmel über das Verstehen der Vergangenheit sagt, wende ich mit der Methode des prognostischen Verstehens auf die Zukunft an. Der kurze Aufsatz *Die Zukunft unserer Kultur* spricht (wenn auch mit anderen Begriffen) den Dualismus von Können und Sein und das Problem des Nachhinkens kollektiven Lernens an. Das Motiv ist zeitlos; es klingt, wie Dodds darstellt, bereits in der Antike an. *(Unsichtbare Herausforderung: Thema*

Stent, Gunther: *The Coming of the Golden Age*, Garden City NY 1969.
In Spurenelementen taucht hier die Idee der Verknappung von Steigerungswissen als Folge von Steigerung auf. Stent macht daraus gleich ein Ende des Fortschritts – der übliche Fehler. Seine Zukunftsvision beschreibt er mit einer Ankunftsmetapher: die Geschichte der Besiedlung von Polynesien. Auf die Reise (Fortschritt, Möglichkeitserweiterung) folgte ein goldenes Zeitalter des müßigen dolce vita. Die Hippies, die Gunther Stent jeden Tag in Berkeley sah, während er dieses Buch schrieb, erschienen ihm als Bestätigung – kühne Visionen eines Molekularbiologen beim Blick aus dem Bürofenster im Jahr 1968. Auf engem Raum sind hier die wichtigsten Fehldeutungen versammelt: Ende des Steigerungsspiels, Ende der Geschichte, Ankunft als Idyll, Kultur als etwas ganz Simples – man kauert gemeinsam im Schatten und raucht einen Joint. *(Wandel des Wandels: Verknappung von Steigerungswissen* und *Das zweidimensionale Leben / Der neue Common sense: Erweiterung der Weltsicht. Über den Wandel des Alltagswissens)*

Stiglitz, Joseph: *Die Schatten der Globalisierung*, Berlin 2002.
Ein Kenner des IWF, ausgestattet mit der Autorität eines Nobelpreisträgers, analysiert die Aktivitäten dieser Institution in den neunziger Jahren. Seine Kritik lässt sich in dem Satz zusammenfassen, dass ausgerechnet eine Organisation, die wie keine andere zur weltweiten Förderung des Steigerungsspiels angetreten ist, durch haarsträubende Borniertheit und Inkompetenz das Gegenteil bewirkt hat. *(Das Steigerungsspiel: Kapitalismus. Exkurs über die Beschränktheit eines Leitbegriffs)*

Streeck, Wolfgang: »Industrielle Beziehungen in einer internationalisierten Wirtschaft«, in: Ulrich Beck (Hg), *Politik der Globalisierung*, Frankfurt a. M. 1998.
Streeck warnt – mit guten Argumenten – vor allzu großem »sozialdemokratischem Optimismus« hinsichtlich der Überwindbarkeit der durch die Globalisierung hervorgerufenen Störungen nationalstaatlicher Steigerungsspiele. Er ist jedoch nicht resignativ, sondern nur skeptisch in bezug auf die baldige Realisierbarkeit institutioneller Korrekturen. Gerade deshalb betrachte ich Arbeiten wie diese als Bedingung dafür, dass es zu solchen Korrekturen kommt. Sie sind Bestandteil eines globalen steigerungslogischen Reflexions- und Lernprozesses, für dessen Voranschreiten es bereits in der kurzen Zeit seit Erscheinen des Aufsatzes neue Beispiele gibt. *(Das Steigerungsspiel: Kapitalismus. Exkurs über die Beschränktheit eines Leitbegriffs /*

Wandel des Wandels: Argumente für die Fortsetzungsvermutung / Zukunft des Lernens: Suchbewegungen des 21. Jahrhunderts)

STOLLBERG-RILINGER, BARBARA: *Der Staat als Maschine. Zur politischen Metaphorik des absoluten Fürstenstaats*, Berlin 1986.
Das Maschinenmodell der Welt ist älter als das Steigerungsspiel, wird aber zu seiner Frühzeit erst richtig populär. Seine Übertragung auf kulturelle Phänomene wird zwar seit der Aufklärung kritisiert, beendet ist sie jedoch keineswegs. Die suggestive Kraft der Metapher erhält durch den Computer neue Nahrung. Was Stollberg-Rilinger als vergangen beschreibt, ist immer noch Gegenwart. Kollektives Lernen steht hier vor der Aufgabe des Verlernens. *(Zukunft des Lernens: Die Erschließung des Normalen)*

THUROW, LESTER: *Die Zukunft des Kapitalismus. Leben im 21. Jahrhundert*, Düsseldorf, München 1996.
Wie die Bücher von Kennedy, Luttwak oder Miegel gehört auch dieses in die Reihe der globalen Problemanalysen unter der Perspektive des Könnens. Die Denkhaltung ist klassisch-steigerungslogisch. Es geht um die Diagnose von Defiziten und Gefahren als Ausgangspunkt der Handlungsplanung. Naiv ist, wer – wie etwa Gunther Stent – ein goldenes Zeitalter erwartet. Der Weg der instrumentellen Vernunft ist nicht am Ende; die Idee des Seins tritt nicht etwa an die Stelle der Idee des Könnens, sondern neben sie. »Kapitalismus« ist nur ein Wort; was Thurow meint, ist das Steigerungsspiel. *(Das Steigerungsspiel: Kapitalismus. Exkurs über die Beschränktheit eines Leitbegriffs / Wandel des Wandels)*

TÖNNIES, FERDINAND: *Gemeinschaft und Gesellschaft. Grundbegriffe der neuen Soziologie*, Darmstadt 1988 (Erstauflage 1887).
Tönnies prägte das bis heute aktuelle Begriffspaar von Gemeinschaft und Gesellschaft, das in meinen Überlegungen als Dualismus von Enklave und Funktionszusammenhang auftaucht. Es korrespondiert dem Begriffspaar von mechanischer und organischer Solidarität bei Durkheim (mit dem Tönnies persönlich bekannt war). *(Der neue Common sense: Soziologie des Seins)*

TUCHMANN, BARBARA: *Die Torheit der Regierenden. Von Troja bis Vietnam*, Frankfurt a. M. 1989.
Drei historische Studien über das Beharrungsvermögen alten Denkens – ein zeitloses Muster der Geschichte. *(Zukunft des Lernens: Suchbewegungen des 21. Jahrhunderts)*

United Nations Development Program: *Bericht über die menschliche Entwicklung 2002*, Bonn 2002.

Das Studium von Zeitreihen für alle Nationen der Welt bestätigt, wovon ständig die Rede ist: enorme Ungleichheiten. Man kann den Zeitreihen jedoch noch weitere Botschaften entnehmen: Es gibt eine langfristige globale Tendenz der Verbesserung der Lebensumstände (abgesehen von den Ländern der »vierten Welt«; siehe auch Castells und Bernecker); Entwicklungsrückstände sind überwiegend nicht auf das Steigerungsspiel zurückzuführen, sondern im Gegenteil auf seine Blockade und auf lokale Ursachen; das Ausmaß der Verbesserung von Lebensumständen in einzelnen Nationen hängt mit der jeweiligen institutionellen Absicherung des Steigerungsspiels beziehungsweise seiner Blockade zusammen. *(Das Steigerungsspiel: Kapitalismus. Exkurs über die Beschränktheit eines Leitbegriffs)*

Veblen, Thorstein: *Theorie der feinen Leute. Eine ökonomische Untersuchung der Institutionen*, Frankfurt a. M. 1986.

Lange vor Bourdieu war es Veblen, der mit diesem 1899 erschienenen Buch die symbolische Bedeutung des Konsums als Ausdrucksmittel sozialer Unterscheidung brillant und sarkastisch offenlegte. Alles Wesentliche über den Wunsch, mehr zu scheinen, ist bereits hier gesagt. *(Der Sinn des Absurden: Wege des Nutzens. Das Beispiel des Konsums)*

Weber, Max: *Schriften zur Soziologie*, herausgegeben von Michael Sukale, Stuttgart 1995.

Dieser Sammelband enthält unter anderem die berühmten »soziologischen Grundbegriffe«: eine komprimierte Darstellung der Denkweise der verstehenden Soziologie, deren Produktivität Weber in seinem Opus magnum »Wirtschaft und Gesellschaft« zum Tragen bringt. Daneben enthält der Band einen ausführlicheren Aufsatz über die verstehende Soziologie. *(Das Steigerungsspiel / Der neue Common sense: Wie weiterdenken? / Zukunft des Lernens: Die Erschließung des Normalen)*

Weber, Max: *Schriften zur Wissenschaftslehre*, herausgegeben von Michael Sukale, Stuttgart 1991.

Zeitlos gültige Grundlegung kulturbezogenen Denkens: Wie kann man sich intersubjektiv über historisch variable, unscharfe und nur durch Sinninterpretation erschließbare Phänomene verständigen? Die oft missverstandene Begriffsklasse der *Idealtypen* wird hier erläutert. *(Der neue Common sense: Wie weiterdenken? / Zukunft des Lernens: Die Erschließung des Normalen)*

WEBER, MAX: »Die protestantische Ethik und der Geist des Kapitalismus«, in: *Gesammelte Aufsätze zur Religionssoziologie I*, Tübingen 1988, S. 17-206.
Grundlegende Arbeit zur Soziologie der Moderne: Die könnensgerichtete (zweckrationale) Form der Rationalisierung hat ihre Wurzeln in der protestantischen Theologie. Hinzuzusetzen ist: Der Protestantismus war weder notwendig noch hinreichend, aber er war wichtig für das Überschreiten der »Schwelle«, von der Landes spricht. Die Modernisierungstheorie nach Weber profitierte von seiner Beschreibung der vereinseitigten instrumentellen Vernunft. Darin liegt bereits der Keim der Frage nach der anderen, seinsgerichteten Seite der Modernisierung, die im einundzwanzigsten Jahrhundert aktuell wird. *(Unsichtbare Herausforderung: Wohin bewegt sich die Moderne? / Der Sinn des Absurden: Ein existenzphilosophischer Blick auf die Gegenwart / Wandel des Wandels: Das zweidimensionale Leben)*